Découvrez l'histoire
par les archives
de presse

RETRONEWS
Le site de presse de la BnF
SE CONNECTER
S'ABONNER
Au quotidien
Par époque
RECHERCHE AVANCÉE +
Rechercher parmi 3 siècles de presse en ligne
NAPOLÉON
LAMARTINE
BASTILLE
VICTOR HUGO
BORDEAUX

AF452850

RETRONEWS
Le site de presse de la BnF
www.retronews.fr

CAUSES

CRIMINELLES ET MONDAINES

DE 1894

ALBERT BATAILLE

CAUSES
CRIMINELLES
ET MONDAINES

DE 1894

LES PROCÈS ANARCHISTES

PARIS
E. DENTU, ÉDITEUR
3 ET 5, PLACE DE VALOIS (PALAIS-ROYAL)

1895

CAUSES CRIMINELLES ET MONDAINES

(Collection Bataille).

Causes criminelles et mondaines de 1882

1 vol.

Les derniers Quérangal. — Procès de la duchesse de
Chaulnes (Séparation, enlèvement des enfants). — L'as-
sassinat du curé de Saint-Arcons. — Le curé empoison-
neur de Nohèdes. — La rosière de Dourdan. — Affaire
Fenayrou. — Première affaire de Montceau-les-Mines.
— Procès de l'*Union Générale*. — Le duel Dichard-de
Massas. — Affaire Peltzer, etc., etc.

Causes criminelles et mondaines de 1883

1 vol.

Le manifeste du Prince Napoléon. — Affaire Monasterio
(1° L'enlèvement de Fidelia; 2° La vengeance de M. Cha-
lanton). — Affaire de Polignac de la Bretesche. — Affaire
du Maisniel. — Jean Mistral (le fou aux millions). — Mary
Cliquet, le beau notaire. — Les deux maris de Mme de la
Falconnière. — *Odette* et la *Fiammina* (M. Mario Uchard
et M. Victorien Sardou). — Les procès anarchistes (Explosion du café Bellecour; affaire Kropotkine, Emile Gau-
tier et autres; procès de Louise Michel). — Procès du
marquis de Rays. — Première affaire Clovis Hugues
(l'agence de chantage Morin). — La succession de la
baronne de Billing, etc., etc.

Causes criminelles et mondaines de 1884

1 vol.

Le beau mariage de M. Duvergier. — Le faux complot du
Sacré-Cœur. — L'odyssée des *Danicheff*. — Affaire Corot-
Trouillebert. — Affaire Campi. — Affaire Saint-Elme. —
Le mariage d'Hortense Schneider. — Affaire Genuyt de
Beaulieu. — M. Alexandre Dumas et le peintre Jacquet.
— Affaire Savary. — Albert l'ouvrier et ses persécu-
teurs. — La bande de Neuilly. — Le parricide Adeline.

— La femme Aveline (un mari tué à l'affût). — L'attentat de Niederwald (*Cour suprême de l'Empire allemand*), etc.

Causes criminelles et mondaines de 1885

1 vol.

Seconde affaire Morin-Clovis Hugues (Meurtre de Morin. — Mme Clovis Hugues devant la cour d'assises). — L'agence Buret-Soudry. — La sorcière de Villejoint. — Affaire Mielle. — Affaire Gamahut. Procès de M. Charles Ballerich. — Mme Francey. — L'empoisonneuse de Leyde. — Les faiseurs d'anges de Langogne. — Le crime de la Gloire-Dieu. — Second procès de Montceau-les-Mines. — Le duel Chapuis-Dekeirel. — Affaire Pel. — Le docteur Quinet. — Marchandon. — Les millions de M. de Sauzea. — Le crime du bois de Vincennes. — Jeanne Lorette (assassinat du ministre du Japon à la Haye). — Le docteur Estachy. — Le fleuriste Ribout. — Virvent le parricide, etc., etc.

Causes criminelles et mondaines de 1886

1 vol.

Le faux pendu de la rue de Rambuteau. — Le bigame d'Alfortville. — Le mystère de Villemomble. — Les assassinats en chemin de fer. — La grève de Decazeville (assassinat de M. Watrin). — L'affaire de Châteauvilain — Le vampire de Saint-Ouen. — Le gendarme Cabis. — L'enlèvement de Mlle Marie Gallet. — Les parricides de Selles-Saint-Denis. — Mlle de Sombreuil. — Un chantage à main armée contre le baron de Soubeyran. — Le fratricide de Barnas, etc., etc.

Causes criminelles et mondaines de 1887-1888

1 vol.

L'affaire des décorations (premier procès Caffarel; le baron de Cœln; affaire Ratazzi-d'Andlau; le cas de M. Vigneau;

second procès Caffarel; procès de M. Wilson). — L'abbé
Roussel et Mlle Annette Harchoux. — L'anarchiste Duval.
— Le comte de Molen. — Le fils naturel du capitaine
Gontaut. — Le juge de paix Delgove. — Le sculpteur
Baffier. — Affaire Léandri. — Pranzini.

Causes criminelles et mondaines de 1888

1 vol.

Préface de M. Paul Bourget. — Affaire Chambige. —
Le docteur Castelnau. — L'horloger de Joigny. — Le
duel Dupuis-Habert. — Le drame de la Guitardière. —
Affaire Allmayer. — Les assassins du curé d'Armen-
tières. — Affaire Prado, etc.

Causes criminelles et mondaines de 1889

1 vol.

Procès du général Boulanger (Coup d'œil sur le bou-
langisme. Affaire de la Ligue des Patriotes. La Haute
Cour). — Affaire Pastré-Beaussier. — Affaire Hoyos. —
L'assassinat du docteur Cassan. — Affaire Dauga. —
L'abbé Boudes, etc.

Causes criminelles et mondaines de 1890

1 vol.

L'affaire Gouffé. — L'aventure de M. de Caunes. — L'abbé
Martin, curé d'Audes. — Procès du jeune duc d'Orléans.
— Le krach des métaux, etc.

Causes criminelles et mondaines de 1891

1 vol.

Affaire Fouroux. — Affaire Wladimiroff. — La mort de
M° Arthéguier. — Affaire Sarrebourse d'Audeville. —
Mme Achet. — Le douanier Meunier. — Mme Weiss. —

Les assassins de Courbevoie. — Affaire Baillet et Dutilleul. — Affaire Bouly de Lesdain. — Le major Breton, etc.

Causes criminelles et mondaines de 1892

1 vol.

Ravachol. — Anastay. — Affaire Deacon. — L'assassinat de N.-D. d'Aigue-Belle. — La vengéance de Mme Raymond. — Bellacoscia. — Le duel Mayer-de Morès. — M. et Mme Panckouke, etc.

Causes criminelles et mondaines de 1893

Procès de Panama (La société de Panama devant la Cour d'appel; le procès de corruption). — Le peintre Luna. — L'explosion du restaurant Véry (affaire Francis). — L'aventure de l'amiral de Marquessac. — L'assassin de M. de la Villehervé. — La baronne de Rahden. — La bagarre d'Aigues-Mortes, etc.

———

Chaque volume se vend séparément et peut être réassorti à la librairie **Dentu**, 3, place de Valois (Palais-Royal). — Le volume : 3 fr. 50.

———

LES

PROCÈS ANARCHISTES

COUP D'OEIL SUR L'ANARCHISME

I

Mes lecteurs retrouveront dans ce volume l'effroyable série d'attentats anarchistes qui marqua la fin de 1893 et la première partie de l'année 1894, depuis l'explosion de la Chambre des députés jusqu'à l'assassinat de M. Carnot.

Le 11 janvier 1894, la Cour d'assises de la Seine condamne à la peine de mort Auguste Vaillant qui, moins d'un mois auparavant, a lancé, des tribunes de la Chambre, une bombe dans l'enceinte réservée aux députés, blessant grièvement l'un d'eux, M. l'abbé Lemire, et de nombreux spectateurs.

Le 24 février, la même Cour d'assises con-

damne aux travaux forcés à perpétuité un jeune
ouvrier originaire des Basses-Alpes, nommé Léauthier, fanatisé par les lectures anarchistes et pos-
sédé de l'idée fixe de « crever un bourgeois ». Le
choix de ce forcené tombe sur M. Georgewitch,
ministre de Serbie à Paris, que Léauthier poi-
gnarde dans un restaurant et qui échappe miracu-
leusement à la mort.

Quelques jours plus tard, condamnation aux
travaux forcés à perpétuité du voleur anarchiste
Marpeaux, qui avait assassiné un malheureux gardien de la paix pour échapper à une arrestation
imminente.

A la fin du mois d'avril, le jury de la Seine
condamne à la peine de mort, après de retentissants débats, le jeune Émile Henry, fils de l'ancien « général » de la Commune, auteur de deux
épouvantables crimes : l'explosion du café Terminus et l'attentat du commissariat de police de
la rue des Bons-Enfants, où périrent plusieurs
braves gardiens de la paix et le secrétaire de commissariat, M. Pousset.

Poursuivons :

Le 28 juillet, la Cour d'assises de la Seine
condamne aux travaux forcés à perpétuité François
Meunier, extradé de Londres et recherché depuis
plus de deux ans pour avoir fait sauter le restaurant Véry, où Ravachol avait été pris.

Enfin, le 3 août, la Cour d'assises du Rhône
prononce la peine capitale contre Santo Caserio, le
jeune fanatique Italien venu de Cette pour poi-
gnarder le Président de la République pendant les
fêtes de l'Exposition de Lyon.

Voilà pour les praticiens de l'anarchie. Je n'ai à parler ici, ni des attentats de Liège, qui n'ont été jugés qu'en 1895, ni du dynamiteur Pauwels, qui a échappé à la justice humaine en tombant mortellement frappé par l'engin chargé de dynamite qu'il venait de déposer dans l'église de la Madeleine.

Restaient les théoriciens, les apôtres, les écrivains et les tribuns de l'anarchie : Paul Reclus, Jean Grave, Sébastien Faure. Au mois d'août, le ministère public les englobe dans un vaste procès d'association de malfaiteurs et les renvoie devant la Cour d'assises de la Seine en compagnie de quelques décadents, curieux des « beaux gestes », d'Emile Henry et de Vaillant. Mais le jury de la Seine refuse de condamner pour association de malfaiteurs des accusés qui, pour la plupart, ne s'étaient jamais connus, et ce grand *procès des Trente* s'écroule dans un acquittement général.

Cependant, les lois répressives votées par la Chambre au lendemain de l'assassinat de M. Carnot semblent avoir porté leur fruit : depuis cette date sanglante jusqu'au jour où j'écris ces lignes, aucun attentat n'est venu épouvanter Paris.

II

Tout permet donc d'espérer qu'il y a là plus qu'une trêve, et que l'anarchisme a renoncé à ses terribles exploits.

Déjà, depuis 1882 jusqu'à 1892, depuis les explosions de Montceau-les-Mines et du café Bellecour (1) jusqu'à Ravachol (2), les dynamiteurs avaient désarmé.

L'âme française est trop généreuse pour que, même parmi les plus déshérités de ce monde, il se forme jamais une sorte d'école professionnelle de pillage, de vol et d'assassinat.

Oh! je le sais, la vie n'est pas clémente aux humbles, et il semble qu'on s'ingénie à enlever aux plus résignés la force morale qui les aidait jadis à en supporter les amertumes.

Le sentiment d'autorité a disparu. Un système d'instruction mal conçu aiguise les appétits autour des tables vides. A la ville, les grands bazars; hors la ville, les grandes usines ont détruit le foyer de famille en ruinant la petite industrie. Le jacobinisme bourgeois n'a pas encore remplacé la « vieille chanson » de Noël et de Pâques Fleuries, celle que pleure M. Jaurès et que nos grand'-mères chantaient aux veillées.

De temps en temps, d'effroyables catastrophes financières, savamment gouvernées par des manieurs d'argent venus de partout, engloutissent l'épargne nationale, laborieusement, durement amassée.

Alors la souffrance populaire et le besoin de ne plus douter se traduisent par une explosion d'allégresse enfantine et irraisonnée, comme le boulangisme. Mais le météore a déjà passé, l'illusion a

1. Voir les *Causes criminelles* de 1883.
2. Voir les *Causes criminelles* de 1892.

fui, la masse désemparée retombe dans le « mal de vivre » et écoute, anxieuse, une autre explosion plus sinistre, celle de la bombe anarchiste qui semble vouer au néant la société, l'incurable société moderne.

J'écoute à mon tour, et de tous ces frémissements, de toutes ces angoisses, de tout ce travail mystérieux qui se fait au-dessous de nous, je ne crois pas, malgré tout, qu'il doive sortir une négation.

Méditez certains retours. Les croisades irréligieuses ont cessé de passionner le peuple. L'opportunisme l'a leurré pendant un temps avec la guerre aux soutanes. Qu'il essaie de la reprendre? L'ouvrier lui répondra : augmentation de salaires ou participation aux bénéfices.

Puis, voici qu'elles s'éveillent de leur sommeil de cent ans, ces corporations que la Révolution avait détruites. Les voici, encore incertaines de leurs premiers pas, mais ce sont bien elles : associations agricoles ou ouvrières, sociétés mutuelles, syndicats professionnels, elles se sont rajeunies, elles se sentent revivre, leurs ailes poussent. Vienne le printemps du vingtième siècle, elles s'épanouiront comme autrefois, et il faudra bien que le capital compte avec elles, les laborieuses, les productrices, les fécondes.

C'est à diriger vers la paix sociale ces forces, encore mal définies et mal sûres d'elles-mêmes, qu'il sied aux esprits libres de s'exercer. Voilà le but, Jean Grave, Sébastien Faure, vous tous, les professeurs d'anarchie qui prétendez avoir la main pleine de semences, mais qui refermez la main.

Cela vaut mieux que d'appliquer la chimie à la solution de la question sociale. Pourquoi détruire?

Pour l'amélioration du sort de ceux qui souffrent, l'humble fondateur d'une association de secours mutuels ou d'un syndicat de consommation a fait plus que vous.

Soyons donc pratiques.

Il ne manque à cette société si outillée, si savante, si puissamment armée par les découvertes modernes qu'un couplet de la vieille chanson de M. Jaurès pour aimer la vie, qu'une fraternelle étreinte pour asservir au bien-être de tous les forces de la nature.

ALBERT BATAILLE.

I

VAILLANT

L'explosion de la Chambre des Députés.

Paris, 11 janvier.

Il y a des moments où le plus forcené des anarchistes devient un conservateur convaincu : c'est lorsqu'il s'agit pour lui de sauver sa tête.

Ce Vaillant, qu'on nous avait dépeint comme un apôtre, a eu hier la plus piteuse tenue.

Il n'a pas voulu tuer ; effrayer les députés et les ministres, tout au plus les égratigner, son rêve de propagande par le fait s'arrêtait à ce souhait anodin !

C'est à cette excuse enfantine que s'est bornée toute sa défense, et nous retrouvons bien là l'assassin sans courage, qui fuyait après avoir commis son crime en cassant à coups de parapluie les carreaux de la porte des tribunes.

L'Accusé.

Figurez-vous un grand diable confortablement couvert d'un pardessus orné de faux astrakan, le teint jaune et mat, le teint des Européens qui ont passé quelques années dans les pays chauds, car il ne faut pas oublier que Vaillant a été un infâme *proprio* dans la République Argentine.

1

Il a trente-deux ans, mais le visage n'a gardé aucun vestige de la jeunesse. La barbe est coupée court sur les joues; une moustache brune retombe sur une barbiche effilée. La face est osseuse; l'œil, petit et clignotant, est dur et impitoyable. Rien de généreux, rien d'ouvert dans ce visage ingrat que crispe par instants un ricanement forcé.

De la pose, une pose prudente et qui ne fait jamais oublier à Vaillant le souci de sa précieuse existence.

Une Alerte.

Le Palais est gardé militairement : à toutes les portes restées ouvertes, et il n'y en a guère, il faut montrer patte blanche. Ces précautions n'ont pas été inutiles. Tout s'est passé dans le calme le plus parfait, et il faut en rendre hommage au commandant Lunel, qui a dirigé avec infiniment de tact et d'énergie le service d'ordre.

Et cependant, vers 11 h. 1/2, le brave commandant a eu une alerte! Pendant qu'on tire le jury, le bruit se répand qu'on vient de découvrir une bombe dans le vestibule de la deuxième Chambre de la Cour.

Le fait est exact. Un garde a ramassé une boîte à sardines enveloppée dans de gros papier d'emballage. Le commandant Lunel va la jeter à la Seine, quand on lui fait observer qu'il vaut mieux la porter au labolatoire municipal.

M. Girard l'ouvre avec précaution : elle ne contient qu'un peu de sciure de bois avec de la poussière de charbon. Quelque fumisterie de petit clerc !

L'Audience.

Revenons aux choses sérieuses.

L'audience s'ouvre à 11 h. 1/2 précises. Le jury est tiré. Le baron Gustave de Rothschild est tombé au sort, mais le défenseur, M⁰ Labori, l'a récusé.

M. le président Caze prend place, suivi de trois conseillers : M. Persac, M. Labour, M. Grehen.

Au fauteuil du ministère public, M. le procureur général Bertrand.

Pendant que M. le greffier Wilmès donne lecture de l'acte d'accusation, Vaillant, un cahier de papier à la main, affecte de hausser les épaules. De la main, il fait de petits signes d'amitié à quelques compagnons perdus au milieu du public.

On fait l'appel des témoins. L'auditoire, un peu désillusionné, attend vainement les noms des députés blessés au Palais-Bourbon ; aucun d'eux n'a été cité. Enfin l'interrogatoire commence.

Vaillant, qui ne souffre presque plus de la blessure qu'il s'est faite à la jambe en lançant son engin, y répond d'une voix rêche, maussade, en s'accoudant nonchalamment sur le banc.

L'Interrogatoire.

D. — Comment vous appelez-vous ?

R. — Auguste Vaillant, trente-deux ans, ex-employé de commerce à Choisy-le-Roi.

D. — Vous êtes un enfant naturel, mais votre père vous a reconnu.

Vous avez subi quatre condamnations, dont une pour filouterie d'aliments et une pour vol.

Vous avez dit à l'instruction que l'exploitation sociale ouvrait, à votre profit, le droit au vol.

R. — Parfaitement.

D. — En 1890, vous auriez quitté Paris, où vous aviez exercé divers métiers, parce que vous redoutiez certaines perquisitions pratiquées chez les nihilistes russes. Vous l'avez raconté du moins. Depuis, vous avez reconnu que vous n'aviez aucune raison de craindre ces perquisitions, mais que vous aviez voulu vous donner de l'importance aux yeux des *copains*.

Vaillant, haussant les épaules. — Je n'avais pas besoin de me donner de l'importance aux yeux des copains. Ils me connaissaient parfaitement.

D. — Où êtes-vous allé ?

R. — J'ai passé deux ans et demi en Amérique dans les solitudes de la République Argentine, dans ces solitudes qui m'ont d'abord séduit. J'y sentais l'air de la liberté. J'y ai approfondi à loisir ma philosophie.

D. — Vous y avez même obtenu **une** concession de 50 hectares de terres, avec des bœufs, des chevaux, des instruments aratoires, etc. Vous rêviez d'y faire fortune et de revenir ensuite vous fixer en Algérie, où vous vouliez vous faire bâtir un chalet au bord de la mer.

Vaillant. — Malheureusement, le climat de la République Argentine ne convenait pas à ma santé. Un associé, dont j'attendais l'arrivée, est resté en Europe. J'ai abandonné ma concession et, au commencement de l'été dernier, je suis rentré à Paris.

D. — Vous y êtes rentré avec des idées mauvaises : « Qui sait, écriviez-vous à un ami, si, fatigué de la lutte, je n'irai pas un jour, le cœur plein de haine, livrer le combat suprême à la société? »

C'est ce combat suprême que vous avez livré, le 9 décembre, à la Chambre des députés.

A Paris, vous avez d'abord habité chez un nommé Marchal, auquel vous avez pris sa femme?

R. — Marchal **avait** quitté son ménage! Sa femme était bien libre de faire avec moi ce qu'elle voulait.

D. — Vous lui avez même pris ses meubles?

R. — C'est-à-dire que j'ai vendu sa bibliothèque à la mairie de Saint-Ouen pour pouvoir payer le terme.

D. — Et vous êtes allé habiter, avec la femme Marchal, Choisy-le-Roi.

Là, employé dans une maroquinerie, vous avez médité, pendant deux mois, solitairement, sur l'acte auquel vous étiez résolu.

Vaillant. — Solitairement, oui, sans aide ni complice. J'ai étudié la chimie, les fulminates, les explosifs.

D. — Une seule chose vous manquait pour fabriquer votre bombe : l'argent. Qui vous en a donné?

R. — Un cambrioleur m'a remis 100 francs, j'ai également reçu 20 francs de M. Paul Reclus. Tous deux savaient que c'était pour la Révolution, mais ils ignoraient l'un et l'autre l'acte que je préparais.

D. — Une fois en possession de cet argent, vous avez loué une chambre à Paris, rue Daguerre, pour y procéder à vos manipulations chimiques.

Vous preniez des précautions extraordinaires, apposant des scellés sur les meubles quand vous sortiez, et vous adressant à vous-même, sous le faux nom de Marchal que vous aviez pris, des lettres et des vers pour vous assurer que votre correspondance n'était pas décachetée par la concierge.

L'engin est fabriqué. Vaillant va se préoccuper maintenant d'aller « reconnaître » le Palais-Bourbon :

D. — Vous avez pris le faux nom de Dumont pour demander une carte à M. Argeliès, député de Seine-et-Oise? Il paraît que M. Argeliès a des électeurs de ce nom à Villeneuve-Saint-Georges.

R. — Oh ! j'ai pris ce nom au hasard. Des Dumont, il y en a partout!

D. — Deux jours de suite, le 7 et le 8 décembre, vous avez vainement essayé d'obtenir cette carte de M. Argeliès.

Alors vous avez renoncé à venir vous rendre compte des lieux. Votre bombe était prête. Il fallait agir! Vous étiez pressé.

Le samedi 9, quand vous avez enfin obtenu l'entrée de la Chambre, vous êtes arrivé avec l'engin dans votre poche.

R. — Il était trop dangereux à conserver chez moi.

D. — De quoi se composait cette bombe ?

R. — C'était une boîte de fer blanc encastrée dans une autre boîte plus grande.

D. — Et que contenait-elle?

R. — De l'acide sulfurique et de la poudre chloratée séparés par un tampon de coton. En renversant la bombe, les deux substances se combinaient et le mélange faisait explosion. J'avais rempli l'intervalle qui existait entre les deux boîtes avec des clous à tête, des *clous caboche*, à peu près une livre et demie.

D. — Combien de clous pouvait contenir cet engin ?

R. — Une soixantaine... J'avais enveloppé la boîte dans un numéro de l'*Eclair*, et ménagé au-dessous du papier un bourrelet qui devait amener le renversement instantané nécessaire à l'explosion.

Le tout était solidement ficelé avec du fil de fer.

D. — Arrivé au Palais-Bourbon, vous avez fait passer à M. Argeliès la carte au faux nom de Dumont, avec ces mots :

« Je vous rappelle la promesse que vous m'avez faite. »

L'huissier vous a apporté une carte, et vous êtes entré dans la tribune publique du deuxième étage.

C'est de là que vous avez lancé la bombe dans l'hémicycle de la Chambre, au moment où M. Mirman descendait de la tribune.

Votre dessein bien arrêté était d'atteindre le banc des ministres. ?

R. — Oui. Je ne leur en voulais pas personnellement,

mais tous les membres d'un gouvernement se ressemblent.
Ils sont également — les uns et les autres — les représentants de la société.

D. — Seulement vous avez mal calculé la distance?

R. — Je ne savais pas qu'on fût aussi pressé dans les
tribunes. Je n'avais pas la liberté de mes mouvements, et
j'étais tout au fond.

D. — Vous avez heurté l'épaule d'une dame qui était
devant vous. La bombe n'a plus eu l'élan nécessaire, la direction voulue. Elle a éclaté en l'air.

R. — C'est pour éviter cela que je voulais entrer à la
Chambre quelques jours auparavant, pour bien me rendre compte!... Si j'avais su que l'on était aussi gêné dans
les tribunes, je me serais arrangé pour que la bombe allât
tomber au milieu de la Chambre.

D. — Tandis qu'elle a éclaté trop tôt, de telle sorte
que ceux que vous vouliez atteindre ont été préservés.

R. — Ce n'est pas ma faute! (*Mouvement.*)

D. — En revanche, vous avez blessé des spectateurs dans les tribunes, qui ont été littéralement criblées.

R. — Ce sont les députés que je visais. Ils sont les premiers responsables de la misère sociale, ce sont des pa-
rasites.

D. — Qu'entendez-vous par ce mot?

R. — Le parasite est celui qui ne produit pas et qui coûte
à la société. Avant de lancer ma bombe, j'avais rêvé
d'adresser aux députés ce petit discours :

« Vous ne pensez pas aux malheureux. Prenez garde, les
malheureux pensent à vous! »

Le temps et la présence d'esprit m'ont manqué.

Vaillant, qui s'est contenu jusqu'ici, va maintenant
s'animer, se démener comme un beau diable. M. le
Président va le toucher à l'endroit sensible. Il a voulu
fuir, ce héros, et il n'en veut pas convenir !

M. le Président. — Votre bombe lancée, vous avez essayé de vous échapper?

R. — C'est faux!

D. — Vous avez été stupéfait de trouver la porte fermée.
Vous criiez avec indignation : « Les portes; qu'on ouvre
les portes! »

R. — C'est un mensonge! Du reste, j'étais hors

d'état de crier. J'étais blessé, j'avais du sang plein la gorge!

D. — Vous êtes même allé jusqu'aux grilles et il a fallu que le factionnaire vous barrât le passage en vous menaçant de vous enfoncer sa baïonnette dans le ventre.

R. — Ce soldat se trompe. Ce n'est pas moi qu'il a vu.

D. — Un officier vous a entendu crier : « Je connais l'assassin! C'est un grand blond! Pourvu que, cette fois-ci, on ne le laisse pas échapper! »

R. — Cet officier croit dire la vérité. Il se trompe.

D. — Comme vous étiez blessé, on vous a transporté à la buvette et, là encore, vous avez nié toute participation à l'attentat. Vous avez même prétendu que vous aviez vu passer la bombe à votre droite?

R. — C'est faux.

D. — Ce n'est que le lendemain, à l'hôpital, que vous vous êtes décidé à avouer. Vous avez soutenu que vous vous passiez la fantaisie de regarder la police se perdre en recherches, que c'était pour vous un amusement, un plaisir?

R. — Dame! j'entendais des dépositions tellement baroques?

D. — C'est-à-dire que vous espériez que la justice en serait pour ses frais?

R. — Pas du tout. La preuve, c'est que je me suis dénoncé pour sauver ceux qu'on avait arrêtés à tort.

D. — Oui, des innocents que vous aviez blessés. Ce n'étaient pas les victimes de la police, c'étaient les vôtres!

R. — Je ne voulais pas voir des innocents payer pour moi de leur tête.

D. — De leur tête! avez-vous dit? Vous venez vous-même de fixer votre responsabilité. (*Sensation.*)

M. Paul Reclus.

M. le président Caze, qui conduit ces interrogatoires de Vaillant avec tant de sobriété et de précision, arrive ici à un point fort intéressant : quelle a été la participation de M. Paul Reclus à l'attentat de Vaillant?

D. — Avant de vous rendre à la Chambre, vous vous êtes fait photographier et, le matin de l'attentat, vous avez envoyé une de ces photographies à M. Paul Reclus, avec cette lettre :

« Je pourrai donc mourir tranquille, satisfait d'avoir donné la dernière goutte de mon sang pour les idées libertaires. Ce que je fais est la conséquence logique de mes idées sur Darwin, sur Büchner, sur Herbert Spencer ! »

Vous avez déclaré également que votre acte ne resterait pas stérile, que désormais les députés auraient toujours une bombe de Damoclès suspendue au-dessus de leur tête, qu'un autre après vous viendrait qui réussirait mieux que vous.

R. — C'est à désirer ! (*Rumeurs.*)

D. — Cependant, prétendez-vous, Vaillant, vous n'avez pas voulu tuer?

R. — C'est vrai. (*Mouvements.*)

D. — Vous avez dit que vous vouliez faire un acte de de propagande par le fait; ce sont là de simples distinctions de mots.

J'en ai trouvé la preuve dans une lettre de vous, lettre laquelle vous déclarez que la propagande par le fait conconsiste dans la destruction de quelques bourgeois.

R. — Je n'ai jamais dit cela. J'ai dit que tout acte dirigé contre la société était bon. J'aurais pu fabriquer une bombe plus volumineuse, y placer des balles et non des clous, mais, dans l'intérêt de la propagande, mieux valait blesser beaucoup de gens que d'en tuer un seul. Mon acte avait plus de portée.

D. — Alors, si vous ne vouliez tuer personne, pourquoi vous êtes-vous plaint d'avoir si mal réussi?

R. — Parce que j'avais blessé de simples spectateurs.

D. — Plus de cinquante.

R. — J'aurais préféré blesser cinquante députés.

D. — On a eu le triste courage d'imprimer qu'il n'y avait eu que de simples égratignures. C'est absolument faux : il y a eu des membres traversés. Il a fallu trépaner le crâne d'un des blessés.

R. — Moi-même, j'ai reçu un clou dans la cuisse !

M. le Président. — Ne comparez pas l'assassin avec ses victimes ! (*Sensation*).

Vaillant. — Et mes frères que vous envoyez mourir au Tonkin? Pensez à eux!

Je n'ai pas voulu tuer, moi, je vous le répète ! J'aurais pu apporter deux bombes au lieu d'une. Je ne l'ai pas fait,

J'aurais pu mettre une charge plus forte de poudre verte. Je ne l'ai pas fait.

J'aurais pu employer un engin plus terrible, la nitroglycérine, par exemple. Je ne l'ai pas fait !

D. — Mais cette poudre verte que vous avez employée a une force comparable à la dynamite.

R. — C'est vrai. C'est l'inventeur lui-même qui me l'a déclaré. Mais j'ai rempli ma boîte avec des clous et non avec des balles. Mon but était de blesser le plus de monde possible.

Je savais que mon engin ne pouvait tuer personne, et les députés ont la vie aussi dure que les autres, je pense !

D. — La vérité est que vous avez mal calculé la distance.

R. — Enfin ! le fait est là, personne n'est mort !

D. — Ah ! ah ! c'est de cela que vous vous prévalez !

Vaillant. — Vous croyez donc que je vous dis cela pour sauver ma tête? Vous vous trompez! Si je pensais que vous avez cette idée-là, j'aimerais mieux ne plus vous répondre et me croiser les bras. Mais, sacré mâtin ! je ne peux pourtant pas vous dire que j'ai voulu tuer ! (*Mouvement.*)

D. — Les clous que vous avez choisis n'en étaient pas moins des projectiles de choix : la pointe devait pénétrer profondément dans les chairs, et les larges têtes étaient bien faites pour élargir les plaies !

R. — Allons donc! Je m'en suis servi à la chasse en Amérique, et je sais qu'ils ont infiniment moins de pénétration que les balles.

D. — Les précautions mêmes que vous avez prises pour transporter l'engin à la Chambre démontrent que vous en connaissiez tous les dangers.

R. — Dame ! Je la destinais à la Chambre, je ne voulais pas qu'il éclatât dans la mienne. (*Rires et rumeurs.*)

D. — Vous avez passé plusieurs jours à préparer la poudre?.

R. — Certainement, pour la faire sécher.

D. — Vous avez longuement étudié le temps nécessaire pour que l'acide sulfurique se combinât avec le chlorate?

R. — Oui.

D. — Et vous étiez déterminé à jeter la bombe jusque dans l'hémicycle?

R. — Assurément. C'est ce que je voulais.

D. — Fort heureusement, vous vous êtes heurté les mains contre une de vos voisines, l'engin a éclaté en l'air, et les blessés n'ont été atteints que par le ricochet. Autrement, les blessures eussent été beaucoup plus graves.

Ce qui le prouve, c'est que les boiseries de la Chambre ont été entamées profondément, arrachées par les projectiles. Le cercle en cuivre de l'horloge a été perforé.

1.

Si j'avais su qu'on fût aussi serré dans la tribune, avez-vous dit, j'aurais mis un peu plus de coton entre l'acide sulfurique et le chlorate; de la sorte, l'explosion eût été retardée. La bombe n'eût fait explosion qu'une fois à terre.

R. — Je vous répète que je ne voulais pas tuer. Vous prétendez le contraire, mais vous n'en savez rien!

D. — Vous n'êtes pas le premier assasin qui ait une pareille attitude. Vous ergotez misérablement.

Vaillant, vexé. — Je n'ergote pas : je dis ce qui est.

L'audience est suspendue sur cette appréciation du Président. L'interrogatoire est terminé, mais cela ne fait pas le compte de Vaillant qui tient à placer sa petite déclaration anarchiste.

A la reprise, il se lève, et, d'un ton de reproche :

— Vous ne m'avez pas demandé, Monsieur le Président, dit-il, quels sont les mobiles qui m'ont poussé à l'acte que j'ai commis.

M. le président Caze. — Soit, expliquez-vous.

Vaillant. — Je suis un partisan de la propagande par le fait. J'ai développé mes idées dans les clubs, dans les conférences.

J'ai essayé vainement de gagner ma vie, celle de ma femme, celle de mes enfants. Mon patron m'a donné vingt francs par semaine! Je me suis jeté à ses pieds, je l'ai imploré pour les miens qui mouraient de faim. Savez-vous ce qu'il m'a répondu?

— C'est vous que j'ai embauché, ce n'est pas votre enfant ni votre femme!

Je n'avais plus de chaussures aux pieds. Je marchais avec une vieille paire de galoches que j'avais ramassée dans la rue.

Songez à cette angoisse terrible de ne pouvoir donner aux autres ce que l'on a dans le cœur!

C'est alors que j'ai pris une résolution. J'ai voulu montrer à ceux qui nous gouvernent à quelle extrémité en sont réduits les travailleurs qui meurent de faim. Tout cela, je l'ai expliqué dans un mémoire que j'ai ici et que je vous demande la permission de vous lire, car je ne suis pas orateur.

Déclaration de Vaillant

Et Vaillant tire de sa poche un petit cahier d'écolier, soigneusement réglé, avec des marges. Ce petit cahier, je l'ai eu entre les mains. Il exhale une violente odeur d'iodoforme, car Vaillant l'a gardé sur lui pendant qu'on le soignait à la Conciergerie pour sa plaie de la jambe.

Il est couvert d'une écriture appliquée, avec de belles majuscules ornementées, des paraphes de fourrier qui soigne son cahier de rapports.

Un graphologue découvrirait dans l'écriture ascendante de ce *factum* les caractéristiques de la prétention et de l'orgueil, de cet orgueil démesuré que Vaillant affichait pompeusement, presque naïvement, dans cette phrase : « La lutte est engagée entre la société et moi ! »

Il y trouverait aussi une autre caractéristique de l'accusé, l'impatience, cette impatience qui l'a empêché de retourner s'assurer de l'état des lieux avant de lancer sa bombe.

Cette fois encore, Vaillant n'a pas su attendre.

Visiblement son mémoire ne devait être lu au jury qu'après la plaidoirie de son avocat, car il débute par ces mots :

Messieurs,

Je n'ai que quelques mots à ajouter à ce qui vient d'être dit par M⁰ Labori...

Et il continue, d'une voix haute et comme agressive :

Dans quelques minutes vous allez me frapper, mais, en recevant votre verdict, j'aurai au moins la satisfaction d'avoir blessé la société actuelle, cette société maudite où l'on peut voir un seul homme dépenser inutilement de quoi nourrir des milliers de familles, société infâme qui permet à quelques individus d'accaparer toutes les richesses sociales, pendant que l'on voit des cent mille malheureux qui n'ont pas seulement le pain que l'on ne refuse pas aux chiens, et que l'on voit des familles entières se suicider faute d'avoir leur nécessaire.

Ah! messieurs, si les dirigeants pouvaient descendre parmi les malheureux ! Mais non, ils veulent rester sourds à leurs appels. Il semble qu'une fatalité les pousse, à l'instar de la royauté du dix-huitième siècle, à rouler dans le précipice qui les engloutira, car malheur à ceux qui restent sourds aux cris des meurt-de-faim, malheur à ceux qui, se croyant d'essence supérieure, se reconnaissent le droit de laisser croupir et d'exploiter ceux qui sont en dessous d'eux, car il arrive un moment où le peuple ne raisonne plus ; il se soulève comme un ouragan et s'écoule comme un torrent. Alors on voit des têtes sanglantes au bout des piques.

Parmi les exploités, messieurs, il existe deux sortes d'individus : les uns, ne se rendant pas compte de ce qu'ils sont et de ce qu'ils pourraient être, prennent la vie comme elle vient, croient qu'ils sont nés pour être esclaves et se contentent du peu qu'on leur donne en échange de leur travail ; mais il en est d'autres, au contraire, qui pensent, qui étudient, et, jetant un regard autour d'eux, s'aperçoivent des iniquités sociales. Est-ce de leur faute à ceux-là, s'ils voient clair et souffrent de voir souffrir les autres ? Alors ils se jettent dans la lutte et se font les porteurs des revendications populaires.

Messieurs, je suis un de ces derniers ! Partout où je suis allé, j'ai vu des malheureux courbés sous le joug du capital ! Partout, j'y ai vu les mêmes plaies qui font verser des larmes de sang, jusqu'au fond des provinces inhabitées de l'Amérique du Sud, où j'avais le droit de croire que celui qui était fatigué des peines de la civilisation pouvait s'y reposer à l'ombre des palmiers et y étudier la nature. Eh bien ! là encore, plus qu'ailleurs, j'y ai vu le capital qui, semblable au vampire, venait sucer jusqu'à la dernière goutte de sang des malheureux parias.

Alors je suis revenu en France, où il m'était réservé de voir souffrir les miens d'une manière atroce. Ce fut la goutte qui fit déborder le vase. Las de mener cette vie de souffrance et de lâcheté, j'ai porté cette bombe chez ceux qui sont les premiers responsables des souffrances sociales.

On me reproche les blessures de ceux qui ont été atteints par mes projectiles ? Permettez-moi de faire remarquer en passant que, si les bourgeois n'avaient pas massacré ou fait massacrer pendant la Révolution, il est probable qu'ils seraient encore sous le joug de la noblesse. D'autre part, additionnons les morts et les blessés du Tonkin, de Madagascar, du Dahomey, en y ajoutant les milliers, que dis-je! les millions de malheureux qui meurent dans les ateliers, dans les mines, partout où le capital pressure.

Ajoutons-y ceux encore qui meurent de faim, et tout ça avec l'assentiment de nos députés. A côté de tout cela, combien pèse peu ce que l'on me reproche aujourd'hui !

C'est vrai que l'un n'efface pas l'autre, mais, en somme, ne sommes-nous pas en état de défense en répondant aux coups que nous recevons d'en haut? Oh! je sais bien que l'on me dira que j'aurais pu m'en tenir aux revendications par la parole; mais, que voulez-vous? plus on est sourd, plus il faut que la voix soit forte pour se faire entendre.

Il y a trop longtemps que l'on répond à notre voix par des coups de prison, par la corde et par la fusillade, et ne vous faites pas d'illusion, l'explosion de ma bombe n'est pas seulement le cri de Vaillant révolté, mais bien le cri de toute une classe qui revendique ses droits et qui bientôt joindra les actes à la parole.

Car, soyez-en sûrs, l'on aura beau faire des lois, l'on n'arrêtera pas les idées des penseurs; de même qu'au siècle dernier, toutes les forces gouvernementales n'ont pu empêcher les Diderot et les Voltaire de semer les idées émancipatrices parmi le peuple, toutes les forces gouvernementales actuelles n'empêcheront pas les Reclus, les Darwin, les Spencer, les Ibsen, les Mirbeau, etc., de semer les idées de justice et de liberté qui anéantirontles préjugés qui tiennent la masse en ignorance, et ces idées accueillies par les malheureux fleuriront en actes de révolte comme elles l'ont fait en moi, et cela jusqu'au jour où la disparition de l'autorité permettra à tous les hommes de s'organiser librement suivant leurs affinités, et où chacun pourra jouir du produit de son travail, où disparaîtront ces maladies morales que l'on nomme préjugés, ce qui permettra aux êtres humains de vivre dans l'harmonie, n'ayant plus comme aspiration que l'étude des sciences et l'amour de leurs semblables.

Je termine, messieurs, en disant qu'une société où l'on voit des inégalités sociales comme nous en voyons autour de nous, où nous voyons tous les jours des suicides causés par la misère, la prostitution qui s'étale à chaque coin de rue, une société dont les principaux monuments sont des casernes et des prisons, une société pareille doit être transformée le plus tôt possible, sous peine d'être rayée, à bref délai, de l'espèce humaine. Salut à celui qui travaille

par n'importe quel moyen à cette transformation ! Voilà
l'idée qui m'a guidé dans mon duel contre l'autorité, mais
comme dans ce duel je n'ai que blessé mon adversaire,
à lui de me frapper à son tour !

Maintenant, messieurs, quelle que soit la peine dont
vous me frappiez, peu m'importe, car, regardant cette
assemblée avec les yeux de la raison, je ne puis m'empêcher de sourire de vous voir, atomes perdus dans la
matière, raisonnant parce que vous possédez un prolon-
gement de la moelle épinière, vouloir vous reconnaître le
droit de juger un de vos semblables.

Ah ! messieurs, combien peu de chose est votre assemblée et votre verdict dans l'histoire de l'humanité ! Et
l'histoire humaine à **son** tour est également bien peu de
chose dans le tourbillon qui l'emporte à travers l'immen-
sité et qui est appelé à disparaître, ou tout au moins à se
transformer, pour recommencer la même histoire et les
mêmes faits, véritable jeu perpétuel des formes cosmiques
se renouvelant et se transformant à l'infini.

Les témoins.

Ils sont peu nombreux, nous l'avons dit,

Mme Pérard, logeuse, rue Daguerre, a loué à Vaillant
la petite chambre où il a fabriqué son engin.

M. le marquis de La Ferronnays, député de la droite,
se levait pour aller mettre son courrier à la poste,
quand une détonation a éclaté, détonation comparable,
dit l'honorable député de la Loire-Inférieure, à celle
que produirait un sac de papier qu'un enfant crève-
rait en jouant.

En même temps, la Chambre était remplie subitement d'une fumée rougeâtre.

Je suis retourné à ma place, ajoute M. de La Ferronnays,
attendant une seconde bombe. A côté de moi, mon collègue, M. Lanjuinais, venait de tomber tout ensanglanté.
Je l'ai porté au dehors et je suis revenu prendre ma
place.

Tous les pupitres de mes voisins, celui de M. Le Cerf
en particulier, étaient criblés de projectiles. Une lettre
que je portais à la main avait été traversée et je l'ai
déposée entre les mains du juge d'instruction.

M. Laugier, cuisinier, rue Saint-Dominique, qui se trouvait dans l'une des tribunes, a été blessé à la tête et est resté couché pendant douze jours.

Le témoin était placé à côté de Vaillant, qu'il reconnaît bien à son col de faux astrakan, mais il ne sait ce que l'accusé est devenu après l'explosion, car lui-même a perdu connaissance.

M. Laporte, inspecteur divisionnaire du travail au ministère du commerce, qui se trouvait également parmi les spectateurs et qui a été très légèrement blessé à la tête, décrit le trajet de la bombe, qui a fait explosion à la hauteur des tribunes.

M. Bourdon, garçon de la Chambre des députés, a délivré à Vaillant la carte de M. Argeliès qui lui a permis d'assister à la séance.

Il l'a revu après l'attentat. Vaillant était parmi les premiers qui se sont précipités au dehors en réclamant l'ouverture des portes.

M. Bourdon a été lui-même blessé dans l'explosion.

M. Archambaud est un jeune soldat d'infanterie de marine qui a croisé la baïonnette contre Vaillant :

Il avait cassé un carreau avec son parapluie, dépose le jeune soldat, et, après être allé de porte en porte, il essayait de franchir celle que je gardais quand je lui ai barré le chemin :

— Si vous essayez de passer, lui ai-je crié, je vous f... ma baïonnette dans la peau. (*Rires.*)

Vaillant. — C'est faux, ce n'est pas moi que vous avez vu ! Vous avez dit à l'instruction que j'avais le visage comme tout le monde et j'étais aveuglé par le sang.

Je tenais à la main ce mouchoir (*et Vaillant exhibe un mouchoir à carreaux tout ensanglanté*).

Le soldat. — C'est bien vous.

Vaillant. — Mais j'étais dans l'impossibilité de courir ! Je traînais la jambe !

M. Girard, directeur du laboratoire municipal, a examiné la bombe, dont il a recueilli les débris :

C'est un engin *dit* à renversement, conclut-il, que Vaillant a apporté à la Chambre, entouré de fils de fer. La

force de l'explosion a été telle que plusieurs fragments
de ces fils de fer se sont incrustés dans le plafond de la
Chambre et dans la chair d'un des spectateurs blessés.

J'ai fait une perquisition au domicile de Vaillant, rue
Daguerre. J'y ai retrouvé des clous à tête, du chlorate de
potasse, des tubes en verre, du sucre en poudre et ce qui
restait de sa poudre verte : un mélange de chlorate de
potasse, d'acide nitrique et de cyanure de potassium.

Il avait opéré ce mélange avec des bouteilles qui portaient encore la trace de l'opération.

Le détonateur se composait d'un petit tube de verre
dans lequel l'acide sulfurique et le chlorate — momentanément séparés par un tampon de coton — devaient se
combiner au moindre choc qui briserait le verre.

J'ai reconstitué la bombe avec tous ces éléments, en
respectant autant que possible les diverses doses.

Vaillant, très intéressé par ces détails. — Vous vous
trompez, il n'était pas nécessaire que le verre se brisât, il
suffisait que l'acide sulfurique imbibât le coton et le tra-
versât. Ah ! si j'avais su qu'on était aussi serré dans la
tribune, je me serais arrangé pour que la pénétration s'y
fît plus lentement. (*Mouvement*).

M. Girard. — C'était un engin terrible. Fort heureusement, la bombe a éclaté en l'air, les projectiles ont
touché le plafond et n'ont fait que ricocher sur les spectateurs.

Si les blessés avaient été atteints directement, toute
personne frappée aux intestins ou à quelque organe
essentiel était morte !

Le mélange que contenait la bombe de Vaillant équivaut
à quatre cartouches de dynamite, et une seule suffit pour
faire sauter plusieurs mètres cubes de pierres !

Vaillant. — Tout cela, c'est l'appréciation des experts
pour arriver à dire : « Il faut couper le cou à Vaillant ! »

M. le Président. — C'est entendu, vous avez pris toutes
les précautions imaginables pour rendre votre engin inof-
fensif. (*Rires.*)

M. le docteur Descouts, médecin légiste, a soigné
plusieurs des blessés et Vaillant lui-même, qui a reçu
un clou dans la jambe.

Parmi les victimes auxquels il a donné des soins,
un spectateur, M. Henault, a reçu un clou près de

l'oreille gauche et restera probablement sourd ; un autre a dû subir l'opération du trépan.

Le docteur Vibert, le docteur Socquet ont également donné leurs soins aux victimes.

Parmi elles, une dame qui restera encore six semaines au moins à l'hôpital, une autre personne qui a eu la cuisse traversée par un clou, enfin une dame Laporte, qui a la rotule fracturée et qui ne pourra être sur pied avant cinq ou six mois, si tant est qu'elle ne reste pas infirme toute sa vie. On a craint l'amputation.

Les témoins à décharge.

C'est d'abord M. Benon, ancien conseiller municipal de Paris, auquel son collègue, M. Daumas, actuellement établi dans la République Argentine, a recommandé Vaillant à son retour d'Amérique.

M. Benon connaissait Vaillant pour anarchiste, mais il le prenait pour un anarchiste *théorique*, et il s'est efforcé, vainement d'ailleurs, de lui procurer du travail.

M. Lefebvre, cordonnier, ex-adjoint socialiste de Saint-Ouen, auquel on ne reprochera certainement pas d'avoir l'allure d'un infâme exploiteur, est un ancien ami de Vaillant, qui a travaillé avec lui et qu'il tient pour « le meilleur caractère qu'il puisse rencontrer. »

M. Jules, cordonnier à Lyon, a connu Vaillant en Algérie, à l'époque où l'accusé fut condamné pour avoir volé une paire de bottes. Il affirme que son ancien camarade a été victime de la jalousie d'un contremaître qui lui avait conseillé de s'emparer de ces bottes et qui, ensuite, l'a dénoncé.

M. Mortan, maroquinier, était le chef d'atelier de Vaillant à Choisy-le-Roi, où l'accusé travaillait en dernier lieu. Il déclare que Vaillant était un excellent ouvrier et qu'il a même demandé de l'augmentation pour lui.

M. Mougin, représentant de commerce à Paris, est un vieil ami de Vaillant, qui correspondait régulière-

ment avec lui pendant son séjour dans la République
Argentine.

M. Mougin nous raconte que Vaillant a fui Paris à
cause de son enfant. Depuis son retour en France, il a
fait l'impossible pour se procurer du travail. Vaillant
était la sobriété même et ne buvait jamais un verre de
vin. M. Mougin n'a jamais connu un ouvrier plus honnête.

Enfin, M. Lejentel, propriétaire à Villeneuve-Saint-
Georges, a eu Vaillant comme locataire et l'a toujours
trouvé très correct :

Vaillant. — J'aurais pu faire citer d'autres témoins, des
camarades qui m'ont connu et qui m'apprécient : mais ce
sont des anarchistes, et c'est un crime aujourd'hui. Voilà
pourquoi je n'ai pas voulu les faire comparaître à la
barre.

Le Réquisitoire.

M. le procureur général Bertrand a la parole.

Réquisitoire sobre, sans recherche de la phrase ni
de l'effet, mais solide, courageux, et qui va nous mon-
Vaillant tel qu'il est : assassin par envie et surtout par
orgueil, mais assassin prudent, soucieux avant tout
de sauver sa peau.

N'est-il pas vrai, messieurs les jurés, que des débats et
des témoignages que vous venez d'entendre se dégage pour
vous cette conviction ?

Vaillant n'a eu qu'une double préoccupation — fuir
après le crime et ici sauver sa tête ?

Malgré son orgueil affolé, il a le souci constant de ne
point payer trop cher l'auréole dont il sera couronné dans
les annales de l'anarchie !

Cette prétendue victime de la société est, en réalité, un
ouvrier qui a toujours trouvé du travail.

Non, il n'a jamais été acculé à la misère, cet anarchiste
qui payait avec un billet de cinquante francs le loyer de la
petite chambre de la rue Daguerre où il se cachait pour
confectionner son engin.

L'intention homicide, la préméditation ne sont pas douteuses. Vous savez avec quelle habileté il a procédé, vous vous rappelez ses visites à la Chambre pour recònnaître les lieux.

Avant le crime, son premier soin est d'envoyer sa photographie à M. Paul Reclus. C'est le commencement de la légende qu'il prépare.

M. Paul Reclus, qui se défend de cette amitié compromettante, ne lui en a pas moins envoyé des subsides significatifs. Vaillant le tutoyait et, après l'attentat, l'accusé lui transmettait ses manuscrits, le récit de ses impressions pendant les quinze jours qu'avait demandés la fabrication de la bombe, et ses œuvres philosophiques, dans lesquelles il s'occupait de tout « depuis l'atome qui vole dans l'infini jusqu'à la cellule cérébrale humaine ».

M. le procureur général Bertrand s'attache à démontrer que Vaillant a voulu tuer, Pour lui, la propagande par le fait, c'est l'assassinat ! Les clous dont il avait rempli sa bombe sont aussi dangereux que des balles et il avait fabriqué le plus puissant, le plus dangereux des explosifs; si sa main a dévié, ce n'est pas sa faute. C'est la Providence qui nous a préservés d'une épouvantable catastrophe !

Vaillant, poursuit M. le procureur général, n'a aucun complice au sens légal du mot. C'est un *solitaire !* Mais il a des complices moraux et, en tête, M. Paul Reclus, auquel il était rattaché par des liens si suspects.

Son crime, d'ailleurs, n'a rien de politique. C'est un assassin vulgaire. Sa bombe en poche, l'anarchiste blesse et tue *dans le tas*. Il fait le mal comme un cataclysme de la nature, sans choisir ses victimes.

Les lauriers de Ravachol (1) empêchaient celui-là de dormir.

Il avait vu la tête de son prédécesseur sur l'almanach du *Père Peinard*, encadrée dans les montants de la guillotine, avec la lueur sinistre du *grand soir* à l'horizon.

Il a voulu faire mieux que lui et jeter sa bombe au milieu de la Chambre même, pour frapper davantage l'imagination des *compagnons !*

La philosophie dont il se targue, demandez-lui-en la formule?

1. Voir les *Causes criminelles* de 1892.

Elle se résume dans la propagande par le fait, qu'il définit par « l'exécution des bourgeois, la destruction des édifices, le vol au profit de la propagande, et même le vol au profit individuel. »

Ce soi-disant apôtre a rêvé d'une petite maison en Algérie, près des flots bleus de la Méditerranée, au pied du Sahel ! Il a été colon, propriétaire, il a eu dans la République Argentine un troupeau, des chevaux, une concession. Combien d'autres ont trouvé la vie plus amère !

Mais il a tout perdu par son immense orgueil, par son adoration incommensurable du *moi!*

« Un jour, dans les pampas, écrivait-il à son ami Mougin, je me suis trouvé face à face avec un tigre, je l'ai regardé bien en face et le tigre a reculé ! » (*Rires.*)

La désillusion est venue pour cet homme qui n'a jamais été qu'un lâche au travail. Vaillant est rentré en France, où il a commencé par enlever la femme de Marchal, son ami.

Du travail ? Mais il en trouve à Choisy-le-Roi. On lui rendait justice, on parlait même de l'augmenter.

S'il est victime aujourd'hui de son envie, de sa vanité déréglée, il ne mérite aucun intérêt, car il a cultivé avec passion ces deux vices et il les a développés à plaisir, jaloux de conquérir la célébrité par le crime.

L'organe du ministère public s'oppose énergiquement à l'admission des circonstances atténuantes :

Pini, Duval, Ravachol se sont posés, comme Vaillant, en vengeurs de l'humanité.

Ils n'ont été que des assassins.

Le meurtre et le vol sont dans les traditions anarchistes.

Il est temps de retenir la meute de ces réformateurs de la société qui se préoccupent fort peu de la question des salaires, mais qui se préparent peut-être à des coups d'éclat comme celui qui, dans leur esprit, a illustré Ravachol. Il est temps de les arrêter, et, *pour cela, messieurs les jurés, il est temps de ne plus avoir de faiblesse!* (*Mouvement*).

Quand on veut avoir de la pitié, il ne faut pas venir la demander la menace à la bouche. A mesure que l'étude des questions sociales nous a rendus plus tendres, elle a rendu ces hommes plus sauvages et plus impitoyables. Ils comptent sur notre mollesse. Ils croient que nous avons peur !

Eh bien ! non, nous n'avons pas peur, et vous le direz par votre verdict !

La société fait tout ce qu'elle peut pour les petits. On a multiplié les lois de protection. Avec le suffrage universel, le plus humble a sa part dans l'œuvre d'amélioration sociale ; toutes les bonnes volontés sont à l'œuvre.

Messieurs, je requiers contre Vaillant la condamnation capitale.

J'ai fait mon devoir ! Faites le vôtre ! (*Vive sensation.*)

M° Labori.

Le défenseur de Vaillant, dans une plaidoirie pathétique dont certaines périodes ont atteint à la véritable éloquence, demande grâce pour son client parce qu'il a été la victime des charlatans du socialisme et parce qu'il a été malheureux.

Vaillant, dit M° Labori, a été représenté par le ministère public comme un assassin vulgaire, un monstre, un être dénaturé. On vous l'a amené ici avec une telle précipitation qu'il semble qu'on ait voulu spéculer sur la terreur publique !

La vérité est que son crime est étroitement lié à la souffrance des déshérités et des humbles, qu'exploitent à leur profit tant de faux apôtres du collectivisme, impuissants à remplacer par leurs théories nouvelles la « vieille chanson qui berçait la misère humaine. »

Quelle part de responsabilité peut incomber à cet esprit rudimentaire, au milieu du chaos des idées, de scandales comme le procès de Panama (1), des incitations malsaines des marchands de systèmes qui, sans jamais parler à l'homme de ses devoirs, lui parlent à chaque instant de ses droits, de ses appétits, en lui criant :

— Vois ces richesses. Elles sont à toi, prends-les. (*Mouvement.*)

M° Labori nous révèle ici l'existence malheureuse de son client :

C'est un enfant naturel reconnu, vous a-t-on dit. Il a été reconnu, soit, mais il a été abandonné !

1. Voir les *Causes criminelles* de 1893.

Il a été élevé au fond d'un village, loin des siens, loin de cette éducation maternelle qui est le meilleur enseignement du cœur. Sa mère, pour quelques francs par mois, s'est débarrassée de lui.

A douze ans, on l'a mis en apprentissage chez un confiseur. Impatient de liberté, l'enfant s'est enfui, et sa mère, remariée, a refusé de le recevoir. Une de ses tantes, une pauvre marchande des quatre saisons, lui donna un faible secours et lui dit :

— Va, mon enfant, va droit devant toi ; quand tu n'auras plus un centime, on t'arrêtera ; alors, tu parleras de ton père, qui est gendarme en Corse et tu demanderas qu'on te ramène à lui ! »

Eh bien ! messieurs les jurés, savez-vous ce qui advint de ce malheureux enfant ?

Les gendarmes l'arrêtèrent en effet sur la route. On télégraphia à son père, et M. Vaillant répondit :

« J'ai eu la mère du nommé Auguste Vaillant pour maîtresse. Mais elle s'est mal conduite, je l'ai quittée. Depuis, elle s'est remariée, je crois. Je vous prie de faire reconduire l'enfant chez elle. »

« Malgré cela, comme il se réclame de moi, je lui envoie vingt francs pour qu'il puisse retourner près de sa mère.

« Je fais cela comme une charité, et non comme une reconnaissance. » (*Rumeurs.*)

Quant à la mère de Vaillant, elle répondit :

« Il m'est impossible de recevoir l'enfant. Mon mari me mettrait à la porte.

« D'ailleurs, je suis malade et dans la dernière misère.

« Son père peut le recevoir.

« J'espère qu'il ne sera pas malheureux. » (*Nouvelles rumeurs.*)

— Et c'est ainsi, s'écrie Me Labori, que ce malheureux enfant de quatorze ans fut abandonné, et qu'il erra de patron en patron, de ville en ville ; ici, arrêté, pour avoir mendié un morceau de pain ; là, condamné pour avoir, un jour qu'il mourait de faim, pris sans payer chez un restaurateur un repas de 90 centimes !

Me Labori suit ainsi Vaillant pas à pas, année par année, pendant la triste odyssée de son existence. Depuis l'âge de vingt ans, il n'a pas été condamné. Il est devenu un honnête homme, et c'est miracle ! Il a essayé de tout sans succès. Le climat de la République Argentine a ruiné sa santé, et, à son retour, il n'a trouvé que la misère, il a frappé en vain à toutes les portes. Son patron de Choisy-le-Roi lui donnait 20 francs par semaine, pour lui, pour sa femme et pour son enfant. Le pain manquait à la maison presque chaque jour. Qu'on s'étonne qu'il soit devenu un aigri, un révolté, avec les lectures dangereuses dont il nourrissait son cerveau malade !

Vaillant, dit Mᵉ Labori, n'a pas commis un crime individuel. Il n'a pas frappé son patron ni M. de Rothschild, il a frappé à la tête ! Il a voulu s'en prendre à ceux qui dirigent cette société, qui n'a jamais rien fait pour lui !

Est-il le seul coupable et le condamnerez-vous sans merci ?

A-t-il voulu tuer ? Non, il vous l'a dit !

Non qu'il aime les hommes. Il aime trop l'humanité pour cela ! Mais enfin il pouvait charger sa bombe avec des balles, au lieu de la charger avec des clous !

Celui qui n'a pas voulu donner la mort n'a pas mérité de la recevoir.

Dans son crime, il y a un peu de la faute de tous.

Si vous condamnez Vaillant à mort, que ferez-vous de son père, de ce gendarme corse qui l'a abandonné ?

Les véritables coupables sont les exploiteurs des idées collectivistes qui créent des fanatiques pour se faire des prébendes, des mandats, des profits.

Messieurs, vous allez faire un acte historique.

Ayez le courage de l'accomplir. Le monde a les yeux fixés sur vous. Que votre verdict soit une leçon de modération, de moralité publique et de pitié !

Le Verdict.

A cinq heures, le jury entre en délibération. Il revient en séance au bout d'une demi-heure,

D'une voix forte, le chef du jury donne lecture du verdict.

La réponse est affirmative sur la question de tentative d'assassinat, négative sur la question de destruction d'un édifice à l'aide de substances explosibles.

Le verdict est muet sur les circonstances atténuantes.

— Qu'avez-vous à dire sur l'application de la peine, demande à Vaillant M. le procureur Caze.

— C'est la mort ? interroge le condamné en se penchant vers Mᵉ Labori, et, sur un signe affirmatif de son défenseur :

— Bien, fait-il avec un sourire, je vous remercie !

Pendant que la Cour délibère, Vaillant affecte le plus grand calme. Il cause avec Mᵉ Labori en tambourinant sur la barre. De temps en temps, il adresse un sourire à quelque ami perdu dans le public, au fond de la salle. Puis, de la main droite, il fait un geste sinistre : il se frappe le cou du revers de la main en ricanant.

La Cour le condamne à la peine de mort.

— Vive l'anarchie ! s'écrie-t-il de sa voix sèche rauque, étranglée malgré lui par l'émotion,

Et, vainement, il attend qu'un écho lui réponde !

A la Cour de Cassation.

20 janvier.

Le pourvoi de Vaillant a été rejeté aujourd'hui par la Cour suprême.

Mᵉ Devin, qui était chargé des intérêts du condamné soutenait que les questions avaient été irrégulièrement posées au jury : au lieu d'une interrogation unique sur l'attentat du Palais-Bourbon, le ministère public aurait dû poser au moins deux questions distinctes : 1° Vaillant a-t-il tenté de commettre un homicide volontaire sur les membres de la Chambre ? 2° Vaillant a-t-il voulu commettre un homicide sur les spectateurs des tribunes ?

Mᵉ Devin faisait observer que le jury aurait pu, par exemple, écarter la préméditation en ce qui concerne les assistants et accorder à Vaillant des circonstances atténuantes en ce qui concerne les députés. La portée du verdict eût été ainsi changée, Vaillant eût sauvé sa tête.

M. l'avocat général Sarrut estime que ces distinctions juridiques sont sans intérêt. La question a été parfaitement posée, Vaillant étant accusé d'un attentat unique. Il conclut au rejet du pourvoi.

Vaillant avait signé lui-même des conclusions dans lesquelles il soutenait que, son crime étant un crime politique, la peine capitale ne pouvait légalement lui être appliquée, la peine de mort étant abolie en matière de politique.

La Cour, après un long délibéré, a rejeté les conclusions du condamné :

Attendu, dit l'arrêt, que le crime de Vaillant est unique, indivisible, accompli par les mêmes moyens, sous l'influence des mêmes mobiles ; qu'il a été inspiré par la même pensée d'homicide, et qu'il devait entraîner les mêmes conséquences ; qu'il importe peu que l'explosion ait atteint d'autres personnes que celles qu'il était dans l'intention de viser...

Par ces motifs, le pourvoi du condamné à mort est rejeté.

Exécution de Vaillant.

Vaillant a été exécuté le 4 février 1894 sur la place de la Roquette.

Pendant la toilette, il n'a cessé d'exposer ses théories anarchistes, se répandant en imprécations contre M. Carnot et refusant de recevoir le prêtre, l'abbé Valadier.

Arrivé devant la guillotine :

— Mort à la société bourgeoise, s'écria-t-il, et vive l'anarchie !

LÉAUTHIER

L'ASSASSIN DE M. GEORGEWITCH

Paris, 24 février.

Léauthier a obtenu le bénéfice des circonstances atténuantes.

Ce dénouement, l'absence de M. Georgewitch et le mutisme de l'accusé enlèvent quelque intérêt à cette audience, que M. le président Commoy a menée tambour battant.

Léauthier est un maigre garçon de vingt ans, à figure de chèvre, un mince collier de barbe entourant le visage émacié. De grosses lèvres rabelaisiennes — voilà pour le jouisseur qui se faisait servir des cailles au restaurant Marguery, — et de petits yeux enfoncés, inquiets, perçants, qui vous troublent, — voilà pour le sectaire — telles sont les deux caractérisques de cette figure qui n'est pas banale et qui tient à la fois du rapin et du traître de mélodrame.

Pendant tout l'interrogatoire, le jeune anarchiste affecte de tourner le dos à la Cour, son pardessus marron rejeté en arrière, la main gauche dans sa poche, tenant de la droite un énorme rouleau de papier, un factum insipide et enfantin dont il nous régalera tout à l'heure, et il paraît hypnotisé par le pompon rouge et les épaulettes du garde républicain, son voisin, qu'il ne cesse de toiser avec pitié.

Interrogatoire.

M. le président commence par rappeler au jury les antécédents de Léauthier.

Son père, originaire des Basses-Alpes, a quitté Manosque après avoir fait de mauvaises affaires. Elevé à Marseille, où il a appris le métier de cordonnier, le jeune homme s'est vite dégoûté du petit village des Alpes où il était retourné après son apprentissage.

Lecteur assidu du *Père Peinard*, de la *Révolte*, de la *Revue anarchiste*, auditeur attentif des conférences du compagnon Sébastien Faure, Léauthier s'est senti devenir anarchiste à l'âge de seize ans.

Dès l'adolescence, il s'essayait au jeu innocent de la propagande par le fait en confectionnant avec une vieille boîte à lait une bombe rudimentaire, composée de salpêtre, de poudre et de gros sel, qu'il expérimentait, sans succès d'ailleurs, dans les bois de son pays natal.

Mais il lui fallait Paris, et l'an passé, riche d'une centaine de francs que son notaire — car ce déshérité avait un notaire — avait consenti à lui avancer sur un héritage d'une quinzaine de cents francs payable à sa majorité, Léauthier partait pour la capitale, où il arriva le 14 avril.

M. le président. — Dès le lendemain, 15 avril, vous trouvez du travail chez un cordonnier du boulevard de Sébastopol, M. Lhomond, qui vous a occupé six mois. Combien gagniez-vous?

R. — 4 fr. 50 à 5 francs par jour.

D. — Au mois de septembre, votre patron vous a congédié parce que vous apportiez certains retards à la livraison des commandes, mais vous trouvez du travail chez un autre cordonnier, M. Cuzin.

Vous travaillez en chambre pour le compte de ce nouveau patron et, là encore, vous vous faites des journées variant entre 4 fr. 50 et 5 fr. 50 par jour.

M. Cuzin vous a gardé jusqu'au 5 novembre.

Vous l'avez quitté parce qu'il vous reprochait d'avoir gâché une paire de bottines et que ses observations vous avaient déplu.

Mais vous avez trouvé, dès le lendemain, de l'occupation chez un troisième cordonnier, M. Demay, qui, le jour où vous avez commis votre crime, vous apportait encore du travail dans votre chambre d'hôtel de la rue Commines. Vous étiez sorti, en quête d'un bourgeois « à crever », selon votre expression favorite.

De telle sorte que l'on peut dire que, plus heureux que bien d'autres, vous n'avez jamais manqué d'ouvrage depuis le jour de votre arrivée à Paris.

Ce n'est pas tout. Vous avez eu la bonne fortune de rencontrer un ami, un très brave homme, M. Branchard, chez lequel vous étiez allé faire repasser vos tranchets et qui, vous reconnaissant pour un compatriote à votre accent marseillais, vous avait pris en amitié. M. Branchard ne vous ménageait ni ses conseils ni son appui. Pendant sept mois, il refusa d'accepter de vous un centime pour le repassage de vos outils. Il vous recommanda à plusieurs patrons, s'entremit pour vous obtenir une avance de 300 francs sur votre héritage, et vous offrit même de vous aider de sa bourse. Voyons, Léauthier, est-ce vrai ?

L'accusé, avec un sourire. — Parfait !

D. — Vous étiez donc bien mal venu à vous plaindre de la société ! Mais tout cela ne vous empêchait pas de déblatérer contre les patrons, et de vous nourrir de la lecture des journaux anarchistes, dans lesquels on faisait l'éloge de Pallas, l'assassin du maréchal Martinez Campos. L'auteur de cette apologie ajoutait qu'il était bien heureux que de temps en temps un homme déterminé se dressât en face des exploiteurs.

Léauthier. — Et il avait bien raison !

D. — Vous vous considérez donc, vous aussi, comme une victime ?

R. — Oui, je l'expliquerai.

D. — Vous aviez trouvé trois patrons excellents, des appuis.

R. — Appuis perfides !

Arrivons au 11 novembre, c'est-à-dire presque à la veille du crime.

D. — Dans la soirée du 11, vous essayez de voir Sébastien Faure, que vous considérez comme le grand maître de l'anarchie.

R. — Pardon ! chez nous il n'y a pas de maître !

D. — Ne l'ayant pas trouvé chez lui, vous lui avez laissé une lettre dans laquelle vous lui faisiez part de votre projet bien arrêté de « crever un bourgeois ».

— Cher compagnon, lui disiez-vous, le camarade qui t'écrit est le même qui t'a entendu souvent à Marseille. Je suis Léauthier; et je viens en quelques phrases brèves te dire ma pensée.

« Après avoir passé quelques mois chez ma grand'mère, dans un petit patelin des Basses-Alpes, me voici à Paris, j'ai quitté le 26 septembre mon patron pour ne pas subir les caprices et les excentricités de l'oiseau. Je vivote dans la mistoufle et je n'ai plus le sou. Je suis menacé d'être foutu à la porte de ma chambre par mon proprio, et je suis réduit à mourir de faim ou au suicide.

« Je m'y refuse ! Mourir de faim quand les magasins regorgent de vivres !

« Quant à se tuer, il faut être idiot ou pochetée pour en venir là.

« Anarchiste depuis l'âge de seize ans, je ne suis ni un poltron ni un lâche.

« Puisque je n'ai pas les moyens de faire un grand coup comme le sublime compagnon Ravachol, je frapperai du moins avec mon outil de travail un infâme bourgeois.

« Oh ! je regrette de ne pouvoir choisir, un magistrat, par exemple ! Mais celui que je frapperai ne sera toujours pas un innocent.

« Quand tu recevras cette lettre, je serai déjà rentoilé, et je compte sur toi pour me défendre devant les enjuponnés.

« En attendant, je crie avec Blanqui : « Ni Dieu ni maitre ! Vive l'anarchie ! »

Léauthier écoute la lecture de sa prose avec un sourire de satisfaction :

M. le président. — Ainsi votre idée était bien arrêtée : crever un bourgeois avec un tranchet, votre outil de travail, puisque vous n'aviez pas, comme le sublime compagnon Ravachol, une bombe à votre disposition.

La préméditation est aussi claire que possible.

Vous avez passé la journée du 12 chez votre ami M. Branchard, à vous lamenter, à vous plaindre de votre sort, à maudire les bourgeois qui, eux, peuvent consommer suivant leurs besoins.

Et vous faites part à Branchard de votre dessein d'aller dîner le soir, sans bourse délier, au restaurant Marguery.

Vous étiez décidé à crever un bourgeois, mais après avoir bien dîné.

2.

R. — Parfait !

D. — Chez Marguery, vous vous êtes fait servir du mâcon, du champagne, des cailles rôties, une croûte à l'ananas, et quand l'heure de l'addition a sonné, vous déclarez au garçon que vous n'avez pas d'argent. M. Marguery, que le garçon est allé quérir, vous fait observer que lorsqu'on n'a pas d'argent, on ne boit pas de champagne.

— Les bourgeois en boivent bien, lui répliquez-vous en ricanant.

— C'est possible, réplique M. Marguery, mais les bourgeois le paient.

— Oui, avec l'argent qu'ils nous ont volé !

Sans discuter davantage, M. Marguery vous met à la porte avec un coup de pied au derrière.

Cette attitude énergique vous a déconcerté, vous n'avez pas eu le temps de le frapper.

Léauthier. — Ce qui m'était d'autant plus facile que je tenais mon arme toute prête ! (*Sensation.*)

D. — Le lendemain, 13 novembre, vous avez encore passé la journée à vous lamenter chez Branchard, tout en commentant le *Père Peinard*.

Votre ami a essayé de vous remonter, il vous a même offert de vous prêter un peu d'argent.

— Non, lui avez-vous répondu, donnez-moi seulement vingt centimes, que j'aille me faire raser.

En sortant de la boutique du coiffeur, Léauthier se rendit tout droit au bouillon Duval qui fait le coin de l'avenue de l'Opéra et de la rue des Petits-Champs.

D. — Il était environ six heures et demie. Vous vous êtes fait servir lentement, au grand désespoir de la bonne, qui attendait avec impatience votre table pour des habitués.

Pendant deux heures vous êtes resté là, taciturne, mangeant d'une main, et tenant l'autre obstinément cachée dans votre gilet. Vous ne quittiez pas votre tranchet, attendant, guettant l'arrivée d'un bourgeois, commandant de temps en temps, pour faire prendre patience à la fille de service, du café, du cognac, et encore, comme au restaurant Marguery, une croûte à l'ananas.

Des clients qui viennent s'asseoir à côté de vous s'excusent de vous déranger en passant ; vous vous détournez en bougonnant.

Enfin, vers huit heures et demie, M. Georgewitch,

ministre de Serbie, vient prendre place à une table voisine.
Vous attendez qu'il ait terminé son repas et, au moment
où il se lève pour demander son pardessus, vous bondissez
sur lui et vous lui plongez votre tranchet dans la poitrine.

Votre vengeance était satisfaite. M. Georgewitch était
bien mis, il était décoré. Oui, c'était bien là le bourgeois
exécrable, le bourgeois qu'il fallait crever !

· Et pendant qu'on s'empresse autour du blessé, vous fuyez
avec la rapidité de l'éclair, très maître de vous, passant
tête nue devant le contrôleur du bouillon qui se tient près
de la porte et qui suppose que vous allez chercher un
journal.

Pendant ce temps, M. Georgewitch, qui avait cru
d'abord avoir affaire à un voleur et qui, instinctive-
ment, portait la main à son portefeuille, retirait de
sa poitrine le tranchet ensanglanté. Aussitôt il s'affaissait étouffé par un flot de sang, ayant à peine la force
de murmurer : « Un médecin ! un médecin ! » Et il
tombait évanoui.

D. — Quant à vous, Léauthier, après avoir erré quelques heures à travers les rues, vous avez réfléchi, comme
vous l'avez déclaré d'ailleurs à l'instruction, que vous
n'iriez pas loin sans être arrêté, que votre tranchet portait la marque d'un fabricant de Marseille, que vous aviez
oublié votre chapeau dont la coiffe indiquait vos initiales,
et vous êtes allé vous constituer prisonnier.

Lorsque vous avez appris que le bourgeois que vous
aviez frappé était un ambassadeur, vous n'avez pu retenir
un mouvement de joie.

R. — Je ne voulais pas le tuer !

M. le président. — Oui, oui, je connais votre système.
C'est celui de Ravachol, celui de Vaillant. Vous vouliez
blesser, vous aviez mesuré votre coup ! Oh ! vous n'êtes
pas courageux, vous autres ! Une fois qu'on vous a pris,
vous ergotez, vous vous défendez d'avoir voulu donner la
mort !

Et comme Vaillant, vous fuyez après votre crime, et si
vous vous êtes constitué prisonnier, c'est que vous avez
compris que vous ne pouviez faire autrement.

R. — J'ai mesuré mon coup !

D. — Vous avez frappé si fort, que les voisins de table

ont entendu le bruit sourd de l'arme pénétrant dans les chairs, et si M. Georgewitch n'a pas succombé, c'est un miracle ! Il a fallu lui ouvrir la poitrine, et il est resté six semaines entre la vie et la mort !

Aujourd'hui encore, après trois mois et demi, il ne peut quitter la chambre.

Léauthier. — Je n'ai pas voulu le tuer !

M. le Président. — Et votre lettre à Sébastien Faure, de quoi parlait-elle ? De crever un bourgeois, non de le blesser seulement. Asseyez vous.

Les Témoins.

Les témoins défilent rapidement devant la Cour.

M. Marguery raconte le dîner du 12 novembre :

L'attitude de ce consommateur taciturne m'avait frappé. Léauthier était resté plus de deux heures à table. Tout le monde était parti. Il ne restait plus en face de lui qu'une famille qui achevait de dîner.

Quand le garçon vint me trouver :

— Il ne paie pas ? lui dis-je. Je m'en doutais ! »

Suit la petite conversation avec Léauthier : les récriminations contre les bourgeois qui boivent du champagne et qui le paient avec l'argent qu'ils ont volé. M. Marguery arrêta net l'entretien :

— Pas de théories socialistes ! répliquai-je. Vous allez sortir d'ici ! Et je le fis pirouetter dans la salle en le reconduisant avec énergie jusqu'à la porte.

Léauthier. — Puisque vous vous doutiez que je ne voulais pas payer, pourquoi avez-vous continué à me faire servir ?

M. le Président. — M. Marguery ne s'en est douté qu'après.

Léauthier, goguenard. — C'était pourtant bien facile à voir.

Mlle Blanche Meyer, la petite bonne du restaurant Duval, détaille le menu du dîner servi le lendemain à Léauthier : potage, croquettes de bœuf, poisson, ananas, fromage, café, liqueurs ; coût : 3 fr. 65.

Ce monsieur ne s'en allait toujours pas, dit-elle, et j'en

étais fort contrariée. Vous comprenez, messieurs, nous n'avons que nos pourboires et encore nous sommes forcées de verser à la caisse 2 francs par jour pour travailler. Pour que nous gagnions notre vie, il faut que nos tables se renouvellent assez souvent, et monsieur est resté plus de deux heures.

D. — Etiez-vous dans la salle au moment où Léauthier a frappé M. Georgewitch ?

R. — Non. Je remontais l'escalier; j'ai entendu un grand bruit, et l'une de mes camarades m'a crié :

— Blanche ! Blanche ! viens vite. C'est un de tes clients qui vient d'assassiner un des miens ! Je ne me doutais pas que je venais de servir un assassin, je l'avais pris pour un garçon coiffeur qui avait bu un petit coup.

Léauthier. — Mademoiselle fait erreur dans son compte. Je n'ai pas commandé de fromage.

M. le président. — C'est possible, mais vous avez commandé un ananas, comme au restaurant Marguery. Il paraît que vous les aimez ! (*Rires.*)

M. Landry, qui dînait à côté de Léauthier, a vu l'accusé se replier sur lui-même, une main cachée dans son gilet, dans l'attitude d'un homme qui va se précipiter sur quelqu'un. Léauthier a attendu plus d'une demi-heure que M. Georgewitch eût achevé de dîner.

Mᶦˡᵉ Cassel, seconde petite bonne de chez Duval, aidait M. Georgewitch à passer son pardessus au moment où Léauthier s'est élancé sur lui et lui a enfoncé son tranchet dans la poitrine.

M. Philippe, contrôleur au bouillon Duval, n'a été nullement frappé par l'attitude de Léauthier après le crime. Il était fort calme et passa devant lui tête nue, comme un client qui va chercher au dehors des cigarettes ou un journal.

M. Branchard, coutelier, rue de Saintonge :

J'avais pris en amitié ce garçon à cause de ses accès de mélancolie et de son accent marseillais. Je le recevais chez moi et je l'ai aidé plusieurs fois à trouver de l'ouvrage.

Je l'exhortais à ne pas s'attrister et à ne pas se décourager.

Quand il me parla, dans la journée du 12 novembre,
de s'offrir un bon dîner sans payer : '

— Mais, malheureux enfant, lui dis-je, vous allez vous
faire arrêter pour escroquerie ! Si vous avez besoin d'argent, je suis à votre disposition.

Léauthier. — Oh ! vous n'étiez pas si tendre !

M. le Président. — Comment ! vous avez le courage de
railler ici un brave homme qui vous a ouvert sa bourse et
qui ne vous a jamais donné que de bons conseils !

M. Branchard. — Je lui ai même rédigé des lettres pour
demander du travail au *Louvre*, au *Bon-Marché*, et à d'autres grands magasins. — Envoyez-les toujours. répétais-je
à Léauthier, on prendra bonne note de votre demande.

M. l'avocat général Bulot. — Et Léauthier a gardé les
lettres dans sa poche. Ce n'est pas du travail qu'il cherchait, c'était un bourgeois pour le crever !

M. le Président. — Léauthier vous paraissait très
exalté ?

R. — Oui, monsieur, et j'essayais vainement de le
calmer. Il lisait le *Père Peinard* et parlait avec enthousiasme de Sébastien Faure, dont il avait suivi les conférences à Marseille. Il voulait améliorer le sort de la
société par l'anarchie. Je haussais les épaules en lui
disant qu'il ferait bien mieux de travailler.

Mᵉ Lagasse, défenseur de Léauthier. — Cependant il
n'était pas paresseux !

Le témoin. — Il avait beaucoup d'insouciance. »

M. Demay, cordonnier rue de Saintonge :

C'est moi qui ai employé Léauthier en dernier lieu, sur
la recommandation de M. Branchard. Je lui ai encore
porté du travail le jour du crime.

J'étais toujours disposé à l'occuper quand j'avais des
commandes.

M. Cuzin, cordonnier, rue Commines :

Léauthier a travaillé deux mois chez moi et sortait de
l'atelier de M. Lhomond. C'était un bon ouvrier. Il travaillait très bien pour dames. Mais il a fini par se négliger
dans la confection. Je lui ai fait quelques reproches et je
ne l'ai plus revu.

Mᵉ Lagasse. — Ne vivait-il pas très sobrement ?

R. — Oui. C'était un garçon rangé. Il mangeait chez lui

par économie, ne buvait pas de vin et se faisait monter, chaque jour, un litre de bière pour ses repas.

Je dois ajouter qu'il était très honnête. Il lui est arrivé de me rapporter de l'argent que ma femme lui avait payé en trop.

Ce n'était pas un ouvrier ordinaire. Il faisait très bien.

D. — Et combien pouvait-il gagner?

R. — De 5 à 6 francs par jour, s'il avait travaillé régulièrement et s'il avait toujours eu de l'ouvrage.

Même en tenant compte de la morte-saison, il pouvait se faire encore de 4 fr. à 4 fr. 50 par journée ; seulement, il n'avançait pas et gardait l'ouvrage trop longtemps.

Cependant, j'ai regretté qu'il m'eût quitté et j'étais tout prêt à l'occuper encore s'il était revenu.

M. Lhomond, cordonnier, boulevard de Strasbourg :

Léauthier est resté six mois chez moi, du 15 avril au 15 septembre 1893. Je l'ai congédié parce qu'il ne livrait pas en temps et à l'heure.

D. — Ne lui avez-vous pas avancé plusieurs fois de petites sommes?

R. — Oui, monsieur, et je dois dire qu'il me les a toujours fidèlement rendues. Un jour il m'a demandé une paire de bottines qu'il voulait envoyer dans les Basses-Alpes pour la première communion de sa sœur. Il me les a payées petit à petit.

D. — Combien Léauthier gagnait-il chez vous ?

R. — De 4 à 5 francs par jour. »

M. le docteur Brouardel :

J'ai été chargé par le Parquet d'examiner la blessure de M. Georgewitch. Elle était extrêmement grave. Sa vie a couru les plus grands dangers. L'arme avait pénétré dans la plèvre et atteint le poumon droit, en entamant une artère.

La blessure a déterminé une hémorrhagie des plus sérieuses, une inflammation purulente et, plus tard, une agglomération de sang putréfié dans la plèvre. Il a fallu ouvrir la poitrine où s'était amassé plus d'un litre de sang décomposé.

M. Georgewitch n'a dû son salut qu'aux soins admirables de ses médecins.

Encore n'est-il pas complètement guéri. Il lui restera

une déformation de la poitrine et il souffrira longtemps de douleurs très vives. Il est toujours extrêmement faible.

M. le président. — Le tranchet qui l'a frappé est une arme des plus dangereuses?

M. le Dr Brouardel, prenant le tranchet dans sa main. — Oh! c'est une arme terrible. d'autant plus qu'elle était fraîchement aiguisée. » (*Mouvement.*)

M. Charnet, mécanicien, qui était l'ami, mais non le confident de ce taciturne, déclare que Léauthier a toujours cherché à travailler, qu'il était très sombre, et que, faute d'ouvrage, il s'est passé plusieurs fois de dîner.

Même déposition de Mme Rose, qui faisait son ménage. Léauthier ne buvait jamais, il veillait souvent jusqu'à une heure avancée et il passait à lire tout le temps qu'il avait de libre.

M. le Président. — Il aurait mieux fait d'aller se promener.

Après la lecture de la déposition de M. Georgewitch, qui ne nous apprend rien de nouveau, M. l'avocat général Bulot prononce son réquisitoire.

Le Réquisitoire.

M. l'avocat général Bulot demande au jury de frapper sans faiblesse ce « praticien » de l'anarchisme, exalté peut-être par l'influence désastreuse de Sébastien Faure et d'autres théoriciens de la propagande par le fait, mais qui ne mérite aucune pitié.

Plus heureux que bien des bourgeois, que bien des petits employés, Léauthier est arrivé à Paris avec cent francs dans sa poche, il a toujours trouvé du travail, il gagnait de 5 à 6 francs par jour, et il avait devant lui ce petit héritage de 1.000 à 1.500 francs qui l'attendait au lendemain de sa majorité.

L'assassin de M. Georgewitch avait un métier plus lucratif que bien des professions libérales. Il a préféré se servir de son tranchet pour « crever un bourgeois ».

Aujourd'hui, comme tous les anarchistes, il se montre au jury hypocrite et lâche; il a fui après son crime, comme Ravachol fuyait après avoir déposé ses bombes, comme Vaillant a tenté de fuir après son attentat contre la Chambre des députés, et, comme Vaillant, il essaie de sauver sa tête en prétendant qu'il n'a pas voulu tuer.

Sa haine de la Société n'est inspirée que par des sentiments extrêmement vils, l'envie, la jalousie :

L'heure de l'indulgence est passée, s'écrie en terminant M. l'avocat général Bulot. Deux années se sont écoulées depuis que le jury parisien a accordé des circonstances atténuantes à Ravachol.

Depuis, les attentats anarchistes se sont multipliés.

(*Se tournant vers Léauthier*). Mais vous ne nous faites pas peur, nous aurons raison de vous !

Le jury frappera les assassins de l'anarchisme sans pitié et sans faiblesse, jusqu'au jour où ils auront désarmé!

Mᵉ Lagasse demande grâce au jury pour cet ouvrier, cet ouvrier affolé par de mauvaises lectures et qui est la première victime de l'anarchie.

Après la plaidoirie de son défenseur, Léauthier se lève et, d'une voix très douce, coupée par une petite toux sèche, commence la lecture interminable d'un insipide factum, ramassis de tous les lieux communs qui traînent dans les journaux du parti et dans les discours des réunions publiques. La dernière phrase de ce fastidieux mémoire donne une idée du reste :

— Je pleurerais devant un enfant, je tremble devant un lézard, mais j'irai en souriant à la guillotine en criant : « Hurrah! pour la révolution sociale! Vive l'anarchie! »

Le verdict.

Après une courte délibération, le jury rapporte un verdict qui admet, en faveur de Léauthier, l'existence de circonstances atténuantes.

3

L'assassin de M. Georgewitch est condamné aux travaux forcés à perpétuité.

Des huées, des coups de sifflet, de longs murmures accueillent la lecture du verdict pendant que Léauthier, d'une voix ragaillardie, crie par deux fois : « Vive l'anarchie ! » en faisant tournoyer son chapeau me lon et en envoyant un dernier salut aux amis qu'il se suppose au fond de la salle d'audience.

LE CAMBRIOLEUR MARPEAUX

Paris, 27 février.

Le cambrioleur Marpeaux, qui tua le malheureux agent Colson et qui se défend maintenant d'être anarchiste, a comparu hier et comparaîtra encore aujourd'hui devant le jury de la Seine :

Hier comme receleur et aujourd'hui comme assassin.

Le procès d'hier n'est guère qu'un lever de rideaux. Marpeaux y joue un rôle de comparse. Il est accusé simplement d'avoir servi de receleur à la bande Poulain.

Ce Poulain, garçon de laboratoire de son État, avait mis au pillage, au mois de juillet dernier, avec l'aide de deux ou trois complices, l'appartement de Mme Sano, une voisine de son patron, M. Beynet, pharmacien, rue de Chaillot.

Mme Sano venait précisément de partir pour la campagne. Poulain s'introduisit dans son appartement où il installa deux de ses amis, un nommé Marchand et un nommé Moussault.

Pendant trois jours et trois nuits, ces deux gredins procédèrent à l'effraction des meubles et à l'inventaire minutieux de l'appartement. Poulain, libre de ses allées et venues en sa qualité de locataire de la maison, leur apportait régulièrement leur déjeuner et leur dîner, et prenait de leurs mains des paquets d'objets volés pour les porter à sa maîtresse Henriette

Crozard, laquelle se chargeait de les mettre en lieu sûr.

Il n'est pas d'ignominies que les deux malfaiteurs installés chez Mme Sano n'aient commises dans l'appartement.

Ils couvrirent d'inscriptions indécentes et de dessins obscènes le carnet de bal de Mlle Sano. Ils s'éclairèrent avec les cierges que Mme Sano conservait précieusement en souvenir de la première communion de ses filles. Ils trouvèrent plaisant de décapiter des statuettes, de crever des toiles de prix, de satisfaire de légers besoins dans des bouteilles de kirsch préalablement vidées et qu'ils rebouchèrent avec soin. Ils ornèrent des livres de messe de commentaires impies et de moqueries « à l'adresse du nommé Dieu ».

Quand l'appartement fut entièrement déménagé, à l'exception des gros meubles, Poulain donna congé à son patron et disparut.

L'absence de Mme Sano devant se prolonger jusqu'à l'automne, les voleurs n'eussent sans doute jamais été découverts si M. Beynet, le pharmacien, en visitant la chambre de son ancien garçon pour y installer le successeur de Poulain, n'avait trouvé des papiers de famille appartenant à sa voisine.

Très intrigué par cette découverte, le pharmacien écrivit à Mme Sano et l'on juge de la stupéfaction de cette dame quand, en arrivant à Paris, elle trouva son appartement mis à sac. Le butin des cambrioleurs dépassait 25.000 francs.

Une enquête fut ouverte. La police de sûreté reçut la déposition d'un essayeur chez lequel Moussault avait porté des bijoux brisés répondant exactement à la description donnée par Mme Sano. Ces indications amenèrent l'arrestation de Moussault, qui dénonça ses complices, Marchand, Henriette Crozard et Poulain.

Restait à s'emparer du chef de la bande.

La police apprit que Poulain recevait des lettres poste restante au bureau de la rue Etienne-Dolet, aux initiales P. O. B.

Une surveillance fut organisée au guichet et confiée

aux deux gardiens de la paix Feugère et Colson. Mais avec la méfiance professionnelle du malfaiteur, Poulain se gardait bien de venir chercher lui-même ses lettres ! Il les faisait prendre par son ami Marpeaux, secrétaire de la chambre syndicale des estampeurs-découpeurs, habitué, comme lui, des réunions anarchistes, et son camarade de chambre, rue Haxo, où il s'était réfugié sous un faux nom.

Quand, le 17 septembre, Marpeaux vint réclamer au bureau de poste de la rue Etienne-Dolet la correspondance de Poulain, les agents lui sautèrent au collet. Marpeaux se dégagea vivement, prit la fuite et, serré de près par l'agent Colson, lui planta son couteau en pleine poitrine.

— Arrêtez-le ! cria le malheureux gardien de la paix en roulant mortellement blessé sur le sol.

En attendant qu'il vienne rendre compte au jury de son crime, Marpeaux est accusé aujourd'hui d'avoir recélé une partie des objets soustraits chez Mme Sano, d'avoir facilité la vente de plusieurs obligations volées en procurant à l'un des cambrioleurs la carte électorale d'un honnête ouvrier estompeur, M. Pommeret, qui faillit être impliqué dans le procès, enfin d'avoir eu chez lui tout un attirail de cambrioleur ; alésoirs, lanternes sourdes, ciseaux à froid, etc,

Le meurtrier de l'agent Colson se présente devant le jury en pardessus clair, avec du linge irréprochable, la barbe blonde soigneusement taillée, ayant tout à fait bon air, comme il sied à un cambrioleur qui ne veut pas se faire remarquer.

Marpeaux nie toute participation directe ou indirecte au vol de la rue de Chaillot. Il a voulu rendre service à un camarade en allant chercher ses lettres, voilà tout :

M. le président Commoy. — Vous êtes également inculpé d'un vol de bicyclettes, pour lequel vous serez jugé ultérieurement.

R. — Pardon, je n'ai pas volé. J'ai rendu service aux ouvriers en emportant le trop plein du magasin d'un mar-

chand de vélocipèdes. Il a dû en commander d'autres. Ça
fait aller la main-d'œuvre.

D. — Vous êtes anarchiste ?

R. — Pardon, je fréquentais les réunions anarchistes en
amateur, comme beaucoup de bourgeois; mais je n'ai
jamais fait de **propagande**.

D. — Alors, comment expliquez-vous cette lettre saisie
sur votre complice Poulain et dans laquelle je relève ce
passage : « J'ai vu Edouard (Marpeaux) à l'instruction; il
« n'est pas trop abattu et, devant les juges, il saisira avec
« bonheur l'occasion de développer l'idée » ?

R. — Je ne suis pas responsable de ce que Poulain a
pu écrire à Mazas.

Après le réquisitoire de M. l'avocat général Van
Cassel et les plaidoiries Mes Collenot, Merlin, Henri
Robert, Pauffin et Paul Henri, le jury acquitte Mar-
peaux et la fille Crozard.

Poulain est condamné à huit ans de travaux forcés,
Marchand à la même peine et à la relégation, Moussault à cinq ans de prison.

Il est probable qu'aujourd'hui l'assassin de l'agent
Colson s'en tirera à moins bon compte.

28 février.

Après avoir acquitté coup sur coup trois individus
convaincus de meurtre et accordé à Léauthier le
bénéfice des circonstances atténuantes, le jury de
février a couronné hier sa session en faisant grâce à
l'assassin du gardien de la paix Colson.

Marpeaux a trouvé moyen de plaider que ce n'était
pas lui qui avait poignardé le malheureux agent,
mais un petit jeune homme blond dont il ne connaît
ni le nom ni le domicile! Habilement soutenu par
Me Demange, ce système invraisemblable a suffi pour
jeter le trouble dans l'esprit incertain des douze
magistrats improvisés qui se sont promis d'étonner le
monde et, comme à l'ordinaire, les jurés ont traduit
leur ahurissement par un verdict de composition.

On va voir, cependant, si la culpabilité de ce misérable pouvait soulever le moindre doute!

M. le président Commoy, dans son interrogatoire, commence par établir les tendances anarchistes de Marpeaux, qui répond d'une voix assurée, en caressant sa barbe fauve soigneusement taillée :

D. — Vous étiez anarchiste et même anarchiste militant. Vous fréquentiez assidûment les réunions et, le 18 août dernier, on vous a arrêté rue de Turbigo au moment où vous vous opposiez à la lacération des affiches adressées par le *Père Peinard* au « populo. »

Fidèle aux principes des « compagnons », vous déménagiez à la cloche de bois, et vous-même racontiez hier au jury que vous étiez parfaitement dans votre droit en volant un certain nombre de bicyclettes, pour débarrasser les magasins de leur trop plein et donner du travail aux ouvriers.

Les habitudes de labeur que vous aviez pendant vos premières années de jeunesse avaient fait place depuis un certain temps à une véritable existence de malfaiteur.

Trésorier-adjoint de la Société de secours mutuels des ouvriers estampeurs, vous détourniez 150 francs que vous étiez contraint de restituer et vous mettiez vos théories en pratique en ne vivant que de vols, logeant sous des noms supposés dans trois différents domiciles et affilié à la bande Poulain, dont les chefs ont été condamnés hier par le jury.

Dans les derniers temps, vous partagiez avec votre maîtresse la chambre de Poulain, qui se savait recherché pour le vol de la rue de Chaillot. Vous vous cachiez vous-même à la suite du vol de bicyclettes que vous aviez commis, et vous n'étiez pas sans inspirer quelques inquiétudes à votre camarade de chambre : « Si tu me dénonces, lui aviez-vous dit, je te f... un coup de couteau ! »

Marpeaux avait acheté, en effet, un fort couteau à virole, solidement emmanché, dont il ne se séparait jamais. C'est avec cette arme qu'il devait frapper le pauvre agent Colson :

D. — « Le premier qui m'arrête, répétiez-vous, je le tue ! » Et, certain jour que vous aviez rencontré, dans les rues de Belleville, M. Antona, commissaire de police du quartier, vous serriez votre couteau en disant à Poulain : « S'il me met la main au collet, son affaire est faite ! »

Arrivons au crime :

La police savait que Poulain recevait d'Angoulême de nombreuses lettres de sa mère et que ces lettres lui étaient adressées poste restante, au bureau de la rue Etienne-Dolet, aux initiales P. O. B.

Comme il tremblait toujours d'être arrêté — et il n'avait pas tort, car la Sûreté avait organisé une souricière au bureau de poste — vous lui avez offert d'aller chercher sa correspondance.

Au moment où vous vous êtes présenté au guichet, le 17 novembre, deux agents de la sûreté, Feugère et Colson, étaient en surveillance dans le bureau.

Poulain vous attendait en face, sur le trottoir.

Après vous avoir entendu réclamer les lettres de votre ami, les deux agents vous suivirent, et pendant que l'agent Feugère se mettait en devoir d'arrêter Poulain, dont les allées et venues avaient attiré son attention, son collègue Colson se chargeait de vous.

Poulain, à la vue de l'agent, avait pris la fuite à toutes jambes.

L'agent se mit à sa poursuite. Tous deux avaient parcouru une centaine de mètres quand Feugère entendit la voix de son collègue :

— Arrête-le ! Arrête-le ! »

Et, presque au même instant, le malheureux Colson s'affaissait inanimé.

L'agent Feugère lâcha aussitôt Poulain pour se mettre à votre poursuite.

Vous teniez encore à la main le couteau ensanglanté dont vous veniez de frapper mortellement Colson et, serré de près par son collègue, vous jetiez votre arme à travers la grille qui entoure une petite église du quartier.

Quelques instants après, l'agent Feugère vous rejoignait, et, avec l'aide de deux gardiens de la paix, vous conduisait au poste.

Blessé à mort, mais trouvant la force de se traîner encore, le malheureux Colson arrivait au poste au moment où l'officier de paix interrogeait son assassin.

Marpeaux balbutia quelques dénégations :

— Oh ! c'est lui, c'est bien lui ! s'écria le malheureux Colson. Au moment où je venais de le saisir par le bras, il se dégagea brusquement en disant : « Qu'est-ce qu'il veut, celui-là ? » et il m'enfonça son couteau dans la poitrine.

Transporté à l'hôpital, le malheureux agent y expirait le lendemain, après avoir réitéré son accusation devant le juge d'instruction, en répétant à ceux qui l'entouraient : « J'ai fait mon devoir. »

— C'est ainsi, s'écrie M. le président Commoy, que savent mourir ces braves serviteurs, ces victimes du devoir, ces malheureux agents, ces malheureux pompiers ! (*Vive émotion dans l'auditoire.*)

Seul, Marpeaux reste insensible :

— Ce n'est pas moi, dit-il, qui ai tué l'agent Colson.

M. le président. — Oh ! oui, vous n'avez pas de courage, vous autres ! Vaillant n'avait pas voulu tuer, Léauthier avait mesuré son coup. Vous, vous allez plus loin qu'eux. Vous niez. Et qui donc, je vous le demande, a frappé l'agent Colson ?

R. — Ce n'est pas moi, c'est un jeune homme blond qui nous accompagnait, Poulain et moi.

D. — Son nom ?

R. — Je ne le connais pas.

D. — Mais vous n'étiez que deux ! Personne n'a aperçu un troisième individu, et c'est vous qui fuyiez !

R. — C'est le seul tort que j'aie eu.

D. — Vous fuyez, et, à deux cents mètres de la scène du crime, vous vous débarrassez de votre couteau, que l'agent Feugère ramasse quelques moments après.

Comment osez-vous nier en face de pareilles charges ?

R. — Ce n'est pas moi, c'est le jeune blond !

D. — Vous avez frappé si fort que la pointe de votre couteau s'est faussée. Le malheureux Colson avait le poumon gauche perforé.

R. — Ce n'est pas moi qui l'ai frappé !

D. — Enfin, ce couteau était bien à vous ? Poulain vous l'a vu entre les mains. Votre maîtresse l'a manié plus de cent fois. Vous l'entendrez tout à l'heure.

Vous-même avez écrit de Mazas une lettre à Poulain, qui a été saisie et dans laquelle vous lui recommandiez de « bien désigner le vrai coupable, le petit blond » ajoutant que vous preniez pour votre compte le vol de bicyclettes, mais que, s'il ne vous aidait pas à vous tirer d'affaire, vous seriez bien obligé de le charger ». C'était un marché ?

3.

R. — Je suis victime de la fatalité !

D. — On a saisi chez vous un carnet sur lequel étaient inscrites des formules de préparations chimiques?

R. — C'était une nouvelle composition de colle.

D. — Pas du tout! vous entendrez M. Girard, directeur du Laboratoire municipal; qui a expérimenté ces formules. C'était bel et bien un mélange explosif!

R. — Je ne suis pas chimiste et je n'ai jamais été partisan des bombes !

M. le Président. — Vous préfériez le couteau! (*Sensation.*)

Les témoins sont entendus.

L'agent Feugère raconte la scène du crime et affirme qu'il n'a aperçu aucun homme blond auprès de son collègue. Colson était bien seul avec Marpeaux, quand il a crié : « Arrête-le » avant de s'affaisser sur le trottoir.

M. le président Commoy félicite chaleureusement le courageux agent.

Après lui, M. Roucoux, l'officier de paix qui a reçu la première déposition du blessé, affirme que le pauvre Colson a maintenu énergiquement son accusation en face des dénégations de Marpeaux.

Poulain, le condamné d'hier, apparaît ensuite encadré entre deux gardes. Pendant l'instruction, il avait accusé formellement son complice. Aujourd'hui, changement de front.

Condamné à huit ans de travaux forcés, le cambrioleur se rit de la justice et s'attache à disculper son ancien ami :

Tout ce que j'ai dit sur Marpeaux est faux, commence-t-il. Marpeaux n'est pas anarchiste. Il ne m'a jamais dit qu'il était décidé à tuer le premier agent qu'il rencontrerait.

D. — Enfin, c'est bien lui qui vous accompagnait au bureau de poste?

R. — Je n'en sais rien !

D. — Qui donc alors a tué l'agent?

R. — C'est un blond.

D. — Un petit ou un grand?

. R. — Un grand, à peu près de ma taille.

M. le Président. — Vous avez mal appris votre leçon. Marpeaux prétend que c'était un petit! (*Rires.*)

Tenez, voici le couteau. C'est bien le couteau de Marpeaux?

R. — Je ne le lui ai jamais vu.

D. — Mais vous l'avez décrit vous-même dans l'instruction!

Allons, gardes, emmenez cet homme!

Et Poulain se retire en souriant, ravi de s'être moqué de la justice.

La maîtresse de Marpeaux, une petite modiste nommée Jeanne Fougeal, assez jolie avec son teint mat, ses yeux aux longs cils et ses cheveux à la vierge, n'est pas plus sincère que le compagnon Poulain.

D. — Vous avez dit à l'instruction que votre amant était fort exalté?

R. — Pas du tout.

D. — Comment, Marpeaux ne vous répétait pas : « Plus de bourgeois, plus de magistrats, plus de police! »

R. — Jamais il ne m'a tenu ces propos-là! Il étudiait beaucoup. Nous causions souvent de la réforme du système monétaire. (*Hilarité.*)

D. — Et ce couteau, c'est bien à lui?

R. — Je sais qu'il en avait un dans ce genre-là, mais je n'y ai jamais touché.

La fille Crozart, maîtresse de Poulain, déclare avec une petite moue ennuyée « qu'elle ne sait rien de mal sur le compte de Marpeaux ».

Marchand, un des associés de la bande Poulain, qui s'avance également entre deux gardes, refuse de s'expliquer davantage.

D. — Marpeaux n'a-t-il pas déclaré devant vous qu'il tuerait le premier agent qui essayerait de l'arrêter?

R. — S'il a dit ça, c'est par forfanterie. Marpeaux était un charmant garçon. (*Rires.*)

M. Girard, directeur du Laboratoire municipal :

J'ai expérimenté les deux formules inscrites sur le carnet de Marpeaux.

C'étaient bien des formules chimiques.

La première comprenait un composé de chlorate de potasse et de cyanure de potassium. C'est un mélange explosif.

La seconde, qui se composait de bichromate de potasse et de gomme, était inoffensive par elle-même. Mais, en la combinant avec la première, on obtenait une poudre de mauvaise qualité.

Le mélange s'enflammait au contact de l'acide sulfurique

Après la déposition de M. le docteur Vibert, qui a procédé à l'autopsie du malheureux Colson et l'audition de quelques témoins à décharge qui déclarent que Marpeaux était un bon ouvrier, M. l'avocat général Van Cassel prononce son réquisitoire et demande au jury une condamnation à mort.

M⁰ Demange reprend, avec son habileté coutumière, l'histoire du jeune homme blond et demande aux jurés de ne pas prononcer, dans le doute, une condamnation irréparable,

Nous avons que dit que l'éminent avocat avait réussi à convaincre le jury.

Reconnu coupable du meurtre de l'agent Colson, avec la circonstance aggravante de préméditation, Marpeaux obtient le bénéfice des circonstances atténuantes.

La Cour le condamne aux travaux forcés à perpétuité.

Mort de Léauthier et de Marpeaux.

Marpeaux et Léauthier furent transportés à la Guyane.

Au mois de novembre 1894, ils organisaient avec un certain nombre de forçats notamment le jeune Simon *dit* Biscuit, principal complice de Ravachol, un plan d'évasion qui fut sur le point de réussir.

Il s'agissait d'assommer les gardiens, de s'emparer des embarcations de l'administration pénitentiaire et de gagner le large jusqu'à l'arrivée d'un vapeur anglais qui transporterait les évadés aux Etats-Unis.

Ce plan n'échoua que par la dénonciation d'un des affiliés.

Pendant la répression qui suivit la découverte du complot, forçats et gardiens du bagne en vinrent aux mains. Léauthier et Marpeaux furent tués, ainsi que le jeune Simon *dit* Biscuit, qui fut« descendu » à coups de fusil d'un arbre où il se tenait caché.

Une douzaine d'autres transportés furent passés par les armes.

ÉMILE HENRY

Paris, 28 avril.

L'Accusé.

L'auteur de l'explosion du café Terminus, l'auteur vrai ou supposé de l'effroyable attentat de la rue des Bons-Enfants, Emile Henry, a comparu hier devant le jury de la Seine.

On lira plus loin l'interrogatoire de ce garçon de vingt et un ans, qui n'en paraît pas plus de seize, ses réponses aux questions de M. le conseiller Potier, président des assises : il est impossible d'imaginer plus de cruauté, de forfanterie et de cynisme.

Qu'on se figure un petit bonhomme au teint bilieux, aux cheveux coupés en brosse, le menton encadré d'une barbe roussâtre, courte, rare et taillée en collier, la moustache, imperceptible, ombrant à peine des lèvres minces, contractées et pâles, qui auraient eu besoin du bâton de fard de Ravachol.

Correct, d'ailleurs, et presque élégant, ce dandy de l'anarchisme : col droit fortement amidonné, nœud de cravate irréprochable tranchant sur un plastron immaculé : jaquette de drap noir à revers de satin. Emile Henry a fait toilette pour cette « première » de la Cour d'assises que sa vantardise attendait impatiemment.

Dans un coin de l'audience, une vieille dame en robe passée, avec un mantelet d'autrefois et un pauvre chapeau usé qu'orne une maigre branche de glycine, une figure éteinte et résignée que la souffrance a rendue presque diaphane : c'est la pauvre mère d'Emile Henry, que des amis bien cruels ont eu le triste courage de traîner dans cette salle d'assises où se joue la tête de son fils.

Sur la table des pièces à conviction, des paquets de vêtements ensanglantés, des marmites, deux ou trois dessus de table du café Terminus, criblés de coups de mitraille, des planches, des lambeaux de parquet déchiquetés par l'explosion ; derrière la table, une douzaine de chaises de café, empilées les unes sur les autres, comme à l'heure où l'on ferme et où les garçons attendent en sommeillant le départ des consommateurs attardés.

Pendant que M. le greffier Wilmès lui donne lecture des deux actes d'accusation dressés contre lui, Emile Henry s'étudie visiblement à se faire une tête. Il roule des yeux terribles ; d'un geste nerveux il redresse ses cheveux en tête de loup ; un mauvais sourire passe sur ses lèvres et c'est en sombrant sa voix comme un traître de mélodrame qu'il répondra tout à l'heure, uniquement préoccupé, c'est visible, de jouer jusqu'au bout son rôle de matamore et de terroriser les bourgeois.

La lecture achevée, les témoins, au nombre d'une soixantaine, sont conduits dans la salle où ils doivent attendre leur comparution : voici le brave brigadier Poisson, avec la médaille du Tonkin et la croix de la Légion d'honneur qu'il a si vaillamment gagnée ; puis les blessés du café Terminus, dont plusieurs se traînent avec peine, appuyés sur des cannes ou forcés d'emprunter le bras d'un ami.

M. l'avocat général Bulot (1) — un dynamité, lui aussi — soutiendra l'accusation. Au banc de la défense, un débutant, M⁰ Hornbostèl, la plus belle barbe du Palais. M. Silvain, l'excellent sociétaire de la Comédie-Française, qui a consenti à lui donner des leçons de diction dans son ermitage d'Asnières, est venu à la Cour d'assises se rendre compte des progrès de son élève.

---

1. Voir le procès Ravachol. *Causes criminelles* de 1892.

L'Interrogatoire.

Interrogatoire net, précis, rapide, de M. le président Potier, qui rappelle d'abord au jury l'effroyable série d'attentats dont Emile Henry vient répondre :

L'explosion du café Terminus : un mort, dix-sept blessés ;

La triple tentative d'assassinat commise sur l'agent Poisson et les deux braves gens qui s'opposaient à sa fuite ;

L'attentat de la rue des Bons-Enfants : cinq morts.

Plus de vingt accusations capitales.

M. le président Potier interroge d'abord Emile Henry sur l'attentat du café Terminus.

L'ATTENTAT DU TERMINUS

D. — Le 12 février dernier, à 8 heures du soir, vous entriez au café Terminus, cachant une bombe explosible dans la ceinture de votre pantalon.

Henry. — Pardon, dans la poche de mon pardessus.

D. — Pourquoi avez-vous choisi le café Terminus ?

R. — Parce que c'est un grand café, fréquenté par les bourgeois. J'avais auparavant parcouru l'avenue de l'Opéra et les boulevards, regardant chez Bignon, au café de la Paix, au café Américain.

D. — Pourquoi n'y êtes-vous pas entré ?

R. — Il n'y avait pas assez de monde ! (*Mouvement.*)

D. — C'est vrai, vous avez dit à l'instruction que vous vouliez tuer beaucoup de bourgeois.

R. — Le plus possible. (*Nouvelles rumeurs.*)

D. — Au café Terminus, il y avait nombreuse affluence à cause d'un orchestre de Tziganes qui s'y faisait entendre ce soir-là.

Vous vous êtes fait servir un bock, et, trois quarts d'heure plus tard, vous avez demandé un second bock et un cigare. Qu'attendiez-vous donc ?

R. — Que la salle fût plus remplie !

Vers 9 heures, j'ai mis ma bombe sur mes genoux, j'ai allumé la mèche à mon cigare, je me suis levé et, arrivé au seuil de la porte, j'ai jeté l'engin au milieu de la salle, dans la direction de l'orchestre.

D. — Vous méprisez la vie des autres !

R. — Des autres ? Non. La vie des bourgeois !

D. — Vous ne méprisiez pas la vôtre, en tout cas ! Vous aviez tout calculé pour avoir le temps de fuir.

R. — Il fallait bien me conserver pour d'autres explosions. Je comptais, une fois dans la rue, m'en aller tranquillement, sans me presser, monter dans la salle d'attente de la gare Saint-Lazare, me perdre dans la foule et prendre mon billet pour une localité quelconque de la banlieue.

Tout cela est dit avec un sang-froid étonnant.

M. le Président. — Malheureusement pour vous, vous vous êtes heurté à la porte contre un garçon qui essaya de vous arrêter. Oh ! vous n'avez pas perdu la tête :

« Le misérable ! » vous êtes-vous écrié, en ayant l'air de désigner un assassin imaginaire.

R. — C'est faux. Je n'ai pas tenu ce propos-là.

D. — Seulement, le garçon n'a pas pris le change. Il vous a désigné au gardien de la paix Poisson, qui s'est mis à votre poursuite.

Vous aviez pris votre course dans la direction de la rue de l'Isly. Un employé de la gare Saint-Lazare, M. Etienne, essaye de vous barrer le passage :

— Je te tiens, canaille, s'écrie-t-il en vous prenant au collet.

— Pas encore ! lui répondez-vous, et, tirant un revolver de votre poche, vous envoyez M. Etienne rouler sur la chaussée, frappé d'un coup de feu en pleine poitrine.

Henry, avec un ricanement féroce. — C'est sa faute ! Il n'avait qu'à se mêler de ce qui le regardait ! (*Mouvement.*)

D. — Vous avez même exprimé le regret de n'avoir pas tué ce malheureux ?

R. — Parfaitement. Si mon arme avait été meilleure, il était mort. (*Nouvelles rumeurs.*)

D. — Un autre courageux citoyen, un garçon coiffeur, M. Maury, accourt au bruit de la détonation. Il se met à votre poursuite, il va vous atteindre ! D'un second coup de feu, vous l'étendez sanglant à vos pieds.

Cependant, l'agent Poisson vous a rejoint au coin de la rue de l'Isly et de la rue de Rome. Il a mis sabre au clair. D'un troisième coup de revolver, vous l'abattez à son tour au moment où il lève le bras pour vous frapper.

Enfin deux autres gardiens de la paix parviennent à

s'emparer de vous et à vous protéger, non sans peine, contre l'indignation de la foule.

Henry, haussant les épaules. — Oui, la foule, qui ne savait même pas ce que j'avais fait !

D. — Vous aviez, dans votre gousset, six balles de rechange, des balles que vous aviez mâchées. Pourquoi ?

R. — Pour faire plus de mal.

M. le Président. — Un vieux préjugé de soldat d'Afrique !

Vous étiez également porteur d'un coup de poing américain armé de pointes et d'un poignard dont vous aviez empoisonné la lame.

Henry. — Je l'avais empoisonnée un an auparavant pour frapper un dénonciateur anarchiste. J'étais décidé à le blesser mortellement ! Si les circonstances ne m'en eussent empêché, ce traître ne m'aurait pas échappé !

D. — Et vous auriez frappé également de votre poignard l'agent Poisson si on vous en avait laissé le temps ?

Henry. — Oh ! certainement ! Je regrette fort de n'avoir atteint qu'un seul agent !

Emile Henry est arrêté. Brièvement, M. le président Potier rappelle au jury les conséquences de l'attentat :

D. — Vous aviez lancé votre bombe dans la direction de l'orchestre, devant lequel une foule de consommateurs étaient attablés. Cependant, peu de personnes, relativement, ont été blessées.

Henry. — Je me suis rendu compte que j'avais lancé la bombe un peu trop haut.

D. — L'engin est tombé près d'une dame et a éclaté sourdement.

Les dégâts matériels ont été considérables : les glaces ont volé en éclats, on en a retrouvé des fragments à plus de 10 mètres ; le plancher a été défoncé, les tables du café étaient littéralement criblées. Plus de vingt personnes avaient été blessées.

Henry. — Pardon, dix-sept seulement. (*Rumeurs.*)

D. — L'une d'elles est morte, un dessinateur, M. Borde, succombant à l'amputation d'une jambe. Les autres, vous les avez vues ici, quelques-unes encore mal guéries. Vous avez vu M. Vandenhagen, qui a reçu plus de vingt éclats de mitraille et qui boitera longtemps. Une dame blessée,

Mme Kinsbourg, est encore alitée à la suite d'une grave
hémorragie. Voilà votre œuvre !

Et quelle, est votre première attitude !

Devant le commissaire de police, vous commencez par
nier, par donner un faux nom, celui de Breton.

C'est seulement dans la nuit du surlendemain que vous
vous décidez à faire, à un agent de la Sûreté, le récit de
votre crime, un récit détaillé, un récit d'artiste !

Henry. — Vous me flattez, Monsieur le Président!

D. — Je ne tiens nullement à vous flatter, mais j'ai le
droit de dire que votre engin était fort habilement préparé. C'était une marmite, n'est-ce pas ?

R. — Parfaitement, une marmite dans laquelle j'avais
disposé un certain nombre de cartouches de dynamite. Au
milieu, un détonateur rempli de fulminate de mercure et
une mèche qui devait brûler, d'après mes calculs, quinze
secondes avant l'explosion.

D. — Vous vous êtes plaint cependant de n'avoir obtenu
qu'un succès relatif. Que vous fallait-il donc?

R. — Je voulais tuer, et tuer le plus de monde possible.

Il y **avait dans** la marmite cent vingt balles de plomb, des
balles fabriquées par moi-même, pour venger Vaillant !

M. le Président.— Vaillant a dit ici, à cette place même
où vous êtes, qu'il ne voulait pas tuer, mais blesser seulement: « C'est pour cela, déclarait-il, que je n'avais
chargé ma bombe qu'avec des clous ; si j'avais voulu tuer,
j'aurais mis des balles. » Vous, vous avez mis des balles !

R. — C'est que, moi, je ne voulais pas blesser, je voulais tuer, je vous le répète.

A cette déclation, faite avec une rage froide et
impitoyable, un frisson parcourut l'auditoire.

M. le président Potier aborde ici un des épisodes
mystérieux de l'affaire.

Henry avait refusé obstinément de révéler son domicile.

— Que je sois de Marseille ou de Pékin, disait-il en
ricanant au commissaire de police, que vous importe !

Mais, pendant la seconde nuit qui suivit son arrestation, des *compagnons* restés inconnus s'introduisi-
rent dans le petit logement qu'il occupait rue des

Envierges, à Belleville, et le déménagèrent clandestinement.

Informé de cet incident, le Parquet fit une descente rue des Envierges. Il ne trouva plus dans la chambre d'Henry qu'un amas de papiers brûlés, une anse de marmite, des linges imbibés d'acide picrique.

M. le Président. — A la nouvelle de votre arrestation, les compagnons étaient venus chez vous. Ils avaient tout emporté, tout brûlé.

Henry, avec une exquise politesse. — Tâchez donc de les trouver, vous me les présenterez.

M. le Président. — Nous en avons peut-être trouvé quelques-uns déjà.

Dites-nous donc ce que vous aviez dans cette petite chambre de la rue des Envierges?

R. — Douze à quinze bombes, et à peu près 3 kilos d'acide picrique pour en fabriquer d'autres! (*Sensation.*)

D. — Vous étiez décidé à vous servir de toutes?

R. — Naturellement!

D. — Vous avez du cynisme!

R. — Ce n'est pas du cynisme, c'est de la conviction!

D. — Vous reconnaissez ici votre intention arrêtée de tuer le gardien de la paix Poisson?

R. — Dame! Il s'opposait à ma fuite.

D. — Et de tuer les consommateurs du Terminus?

R. — Le plus possible!

D. — Enfin, vous êtes accusé d'avoir voulu détruire l'édifice du café Terminus.

R. — Oh! je m'en moquais pas mal, de l'édifice!

D. — C'en était assez pour qu'on fît de vous une justice sommaire et brutale! Mais c'est l'honneur de notre société de ne pas se départir des formes de la justice à l'égard d'un criminel, si grand qu'il soit.

Elle a le devoir de peser ses mobiles, de connaître son passé, sa vie. Qui êtes-vous donc, vous qui semez la mort parmi des innocents?

Henry. — Les bourgeois ne sont jamais des innocents!

Le passé d'Henry.

M. le président des assises en a terminé avec l'attentat du café Terminus. Il va maintenant montrer au jury ce qu'est Emile Henry, ce déshérité, ce martyr, cette victime de la société bourgeoise : un bourgeois, un bachelier, un ancien candidat à l'Ecole polytechnique, qui n'a trouvé sur sa route que des mains tendues, des protecteurs, des patrons bienveillants et généreux :

D. — Votre père habitait Brévannes, près de Corbeil, où il exploitait des carrières. Compromis dans les événements de la Commune, condamné à mort par contumace, il s'était réfugié en Espagne et c'est là que vous êtes né.

Revenu en France après l'amnistie, il mourut en 1872. Vous aviez alors dix ans.

Entré comme boursier au concours à l'Ecole Jean-Baptiste-Say, vous étiez bachelier ès-sciences à seize ans et demi, et, un an plus tard, vous concouriez pour l'Ecole polytechnique, à laquelle vous étiez déclaré admissible.

Vous n'avez pas persisté ; pourquoi ? Vous l'avez dit. Vous craigniez d'en sortir officier.

R. — C'est vrai.

D. — C'est pour cela que vous avez renoncé à une belle carrière.

Henry. — Belle carrière, où l'on tue des malheureux comme à Fourmies ; j'aime encore mieux être ici !

D. — Un de vos parents, M. Bordenave, ingénieur-constructeur, qui occupe une situation importante dans l'industrie, était parvenu à vous faire restituer un immeuble qui avait appartenu à votre père avant la Commune.

Ce n'est pas tout ; après votre sortie de l'Ecole, il vous prit à son service et vous confia, à Venise, la surveillance d'importants travaux de construction. Vous aviez alors dix-sept ans et demi. Pourquoi avez-vous quitté M. Bordenave ?

R. — Pour des motifs personnels que je n'ai pas à vous faire connaître.

D. — Enfin, vous renonciez de gaîté de cœur à une situation honorable.

Eh bien ! malgré ces coups de tête successifs, vous avez encore la chance de trouver un emploi.

Vous entrez dans une maison de tissus de Roubaix, ou plutôt dans un magasin de dépôt qu'elle possède à Paris et que dirige un de ses représentants, M. Veillon. Les recommandations, les protections qui manquent à tant d'autres, ne devaient jamais vous faire défaut !

M. Veillon vous traite fort bien : dès les premiers jours, il porte spontanément vos appointements de 125 à 150 fr. par mois. Il y a bien des jeunes gens qui ne gagnent pas autant à dix-huit ans.

R. — Oui. Mais il y a tant de gens qui gagnent beaucoup plus !

D. — Malheureusement, vous avez un frère aîné, Fortuné Henry, qui était déjà signalé comme anarchiste militant.

En 1892, on vous voit fréquenter avec lui les meetings où les « compagnons » proclament la réhabilitation de Ravachol.

Votre frère prononça même, dans une de ces réunions, un discours tellement violent qu'il fut recherché par la police.

Henry. — Et c'est moi qu'on arrêta ! Cependant, je n'étais pas anarchiste à cette époque.

M. le Président. — Allons donc ! Votre patron découvrit dans votre pupitre un manuel « pour la fabrication et la manipulation de la dynamite » et une traduction faite par vous d'un journal anarchiste italien où je lis ces lignes, très suggestives quand on songe à l'attentat de la rue des Bons-Enfants :

« Si une bombe est découverte par un policier, elle fera infailliblement explosion entre ses mains ! » (*Mouvement prolongé.*)

A la suite de cette découverte et de votre arrestation qui, du reste, ne dura que peu de jours, votre patron vous congédia.

Qu'avez-vous fait depuis cette époque ?

R. — J'ai travaillé chez un horloger.

D. — Probablement pour étudier les mécanismes, si utiles dans l'anarchie pratique !

On vous trouve aussi employé au journal l'*En Dehors*, et, pendant ce temps, vous atteignez l'âge de la conscription.

Naturellement, vous ne vous présentez pas, vous refusez d'être soldat !

R. — J'avais fait trois ans de bataillon scolaire, ça m'avait suffi !

D. — Bref, vous étiez bien décidé à rester réfractaire, au grand désespoir de votre mère et d'une autre personne dont il est inutile de citer le nom, et qui, depuis lors, a cessé de vous aimer ! (*Mouvement.*)

C'est que, dans l'armée, il faut combattre en face un ennemi qui se défend.

Il est moins dangereux de jeter des bombes ! (*Sensation.*)

Nous sommes à la fin de 1892. Henry, sur la recommandation d'un ami, entra chez un ornemaniste de la rue de Rocroi, M. Dupuy. Cet ami, c'était un autre anarchiste fameux et depuis peu de jours sous les verrous. C'était Ortiz, que la justice soupçonne encore d'avoir pris une part active à l'attentat de la rue des Bons-Enfants, bien qu'Henry en assume l'entière et l'exclusive responsabilité.

Anarchiste et cambrioleur, Ortiz est également inculpé d'avoir pris part à l'expédition mystérieuse organisée à Fiquefleur, en Normandie, par une bande de malfaiteurs masqués (1).

M. le président se demande si, depuis l'attentat de la rue des Bons-Enfants jusqu'à l'attentat du café Terminus, Henry, dont on perd complètement la trace pendant plus de quatorze mois, n'a pas participé avec Ortiz et d'autres compagnons à quelques expéditions de ce genre.

Ce qui est certain, c'est qu'en 1892, il n'avait pas encore commencé sa vie d'aventures et qu'il travaillait régulièrement chez M. Dupuy au moment de l'attentat de la rue des Bons-Enfants, auquel nous arrivons maintenant.

L'attentat de la rue des Bons-Enfants.

Emile Henry est-il l'auteur de cet abominable crime? Il l'affirme, il le proclame et cependant, après l'audience d'hier, je me demande encore s'il ne s'accuse pas, par forfanterie, d'un attentat qu'il n'a pas commis — en tout cas, cela saute aux yeux, qu'il n'a pas commis seul. Les vérifications matérielles auxquelles on a raccordé ses aveux sont en vérité bien vagues, bien contradictoires et j'avoue, pour ma part, que je ne suis pas convaincu.

1. Voir plus loin.

D. — Le 8 novembre 1892, date de l'attentat de la rue
des Bons-Enfants, vous avez passé une partie de votre matinée à faire des courses pour le compte de votre patron,
M. Dupuy.

A 10 heures, vous quittez sa maison, à midi vous êtes
rentré. Il était 11 heures précises quand la bombe a été
déposée avenue de l'Opéra, dans l'immeuble occupé par
la Société de Carmaux.

Le soir même vous disparaissez, après avoir chargé un
compagnon de se rendre à Orléans et de mettre à la poste
de cette ville, une lettre que vous adressez à votre patron.

Dans cette lettre, vous expliquez à M. Dupuy que les
anarchistes vont être traqués, et que vous ne tenez pas à
faire de la détention préventive.

Vous terminez votre lettre en l'assurant de « votre
estime » et en le chargeant de « vos respectueux hom-
mages pour madame sa mère ».

R. — J'avais bien quelque raison de redouter des inves-
tigations. J'étais l'auteur de l'explosion !

D. — Eh bien ! dites à MM. les jurés, librement,
sans que j'aie à vous solliciter par aucune question, comment vous avez organisé l'attentat. (*Mouvement d'attention.*)

Henry. — J'ai acheté une marmite en fonte dans laquelle j'ai placé vingt cartouches de dynamite, avec un
détonateur rempli de fulminate de mercure.

J'avais songé à fabriquer une bombe à mèche, mais les
mèches que je possédais étant de mauvaise qualité, je me
suis décidé pour une bombe à renversement.

Je m'étais procuré du chlorure de sodium, qui devait,
lorsque la bombe serait renversée, entrer en contact avec
de l'eau, s'enflammer et provoquer une explosion immé-
diate. J'avais enfermé cette bombe rue Véron, dans un
placard de ma chambre fermé à clef.

C'est là que je suis allé la chercher dans la matinée du
8 novembre pour la porter, 11, avenue de l'Opéra, dans la
maison occupée par la Société de Carmaux.

D. — A quelle heure êtes-vous sorti ?

R. — A 10 heures. J'avais des courses à faire, boulevard
de Courcelles et rue Tronchet.

J'ai pris successivement quatre voitures : une pour
aller boulevard de Courcelles, une autre pour aller chercher mon engin rue Véron, une troisième pour me faire
conduire à la Madeleine, d'où j'ai gagné à pied le numéro

11 de l'avenue de l'Opéra ; j'ai posé ma bombe, j'ai pris une quatrième voiture pour aller faire ma seconde course rue Tronchet et rentrer rue de Rocroi, chez mon patron. Voilà ! (*Mouvement.*)

D. — Quelle raison aviez-vous de faire sauter la maison de la Compagnie de Carmaux ?

R. — La grève et la condamnation des grévistes.

M. le Président. — La bombe avait été déposée à la porte du bureau de la Compagnie,.qui est situé à l'entre-sol.

La marmite, renversée, était enveloppée dans un numéro du *Temps* et recouverte d'une bande de tôle.

Un employé de la Compagnie aperçut l'engin, appela le concierge pour le porter dans la rue, et le malheureux garçon de bureau Garcin l'aida à le déposer sur le trottoir.

Garcin appela immédiatement le gardien de la paix Cartier, de service rue d'Argenteuil ; mais cet agent, occupé à faire traverser la rue à des enfants, à la sortie de l'école, ne crut pas devoir abandonner son service.

Cartier se borna à appeler deux de ses collègues qui passaient, le brigadier Fomorin et l'agent Réaux ; Garcin noua une serviette autour de la marmite et tous trois la portèrent au commissariat de police de la rue des Bons-Enfants.

Ils venaient d'entrer dans la salle du commissariat quand une explosion formidable se produisit.

Quelques heures plus tard, M. le juge d'instruction Atthalin, qui s'était transporté sur le lieu de la catastrophe, dressait l'émouvant procès-verbal du spectacle effroyable qu'il avait sous les yeux : du brigadier Fomorin, de l'agent Réaux, du malheureux Garcin, du secrétaire du commissaire de police, M. Pousset, il ne restait plus que des lambeaux de chairs ensanglantées. Un paquet d'entrailles était accroché à un bec de gaz tordu par l'explosion. On marchait sur des débris de foie, de poumons, de cervelle, d'organes hachés.

La découverte d'un bouton d'uniforme sur une masse de chairs informes permit seule de reconstituer l'identité de l'infortuné Garcin. Une cinquième victime, l'inspecteur Grouteau, gisait mourante près de la porte du commissariat.

M. le président Potier, au milieu de l'horreur générale, fait passer sous les yeux des jurés les photographies de cet effroyable spectacle :

Certains indices, poursuit M. le Président, étaient de nature à mettre sur les traces de l'assassin.

Le numéro du journal qui enveloppait la bombe était un ancien numéro du *Temps*. Ce journal n'est pas la lecture favorite des anarchistes. L'auteur de l'attentat devait donc avoir quelque raison de le conserver.

Or, dans ce numéro, votre nom et celui de votre frère étaient cités. On y relatait le meeting auquel vous aviez pris part. (*Mouvement*.)

Aussi M. le juge d'instruction Atthalin se préoccupa-t-il de vous faire rechercher et de reconstituer l'emploi de votre matinée.

Mais comme vous aviez fait exactement vos courses boulevard de Courcelles et rue Tronchet, il parut matériellement impossible qu'en deux heures vous eussiez eu le temps de vous rendre, soit à pied, soit aussi en omnibus — l'expérience fut faite — au siège de la Compagnie de Carmaux pour être rentré ensuite à midi rue de Rocroi, après ces pérégrinations à travers Paris.

La piste fut abandonnée, non cependant sans qu'on fît saisir vos lettres à la poste, et qu'on pratiquât une perquisition, 31, rue Véron, où vous habitiez alors sous votre véritable nom.

L'enquête n'apprit rien, sinon que vous aviez, deux ou trois jours avant l'attentat, donné asile à un inconnu.

Henry. — C'était un de mes amis, un étudiant en droit, qui me demandait souvent ce service quand il était sans domicile.

D. — Comment s'appelle ce jeune homme ?

R. — Il s'appelle Lambert.

D. — Votre complice, peut-être ?

R. — On n'a pas besoin de complice pour ces affaires-là !

D. — Deux ans s'étaient passés depuis l'événement, vous étiez déjà détenu pour l'attentat du café Terminus, quand on arrêta deux hommes et une femme, soupçonnés d'avoir pris part à l'explosion de la rue des Bons-Enfants. On vous confronta avec eux. C'est alors que vous vous êtes déclaré coupable et seul coupable, soucieux, disiez-vous, de sauver des innocents !

R. — C'est la vérité.

D. — Comment connaissiez-vous l'adresse de la Compagnie de Carmaux ?

R. — Par le Bottin, ce n'est pas malin !

D. — Comment connaissiez-vous la disposition des bureaux ?

R. — Je m'y étais introduit et j'avais exploré la maison jusqu'aux combles : je désirais savoir si je ne m'exposais pas à faire sauter des malheureux. Quand j'ai vu qu'il n'habitait là que des riches, une grande couturière, une modiste, un banquier, etc., je n'ai plus eu d'hésitation.

Je pensais, d'ailleurs, que si la bombe n'éclatait pas sur place, les agents la feraient partir en l'emportant et en la remettant sur pied : « Ou je tuerai des riches, me disais-je, ou je tuerai des commissaires ! »

D. — Vous avez d'ailleurs tracé de mémoire, deux ans après l'attentat, un plan des lieux qui, à part quelques légères erreurs, a été reconnu exact. Vous ne vous êtes mépris que sur l'emplacement d'une glace qui, je dois le reconnaître, est un peu trompeuse.

Vous révéliez également que vous vous étiez arrêté quelques instants près de la maison, devant la vitrine d'un pharmacien.

Il n'y a jamais eu de pharmacie au n° 11 de l'avenue de l'Opéra. Mais on s'est souvenu qu'en 1892 il y avait là un dépôt de vaseline avec des bocaux que vous avez pu prendre pour des bocaux de pharmacie.

Enfin, M. Bernard, commissaire aux délégations judiciaires, a suivi votre itinéraire ; il a pris comme vous quatre voitures, et a constaté, à cinq minutes près, que vous aviez eu, de 10 heures à midi, le temps matériel pour effectuer le trajet que vous aviez indiqué.

En montant dans la maison, n'avez-vous rencontré personne ?

R. — Si, une femme avec un cabas et un jeune homme auquel je n'ai pas fait attention.

D. — On n'a jamais su quelle était cette femme.

Henry. — Il y a tant de choses que vous ne savez pas !

D. — Vous avez fait la description minutieuse de l'engin, et M. Girard, directeur du laboratoire municipal, constate que c'est bien une bombe de cette nature qui a causé l'explosion. C'était une bombe « à renversement ». Où avez-vous acheté cette marmite ?

R. — Rue Lepic, 14, chez un quincaillier, et je l'ai payée 3 fr. 30. L'étiquette était grattée.

D. — Le quincaillier ne vous reconnaît pas, mais vous avez décrit sa boutique avec une telle exactitude qu'il s'est écrié :

— Cet homme-là est certainement venu chez moi !

Où avez-vous acheté le détonateur?

R. — Je l'avais fabriqué avec un tube en fer-blanc, servant à serrer des porte-plumes, que j'ai acheté chez un papetier de la rue Lafayette.

D. — Il n'y a qu'un seul papetier qui tienne, rue Lafayette, cette sorte d'articles. Vous avez conduit le juge d'instruction chez lui. On vous a montré des étuis. Vous avez déclaré aussitôt que ce n'était pas un étui de cette dimension que vous aviez acheté, que le vôtre était plus grand, et le marchand s'est souvenu qu'en 1892, il vendait, en effet, des étuis plus grands. Il en a même retrouvé un au fond d'un tiroir, et vous vous êtes écrié :

— C'est bien ça !

Quant au chlorate de potasse dont vous avez chargé la bombe, où vous l'êtes-vous procuré?

R. — Chez un marchand de produits chimiques, M. Fontaine ; j'ai même obtenu une réduction sur le prix fort, en me faisant passer pour un préparateur de chimie attaché à une école de Saint-Denis. J'ai payé 14 francs.

M. le Président. — Et l'on retrouve sur les livres de M. Fontaine, à la date indiquée par vous, la mention d'une vente montant à 14 francs.

Il y a là, sans doute, une vérification bien intéressante et bien frappante. Mais le doute subsiste malgré tout, surtout en présence de certains témoignages que nous résumerons tout à l'heure.

L'interrogatoire d'Emile Henry touche à sa fin.

M. le président Potier n'a plus qu'un point à élucider : qu'est devenu l'accusé depuis 1892, date de l'explosion de la rue des Bons-Enfants, jusqu'au moment de l'explosion de l'hôtel Terminus et de son arrestation, en 1894?

Henry, d'un air narquois. — Vous ne saurez rien ; je ne veux rien vous dire ! J'ai travaillé six semaines boulevard Morland, comme ouvrier serrurier ; j'avais une casquette et une blouse. Voilà ce que je consens à vous révéler.

D. — Vous êtes aussi allé en Belgique ?

R. — Peut-être.

D. — Et à Londres ? On vous y a vu avec Ortiz dans un bar.

R. — Je n'ai jamais revu Ortiz.

D. — Vous ne vouliez même pas le reconnaître quand on vous a confronté avec lui?

R. — J'attendais qu'il me reconnût lui-même. Je ne suis pas pressé !

D. — Une femme vous a vu, en 1893, à Paris, vêtu comme un ouvrier, mais avec les mains blanches d'un homme qui ne travaille pas ?

R. — C'est faux.

D. — Enfin, où preniez-vous de l'argent ? En 1892, c'est à peine, dites-vous, si vous pouviez réunir 14 francs pour acheter les substances chimiques nécessaires à la confection de la bombe de la rue des Bons-Enfants; en 1894, vous avez chez vous, rue des Envierges, de quoi confectionner quinze bombes et une provision formidable d'acide picrique !

R. — Je gagnais ma vie comme mécanicien.

D. — Où ? chez qui?

R. — Cherchez-le !

D. — Quand on a arrêté Ortiz, il était pourvu de tout un attirail de cambrioleur. Ortiz était votre ami. On a le droit de se demander si, comme Ravachol, vous ne vous êtes pas fait voleur. Prenez garde !

R. — A quoi? Je sais bien que vous allez me condamner à mort!

D. — Vos mains blanches de faux ouvriers ne se sont-elles pas tendues vers le produit du vol, comme elles se sont couvertes de sang pour l'assassinat?

Henry. — Couvertes de sang comme votre robe, Monsieur le Président, (*Mouvement.*) Encore une fois, je n'ai rien à vous dire. Je ne cherche pas dans votre vie, moi!

D. — La vôtre regarde vos juges.

Henry. — Mes juges, je me moque pas mal de leur jugement! J'ai ma conscience pour moi. Je me moque de votre justice.

M. le Président. — Malheureusement pour vous, vous êtes dans ses mains et vous êtes ici pour lui rendre vos comptes. Asseyez-vous!

Les Témoins.

Après cet interrogatoire si remarquablement conduit, le gros intérêt du procès est épuisé.

Résumons les témoignages.

4.

Les premiers témoins entendus sont les garçons du café Terminus.

M. Agelon, qui a servi Henry et qui a été blessé à la jambe par l'explosion ;

M. Poquet, qui l'a vu lancer la bombe et qui a été assez grièvement atteint au pied droit; l'engin a dévié en allant frapper un lustre. Sans cette circonstance, le nombre des victimes eût été bien autrement considérable ;

M. Lourtiaux, qui a été blessé à la cheville gauche ;

M. Fragier, le garçon contre lequel Henry s'est heurté en sortant et qui l'a entendu crier, pour donner le change :

— Oh! le misérable. Arrêtez-le!

Henry. — C'est faux! Je n'ai pas dit ça!

M. le Président. — Mais le témoin l'affirme sous la foi du serment.

Henry, haussant les épaules. — Oh! les serments!

M. Etienne est ce brave employé de la Compagnie de l'Ouest qui s'est élancé à la poursuite de l'assassin et qui lui a mis la main au collet en criant :

— Je te tiens, canaille! » Un coup de revolver en pleine poitrine étendit M. Etienne évanoui sur le trottoir.

Ce courageux employé, qui a reçu la médaille d'or pour sa belle conduite, est vivement félicité par M. le président des assises.

Mêmes félicitations au coiffeur Maury, qui a essayé à son tour d'arrêter le jeune misérable et qui est tombé frappé d'une seconde balle.

Ce malheureux M. Maury fait pitié :

Je suis loin d'être guéri, déclare-t-il. Chaque jour je crache le sang quand il me faut monter mes six étages. Je suis devenu sourd d'une oreille, ma vue s'en va. Les médecins m'ont dit que c'étaient les suites de la blessure; jusque-là, j'avais toujours très bien entendu et j'avais une vue excellente!

Le brigadier Poisson, heureusement rétabli des terribles blessures qui l'ont tenu si longtemps entre la vie et la mort, reçoit à son tour les félicitations du président.

Son collègue, le gardien de la paix Fontaine, s'est emparé d'Henry au moment où ce forcené tirait son poignard pour achever le brigadier Poisson.

Le gardien de la paix Lenoir, qui avait aperçu la scène de l'impériale d'un omnibus, et descendit pour lui prêter main forte.

Tous deux ont eu toutes les peines du monde à protéger le prisonnier contre la foule qui était décidée à le lyncher.

M. Petit, marchand d'articles de pêche, qui aidait à maintenir Henry tombé à terre, a reçu d'un inconnu un fort coup de canne sur la tête; circonstance qui donne à penser qu'Henry n'était pas seul, et qu'il avait tout au moins un complice qui faisait le guet au dehors.

Suit le défilé des blessés :

M. Van Herreweghen, dessinateur, qui se traîne péniblement appuyé sur une canne.

Il prenait une consommation avec son ami M. Borde, quand la bombe tomba entre eux. Le malheureux M. Borde, qui avait reçu plus de quarante blessures, a succombé à l'amputation d'une jambe.

Mme Emmanuel a reçu des éclats de ferraille à la jambe gauche; sa sœur, Mme Leblanc, plus gravement atteinte, a gardé dix-huit jours le lit.

M. Deck, architecte, a été frappé de trois éclats de fonte au bras et à la main.

M. Michel, commis-principal des postes, est resté malade vingt jours.

M. Garnier, homme de lettres, a eu la jambe gauche atteinte à quatre endroits; il boite encore.

M. le Président. — Et vous, Henry, vous êtes ici impassible! Vous assistez indifférent à ce défilé de vos victimes, des ouvriers, des travailleurs, des femmes! Que vous ont-ils faits? Vous ne les connaissiez pas!

Henry, avec un mauvais regard. — Ils m'ont fait qu'ils sont des bourgeois ! (*Rumeur violente.*)

Et le défilé continue :

M. Villevaliss, ancien ministre d'Haïti, malade pendant plusieurs semaines ;

Mme la baronne d'Eckstaedt, rentière, et sa sœur, Mlle Hadamla, encore tremblantes de frayeur et si terrifiées qu'elles n'avaient même pas — détail bien caractéristique — osé révéler leurs noms au Parquet et à la police « craignant, disent-elles, quelque vengeance des anarchistes ! »

M. Girard, directeur du Laboratoire municipal, a procédé à l'expertise chimique.

L'engin du café Terminus était des plus redoutables : des tables de marbre ont été criblées, des supports de fonte arrachés ; le parquet, monté sur bitume, s'est enfoncé sous l'explosion ! De l'aveu d'Henry, la bombe renfermait plus de 160 balles !

M. Girard a également perquisitionné rue des Envierges, dans la chambre d'Henry déménagée par les compagnons.

Il y a retrouvé l'anse d'une marmite semblable à celle du café Terminus, des gilets de flanelle imbibés d'acide picrique, etc.

— Henry, s'écrie en terminant M. Girard, a certainement très bien opéré ! (*Hilarité.*)

Puis, se reprenant :

Cependant, ajoute le directeur du Laboratoire municipal, la bombe du Terminus aurait pu faire beaucoup plus de mal encore sans un léger vice de construction.

Henry, qui a suivi avec intérêt tout ce récit. — Je le sais, monsieur Girard, nous en avons causé ensemble et nous sommes tombés d'accord sur la nature de cette défectuosité. (*Bruit.*)

Me Hornbostel. — En apportant sa bombe au café Terminus, Henry courait-il quelque danger ?

M. Girard. — Certainement, il risquait la mort.

M. le Président. — Pardon ! la mèche de la bombe

pouvait brûler quinze secondes. Il avait donc le temps de fuir, et c'est ce qu'il a fait.

MM. les docteurs Descouts, Vibert et Socquet, les trois médecins légistes, rendent compte de l'état des victimes qu'ils ont été respectivement chargés d'examiner.

La Cour passe ensuite à l'audition du gardien de la villa de la rue des Envierges, où Henry a été « déménagé » Ce vieux brave homme, nommé Peigné, à moitié sourd et complètement ahuri, ne s'est aperçu de la visite nocturne des « compagnons » qu'après leur départ.

Mme Petit, passementière, voisine de chambre de l'accusé, n'a rien vu, rien entendu, et paraît être demeurée sous le coup d'une terreur rétrospective à la pensée qu'Henry a manipulé tant de bombes à deux mètres de son lit !

Après ces témoins épisodiques, arrivons aux dépositions plus intéressantes qui ont trait à l'attentat de la rue des Bons-Enfants.

M. Le Frapper, étudiant en droit :

Le 8 novembre 1892, jour de l'explosion, je me trouvais à onze heures précises dans la maison occupée par les bureaux de la Compagnie de Carmaux, 11, avenue de l'Opéra.

Je me souviens fort bien d'avoir croisé dans l'escalier une femme qui montait et qui portait dans un panier un objet volumineux enveloppé dans un journal.

Je suis toujours resté persuadé que cette femme était l'auteur de l'attentat.

Me Hornbostel. — Et vous n'avez pas aperçu Henry !

Le témoin. — En aucune façon. (*Mouvement prolongé.*)

M. Bernick se trouvait, lui, dans la maison de l'avenue de l'Opéra à onze heures *cinq minutes.*

La bombe était déjà déposée ! Il a aperçu un gros paquet enveloppé d'un journal devant la porte de la Société de Carmaux, et il a prévenu M. Belloir, chef de la comptabilité, qui a soulevé l'engin, enlevé le journal, appelé le garçon Garcin pour porter le paquet suspect au dehors

M. le Président — Quelle était la forme de cet engin ?
R. — C'était une sorte de marmite pareille à celle-ci.

Et le témoin désigne du doigt un certain nombre de marmites « de comparaison », achetées sur les indications d'Henry et qui se trouvent sur la table des pièces à conviction.

M. Augenard, caissier de la Compagnie de Carmaux, qui, lui aussi, a vu la bombe, fait une déposition toute différente :

Ce n'est pas du tout ça! s'écrie-t-il. C'était un engin très savant, très perfectionné, avec des clous, des vis, et une bride en fer forgé.

C'était une grosse boîte d'une teinte bleue! (*Mouvement.*)

M. Garnier, concierge de l'immeuble, a aidé à transporter la bombe au dehors. Il n'a pas aperçu Henry de sa loge, mais la maison a deux entrées :

D. — Etait-ce une marmite comme celle-ci ?
R. — Oui, monsieur; c'est moi qui ai aidé à la développer, c'est tout à fait cette forme-là !
M. le Président. — Comment se reconnaître au milieu de descriptions aussi contradictoires! Ah! la tâche de la justice n'est pas facile, même pour des constatations matérielles! Voilà de très honnêtes gens en désaccord!

M. Cartier, ex-gardien de la paix, est cet agent qui a eu l'heureuse chance de ne pouvoir quitter son service et qui a appelé ses malheureux collègues Fomorin et Réaulx pour transporter la bombe au commissariat de la rue des Bons-Enfants.

Cette bombe, qu'il a parfaitement vue, ressemblait absolument à une cocotte en fonte.

M. Gung'l, rédacteur au *Matin*, fait une déposition fort intéressante :

Je passais avenue de l'Opéra, le 8 novembre 1892, déclare-t-il, quand j'ai aperçu un rassemblement; je me suis
approché, j'ai parfaitement vu la marmite avec le prix de
3 fr. 50 marqué à la craie sur le couvercle et une étiquette
grattée.

J'en ai fait dès le lendemain la description dans le
Matin.

M. le président Potier donne lecture de l'article. La
description concorde parfaitement avec celle qu'Henry
a faite deux ans plus tard !

M. Denis, concierge du commissariat de la rue des
Bons-Enfants, a vu le garçon de la Compagnie de
Carmaux, M. Garcin, et les deux gardiens de la paix
apporter la bombe :

— Dépêchons-nous, fit le malheureux Garcin en
traversant la cour, c'est d'un lourd ! » Et il pria
l'agent Réaux de lui donner un coup de main.

Les gardiens de la paix Sauvage et Cachaux, et
l'inspecteur Lelouvier ont été les premiers à accourir
au bruit formidable de l'explosion... On sait en face
de quel spectacle terrifiant ils se sont trouvés. Tous
deux ont aidé à transporter les débris informes des
cadavres. Leur collègue Grousteau respirait encore et
ouvrait la bouche sans pouvoir réussir à proférer une
parole !

L'audience est levée à six heures et renvoyée à
demain samedi pour la fin des dépositions, les
plaidoiries et le verdict.

29 avril.

LA SECONDE AUDIENCE

M. le président Potier avait réservé pour cette
seconde journée quelques derniers témoignages relatifs à l'attentat de la rue des Bons-Enfants.

Mais, avant de reprendre ces dépositions, le président des assises ordonne d'introduire M. le juge d'instruction Meyer, qui informe en ce moment contre

250 anarchistes inculpés de vol ou d'association de malfaiteurs, et parmi lesquels figure Ortiz, l'ami d'Henry.

Cette intéressante déposition de M. Meyer est peut-être de nature à jeter quelque lumière sur le genre de vie qu'Emile Henry a mené depuis le mois de novembre 1892, date de l'explosion de la rue des Bons-Enfants, jusqu'au mois de février 1894, date de son arrestation.

On sait avec quelle impertinence le jeune anarchiste a refusé de donner à la justice la moindre indication sur ce qu'il a fait pendant cette période de quinze mois.

On sait aussi qu'il est soupçonné d'avoir pris part avec Ortiz à l'expédition de Fiquefleur, sur laquelle M. le juge d'instruction Meyer va nous donner quelques curieux détails :

Avant-hier, dépose l'honorable magistrat, j'ai reçu la visite de M. Michel, adjoint de la commune de Fontaine-Saint-Sauveur, près Honfleur.

M. Michel m'a raconté qu'à la fin du mois de décembre 1892 deux jeunes gens étaient venus séjourner dans cette commune, proche de Fiquefleur ; l'un prétendait se nommer Flipott et l'autre Nicolle. Le premier se donnait pour le fils d'un riche Anglais, le second pour un ingénieur désireux d'établir une usine dans le pays.

Le 31 décembre 1892, ils disparaissaient subitement et quelques mois plus tard, des malfaiteurs masqués s'introduisaient dans la propriété de Mme Postel, à Fiquefleur, et dévalisaient la maison où ils croyaient trouver une fortune, et où ils ne découvrirent d'ailleurs que 800.000 fr. de récépissés de dépôts qui ne pouvaient leur servir à rien.

M. Michel fut persuadé que les deux jeunes gens qui avaient séjourné dans le pays faisaient partie de cette bande et que le voyage de ces prétendus ingénieurs n'avait eu d'autre but que de se renseigner sur la propriété de Mme Postel et sur les moyens de s'y introduire.

Ortiz était soupçonné de ce vol si audacieux.

Je l'ai confronté avant-hier avec M. Michel et j'ai mis également en leur présence Emile Henry.

Cette confrontation n'a pas été inutile : dans Emile

Henry, M. Michel a reconnu le prétendu Flipott et le pré·
tendu Nicolle dans Ortiz.

Henry· — C'est une absurdité. Jamais je ne suis allé
dans ce pays.

M⁰ Hornbostel. — N'a-t-on pas accusé mon client d'avoir
pris part à l'attentat de Barcelone, d'avoir arrêté les dili-
gences ou volé un million dans les caves de la Banque de
France? (*Rires.*)

M. le Président. — Il n'est point question de tout cela
dans la déposition de M. Meyer. Ce qui est certain, c'est
que M. Michel a formellement reconnu Henry. (*Mouvement.*)

Reprenons maintenant les dépositions relatives à
l'explosion de la rue des Bons-Enfants.

M. Weber, industriel, avait établi, en 1892, un
dépôt de vaseline et de parfumerie avenue de l'Opéra,
à côté du n° 11, où se trouvent les bureaux de la
Compagnie de Carmaux. Il avait à sa devanture des
flacons qui ressemblaient aux bocaux classiques des
pharmaciens. Or, Emile Henry a déclaré qu'avant de
monter dans la maison avec sa bombe, il s'était arrêté
quelques instants devant la boutique d'un pharmacien. Il a pu confondre, et le témoignage de M. Weber semble indiquer qu'il s'est bien, en effet, rendu,
le jour de l'attentat, au n° 11 de l'avenue de l'Opéra.

M. Dupuy, ornemaniste rue de Rocroi, le dernier
patron d'Henry, rend compte des courses dont il avait
chargé son commis le matin de l'explosion :

Il n'a pas dû quitter la maison avant dix heures et demie,
affirme-t-il. Je suis sûr qu'il était rentré vers midi.

Je suis encore persuadé qu'il n'a pas eu le temps matériel d'aller chercher sa bombe rue Véron et de la porter
avenue de l'Opéra.

Il avait près de deux heures de courses en omnibus.

Henry. — Pardon, c'est bien moi qui suis l'auteur de
l'explosion.

M⁰ Hornbostel. — Comment a-t-il travaillé ce jour-là ?

Le témoin. — Mais très bien, comme toujours. J'étais
tout à fait satisfait de lui. Je venais même de porter ses
appointements à 150 francs par mois. Il était très calme

et je vous apporte mon copie de lettres qui vous montrera à quel point son écriture était posée.

C'est moi qui, dans l'après-midi, ai appris l'attentat à mon personnel. Henry s'est montré ému comme tout le monde, et cette émotion m'a paru sincère.

M. Bernard, commissaire aux délégations judiciaires, a été chargé de refaire en voiture le trajet indiqué par Henry. Parti de la rue de Rocroi, à 10 h. 1/4, il était avenue de l'Opéra à 10 h. 57, et l'on sait que la bombe a été déposée exactement entre 11 heures et 11 h. 5.

M. Bernard était de retour chez M. Dupuy à midi précis.

Emile Henry a donc pu, matériellement, accomplir à travers Paris toutes les pérégrinations qu'il a indiquées.

Mme Colin, papetière, rue Lafayette, reconnaît qu'Emile Henry a pu acheter chez elle, en 1892, l'étui à porte-plumes qui lui a servi pour confectionner son détonateur. Elle avait en magasin, à cette époque, des étuis exactement semblables à celui qu'il a décrit.

M. Combes, quincaillier, chez lequel Emile Henry prétend avoir acheté sa marmite, déclare qu'il vend bien, en effet, des marmites de la même dimension, du même prix — 3 fr. 50 — avec l'étiquette en losange qui a été retrouvée sur l'engin de l'avenue de l'Opéra :

Je ne reconnais pas Emile Henry, ajoute-t-il, mais d'après les détails qu'il donne sur la disposition de mon magasin, je suis sûr qu'il y est venu !

M. Guignot, employé chez M. Ferron, fabricant de produits chimiques, a bien vendu, le 4 novembre 1892, à la date donnée par Henry et à l'heure qu'il a indiquée, pour 14 francs de chlorate de potasse. Il a retrouvé la trace de cette vente sur les livres, et ce prix de 14 fr. ne peut s'expliquer que par la réduction de 10 0/0 consentie aux préparateurs de chimie. Or, Emile Henry a raconté qu'il avait obtenu cette réduction en se faisant passer pour un préparateur de chimie attaché à une école de Saint-Denis. Les chiffres, la date et l'heure concordent absolument.

M. Vieille, ingénieur des poudres et salpêtres, a été commis avec M. Girard, chef du laboratoire municipal, pour expertiser les débris de la bombe de la rue des Bons-Enfants. Il donne sur la confection de l'engin des détails techniques qu'Emile Henry suit avec un intérêt marqué, en prenant des notes comme un étudiant au cours :

L'appareil qu'Emile Henry déclare avoir confectionné, et qu'il a décrit et dessiné, ajoute M. Vieille, n'est pas du tout un appareil de fantaisie, c'était bien la structure de la bombe dont nous avons retrouvé quelques débris.

Henry, avec curiosité. — Je me suis demandé souvent comment l'explosion avait pu se produire. Les agents ont-ils renversé la bombe en la transportant? L'ont-ils tapée trop fort en la déposant sur le bureau du commissariat?

Je penche pour cette dernière hyppthèse.

M. Vieille. — Elle est très plausible.

Henry. — J'ai lieu de croire que c'est le fulminate qui aura marché.

Et il se rassied, visiblement satisfait de cette petite dissertation scientifique. L'auditoire reste stupéfait d'un pareil aplomb !

M. Girard confirme les déclarations de M. Vieille :

Le spectacle de la salle du commissariat de la rue des Bons-Enfants dépassait en horreur, dépose-t-il, tout ce que l'on peut imaginer. On marchait sur des débris de chair humaine. (*Vive sensation dans l'auditoire.*)

D. — Henry n'a-t-il pas été invité devant vous à reconstituer sa marmite ?

M. Girard. — Parfaitement, et il s'est prêté complaisamment à cette expérience.

Par exemple, quand je lui ai demandé de me montrer comment il l'avait fermée, il s'y est refusé obstinément :

— Je ne suis pas une machine à répétition, m'a-t-il répondu.

Ce qui m'a confirmé dans cette conviction qu'il ne savait pas comment se fermait la bombe, et que par conséquent il n'avait pas été seul à la confectionner. (*Mouvement.*)

Je me demande aussi comment Henry aurait pu fabriquer seul les 20 cartouches de dynamite que contenait l'engin.

Henry, avec un sourire ironique. — Elles sortaient d'une fabrique bourgeoise !

M. Girard. — En tous cas, il n'y a aucun doute sur la composition de l'engin : le mélange détonant qui a éclaté rue des Bons-Enfants est bien celui dont la composition a été donnée par l'accusé.

D. — Les deux bombes, celle de la rue des Bons-Enfants et celle du café Terminus, étaient tout à fait différentes ?

M. Girard. — Absolument. La première était une bombe à mèche.

Me Hornbostel. — Laquelle était la plus dangereuse ?

Henry, se penchant vers son défenseur en ricanant. — Toutes deux. (*Rumeurs.*)

M. Bordenave, cousin du jeune accusé, ingénieur constructeur à Paris.

Après la mort de M. Henry père, je me suis occupé de faire restituer à ses enfants un immeuble qu'il avait fictivement aliéné au moment des événements de la Commune. J'ai été assez heureux pour y réussir.

D. — Vous avez témoigné beaucoup de bienveillance et d'affection à votre jeune parent. Ne l'avez-vous pas accueilli dans votre maison au sortir du collège ?

M. Bordenave. — Certainement, je l'ai emmené avec moi, à Venise, où j'avais une entreprise industrielle. Je comptais l'intéresser dans mes affaires et assurer son avenir. Emile m'a quitté brusquement au bout de quelques semaines. Pourquoi ? Je l'ai toujours ignoré.

Me Hornbostel. — M. Bordenave n'a-t-il pas consenti à embrasser Emile Henry chez M. le juge d'instruction ?

M. Bordenave. — C'était bien naturel. Il s'est jeté à mon cou.

Emile Henry, les yeux mouillés de larmes. — Je vous remercie, monsieur Bordenave, et je vous dis adieu, parce que je ne vous reverrai plus !

C'est la première émotion qui vienne, depuis deux jours, éclairer pour un instant cette physionomie froide et revêche. L'auditoire, exaspéré par l'impassibilité cruelle du jeune homme, en est comme soulagé.

M. Emile Veillon, représentant de la maison de tissus de Roubaix au dépôt de laquelle Emile Henry a été attaché quelques mois à Paris, rend le meilleur témoignage du zèle et de l'intelligence de son ancien commis :

J'ai dû malheureusement le remercier, ajoute-t-il, parce qu'il était signalé comme un anarchiste militant.

Après son départ, j'ai découvert dans ses papiers des recettes de chimie pratique pour la confection des bombes.

D. — Ne vous avait-il pas été recommandé par le père d'un de ses anciens condisciples?

R. — Oui, monsieur, et comme je n'avais pas d'emploi vacant, j'en ai créé un exprès pour lui.

M. le président donne lecture d'un rapport de M. le juge d'instruction Atthalin qui a fait conduire Emile Henry, 11, avenue de l'Opéra, et l'a invité à monter dans les bureaux de la Compagnie de Carmaux, avec une marmite. L'accusé n'a pas hésité un seul instant, s'est engagé dans la maison en homme qui connaît admirablement les êtres et a déposé la fausse bombe sur le paillasson.

Témoins à décharge.

Ils sont peu intéressants et peu nombreux.

Le ministère public n'a pas jugé utile de faire extraire de la maison centrale de Clairvaux Fortuné Henry, frère aîné de l'accusé, que seul Mᵉ Hornbostel avait cité.

La plupart des autres témoins sont des camarades de collège ou des professeurs d'Emile Henry.

M. Brémant, professeur à Fontenay-sous-Bois, l'a connu avant son entrée à l'école J.-B. Say. A cette époque, l'enfant manifestait les plus heureuses dispositions. C'était une intelligence supérieure.

M. Lefermon a été le condisciple d'Henry à l'école

J.-B. Say. M. Boutin s'est préparé en même temps que lui à l'Ecole polytechnique ; Emile Henry était un brillant sujet.

M. Philippe, répétiteur à l'Ecole polytechnique, qui a connu Henry à l'Ecole J.-B. Say, déclare que c'est l'enfant le plus honnête et le mieux doué qu'il ait rencontré de sa vie! Jamais une punition, jamais une réprimande ! M. Philippe ne peut s'expliquer la transformation de son caractère.

M. Rentez, ouvrier tôlier, a connu Henry à l'époque où il travaillait chez M. Dupuy. Il se privait pour aider de son maigre salaire de malheureuses gens auxquels il donnait asile. Il adorait les enfants !

On attendait avec une certaine curiosité la comparution du Dr Goupil, un médecin qui a cru devoir conduire Mme Henry mère chez plusieurs jurés de la session pour appeler leur attention sur l'état mental d'Emile Henry.

Le Dr Goupil, qui fut un des meilleurs amis de M. Henry père, commence par refuser de prêter serment.

— Je m'engage sur l'honneur à dire la vérité, déclare-t-il, mais je ne puis prêter serment sur une religion que je n'ai pas l'honneur de connaître! »

M. le président consent à entendre la déclaration à titre de simple renseignement :

Le Dr Goupil. — J'ai beaucoup connu le père d'Emile Henry. Je l'ai soigné pendant sa dernière maladie. Il est mort d'un transport au cerveau. Son fils est un être absolu qui n'a pas la conscience de ses actes.

Emile Henry, interrompant. — Pardon, monsieur, je ne suis pas fou ! J'ai toute ma raison. Je vous remercie beaucoup, mais je ne suis pas un détraqué. Ma tête n'a pas besoin d'être sauvée. Mon père n'était nullement un aliéné. Il est mort d'une congestion accidentelle. Quant à moi, s'il est vrai que j'ai eu la fièvre typhoïde à l'âge de douze ans, mes succès de collège sont là pour attester que cette maladie n'avait nullement influé sur mon intelligence. Je vous suis infiniment reconnaissant, mais je revendique l'entière responsabilité de mes actes. (*Mouvement.*)

M. le Dʳ Goupil n'a plus qu'à se retirer. C'est ce qu'il s'empresse de faire et l'incident est clos.

M. le comte Ogier d'Ivry, homme de lettres, chef d'escadrons au 1ᵉʳ hussards.

— Je suis le cousin par alliance de l'accusé.

Mais il y a bien longtemps que j'ai perdu de vue Emile Henry. C'était un enfant charmant, un peu rêveur, un excellent écolier.

Malheureusement, tous les membres de la famille Henry sont des révoltés : républicains sous la monarchie, communards sous la République, et plus anarchistes que l'anarchie elle-même.

Quant à moi, je ne suis qu'un bourgeois, condamné à mort comme tous les autres. Le crime d'Emile Henry me dégoûte infiniment. Je l'avais poussé à entrer à l'Ecole polytechnique. Ma situation dans l'armée pouvait lui servir. Il a refusé et, depuis, je ne l'ai plus revu.

Le dernier témoin cité par la défense était la pauvre mère d'Emile Henry.

Légalement, M. le président Potier ne pouvait se refuser à l'entendre.

Il tient, tout au moins, avec juste raison, à mettre sa responsabilité à couvert et rappelle au jury dans quelles circonstances l'avocat d'Emile Henry a cru devoir assigner cette malheureuse femme, contrairement à la volonté formelle de son client.

Emile Henry, ajoute l'honorable magistrat, m'avait supplié, dans une lettre que les journaux ont publiée avant même qu'elle ne me fût parvenue, d'empêcher, par tous les moyens en mon pouvoir, sa pauvre mère d'assister à son procès.

J'étais bien déterminé à satisfaire à son désir ; aussi ai-je été grandement surpris de trouver le nom de Mᵐᵉ Henry sur la liste des témoins à décharge.

Aujourd'hui qu'elle est citée, la loi me fait un devoir de l'entendre, à moins, Emile Henry, que vous ne renonciez formellement à son audition.

Emile Henry. — J'y renonce, monsieur le Président. Il

n'est jamais entré dans ma pensée d'infliger à ma mère
une pareille douleur.

M. le Président. — J'en suis convaincu.

La malheureuse mère de l'accusé reste donc hors
de l'audience. Toute la journée, elle attendra dans
une petite salle basse, entourée de quelques amies,
le terrible dénouement du drame où se joue la tête de
son fils. Sachons gré à M. le président Potier de la
délicatesse avec laquelle il nous a épargné une scène
navrante qui, hélas! ne pouvait, en face d'une telle
accumulation de crimes, modifier le sentiment du
jury.

Le Réquisitoire.

A la reprise de l'audience, M. l'avocat général Bulot
prend la parole.

L'organe du ministère public, se dispensant de tout
exorde, entre de plain-pied dans le récit de l'attentat
du café Terminus. Il montre Henry, sa bombe dans
sa poche, rôdant sur les boulevards et jetant un coup
d'œil sur les cafés à la mode avant de se résoudre à
entrer au Terminus.

Un salut en passant à l'agent Poisson, au coiffeur
Maury, à M. Etienne, l'employé de la gare, qui sont
tombés successivement, grièvement blessés, sous les
balles de l'assassin :

Emile Henry, ajoute M. l'avocat général Bulot, n'a
avoué ce premier crime qu'après deux jours de réflexion;
alors qu'il ne pouvait plus faire autrement, car dix témoins l'avaient reconnu.

C'est qu'il tient parfaitement à l'existence, ce jeune
homme! Il y en a d'autres qui y tiennent parce qu'ils pensent qu'il y a sur terre autre chose à faire qu'à désespérer
de tout. N'avait-il pas, lui aussi, des devoirs à remplir
vis-à-vis de sa vieille mère, devoirs qu'il a malheureusement oubliés?

Emile Henry. — N'insultez pas ma mère!

M. le Président. — N'interrompez pas le ministère

public, la loi me donne le droit de vous faire sortir si vous troublez l'audience.

M. l'avocat général Bulot est persuadé qu'Emile Henry a pris une part active à l'attentat de la rue des Bons-Enfants, mais il est également convaincu que l'accusé a eu des complices. (*Mouvement d'attention.*)

Il est bien exact qu'Henry a exploré la maison de l'avenue de l'Opéra où se trouvent les bureaux de la Compagnie de Carmaux. car il en a dressé le plan fort exact et il a minutieusement décrit les lieux.

Il a acheté — c'est incontestable — la marmite, le détonateur, les engins chimiques qui lui ont servi à confectionner sa bombe. Les déclarations des témoins que vous avez entendues ne peuvent laisser aucun doute à cet égard.

Mais je ne crois pas qu'il l'ait fabriquée seul. Il n'était pas assez fort pour fermer la marmite et il a toujours refusé devant M. Girard de montrer comment il avait procédé à cette fermeture. Il devait avoir un aide, sans doute ce prétendu Lambert que nous trouverons peut-être quelque jour.

Je ne crois pas davantage qu'il ait porté la bombe sur le palier de la Société de Carmaux.

Non, l'engin a été monté par une compagnonne! cette femme à cabas que M. Le Frapper a rencontrée dans l'escalier à onze heures, c'est-à-dire à la minute exacte à laquelle l'engin a été déposé.

Henry. — Dites donc son nom, alors!

M. l'avocat général. — S'il prétend aujourd'hui n'avoir pas eu de complices, c'est pour leur permettre de circuler librement avec les douze ou quinze bombes qu'ils sont allés voler dans son logement de la rue des Envierges et dont plusieurs, peut-être, ont été utilisées déjà. (*Sensation.*)

Quant à lui, il est déjà sous le coup d'une quadruple accusation capitale par l'attentat du café Terminus. Que risque-t-il à assumer sur sa tête l'entière responsabilité de l'attentat de la rue Bons-Enfants?

M. l'avocat général Bulot examine ensuite la responsabilité morale du jeune accusé. Emile Henry a eu la fièvre typhoïde à douze ans, mais il n'en a pas moins conservé la plénitude de son intelligence, malgré le mot célèbre :

— On en meurt ou l'on reste idiot. (*Hilarité!*)

C'est un parfait petit bourgeois, propriétaire à Brévannes, qui a trouvé pendant toute son enfance et toute sa jeunesse les protections et les appuis qui font défaut à tant d'autres fils de bourgeois sans fortune. Mais il est profondément orgueilleux, profondément envieux, et d'une implacable cruauté :

Sa pauvre mère, au nom de laquelle on cherchera à vous attendrir, m'inspire une profonde et douloureuse pitié. Mais son deuil irréparable ne datera pas de votre verdict.

Elle le porte dans son cœur depuis le jour où son fils a fait tant d'orphelins et tant de veuves.

Garcin, l'infortuné garçon de bureau de la Compagnie de Carmaux, est mort à vingt-sept ans, laissant une veuve et deux enfants, dont un enfant posthume ;

L'agent Réaux, une veuve et un jeune fils ;

Le brigadier Fomorin, une veuve et un jeune garçon de douze ans ;

L'inspecteur Grouteaux, une veuve et trois enfants ;

Le secrétaire du commissaire de police, M. Pousset, qui avait quitté l'armée et rendu ses épaulettes d'officier pour épouser une jeune fille qu'il aimait et qui n'avait pas la dot réglementaire, est mort laissant une veuve et trois jeunes enfants.

En tout, cinq veuves et dix orphelins.

La voilà, la solution de la question sociale !

La bombe imbécile de la rue des Bons-Enfants a détruit le bonheur de cinq familles !

Qu'allez-vous faire d'Emile Henry?

La foule l'eût lynché! La justice, plus calme, vous demande d'agir sans faiblesse.

Seule, la peine capitale peut lui donner satisfaction.

Emile Henry s'évaderait de Cayenne, pour recommencer.

Un verdict d'atténuation signerait peut-être la mort de nouvelles victimes.

Accorder à Emile Henry des circonstances atténuantes ce serait, messieurs les jurés, une faiblesse sans excuse et un acte d'abandon!...

Déclaration d'Émile Henry.

La parole est maintenant au défenseur..

Mais, avant que M⁰ Hornbostel se lève, Emile Henry est déjà debout.

Il demande au président des assises l'autorisation de présenter sa défense, et d'une voix claire, retentissante, il récite lentement, avec une étonnante sûreté de mémoire, la longue proclamation qu'on va lire et qu'il a apprise par cœur pendant sa détention préventive :

Messieurs les jurés,

Vous connaissez les faits dont je suis accusé : l'explosion de la rue des Bons-Enfants qui a tué cinq personnes et déterminé la mort d'une sixième, l'explosion du café Terminus qui a tué une personne, déterminé la mort d'une seconde et blessé un certain nombre d'autres, enfin six coups de revolver tirés par moi sur ceux qui me poursuivaient après ce dernier attentat.

Les débats vous ont montré que je me reconnais l'auteur responsable de ces actes.

Ce n'est donc pas une défense que je veux vous présenter. Je ne cherche en aucune façon à me dérober aux représailles de la société que j'ai attaquée.

D'ailleurs, je ne relève que d'un seul tribunal, de moi-même ; et le verdict de tout autre m'est indifférent.

Je veux simplement vous donner l'explication de mes actes, et vous dire comment j'ai été amené à les accomplir.

Je suis anarchiste depuis peu de temps. Ce n'est guère que vers le milieu de l'année 1891 que je me suis lancé dans le mouvement révolutionnaire. Auparavant, j'avais vécu dans des milieux entièrement imbus de la morale actuelle. J'avais été habitué à respecter et même à aimer les principes de patrie, de famille, d'autorité et de propriété.

Mais les éducateurs de la génération actuelle oublient trop fréquemment une chose, c'est que la vie avec ses luttes et ses déboires, avec ses injustices et ses iniquités, se charge bien, l'indiscrète, de dessiller les yeux des ignorants et de les ouvrir à la réalité. C'est ce qui m'arriva, comme il arrive à tous. On m'avait dit que cette vie était facile et largement ouverte aux intelligents et aux énergiques, et l'expérience me montra que seuls les cyniques et les rampants peuvent se faire bonne place au banquet.

On m'avait dit que les institutions sociales étaient basées sur la justice et l'égalité, et je ne constatai autour de moi que mensonges et fourberies.

Chaque jour m'enlevait une illusion!

Partout où j'allais, j'étais témoin des mêmes douleurs chez les uns, des mêmes jouissances chez les autres.

Je ne tardai pas à comprendre que les grands mots qu'on m'avait appris à vénérer, honneur, dévouement, devoir, n'étaient qu'un masque voilant les plus honteuses turpitudes.

L'usinier qui édifiait une fortune colossale sur le travail des ouvriers, qui, eux, manquaient de tout, était un monsieur honnête.

Le député, le ministre, dont les mains étaient toujours ouvertes aux pots-de-vin étaient dévoués au bien public.

L'officier qui expérimentait le fusil nouveau modèle sur des enfants de sept ans avait bien fait son devoir et, en plein Parlement, le président du Conseil lui adressait ses félicitations! Tout ce que je vis me révolta, et mon esprit s'attacha à la critique de l'organisation sociale. Cette critique a été trop souvent faite pour que je la recommence.

Il me suffira de dire que je devins l'ennemi d'une société que je jugeais criminelle.

Emile Henry entame ensuite le procès du parti socialiste, où il n'a fait que passer et pour lequel il professe le plus souverain mépris :

Un moment attiré par le socialisme, je ne tardai pas à m'éloigner de ce parti. J'avais trop d'amour de la liberté, trop de respect de l'initiative individuelle, trop de répugnance à l'incorporation, pour prendre un numéro dans l'armée matriculée du quatrième Etat.

D'ailleurs, je vis qu'au fond le socialisme ne change rien à l'ordre actuel. Il maintient le principe autoritaire, et ce principe, malgré ce qu'en peuvent dire de prétendus libres penseurs, n'est qu'un vieux reste de la foi en une puissance supérieure.

Des études scientifiques m'avaient graduellement initié au jeu des forces naturelles.

Or, j'étais matérialiste et athée; j'avais compris que l'hypothèse Dieu était écartée par la science moderne qui n'en avait plus besoin. La morale religieuse et autoritaire, basée sur le faux, devait donc disparaître. Quelle était alors la nouvelle morale en harmonie avec les lois de la nature qui devait régénérer le vieux monde et enfanter une humanité heureuse?

C'est à ce moment que je fus mis en relation avec quelques compagnons anarchistes, qu'aujourd'hui je considère encore comme des meilleurs que j'aie connus.

Le caractère de ces hommes me séduisit tout d'abord. J'appréciai en eux une grande sincérité, une franchise absolue, un mépris profond de tous les préjugés, et je voulus connaître l'idée qui faisait des hommes si différents de tous ceux que j'avais vus jusque-là.

Cette idée trouva en mon esprit un terrain tout préparé, par des observations et des réflexions personnelles, à la recevoir.

Elle ne fit que préciser ce qu'il y **avait** encore chez moi de vague et de flottant.

Je devins à mon tour anarchiste.

Emile Henri ajoute qu'il n'entreprendra pas de faire la théorie de l'anarchisme :

Je ne veux en retenir que le côté révolutionnaire, le côté destructeur et négatif pour lequel je comparais devant vous.

En ce moment de lutte aiguë entre la bourgeoisie et ses ennemis, je suis presque tenté de dire avec le Souvarine de *Germinal* : « Tous les raisonnements sur l'avenir sont criminels, parce qu'ils empêchent la destruction pure et simple et entravent la marche de la révolution. »

Dès qu'une idée est mûre, qu'elle a trouvé sa formule, il faut sans plus tarder en trouver la réalisation. J'étais convaincu que l'organisation actuelle était mauvaise, j'ai voulu lutter contre elle, afin de hâter sa disparition.

J'ai apporté dans la lutte une haine profonde, chaque jour avivée par le spectacle révoltant de cette société, où tout est bas, tout est louche, tout est laid, où tout est une entrave à l'épanchement des passions humaines, aux tendances généreuses du cœur, au libre essor de la pensée.

J'ai voulu frapper aussi fort et aussi juste que je le pourrais. Passons donc au premier attentat que j'ai commis, à l'explosion de la rue des Bons-Enfants.

J'avais suivi avec attention les événements de Carmaux.

Les premières nouvelles de la grève m'avaient comblé de joie : les mineurs paraissaient disposés à renoncer enfin aux grèves pacifiques et inutiles, où le travailleur confiant attend patiemment que ses quelques francs triomphent des millions des Compagnies.

Ils semblaient entrés dans une voie de violence qui s'affirma résolument le 15 août 1893.

Les bureaux et les bâtiments de la mine furent envahis par une foule lasse de souffrir sans se venger; justice allait être faite de l'ingénieur si haï de ses ouvriers, lorsque des timorés s'interposèrent.

Quels étaient ces hommes?

Les mêmes qui font avorter tous les mouvements révolutionnaires, parce qu'ils craignent qu'une fois lancé, le peuple n'obéisse plus à leur voix, eux qui poussent des milliers d'hommes à endurer des privations pendant des mois entiers, afin de battre la grosse caisse sur leurs souffrances et se créer une popularité qui leur permettra de décrocher un mandat. — Je veux dire les chefs socialistes : ces hommes, en effet, prirent la tête du mouvement gréviste.

On vit tout à coup s'abattre sur le pays une nuée de messieurs beaux parleurs, qui se mirent à la disposition entière de la grève, organisèrent des souscriptions, firent des conférences, adressèrent des appels de fonds de tous côtés. Les mineurs déposèrent toute initiative entre leurs mains. Ce qui arriva, on le sait.

La grève s'éternisa, les mineurs firent une plus intime connaissance avec la faim, leur compagne habituelle, ils mangèrent le petit fonds de réserve de leur syndicat et celui des autres corporations qui leur vinrent en aide; puis, au bout de deux mois, l'oreille basse, ils retournèrent à leur fosse, plus misérables qu'auparavant. Il eût été si simple, dès le début, d'attaquer la Compagnie dans son seul endroit sensible, l'argent; de brûler le stock de charbon, de briser les machines d'extraction, de démolir les pompes d'épuisement!

Certes, la Compagnie eût capitulé bien vite. Mais les grands pontifes du socialisme n'admettent pas ces procédés-là, qui sont des procédés anarchistes. A ce jeu, il y a de la prison à risquer, et, qui sait, peut-être une de ces balles qui firent merveille à Fourmies! On n'y gagne aucun siège municipal ou législatif. Bref, l'ordre, un instant troublé, régna de nouveau à Carmaux.

La Compagnie, plus puissante que jamais, continua son exploitation, et MM. les actionnaires se félicitaient de l'heureuse issue de la grève. Allons, les dividendes seraient encore bons à toucher !

C'est alors que je me suis décidé à mêler à ce concert d'heureux accents une voix que les bourgeois avaient déjà entendue, mais qu'ils croyaient morte avec Ravachol, celle de la dynamite !

Ici, la déclaration de guerre à la bourgeoisie :

J'ai voulu montrer à la bourgeoisie que désormais il n'y aurait plus pour elle de joies complètes, que ses triomphes insolents seraient troublés, que son veau d'or tremblerait violemment sur son piédestal, jusqu'à la secousse définitive qui le jetterait bas dans la fange et dans le sang.

En même temps, j'ai voulu faire comprendre aux mineurs qu'il n'y a qu'une seule catégorie d'hommes, les anarchistes, qui ressentent sincèrement leurs souffrances et qui sont prêts à les venger.

Ces hommes-là ne siègent pas au Parlement, comme MM. Guesde et consorts, mais ils marchent à la guillotine.

Je préparai donc une marmite. Un moment, l'accusation que l'on avait lancée à Ravachol me revint en mémoire. Et les victimes innocentes ?

Mais je résolus bien vite la question. La maison où se trouvaient les bureaux de la Compagnie de Carmaux n'était habitée que par des bourgeois. Il n'y aurait donc pas de victimes innocentes.

La bourgeoisie, tout entière, vit de l'exploitation des malheureux, elle doit tout entière expier ses crimes.

Aussi c'est avec la certitude absolue de la légitimité de mon acte, que je déposai ma marmite devant la porte des bureaux de la Société.

J'ai expliqué, au cours des débats, comment j'espérais, au cas où mon engin serait découvert avant son explosion, qu'il éclaterait au commissariat de police, atteignant toujours ainsi mes ennemis. Voilà donc les mobiles qui m'ont fait commettre le premier attentat qu'on me reproche.

Passons au second attentat, celui du café Terminus.

J'étais venu à Paris lors de l'affaire Vaillant. J'avais

assisté à la répression formidable qui suivit l'attentat du Palais-Bourbon. Je fus témoin des mesures draconiennes prises par le gouvernement contre les anarchistes.

De tous côtés on espionnait, on perquisitionnait, on arrêtait. Au hasard des rafles, une foule d'individus étaient arrachés à leur famille et jetés en prison. Que devenaient les femmes et les enfants de ces camarades pendant leur incarcération? Nul ne s'en occupait.

L'anarchiste n'était plus un homme, c'était une bête fauve que l'on traquait de toutes parts et dont toute la presse bourgeoise, esclave vile de la force, demandait sur tous les tons l'extermination.

En même temps, les journaux et les brochures libertaires étaient saisis, le droit de réunion était prohibé.

Mieux que cela : lorsqu'on voulait se débarrasser complètement d'un compagnon, un mouchard déposait le soir dans sa chambre un paquet contenant du tannin, disait-il, et, le lendemain, une perquisition avait lieu, d'après un ordre daté de l'avant-veille. On trouvait une boîte pleine de poudres suspectes, le camarade passait en jugement et récoltait trois ans de prison.

Demandez donc si cela n'est pas vrai au misérable indicateur qui s'introduisit chez le compagnon Mérigeaud?

Mais tous ces procédés étaient bons. Ils frappaient un ennemi dont on avait eu peur, et ceux qui avaient tremblé voulaient se montrer courageux.

Comme couronnement à cette croisade contre les hérétiques, n'entendit-on pas M. Raynal, ministre de l'intérieur, déclarer à la tribune de la Chambre que les mesures prises par le gouvernement avaient eu un bon résultat, qu'elles avaient jeté la terreur dans le camp anarchiste? Ce n'était pas encore assez. On avait condamné à mort un homme qui n'avait tué personne ; il fallait paraître courageux jusqu'au bout : on le guillotina un beau matin.

Mais, messieurs les bourgeois, vous aviez un peu trop compté sans votre hôte !

Vous aviez arrêté des centaines d'individus, vous aviez violé bien des domiciles ; mais il y avait encore hors de vos prisons des hommes que vous ignoriez, qui, dans l'ombre, assistaient à votre chasse à l'anarchiste et qui n'attendaient que le moment favorable pour, à leur tour, chasser les chasseurs.

Les paroles de M. Raynal étaient un défi jeté aux anarchistes. Le gant a été relevé. La bombe du café Terminus est la réponse à toutes vos violations de la liberté, à vos arrestations, à vos perquisitions, à vos lois sur la presse, à vos expulsions en masse d'étrangers, à vos guillotinades.

Mais pourquoi, direz-vous, aller s'attaquer à des consommateurs paisibles qui écoutent de la musique et qui, peut-être, ne sont ni magistrats, ni fonctionnaires?

Pourquoi? C'est bien simple. La bourgeoisie n'a fait qu'un bloc des anarchistes. Un seul homme, Vaillant, avait lancé une bombe; les neuf dixièmes des compagnons ne le connaissaient même pas. Cela n'y fit rien. On persécuta en masse. Tout ce qui avait quelque relation anarchiste fut traqué.

Eh bien! puisque vous rendez ainsi tout un parti responsable des actes d'un seul homme, et que vous frappez en bloc, nous aussi nous frappons en bloc.

Devons-nous nous attaquer seulement aux députés qui font les lois contre nous, aux magistrats qui appliquent ces lois, aux policiers qui nous arrêtent?

Je ne le pense pas.

Tous ces hommes ne sont que des instruments, n'agissant pas en leur propre nom, leurs fonctions ont été instituées par la bourgeoisie pour sa défense; ils ne sont pas plus coupables que les autres.

Les bons bourgeois qui, sans être revêtus d'aucune fonction, touchent cependant les coupons de leurs obligations, qui vivent oisifs des bénéfices produits par le travail des ouvriers, ceux-là aussi doivent avoir leur part de représailles.

Et non seulement eux, mais encore tous ceux qui sont satisfaits de l'ordre actuel, qui applaudissent aux actes du gouvernement et se font ses complices, ces employés à 300 et 500 francs par mois qui haïssent le peuple plus encore que les gros bourgeois, cette masse bête et prétentieuse qui se range toujours du côté du plus fort, clientèle ordinaire du Terminus et autres grands cafés.

Voilà pourquoi j'ai frappé dans le tas, sans choisir mes victimes.

Il faut que la bourgeoisie comprenne bien que ceux qui ont souffert sont enfin las de leurs souffrances; ils montrent les dents et frappent d'autant plus brutalement qu'on a été plus brutal avec eux.

Ils n'ont aucun respect de la vie humaine, parce que les bourgeois eux-mêmes n'en ont aucun souci.

Ce n'est pas aux assassins qui ont fait la semaine sanglante de Fourmies de traiter les autres d'assassins.

Ayez au moins le courage de vos crimes, messieurs les

bourgeois, et convenez que nos représailles sont grandement légitimes.

Emile Henry ajoute qu'il ne s'illusionne pas.

Je sais que mes actes ne seront pas encore bien compris des foules insuffisamment préparées. Même parmi les ouvriers, pour lesquels j'ai lutté, beaucoup, égarés par vos journaux, me croient leur ennemi. Mais cela m'importe peu. Je ne me soucie du jugement de personne.

Je n'ignore pas non plus qu'il existe des individus se disant anarchistes qui s'empressent de réprouver toute solidarité avec les propagandistes par le fait.

Ils essayent d'établir une distinction subtile entre les théoriciens et les terroristes. Trop lâches pour risquer leur vie, ils renient ceux qui agissent. Mais l'influence qu'ils prétendent avoir sur le mouvement révolutionnaire est nulle. Aujourd'hui le champ est à l'action sans faiblesse et sans reculade.

Alexandre Herzen, la révolutionnaire russe, l'a dit : « De deux choses l'une, ou justicier et marcher en avant, ou gracier et trébucher à moitié route. »

Nous ne voulons ni gracier ni trébucher, et nous marcherons toujours en avant jusqu'à ce que la révolution, but de nos efforts, vienne enfin couronner notre œuvre en faisant le monde libre.

Dans cette guerre sans pitié que nous avons déclarée à la bourgeoisie, nous ne demandons aucune pitié.

Nous donnons la mort, nous saurons la subir.

Aussi c'est avec indifférence que j'attends votre verdict.

Je sais que ma tête n'est pas la dernière que vous couperez; d'autres tomberont encore, car les meurt-de-faim commencent à connaître le chemin de vos grands cafés et de vos grands restaurants, Terminus et Foyot.

Vous ajouterez d'autres noms à la liste sanglante de nos morts.

Vous avez pendu à Chicago, décapité en Allemagne, garrotté à Jerez, fusillé à Barcelone, guillotiné à Montbrison et à Paris, mais ce que vous ne pourrez jamais détruire, c'est l'anarchie !

Les racines sont trop profondes; elle est née au sein d'une société pourrie qui se disloque, elle est une réaction violente contre l'ordre établi. Elle représente les aspirations égalitaires et libertaires qui viennent battre en brèche l'autorité actuelle, elle est partout, ce qui la rend insaisissable. Elle finira par vous tuer.

Voilà, messieurs les jurés, ce que j'avais à vous dire.

Vous allez maintenant entendre mon avocat.

Vos lois imposant à tout, accusé un défenseur, ma famille a choisi M⁰ Hornbostel.

Mais ce qu'il pourra vous dire n'infirme en rien ce que j'ai dit. Mes déclarations sont l'expression exacte de ma pensée. Je m'y tiens intégralement.

La défense.

Que dire après cette déclaration si violente et si haineuse, de la plaidoirie de M⁰ Hornbostel?

Le mieux serait de passer.

M⁰ Hornbostel est le fils d'un avocat qui a illustré le barreau de Marseille. Il débutait hier et ce début n'a pas été heureux.

Il est évident que ce jeune homme ne sait rien de la Cour d'assises, et qu'au lieu d'aller prendre des leçons de diction chez M. Silvain, il eût été sagement inspiré en déclinant une défense trop lourde pour lui. De l'abondance, de la faconde, si l'on veut, mais de grandes phrases creuses débitées avec un accent extraordinaire, des citations historiques ou littéraires jetées pêle-mêle dans une sorte de bouillabaisse où surnagent les noms de Descartes, de Mahomet, de Jean-Jacques Rousseau, de Voltaire, de Napoléon, de Gamahut, de Jules Favre et du Petit Sucrier.

Puis des évocations de Vaillant, de Ravachol, de tous les martyrs de l'anarchisme. M⁰ Hornbostel nous montre par avance les compagnons se rendant en foule à la tombe de son jeune client : « Une auréole illuminera sa tête blonde, et les objets qu'il aura touchés seront considérés comme des rites ! La guillotine lui fera une auréole de poésie ! »

Et M⁰ Hornbostel nous dépeint Henry comme « un enfant aux yeux clairs, à la voix harmonieuse, à peine revêtu de la robe prétexte, un mystique, un poète aux douces envolées ! »

Il supplie les jurés de ne pas faire de lui un nouveau martyr, et termine par cette phrase délicieuse :

— Mon client, messieurs, commet aujourd'hui sa première infraction aux règlements sociaux !

Un peu plus, et M⁰ Hornbostel réclamerait pour ce bon jeune homme l'application de la loi Bérenger.

Emile Henry ayant déclaré n'avoir rien à ajouter à cette défense, le jury entre en délibération.

Le verdict.

Il rentre en séance au bout d'une heure.

Le verdict est affirmatif sur toutes les questions, aussi bien en ce qui concerne l'explosion du café Terminus que l'attentat de la rue des Bons-Enfants ; il est muet sur les circonstances atténuantes.

— Qu'avez-vous à dire sur l'application de la peine? demande M. le président Potier à Emile Henry qui rentre alerte, presque guilleret, sautant par-dessus les bancs comme un écolier.

— Rien, j'accepte le verdict quel qu'il soit !

La Cour prononce contre Emile Henry **la peine de mort.**

— Vous avez trois jours francs pour vous pourvoir en cassation, ajoute M. le président Potier.

D'un geste rapide, presque dédaigneux, Emile Henry indique qu'il renonce à ce suprême recours, et, toujours calme, redressant sa petite taille, un peu plus pâle peut-être qu'au début de l'audience, il lance, avant de sortir, ce dernier appel aux compagnons, après avoir sondé longuement les profondeurs de la salle d'audience :

— Courage, camarades ! et vive l'anarchie !

Exécution d'Emile Henry.

Emile Henry a été exécuté le 21 mai, sur la place de la Roquette.

Il avait refusé de se pourvoir en cassation contre l'arrêt de la Cour d'assises et de signer son recours en grâce.

Jusqu'à la dernière seconde, il resta calme, mystérieux, dédaigneux. A peine ouvrit-il la bouche, pendant la toilette, pour dire au bourreau d'un ton méprisant :

— C'est vous qui êtes Deibler?

Il refusa de prendre un cordial et marcha courageusement à l'échafaud, se plaignant seulement d'avoir été trop serré par les aides, qui lui avaient entravé les pieds.

Devant la bascule, il écarta l'aumônier et s'écria une dernière fois de sa voix gutturale et légèrement grasseyante.

— Camarades, courage ! Et vive l'anarchie !

V

L'EXPLOSION DU RESTAURANT VÉRY

Paris, 27 juillet.

Le compagnon Meunier est un petit homme blême, contrefait, à la mine souffreteuse, non pas précisément bossu, mais la poitrine bombée et les épaules inégales.

Très poli, très calme, s'abstenant avec soin de toute théorie anarchiste, il se borne à protester sans éclats de colère, mais avec une grande fermeté, de sa complète innocence dans l'explosion de la caserne Lobau et dans l'attentat du restaurant Véry, les deux crimes anarchistes dont il vient répondre et qui ont motivé són extradition d'Angleterre.

Au banc de la défense M° Desplats qui, l'an passé, fit acquitter le compagnon Francis (1) accusé d'avoir servi de second à Meunier dans la dernière de ces deux sinistres expéditions.

Nous retrouverons tout à l'heure Francis, toujours ouvert et beau parleur, parmi les témoins à décharge.

M. l'avocat général Bulot soutient l'accusation.

M. le président Berr mène les débats tambour battant ; il les mène même, qu'il nous permette de le lui dire, avec une célérité excessive. L'affaire était inscrite pour deux audiences. Il a tenu à la terminer en un jour, ou plutôt, un jour et une nuit consécutifs, sans avoir souci de la fatigue du défenseur et malgré les protestations de l'auditoire.

1. Voir les *Causes criminelles et mondaines* de 1893.

Nous reviendrons tout à l'heure sur cet incident.

La table des pièces à conviction est couverte de débris provenant de l'explosion du restaurant Véry, de morceaux de cloisons, de vêtements en lambeaux, de linges ensanglantés. Dans un grand bocal rempli d'esprit de vin, on aperçoit, spectacle horrible, la jambe mutilée du malheureux Véry et, à côté, une petite valise de toile blanche, renfermant une boîte oblongue, fac-similé présumé de l'engin qui a servi aux dynamiteurs.

L'interrogatoire.

D. — Vous avez trente-quatre ans, vous êtes menuisier, vous êtes Vendéen d'origine. Il y a une dizaine d'années que vous vous êtes fixé à Paris.

Déjà, dès 1887, vous vous faisiez remarquer par la violence de vos théories anarchistes. Excellent ouvrier, vous suspendiez à chaque instant votre travail pour exciter vos camarades contre les patrons.

Vous vous vantiez de vos relations avec les compagnons de l'ancien et du nouveau continent.

Meunier, d'un ton méprisant. — Ce sont des rapports de police. Il est question ici de l'explosion de la caserne Lobau et du restaurant Véry. Je n'ai pas à vous répondre sur d'autres points.

D. — Vous avez connu Decamps, Dardarc et Léveillé, les anarchistes de Levallois condamnés en 1890, à la suite d'une bagarre avec la police. Avez-vous su que, dans les camps anarchistes, on avait résolu de venger leur condamnation sur la personne du Président des assises et de M. l'avocat général Bulot?

R. — J'ai su cela par les journaux, comme tout le monde. Je ne les connaissais pas.

D. — Avez-vous su aussi que Ravachol avait été désigné comme le justicier (1)?

R. — Nullement.

D. — Avez-vous su qu'on était allé voler à Soisy-sous-Etiolles la dynamite indispensable pour l'attentat?

C'était un nommé Drouet qui dirigeait l'expédition de Soisy (2).

1. Voir les *Causes criminelles* de 1893.
2. *Id.*

Il donna une partie de la dynamite volée à Ravachol; mais le reste, Drouet vous l'avait remis par l'intermédiaire de Bricou.

R. — Je prouverai le contraire.

D. — La dynamite remise à Ravachol lui servit à commettre les attentats de la rue de Clichy et du boulevard Saint-Germain. Quant à vous, vous avez commencé par utiliser votre provision en essayant de faire sauter la caserne Lobau?

R. — Je suis innocent de cet attentat!

D. — Vous êtes allé chercher chez Bricou, rue Geoffroy-Saint-Hilaire, la dynamite volée par Drouet et qui était déposée chez lui.

Cette dynamite, vous l'avez transportée, pendant la soirée du 4 mars 1892, rue de Bretagne, n° 40, dans un hôtel où vous logiez sous le faux nom de Rouillon.

La logeuse, Mme Delfosse, vous a vu monter un sac très volumineux dans votre chambre.

Dès le lendemain matin, d'ailleurs, le sac avait disparu. Vous étiez allé le cacher sous le pont de Flandre où on l'a découvert le 3 juin suivant, d'après les indications de Bricou.

R. — Ce sac ne contenait que mes outils de menuisier.

D. — Bricou, qui n'a parlé que contraint et forcé, s'est accusé lui-même d'avoir transporté aussi de la dynamite avec votre aide?

R. — C'est qu'il avait intérêt à le faire?

D. — Mais il s'accusait lui-même! Il a été jugé, condamné à vingt ans de travaux forcés. Il a payé sa dette à la société. Quel intérêt a-t-il à vous mêler à cette affaire, si vous y êtes étranger?

R. — C'était un moyen de se décharger d'autant sur le dos des autres.

L'Explosion de la caserne Lobau.

D. — Dans la nuit du 14 au 15 mars 1892, des cartouches de dynamite furent déposées dans une encoignure de la caserne Lobau. Une explosion formidable se produisit. Les murs furent ébranlés, les vitres brisées; le réfectoire où, fort heureusement, il ne se trouvait personne, fut presque entièrement détruit. Il était 1 h. 1/2 du matin au moment de l'explosion.

Cette même nuit, vers 2 heures, vous frappiez à la porte de Bricou et de la fille Delangle, sa maîtresse. Vous leur demandiez à coucher et vous racontiez le crime que vous veniez de commettre.

Dès le lendemain, vous éprouvez le besoin d'aller contempler les dégâts. Vous faites une apparition à votre hôtel de la rue de Bretagne, et vous rentrez très mécontent qu'un garçon vous ait vu sortir et que l'attentat n'ait produit que des dégats matériels. Alors, vous vous êtes écrié, en parlant des gardes républicains :

— Aucune de ces vaches n'a donc étrenné! Il n'y a donc plus moyen d'atteindre ces chameaux-là ?

R. — Je ne me sers jamais de telles expressions.

M. le président Berr donne lecture de la déposition de Bricou, actuellement à Nouméa.

Ami intime de Meunier, Bricou reconnaît qu'il a eu en sa possession une partie de la dynamite volée à Soisy-sous-Etiolles, qu'il a aidé Meunier à la transporter rue de Bretagne, et il ajoute que, la nuit de l'explosion de la caserne Lobau, c'est bien Meunier qui est venu lui demander l'hospitalité, rue Geoffroy-Saint-Hilaire, en criant: « Fernand, Fernand, ouvre-moi! »

Meunier proteste énergiquement contre ce récit de son ancien ami.

L'explosion du restaurant Véry.

C'est à cette époque que Ravachol fut arrêté sur la dénonciation de Lhérot, beau-frère du patron du restaurant Véry.

Meunier manifestait une indignation violente contre le dénonciateur.

Les arrestations en masse qui furent opérées alors mirent le comble à son exaspération.

D. — Vous parliez constamment de faire sauter le restaurant Véry?

R. —C'est Bricou seul, toujours Bricou, qui raconte tout cela. Jamais je ne suis allé au restaurant Véry.

M. le Président. — Voyons, Lhérot lui-même vous y a remarqué, assis à la table légendaire de Ravachol.

Le garçon Soupeaud vous a également reconnu sur votre photographie.

R. — Tous deux se trompent assurément.

D. — Un déguisement vous était indispensable si vous vouliez mettre votre projet de vengeance à exécution.

Aussi vous voit-on faire transporter chez Bricou un complet brun et un chapeau à haute forme appartenant à Francis.

L'avant-veille du crime, le samedi 23 avril 1892, vous vous faites régler votre compte par votre patron, M. Pegon, menuisier rue des Abbesses. En quittant cette rue, on vous voit vous diriger vers les fortifications, dans la direction de Pantin, où était enterrée la dynamite volée à Soisy-sous-Etiolles.

Le même jour, vous demandez à un serrurier de la rue de Belfort, M. Roy, de vous ouvrir la porte du logement où vous avez trouvé un refuge, 7, rue Montlouis, chez un anarchiste nommé Leclerc. Ce dernier était absent et la porte était fermée.

Le serrurier l'ouvrit et, pas très rassuré, se demanda s'il n'avait pas affaire à des cambrioleurs.

Très inquiet d'avoir aperçu sur votre palier un individu, qui marquait mal, il crut devoir prévenir la concierge.

Tous deux remontèrent au logement de Leclerc et l'attention de la concierge se porta aussitôt sur du papier grisâtre jeté sur le sol.

Après des explications qui rassurèrent cette femme, vous êtes bientôt descendu suivi de votre compagnon, vous avec une valise grise, votre camarade avec une valise en tapisserie. A la porte, vous vous êtes séparés.

On vous retrouve dans un débit de la rue des Gravilliers, chez M. Desnard, auquel vous confiez votre valise pendant que vous allez faire une course rue Beaubourg, cette même rue où demeurait Francis.

L'accusé conteste par des dénégations sèches et catégoriques l'exactitude de tous ces détails.

D. — Après être allé reprendre la valise rue des Gravilliers, vous l'avez montée chez Bricou et vous en avez tiré vingt-sept cartouches de dynamite, des mèches, une boîte en bois, une fausse barbe, et vous avez défait les cartouches, vous les avez émiettées avec un marteau que vous a prêté la maîtresse de Bricou et vous avez expérimenté la durée de combustion des mèches avec le réveille-matin de Bricou. Est-ce vrai, tout cela?

R. — C'est faux comme tout ce qu'a raconté Bricou. Jamais je n'ai eu de dynamite en ma possession.

D. — La maîtresse de Bricou ajoute que vous l'avez envoyée vous acheter une boîte de fard, rue Réaumur, et, ce qu'il y a d'étrange, c'est qu'elle est bien, en effet, allée acheter une boîte de fard chez un coiffeur de la rue Réaumur qui l'affirmera à l'audience.

Bricou était absent. Quand il revint de son atelier, il entra dans une violente colère.

— Tu aurais bien pu, s'écria-t-il, préparer chez toi ton artillerie!

— Tu ne sais donc pas! lui répondez-vous, il m'est arrivé un avaro du diable!

Et vous lui racontez la visite domiciliaire du serrurier et de la concierge.

Cet épisode, poursuit M. le président Berr, a été raconté dans tous ses détails par Bricou et sa maîtresse, la fille Delangle, aujourd'hui sa femme. S'ils n'en tiennent pas le récit de votre bouche, comment l'ont-ils pu connaître? (*Mouvement.*)

Meunier, qui sent parfaitement la portée de l'argument, se borne à répondre qu'il ne s'est jamais rendu rue Montlouis, et qu'il démontrera un *alibi*.

D. — Le lendemain dimanche, vous avez pris toutes vos dispositions avec Francis pour faire sauter le restaurant Véry.

L'après-midi, vers 1 heure, on vous rencontre chez vos amis, les époux Sillery, que vous emmenez à Robinson. Mais vous êtes rentré à Paris vers 6 heures, et vous vous rendez place de la République pour chercher Francis, auquel vous aviez donné rendez-vous. L'attentat était pour le soir.

Mais Francis n'y était pas. Dans la journée, Bricou l'avait dissuadé de vous accompagner chez Véry.

— Tu es marié, lui avait-il dit, tu as des gosses. Laisse donc faire Meunier, si ça lui plaît. Il est célibataire.

Ce contre-temps obligea, d'après Bricou, Meunier à

renvoyer au lendemain lundi l'exécution de son projet.

Dans l'après-midi du lundi, Meunier conduisit Mme Sillery à la foire au pain d'épice.

D. — Est-ce vrai?

Meunier, avec discrétion. — Ce sont là des questions privées sur lesquelles je n'ai pas à répondre.

D. — C'est uniquement pour établir l'emploi de votre temps. Vous êtes rentré à Paris vers 7 heures. De 7 à 9 heures, vous avez dû procéder à votre déguisement. A 9 heures, vous êtes entré chez Véry, vous avez commandé un verre de vin, vous avez déposé la petite valise grise contenant la bombe devant le comptoir et vous êtes sorti.

Au dehors, un compagnon inconnu vous appelait en criant :

— Edgar! Edgar! viens allumer ton cigare!

A peine étiez-vous dehors, qu'une explosion épouvantable se produisait, et vous avez assisté, d'une faible distance, avec une joie féroce, à l'agonie de vos victimes! (*Sensation.*)

Meunier. — Comment! vous prétendez que j'ai pu entrer avec une valise et la déposer devant le comptoir, tout cela sans être aperçu des consommateurs?

M. le Président. — Oh! les consommateurs, ils étaient morts, blessés ou affolés par l'explosion.

Le malheureux Véry avait un œil enlevé, une jambe arrachée.

L'infortuné Hamonod est mort dans des souffrances épouvantables : un autre est devenu fou.

R. — Je n'étais pas là! A l'heure de l'explosion, je dînais tranquillement rue Meslay.

M. le Président. — A 10 heures, ce même lundi 25 avril 1892, vous arrivez essoufflé, grimé, chez Mme Sillery, coiffé d'un chapeau à haute forme, et vous lui faites le récit de l'acte de « haute justice sociale » que vous venez d'accomplir.

Dans votre hâte à trouver un asile, vous aviez butté dans l'escalier contre un jeune homme, et votre chapeau était tombé.

R. — Il était plus de 10 h. 1/2, et non pas 10 heures, quand je me suis présenté chez Mme Sillery, et je n'avais pas de chapeau à haute forme.

D. — C'était le chapeau de Francis, comme votre complet était le complet de Francis.

Le lendemain de l'explosion, vous retournez à Robinson avec Mme Sillery et la maîtresse de Bricou, et vous leur racontez dans tous les détails l'attentat du restaurant Véry.

Quelques jours plus tard, ne voulant pas, disiez-vous, laisser perdre « la camelote », redoutant une arrestation, vous avez conduit Bricou au fossé des fortifications pour lui montrer où était ce qui restait de la dynamite. C'est là que Bricou a conduit les magistrats.

R. — Parbleu! C'est lui qui l'y avait mise!

Pendant le mois d'avril 1892, chose étrange, Meunier était tranquillement en prison, où il subissait une courte peine pour coups et blessures.

Mais, deux mois plus tard, ayant appris que Bricou était arrêté et avait parlé, il gagnait la Belgique, puis Londres, où il vivait sous le faux nom de Charles Bernard, quand il a été arrêté et extradé.

L'accusé. — Si j'étais l'auteur de l'explosion du restaurant Véry, je n'aurais pas attendu deux mois pour m'enfuir!

D. — Au moment de votre arrestation, vous alliez prendre le train pour la Belgique.

Vous étiez armé d'un revolver et vous avez opposé une résistance féroce à l'inspecteur Melville.

Depuis, vous vous êtes évertué à produire un *alibi*. Vous avez amené au Tribunal et à la Cour du Banc de la Reine, des témoins qui n'ont pu convaincre les juges anglais.

R. — Les juges anglais ont simplement retenu que je n'étais pas en Angleterre au moment des faits qui m'étaient reprochés. Mais l'extradition ne préjuge rien.

En terminant, M. le président Berr donne lecture d'une lettre adressée l'an passé au *Gil Blas* et signée Meunier. En voici les principaux passages :

Je revendique hautement ma part de responsabilité dans l'explosion de chez Véry et je ne veux pas qu'un camarade comme Francis en supporte les conséquences.

6.

Quand je me suis rendu boulevard Magenta pour faire sauter la boîte, j'étais accompagné d'un ami, mais cet ami n'était pas Francis.

S'il est extradé et ramené en France, je viendrai me constituer prisonnier, sachant qu'il se laisserait plutôt condamner que de dire un seul mot qui puisse compromettre un compagnon. Je crie bien haut : « Francis est innocent! » Je suis coupable et je viendrai, le jour venu, réclamer ma part de responsabilité devant les juges. Vive l'Anarchie! »

Cette lettre est-elle de Meunier ?

M. le Président. — Eh bien! le moment est venu pour vous d'avoir la crânerie de revendiquer ce rôle de justicier devant vos juges.

R. — Je suis innocent, je n'ai rien à avouer, cette lettre est l'œuvre d'un policier!

Les témoignages.

Le premier témoin est le compagnon Drouet, condamné à cinq ans de réclusion, il y a deux ans, pour le vol de dynamite de Soisy-sous-Étiolles. Il comparaît entre deux gardes et ne semble pas très disposé à engager une longue conversation avec la magistrature. Il se borne à reconnaître que la dynamite volée, après quelques pérégrinations, a été porté chez Bricou.

Mais voici le témoignage capital, celui de l'accusatrice, la fille Delangle, l'ancienne maîtresse de Bricou, aujourd'hui sa femme, car il l'a épousée avant de partir pour Nouméa.

Celle qu'on appelait dans les réunions anarchistes « la rousse », et qui comparaissait l'an passé, minable, déguenillée, devant les assises, lors du procès Francis qu'elle accusait avec non moins d'acrimonie qu'elle accuse aujourd'hui Meunier, est à présent une jeune femme presque élégante avec son chapeau à plumes, son « figaro » bien ajusté et ses gants noirs qu'elle lisse consciencieusement tout en faisant sa déposition.

M. le président Berr l'interroge d'abord sur la visite nocturne de Meunier à la suite de l'attentat de la caserne Lobau.

— C'est bien lui, dit la femme Bricou, qui est venu nous appeler cette nuit-là, vers deux heures : « Fernand ! Fernand ! criait-il, ouvre-moi ! Je viens coucher ! »

Il nous raconta brièvement qu'il venait de déposer une bombe le long de la caserne Lobau, puis il se coucha sans vouloir en dire davantage et dormit comme un loir.

M. l'avocat général Bulot. — Madame, vous n'êtes plus, aujourd'hui, une accusée ; vous n'avez plus votre liberté à défendre. Votre mari a été condamné et ne peut l'être davantage. Il ne faudrait pas charger un innocent. Je vous adjure de ne dire que la vérité. (*Assentiment.*)

La femme Bricou. — Oh ! c'était bien lui, je le jure !

Meunier. — C'est faux ! Mme Bricou est une femme sans moralité !

M. le Président. — Arrivons aux journées qui ont précédé l'explosion du restaurant Véry. A cette époque, Meunier ne s'est-il pas de nouveau présenté chez vous ?

R. — Parfaitement. Il était épouvanté par les arrestations d'anarchistes qui s'opéraient alors. Il n'osait rentrer chez lui, pas plus que Francis, d'ailleurs, qui me pria d'aller chercher dans son logement, rue Beaubourg, un complet brun, un chapeau à haute forme, une chemise à col droit et une cravate Lavallière à pois rouges sur fond blanc. J'allai prendre ces divers vêtements et les rapportai.

Le lendemain, ce fut le tour de Meunier de venir nous voir. Bricou était absent lorsqu'il parut. Il était porteur d'une petite valise en toile d'où il tira sept cartouches de dynamite.

Après avoir défait le papier qui enveloppait ces cartouches, il se mit à broyer la dynamite avec un marteau, en se plaignant qu'elle fût humide.

Puis il alluma une mèche et expérimenta, avec le réveille-matin de Bricou, le temps qu'elle mettait à brûler, et il arrangea le tout dans une petite boîte.

Quand Bricou rentra du travail, il se mit en colère et s'écria :

— Tu aurais bien pu préparer ton artillerie chez toi !

— Figure-toi, répondit Meunier, qu'il m'est arrivé un

avaro. Ma concierge **est** montée dans ma chambre et a regardé partout.

D. — Est-ce que Meunier ne vous a pas envoyée lui chercher un pot de fard?

R. — Parfaitement; chez un coiffeur de la rue Réaumur. Puis il a disparu avec sa valise et son engin. (*Mouvement prolongé.*)

Meunier. — Cette femme répète une leçon qu'elle a apprise et qu'elle a déjà récitée à l'instruction et à l'audience. Elle voulait innocenter son amant, et maintenant elle ne peut plus revenir sur ce qu'elle a dit.

La femme Bricou. — Je ne dis que la vérité.

Mᵉ Desplats. — Le témoin a bien épousé Bricou depuis qu'il a été condamné?

R. — Parfaitement.

La concierge de la rue Montlouis et le serrurier qui a ouvert la porte ont tous deux reconnu Meunier pour l'un des hommes qui se trouvaient dans la chambre. Ou leur a montré sa photographie en 1892, et ils n'ont pas hésité. Aujourd'hui, ils sont l'un et l'autre moins affirmatif. Il est vrai que Meunier a changé de coupe de barbe. Autrefois, il ne portait que la moustache; maintenant il porte le fer à cheval.

M. le président Berr ordonne qu'il sera rasé pendant la suspension d'audience.

Changement à vue.

Meunier est emmené à la Conciergerie, et quand il reparaît un quart d'heure plus tard, ce n'est plus le même visage : avec sa petite moustache brune, légèrement tombante, il est tout à fait rajeuni.

— Eh bien ! demande M. le président Berr à M. Roy et à la concierge, le reconnaissez-vous maintenant?

Cette fois, les deux témoins n'ont plus une seconde d'hésitation :

— C'est lui ! c'est bien lui ! s'écrient-ils l'un et l'autre, pendant que l'accusé, très troublé, balbutie :

— Les témoins se trompent. Ce ne peut être moi !

M° Desplats. — Et la voix! Tout à l'heure, vous ne la connaissiez pas. La voix ne change pas cependant!

M. le président Bulot. — Pardon, Meunier la change maintenant. Mais, vous le voyez, la confrontation est aussi concluante que possible! (*Sensation.*)

Mme Deisnard, la marchande de vin chez laquelle Meunier est allé déposer sa valise en attendant le moment favorable pour la monter chez Bricou, se souvient parfaitement de cet incident. Elle n'a point vu Meunier, mais son mari, qui est décédé depuis, l'avait parfaitement reconnu sur sa photographie.

Mme Mallard, l'ancienne concierge de Francis, se souvient d'avoir vu, dans les jours qui ont précédé l'explosion du restaurant Véry, la maîtresse de Bricou descendre l'escalier de son locataire, portant un volumineux paquet. Francis était parti la veille en disant :

— Je disparais pour quelques jours, à cause des arrestations, mais je reviendrai après le 1er mai. D'ici là, Lhérot aura son affaire !

Toutes ces dépositions ont, comme on le voit, pour but de vérifier et de contrôler le récit de Mme Bricou.

Un témoignage beaucoup plus discret est celui de Mme Sillery, l'amie de Meunier, celle qu'il emmenait à Robinson et à la foire au pain d'épice. Impossible de tirer d'elle un renseignement précis :

— Ah! vous savez, s'écrie M. le président Berr, votre situation peut devenir grave! Il faut dire toute la vérité ici! Oui ou non, le soir de l'explosion du restaurant Véry, vers 10 heures, Meunier s'est-il présenté chez vous?

Mme Sillery. — Je ne me souviens pas qu'il soit venu ce soir-là.

D. — Comment! mais vous avez raconté à Mme Bricou qu'il était tout en nage, tout essoufflé, qu'il avait tellement couru que son chapeau à haute forme était tombé dans l'escalier; vous avez même ajouté qu'il avait une tache sur sa cravate Lavallière et que vous la lui avez enlevée. Est-ce vrai?

R. — Je ne me rappelle rien de tout cela. Peut-être Meunier est-il venu ce soir-là chez nous pour emmener mon mari faire une partie. Mais nous étions couchés et il est parti tout de suite. Je ne lui ai vu ni cravate Lavallière ni chapeau à haute forme.

D. — Est-ce que vous n'avez pas dit le lendemain à la femme Bricou qu'il ne *dégotait* pas trop mal avec son chapeau et que l'explosion ne l'avait pas changé?

R. — Jamais je n'ai tenu à la femme Bricou ce propos-là.

D. — Nous allons vous confronter avec elle!

R. — Faites, je n'ai pas peur!

D. — N'avez-vous pas ri ensemble, le lendemain, pendant votre partie à Robinson, des récits fantaisistes que les journaux faisaient de l'explosion, et n'avez-vous pas ajouté qu'il y avait dans la bombe 4 kilos de dynamite?

R. — Ce sont des inventions.

D. — Enfin, Meunier n'est-il pas venu prendre congé de vous avant de quitter la France? Ne vous a-t-il pas dit :

— Tu sauras plus tard les causes de mon départ.

R. — Il m'a bien dit quelque chose comme cela, mais je ne me rappelle plus exactement. J'ai pensé qu'il pouvait avoir quelque chose à se reprocher, mais non pas l'affaire du restaurant Véry, dont il ne m'a jamais parlé et dont je ne le soupçonnais pas.

La femme Bricou, confrontée avec son ancienne amie, maintient ses précédentes déclarations.

Meunier. — Cette femme ne dit que des mensonges.

La femme Bricou. — Oh! c'est bien la vérité, je le jure!

Passons sur les dépositions de la malheureuse Mme Véry, de son frère Lhérot, aujourd'hui jardinier en province et que M. le président Berr félicite de nouveau d'avoir fait arrêter Ravachol. Toujours alerte, insouciant et de belle humeur, Lhérot raconte qu'il a eu la chance de se trouver à table dans l'arrière-boutique avec sa sœur au moment où l'explosion s'est produite. Quelques instants avant le crime, il avait observé avec inquiétude un individu pâle, portant les cheveux longs, ayant un grain de beauté à la joue, qui était assis à l'ancienne table de Ravachol. Ce n'est pas le signalement de Meunier.

En revanche, un autre garçon, nommé Soupeaud,

en ce moment malade au Havre, a affirmé à l'instruction que Meunier était venu plusieurs fois au café
Véry. Meunier proteste énergiquement.

M. le D' Brouardel donne des détails épouvantables
sur les blessures auxquelles Véry et Hamonod ont
succombé. Au milieu de l'horreur générale, il montre
aux jurés la jambe de l'infortuné Véry, déchiquetée,
tombant en lambeaux, effroyable dans ce bocal d'al-
cool où on l'a conservée pour les besoins de l'audience.

Le pauvre Hamonod avait reçu des blessures innombrables ; on l'a photographié sur son lit de mort, et
la vue de ses traits convulsés donne le frisson. Un
autre consommateur est devenu fou. Un troisième est
resté six mois au lit.

L'un des blessés, M. Marchais, le compagnon d'Hamonod, affirme énergiquement, pour répondre à certains bruits qui représentaient Hamonod comme le
véritable auteur de l'attentat, que son malheureux
camarade était un ouvrier tranquille et honnête qui
ne s'était jamais occupé de politique.

Après les dépositions de M. Girard, directeur du
Laboratoire municipal, et de M. Vieille, ingénieur des
poudres et salpêtres, qui a reconstitué la bombe du
restaurant Véry, la Cour passe à l'audition des
témoins à décharge.

C'est d'abord Francis, Francis actuellement détenu
pour le procès d'association de malfaiteurs qui doit
venir le 6 août prochain, Francis toujours guilleret,
avec cet air un peu fendant qui lui donne l'allure d'un
mousquetaire de l'anarchie :

Jamais, je n'ai prêté mes vêtements à Meunier, s'écrie-
t-il, jamais Meunier ne m'a proposé de faire sauter le restaurant Véry. Jamais je ne l'ai accompagné. Je l'ai à
peine vu deux ou trois fois pendant le commencement de
l'année 1893.

La femme Bricou est une menteuse qui l'accuse comme
elle m'a accusé moi-même. C'est son ancien amant qui est
le véritable coupable !

Suivent deux ou trois compagnons qui sont allés déposer à Londres devant la Cour du Banc de la Reine et qui affirment que le soir de l'attentat, à 9 heures, Meunier soupait avec eux rue Meslay.

M. le président Berr s'étonne qu'ils aient attendu deux ans pour parler et qu'ils aient trouvé les ressources nécessaires pour faire un long séjour en Angleterre.

La propriétaire du restaurant de là rue Meslay, Mme Blanchin, se souvient bien d'avoir eu Meunier pour client, mais elle ne saurait dire s'il a soupé chez elle ce soir-là.

Cette dure audience touche à son terme. Il est 6 heures. Tout le monde est excédé de fatigue.

Mais, au lieu de renvoyer au lendemain la continuation des débats, inscrits pour deux jours, M. le président Berr annonce tout à coup qu'il tiendra une audience de nuit. Explosion de rumeurs dans la salle !

M° Desplats déclare qu'il ne pourra plaider cette nuit, qu'il est fatigué, surmené, qu'il produira, s'il le faut, un certificat de médecin.

— Le Jury et la Cour ne sont pas à vos ordres, s'écrie l'impitoyable Président. Nous reprendrons l'audience à 8 heures du soir. »

Audience de nuit

M. l'avocat général Bulot requiert énergiquement contre Meunier la peine de mort.

M° Desplats présente ensuite la défense et demande éloquemment aux jurés de ne point faire tomber la tête de son client sur le témoignage unique, suspect, intéressé, contredit par de nombreux détails de l'instruction, de l'ancienne maîtresse de Bricou, qui accuse aujourd'hui Meunier comme, l'an passé, elle a accusé Francis.

Les jurés de 1893 n'ont pas ajouté foi à ses paroles : ils ont acquitté Francis. Les jurés de 1894 ne sauraient la croire davantage maintenant qu'elle accuse Meunier, qui a apporté à l'audience un indiscutable alibi.

Le verdict.

Il est minuit. Après une délibération de trois quarts d'heure, le jury rapporte un verdict qui déclare Meunier coupable de l'explosion de la caserne Lobau et de l'attentat du restaurant Véry, mais qui lui accorde des circonstances atténuantes.

C'est ainsi que le jury traduit d'ordinaire ses hésitations suprêmes.

Meunier est condamné aux travaux forcés à perpétuité.

— A perpétuité ? fait-il à mi-voix avec un sourire moqueur, la société bourgeoise n'en a pas pour aussi longtemps ! Courage, copains, et vive l'anarchie !

ASSASSINAT DU PRÉSIDENT CARNOT

SANTO CASERIO

Lyon, 2 août.

Dès les premières heures de la matinée, le Palais de Justice est cerné par un cordon de troupes, baïonnette au canon, composées d'un bataillon du 98ᵉ de ligne.

Il est impossible de franchir sans cartes cette muraille humaine. Dans l'intérieur de la salle, mêmes précautions.

D'ailleurs, calme absolu dans la flegmatique cité lyonnaise. On a bien signalé quelques vagues départs d'anarchistes de Genève et de Lugano ; mais l'ancien clan anarchiste de Lyon, celui qui formait, il y a dix ans, la clientèle de l'*Etendard Révolutionnaire* et qui se signala à l'époque du procès de Montceau-les-Mines (1) par l'explosion du café Bellecour, semble désemparé et dispersé.

L'audience.

A 9 heures, l'audience est ouverte. M. le président Breuillac ordonne d'introduire Caserio.

L'assassin de M. Carnot est un maigre et blême

1. Voir les *Causes Criminelles* de 1882 et de 1883.

garçon de vingt ans, aux oreilles écartées, aux cheveux ras, dont la figure longue et plate — une sorte de masque de Pierrot enfariné — est illuminée par deux petits yeux enfoncés, brillants, obstinément fixes. Plutôt blond que brun, la lèvre ornée d'une pauvre petite ombre de moustache qui semble avoir poussé comme à regret, Caserio n'a ni la précocité ni la richesse de sève de l'homme du Midi. On dirait plutôt d'un gringalet de nos faubourgs qui aurait grandi sans air et sans lumière dans les ateliers de Paris et non sous le soleil ardent des campagnes lombardes.

Enchaîné jusqu'au seuil de la salle des assises, il apparaît tiré de-ci, de-là, par les gardes qui lui enlèvent seulement au banc des accusés le double cabriolet. Calme, effacé, presque souriant, il parcourt de son regard tranquille de fanatique le cercle de l'auditoire, dépose à côté de lui sa casquette blanche — une casquette de canotier d'Argenteuil — rejette sur le côté le revers de son complet en drap bleuté et, le poing gauche sur la hanche, il salue de la main droite son défenseur d'office, M⁰ Dubreuil, l'honorable bâtonnier du barreau de Lyon.

Après bien des tergiversations, M⁰ Podreider, l'avocat socialiste de Milan dont on avait annoncé l'arrivée, a renoncé à venir défendre son compatriote. Il comptait plaider l'épilepsie héréditaire, l'atavisme, la folie, et Caserio revendique au contraire l'entière responsabilité de ses actes. Aux questions de M. le président Breuillac, il répondra tout à l'heure d'une voix blanche, sans émotion comme sans irrévérence, sorte de voix de ventriloque dont aucune émotion apparente ne vient accentuer à aucun moment, l'indifférence, et qui semble sortir d'un automate des *Contes d'Hoffmann*.

Caserio est assisté d'un interprète, M. Genneval, professeur à l'École commerciale de Lyon, qui paraît comprendre infiniment moins bien l'italien que l'accusé ne comprend le français. Heureusement, celui-ci a rarement besoin de recourir à ses lumières.

M. le procureur général Fochier occupe en personne le siège du ministère public. M. le greffier en chef

Widor, frère du compositeur bien connu, et M. Ma-
thieu, greffier des assises, procèdent aux formalités
préliminaires; les témoins sont appelés. Parmi eux :
M. le général Borius, chef de l'ancienne maison militaire de M. Carnot; M. le général Voisin, gouverneur
militaire de Lyon, qui se trouvaient dans la voiture
présidentielle au moment de l'attentat; M. Rivaud,
préfet du Rhône; les Drs Ollier, Poncet, Lacassagne,
professeurs à la Faculté de Médecine de Lyon, qui ont
donné leurs soins au blessé, et le soldat Leblanc,
dont on va connaître les curieuses révélations sur le
complot anarchiste de Cette, dans lequel aurait été
résolu l'assassinat du Président de la République.

Puis, M. le greffier Widor donne lecture de :

L'acte d'accusation.

Dans la soirée du 24 juin, au milieu des fêtes données à
l'occasion de la visite du Président de la République à
l'Exposition universelle de Lyon, M. Carnot a été frappé
d'un coup de poignard et bientôt après a succombé. L'assassin est le nommé Caserio (Santo-Jeronimo) qui a été
arrêté immédiatement après le crime.

L'attentat.

Le Président et son cortège quittaient, un peu après
9 heures du soir, le palais du Commerce pour se rendre à une représentation de gala donnée au Grand-
Théâtre, précédés d'un peloton de cuirassiers. La voiture
présidentielle où avaient pris place M. Carnot, MM. les
généraux Voisin et Borius et M. le Dr Gailleton, maire de
Lyon, partie de la place des Cordeliers, venait de s'engager dans la rue de la République, longeant la façade ouest
de la Bourse.

Soudain, un individu, se détachant de la foule massée
sur le trottoir de droite, à 2 mètres environ de la voiture, du côté où se trouvait assis M. Carnot, s'avança par
une marche un peu oblique, et, appuyant la main gauche
sur le bord de la voiture, porta la main droite à la poitrine du Président, sans que les personnes de l'entou-

rage aient vu autre chose qu'un morceau de papier qui resta un instant comme fixé sur les vêtements. On crut que l'inconnu, qui n'était autre que Caserio, apportait un bouquet ou un placet, comme il était arrivé d'autres fois dans la journée.

Brusquement, cet individu se retira et, passant devant la tête de l'attelage, derrière le peloton de cuirassiers, gagna l'autre bord de la rue où il essaya de se frayer un passage à travers les rangs compacts des spectateurs. Mais quelques personnes croyant avoir affaire à un voleur et des gardiens de la paix survenus en nombre l'arrêtèrent : il fut aussitôt soustrait à la fureur du public et entraîné en lieu sûr par la police.

La mort de M. Carnot.

Pendant ce temps, la voiture avait avancé de quelques pas encore, lorsqu'on vit M. Carnot, après avoir rejeté d'un geste le morceau de papier resté sur sa poitrine, se renverser sans connaissance. M. le Dr Gailleton, maire de Lyon, qui se trouvait assis en face de lui, et M. le Dr Poncet, presque immédiatement rencontré, s'efforçaient de lui donner les secours urgents, pendant qu'on prenait en hâte le chemin de la Préfecture.

Transporté sur un lit, M. Carnot reçut aussitôt les soins éclairés et habiles du Dr Poncet, et, bientôt après, de M. le Dr Ollier, auxquels vinrent se joindre plusieurs membres éminents du corps médical.

Une arme pénétrante avait perforé le foie et la veine porte ; une hémorrhagie s'en est suivie qu'aucune intervention ne pouvait arrêter et la mort est survenue environ trois heures après l'attentat. Un poignard, qui fut ramassé au moment même sur la chaussée de la rue de la République, avait été l'instrument du crime : dérobé à la vue de la plupart des témoins par le morceau de papier dont on a parlé et laissé dans la plaie, il avait été arraché et jeté par le blessé lui-même. Cette arme, teinte de sang, représentée à Caserio au poste de police, a été, sans hésitation, reconnue par lui.

C'est aussi sans hésitation, sans trouble, sans émotion, qu'il a, dès la première heure, fait l'aveu de son crime et raconté comment il l'avait médité, préparé et exécuté.

Les antécédents de Caserio.

Né le 8 septembre 1873, à Motta-Visconti, en Lombardie, d'une modeste et honnête famille, Caserio a été placé à Milan en 1885. Il a été apprenti et garçon boulanger. Dès l'âge de dix-huit ans, il s'est fait le disciple des anarchistes et s'est bientôt adonné avec passion à la lecture de journaux et de brochures où est développée la doctrine de la destruction de l'Etat et préconisée la propagande par le fait.

Caserio était promptement devenu un agent de propagande et un intermédiaire pour la correspondance entre anarchistes : arrêté préventiment en avril 1892 pour fait de distribution d'écrits anarchistes à des soldats, puis mis en liberté provisoire, il a quitté Milan au printemps de 1893 pour échapper à la fois au service militaire et à un arrêt de la Cour d'appel de cette ville qui l'a condamné à huit mois de réclusion.

Après un séjour de trois mois à Lugano, Caserio est venu à Lyon en traversant une partie de la Suisse, où il paraît s'être arrêté quelque peu dans diverses villes, notamment à Lausanne et à Genève. Il est resté à Lyon deux mois environ, trois semaines à Vienne et s'est enfin rendu à Cette vers le 15 octobre. Partout il a été en relations avec des anarchistes étrangers et français, gêné toutefois par son ignorance, qui était complète alors, de la langue française. A Cette, il a été, dès son arrivée, placé comme garçon boulanger chez les mariés Viala, où il n'a cessé de travailler jusqu'au 23 juin, sauf un séjour d'un mois qu'il a fait à l'hôpital en janvier et février.

En relations avec quelques anarchistes notoires, fréquentant avec eux le café du Gard qui était leur lieu de rendez-vous, Caserio ne semblait pas cependant être à redouter comme homme d'action.

Le voyage.

Le samedi 23 juin, entre 10 et 11 heures du matin, Caserio engage, sous un prétexte, une querelle avec son patron et se fait donner congé sur-le-champ. Aussitôt, muni d'une somme de 20 francs qui venait de lui être remise pour solde de ses gages et de quelques francs qui lui restaient auparavant, il se rend chez l'armurier Guillaume Vaux, dont il connaissait depuis longtemps la boutique et y achète, au prix de 5 francs, un poignard revêtu d'une gaine qu'il place dans la poche intérieure de son veston. Depuis plusieurs mois, a-t-il affirmé, il avait résolu de faire un coup.

Son projet s'était précisé depuis quelques jours ; il avait décidé de tuer le Président de la République, dont il avait appris la visite à Lyon,

Après avoir recherché l'anarchiste Saurel, auquel il aurait dit simplement qu'il partait pour Montpellier, abandonnant sa valise et les effets qu'il possédait chez les mariés Viala, Caserio quitte Cette en chemin de fer, à 3 heures, par une ligne détournée, arrive à Montpellier où il passe plusieurs heures ; il y voit le **nommé** Laborie et sa femme. A 11 heures du soir, il part pour Tarascon ; à cette station, il monte dans un train express qu'il quitte à Avignon, à 2 heures du matin ; il repart à 4 heures et arrive à Vienne vers 10 heures. Il cherche dans cette ville, infructueusement, divers anarchistes qu'il y a connus l'année précédente et, à 2 heures, il s'achemine à pied vers Lyon.

L'assassinat.

Il parvient à la nuit au but de son voyage. Avec une clairvoyance singulière, guidé par la foule qui se porte vers le centre de la ville, muni d'ailleurs d'un journal acheté en cours de route qui donnait le programme des fêtes, Caserio suit la rue de la République. Arrivé jusqu'aux abords du palais de la Bourse, où le Président assistait à un banquet, il parvient à prendre place sur le trottoir de droite de la rue, sachant depuis longtemps, dit-il, que, dans une voiture, le personnage le plus considérable est placé de ce côté ; et il attend dans la foule qui, bientôt, acclame et salue le Président de la République.

M. Carnot et les personnes qui sont avec lui sont tout entiers à la joie et à la confiance au milieu de la population enthousiaste.

La voiture va passer devant Caserio. Selon le vœu formel du Président, elle est facilement accessible ; le meurtrier s'élance rapidement, tirant de sa poche le poignard encore enveloppé d'un morceau de journal, fait d'une main glisser le fourreau, et, **sans** que personne ait soupçonné son horrible dessein, plonge son arme, longue de plus de 16 centimètres, jusqu'à la garde, dans la poitrine de M. Carnot, en poussant le cri de : « Vive la Révolution ! » Ce cri, dans le bruit général, n'est entendu que du valet de pied placé derrière le Président.

Laissant le poignard dans la plaie, Caserio se sauve tout en criant encore : « Vive l'anarchie ! » Il cherche à s'échapper en se perdant au milieu de la foule. Sa fuite est heureusement entravée et il reste aux mains de la police.

Il est superflu, après cet exposé, fait en quelque sorte par l'accusé lui-même, d'insister sur la préméditation.

L'expression est insuffisante pour qualifier cette obstination dans son dessein meurtrier, qui a conduit Caserio de la boutique du boulanger Viala, à Cette, jusqu'à la ville en fête où il devait trouver sa victime.

Les complices ?

Caserio se défend d'avoir eu aucun complice, ni même aucun confident de son projet. Il affirme qu'il l'a conçu seul, comme il l'a exécuté sans aide et sans assistance pécuniaire. Avec persistance, il a déclaré, au cours de l'instruction, que, devant le jury seulement, il ferait connaître le mobile qui l'a poussé. Il est bien évident, malgré ses réticences, qu'il ne s'est inspiré que de l'esprit de haine et de vengeance qui anime les anarchistes et qui s'est trop souvent déjà manifesté par les plus criminels attentats.

Il est dix heures quand M. le président Breillac commence.

L'interrogatoire.

D. — Vous vous appelez Caserio Santo-Jeronimo, vous êtes né à Motta-Visconti, près de Milan, le 8 septembre 1873 ; vous êtes le fils d'un batelier et le second de ses enfants. Plusieurs sont encore établis dans votre pays natal, d'autres vivent à Milan auprès de votre mère, qui est veuve. Votre enfance était loin de faire pressentir ce que vous êtes devenu depuis. Vous passiez pour laborieux, probe, bon camarade, mais vous aviez le caractère emporté et vous boudiez à propos de rien.

R. — Je ne me suis jamais disputé avec personne.

D. — Quant à votre moralité, elle était celle de bien des jeunes gens. On a voulu vous faire passer pour un ascète, pour un jeune homme ayant horreur des femmes. L'état de santé dans lequel vous vous trouviez il y a quelques mois suffit à démentir ces habitudes vertueuses qu'on vous a prêtées.

On a dit aussi que vous étiez irresponsable de vos actes.

Caserio, avec vivacité. — Monsieur, je suis absolument responsable !

D. — Vous n'avez jamais été malade ?

R. — Jamais, depuis l'âge de six ans.

D. — On a parlé d'un de vos oncles qui aurait été fou.

R. — J'ai deux oncles qui ne sont pas fous du tout.

D. — Votre père a eu des crises d'épilepsie.

R. — C'était pendant l'occupation autrichienne, à ce qu'il paraît ; son frère avait été arrêté, emmené par l'ennemi. C'est ce qui l'avait rendu malade, mais autrement il n'était pas fou de naissance et il a toujours travaillé.

D. — M° Podreider, de Milan, qui devait vous défendre, voulait faire examiner, au point de vue mental, votre mère et plusieurs membres de votre famille ; vous avez énergiquement protesté, en proclamant que vous n'étiez point fou et que vous aviez tué le Président pour réaliser votre idéal anarchiste.

R. — Oui, monsieur.

D. — Vous avez été assez mauvais écolier ; vous manquiez la classe et vous n'avez jamais eu de prix.

R. — Je le regrette bien. Si j'avais reçu de l'instruction, j'aurais été beaucoup plus fort que je ne suis.

D. — Et qu'auriez-vous fait de cette force ?

R. — Je m'en serais servi pour l'idéal.

D. — A dix ans vous étiez enfant de chœur à Motta-Visconti ; votre mère vous mettait sur le dos une peau d'agneau et vous faisiez saint Jean-Baptiste dans les processions ?

R. — Les enfants ne savent pas ce qu'ils font ; ils font souvent des bêtises.

A treize ans, après avoir fait sa première communion, Caserio fut mis en apprentissage chez un boulanger de Milan, nommé Olgiati. Il y resta jusqu'à la fin de 1892.

Le Président. — Le 24 juin dernier, à 9 heures du

soir, M. Carnot prononçait dans un banquet qui lui était offert par la municipalité de Lyon ces belles paroles : « Dans notre chère France, il n'est plus de partis ; un seul cœur bat dans toutes les poitrines ! » Son cœur généreux se trompait ! Le parti du crime veillait et vous, **son** instrument, vous guettiez M. le Président de la République aux abords du palais de la Bourse. C'est là que vous l'avez frappé, à la suite d'une longue préméditation.

Depuis quelle époque êtes-vous anarchiste ?

R. — Depuis le procès des anarchistes de Rome en 1891.

D. — Vous avez eu pour maître l'avocat Gori, dont vous suiviez parfois les conférences, malgré les tendances de votre caractère solitaire et rêveur qui vous portait à rester à l'écart.

R. — Oh ! j'ai suivi bien d'autres conférences.

D. — Vous lisiez beaucoup, notamment les brochures anarchistes d'un nommé Caspani. Le connaissez-vous ?

R. — Je suis comme tous les anarchistes : je ne fais pas attention au nom de celui qui signe une brochure ; je regarde seulement ce qu'il y a dedans.

D. — Votre famille a fait des efforts désespérés pour vous empêcher de devenir anarchiste ; vous avez rompu totalement avec elle.

R. — C'est faux ! J'aime toujours ma mère et les miens, mais je n'ai pas pu me soumettre aux préjugés ; je me suis dévoué à la famille plus grande qui est celle de l'humanité. L'autre, la famille telle que vous la comprenez, n'est basée que sur l'intérêt.

D. — Vous étiez affilié à une secte anarchiste de Milan. Connaissez-vous Mazzini ? Connaissez-vous Capucci ?

R. — Si je les connaissais, je ne le dirais pas ; je ne fais pas la police.

D. — Ce groupe de Milan avait pour organe l'*Amico del popolo.* Ce journal ayant été supprimé, vous avez été délégué pour recevoir les correspondances des anarchistes de Lugano, de Genève, de Paris, de Marseille, de Londres.

R. — C'est possible.

D. — Vous étiez en correspondance avec Malato, qui passe pour être, à Londres, le chef des anarchistes italiens.

R. — Je ne le connais pas.

D. — Quand vous êtes arrivé à Cette, vous avez continué ces correspondances, mais, procédons par ordre de dates. En 1891, vous êtes condamné à huit mois de réclusion par le tribunal de Milan, pour avoir distribué des bro-

chures anarchistes à la porte des casernes. C'étaient des
brochures de Caspani dont vous reconnaissiez alors n'être
que le simple instrument.

R. — Caspani était parti pour Paris. Je l'ai accusé pour
ma défense ; il était en lieu sûr.

D. — Je crois que vous étiez plus près de la vérité en
disant au tribunal de Milan que vous n'étiez qu'un instrument. A cette époque, vous n'étiez pas encore perverti ;
vous pleuriez au théâtre de Milan où l'on représentait une
pièce dans laquelle on voyait Marie-Antoinette et Louis XVI
monter sur l'échafaud... et ensuite vous assassinez un
chef d'Etat.

R. — M. Carnot en a fait monter bien d'autres à la guillotine.

D. — Après avoir renié la patrie, vous quittez votre pays
pour ne pas servir sous le drapeau italien.

R. — La patrie, c'est tout le monde.

D. — Vous passez à Lugano, et, dès votre arrivée, une
grève éclate parmi les ouvriers boulangers.

R. — J'ai fait la grève comme tout le monde ; je n'en ai
pas été l'instigateur.

D. — De Lugano, vous passez à Lausanne, puis à
Genève, et enfin à Lyon où vous arrivez, pour la première
fois à pied, il y a un an, le 21 juillet 1893.

Dès son arrivée, Caserio trouve l'hospitalité chez
d'autres compagnons, un nommé Sablier et un nommé
Mennesi.

D. — Vous habitiez alors 134, rue Pierre-Corneille, avec
deux anarchistes, un nommé Prevost, et un de vos compa-
triotes, nommé Syragiatti ; vous preniez vos repas chez la
mère Collet, qu'on surnommait à Lyon la mère des anarchistes. Vous fréquentiez assidûment le directeur de
l'*Insurgé*, Sanlaville.

R. — Jamais je n'ai connu toutes ces personnes-là.

D. — Vous avez été embauché à Villeurbane, où vous
continuez à fréquenter des anarchistes.

R. — Naturellement ; un simple ouvrier boulanger ne
pouvait fréquenter la société.

D. — On travaillait à cette époque aux préparatifs de
l'Exposition ; vous saviez donc qu'il y en aurait une à
Lyon en 1894.

R. — Oui, mais j'en ignorais la date.

D. — De Lyon, vous passez à Vienne où l'on vous voit fréquenter le gérant du *Père Peinard*, un coiffeur anarchiste nommé Chevallier, chez lequel vous retournerez plus tard, quelques heures avant de revenir à Lyon assassiner M. Carnot.

Caserio, en ricanant. — Je ne peux pourtant pas aller chez un boulanger pour me faire raser.

D. — Enfin, vous partez au mois d'octobre 1893 de Vienne pour Avignon et pour Cette. Vous aviez lu dans la *Révolte* qu'il y avait à Cette un groupe anarchiste.

R. — Oui, monsieur.

D. — La *Révolte* donnait l'adresse d'un nommé Lacroix chez lequel vous vous êtes rendu. Vous avez été conduit au café du Gard où se réunissent les anarchistes et où l'on vous a procuré du travail chez les époux Viala. Vous étiez encore chez eux quand vous êtes parti pour assassiner M. Carnot.

J'ai le regret de constater qu'à Cette la loi sur les étrangers n'a pas été observée. Vous n'avez pas fait votre déclaration de séjour; vous auriez dû être poursuivi ou expulsé à cause de cette situation irrégulière.

A Cette, comme partout, vous fréquentiez les anarchistes connus.

R. — Je ne pouvais pas aller chez les bourgeois !

D. — Vous vous livriez à une propagande des plus actives; vous avez fini par devenir l'âme du groupe anarchiste qui se réunissait au café du Gard.

R. — Il n'y a pas de groupe anarchiste à Cette, je vous assure.

D. — La preuve qu'il y en a un, c'est que, lorsque vous êtes entré à l'hôpital, les anarchistes venaient vous visiter comme un personnage de marque. Il est même venu des compagnons de Lyon et d'Italie. Que vous ont-ils montré, ces compagnons ? Les photographies de Ravachol, mort pour l'anarchie ! de Pallas, mort pour l'anarchie ! et des anarchistes de Chicago !

M. le président Breuillac fait passer des modèles de ces photographies sous les yeux des jurés.

D. — Pendant votre séjour chez les époux Viala, une explosion s'est produite, heureusement sans gravité. N'auriez-vous pas jeté de la dynamite dans le four ?

R. — C'est une explosion accidentelle, produite par le bois vert.

D. — Le 22 juin 1894, vous avez quitté brusquement votre patron Viala sur une très légère discussion. C'était un prétexte que vous saisissiez. Vous partiez avec 25 francs et 9 sous.

R. — Vous ne pouvez pas savoir ce que j'avais dans ma poche.

D. — Avant de quitter Cette, vous êtes allé voir l'anarchiste Sauret, qui vous a donné l'adresse du compagnon Laborie à Montpellier. Puis vous êtes allé acheter un poignard que vous avez payé 5 francs.

Au milieu de l'émotion générale, M. le Président fait passer sous les yeux des jurés le poignard, enveloppé dans une gaine de cuir bleu terminée par une armature en cuivre.

La lame, qui a environ 16 centimètres, est large, séparée en deux par une arête vive et couverte d'un damasquinage grossier.

L'arme, qui porte ces mots espagnols : *Recuerdo-Toledo*, n'en a pas moins été fabriquée à Thiers. Le poignard de Caserio est encore couvert du sang de M. Carnot. La pointe est faussée. Le manche est en cuivre, avec un renflement, formant point d'appui au milieu.

— Ne le froissez pas trop, recommande M. le président Breuillac aux jurés, c'est un souvenir, c'est une relique!

Maintenant, retournons avec Caserio à Cette et prenons avec lui le chemin de Lyon.

D. — Quelle est la route que vous avez suivie de Cette à Lyon?

R. — Je suis parti de Cette dans l'après-midi pour me rendre à Montpellier, où je suis allé trouver le compagnon Laborie qui, en l'absence de sa femme, m'a préparé à souper.

D. — Vous n'aviez pas pris la ligne directe de Cette Montpellier, mais une ligne d'embranchement sur laquelle vous avez pris deux billets successifs.

R. — C'était pour dérouter les soupçons de la police.

D. — Vos amis savaient que vous partiez pour Lyon. Avant de quitter Cette vous étiez retourné au café du Gard.

« Ah! vous dit l'un des compagnons, tu vas voir l'Exposition et le Président Carnot? »

Poursuivons la route. De Montpellier, vous avez pris un
billet de troisième pour Tarascon et, coïncidence singulière, vous avez voyagé avec deux gendarmes qui allaient
en correspondance.Il était très tard quand vous êtes arrivé
à Tarascon; vous avez demandé à quelle heure il y avait
pour Avignon un train contenant des troisièmes et, sur la
réponse de l'employé de la gare qu'il n'y en avait pas
avant le lendemain matin, vous avez pris un billet de
première.

Il est étrange que la vue de cet individu mal mis
qui voyageait ainsi n'ait éveillé l'attention de personne !

Le premier soin de Caserio en arrivant à Avignon
fut de demander à quelle heure il y avait un train
pour Lyon. Il acheta 2 sous de pain chez un boulanger qui était resté ouvert et à 4 heures du
matin, le dimanche, il prit son billet, non pour Lyon,
car il ne lui restait plus assez d'argent, mais pour
Vienne, où il arriva vers 10 heures du matin. Il
comptait faire à pied le trajet de Vienne à Lyon.
Entre Avignon et Vienne, il acheta le *Lyon Républicain* dans lequel il découpa le programme du cortège
présidentiel. Le reste du journal lui servit à enve-
lopper son poignard.

D. — A Vienne, vous vous êtes mis à la recherche de
vos anciens compagnons de 1893; vous avez pris le café
avec un nommé Orsela; vous êtes allé vous faire raser et
vous avez dit au coiffeur que vous vous rendiez à Lyon.
Vous saviez à qui vous parliez et vous comptiez sur la
discrétion de vos anciens camarades.

R. — C'était une dernière visite que je leur faisais; je
savais que je ne les reverrais plus.

D. — Il était 2 heures environ quand vous avez pris,
à pied, la route de Lyon en fumant des cigarettes.

La pluie le contraignit de s'arrêter un instant sous
un arbre. Cependant, malgré ce retard, il était à
peine 8 heures quand Caserio arriva à Lyon, où

nous allons le retrouver embusqué près du palais de
la Bourse.

D. — C'était un dimanche. Tout le long de la route vous
avez rencontré des gens en fête ; c'était le 24 juin, l'anniversaire de Solferino. Trente-cinq ans auparavant, le sang
italien et le sang français s'étaient mêlés pour la libé-
ration de la Lombardie. Vous avez songé peut-être que
votre oncle avait été fait prisonnier par les Autrichiens ?

Caserio, vaguement. — Oui, je savais que c'était l'anniversaire de Solferino ; mais cela ne m'a rien fait. Les
guerres de nation à nation ne sont que des guerres
civiles.

D. — Vous aviez reçu en France une hospitalité peut-
être imprudente ; vous y aviez trouvé du travail. N'avez-
vous pas reculé, en fumant votre cigarette sur cette
longue route de Vienne à Lyon, devant le crime que vous
alliez commettre? N'avez-vous pas eu un moment d'hésitation ?

Caserio, d'une voix ferme. — Non ; je suis venu directement pour exécuter mon acte ! (*Sensation.*)

Puis, reprenant son attitude presque indolente,
l'assassin de M. Carnot fait le récit détaillé de l'attentat.

J'ai suivi les rues illuminées jusqu'au palais de la
Bourse ; je me suis faufilé derrière les voitures jusque sur
le trottoir de droite, sachant que les personnes de marque
occupent toujours la droite dans une voiture. Je me suis
appuyé au bord du trottoir contre un réverbère. Là, un
gamin avait grimpé sur la lanterne ; un garde de police le
fit descendre.

— Le réverbère est assez fort, lui dit Caserio qui se
trouvait presque au premier rang. Seuls, deux jeunes
gens étaient devant lui ; il était 8 h. 1/2.

Caserio, poursuivant son récit. — La population commençait à s'agiter. Un des jeunes gens qui se trouvaient
près de moi me dit que Carnot approchait ; presque aussitôt retentit la *Marseillaise*. Des militaires à cheval, ayant
en tête un clairon qui ne jouait pas, passèrent auprès de
nous ; puis, tout le monde cria : « Vive ! vive ! » en regar-

dant une voiture qui s'approchait. C'était celle du Président Carnot.

M. le président Breuillac fait passer sous les yeux des jurés le fac-similé de la calèche, en forme de nacelle, avec marchepiéd replié. M. Carnot avait à sa gauche le général Borius; en face, le général Voisin, gouverneur de Lyon, et le maire de la ville, M. Gailleton. La poitrine de M. Carnot se trouvait à 1 m. 40 du sol, à peu près la hauteur de la poitrine d'un homme qui marcherait; à droite et à gauche de la portière, deux officiers de cuirassiers. Mais, par suite du désir pressant de M. Carnot et de la consigne donnée par M. le général Borius, les deux officiers avaient démasqué la portière et se tenaient légèrement en arrière. L'accès de la voiture était donc libre. Nombre de femmes et d'ouvriers avaient présenté à M. Carnot des bouquets pendant toute l'après-midi.

Caserio poursuit de sa voix tranquille :

Quand j'ai vu approcher la voiture, j'ai commencé par tirer mon poignard de ma poche, j'ai culbuté les deux jeunes gens qui étaient devant moi, jeté la gaine du poignard, et puis j'ai bondi! J'ai saisi de la main gauche la porte de la voiture et, de la droite, j'ai frappé de haut en bas.

D. — Vous avez plongé l'arme jusqu'à la garde ; elle a pénétré de 16 centimètres dans la poitrine du Président. Un morceau de papier était même adhérent à la poignée.

R. — J'ai crié: « Vive la révolution ! » Le Président, quand je l'ai frappé, m'a regardé fixement en face et s'est reculé.

D. — Et vous avez pu soutenir ce regard sans baisser les yeux !

R. — Cela ne m'a fait aucune sensation. (*Rumeurs.*)

D. — Où vouliez-vous frapper ?

R. — Au cœur (*Sensation*), mais mon bras a dévié.

D. — Le coup porté, vous vous êtes mis à courir.

R. — Oui, en criant « Vive l'anarchie ! » C'est même à ce cri seulement que j'ai été arrêté.

M. le président. — Pendant ce temps, M. Carnot rejetait le morceau de papier qui était resté sur son habit et arrachait le poignard de la plaie ; puis on le vit se renverser

sans connaissance dans la voiture. Le Dr Gailleton, le
Dr Poncet lui prodiguèrent les premiers soins, pendant qu'on le transportait à la préfecture. Une savante
opération fut pratiquée. Hélas ! elle ne réussit qu'à prolonger de quelques heures l'existence de ce mourant, si
cher à la France ! La veine porte était coupée ; le foie
était perforé !

Caserio écoute ce dramatique récit avec attention et
curiosité, les yeux fixes, la main droite appuyée sur
la barre.

D. — Ce crime, Caserio, vous l'aviez froidement prémédité ?

R. — Je suis anarchiste.

D. — Et vous haïssez tous les chefs d'État ?

R. — Oui, quels qu'ils soient.

D. — Quand vous avez acheté le poignard, vous étiez
déjà décidé à frapper.

R. — Oui.

D. — Et ce voyage de Cette à Lyon, ce guet sur le passage de M. Carnot, c'est encore la préméditation la plus
formelle. Depuis quand aviez-vous conçu ce dessein de
tuer M. Carnot.

R. — Je le dirai dans ma déclaration.

D. — Un nommé Irrigaray, un compagnon de Montpellier, a dit à l'instruction que vous n'aviez pas pardonné à
M. Carnot d'avoir laissé exécuter Emile Henry. Une autre
fois ayant lu qu'un individu s'était suicidé de misère :
« C'est encore un c..., vous écriiez-vous, qui est mort
sans avoir tué personne ! Pour moi, si j'étais dans la même
situation, j'aurais tué un bourgeois. Ni mon père ni ma
mère ne m'arrêteraient. »

Vous dites à Mme Viala, votre patronne : « Si je fais
jamais un coup, il frappera de grosses têtes, de gros fai-
néants. »

Vous ne blâmiez Henry que d'avoir jeté sa bombe dans
un café où il n'y avait pas assez de monde !

Enfin, dès l'an passé, pendant que vous étiez à l'hôpital
de Cette, vous avez fait vos confidences à un de vos voisins, le soldat Leblanc, qui les répétera ici ; vous lui faisiez
part de votre intention bien arrêtée de tuer le Président
de la République, à Lyon ou ailleurs.

R. — Jamais je n'ai dit un mot de tout cela à Leblanc.

Ici la question capitale du procès :

D. — Avez-vous des complices ? (*Mouvement d'attention.*) L'instruction n'en a pas découvert; il y a cependant encore des doutes. (*Mouvement.*) Ce qui est certain, c'est que vous ne révélerez rien à cet égard. Toutes les fois qu'il s'est agi, non de vous, mais des compagnons, vous avez refusé d'ouvrir la bouche. Une dernière fois, êtes-vous venu à Lyon à la suite d'un complot?

R. — Non, monsieur: je suis venu seul et de moi-même.

D. — M. Carnot avait successivement refusé la grâce de Ravachol, de Vaillant, d'Henry. Depuis ce moment, on ne cessait de le menacer, lui, Mme Carnot, ses enfants! (*Sensation.*)

Le 6 février 1894, un factum daté de Londres et qui semble écrit, non avec de l'encre, mais avec du sang, lui prophétisait un prochain assassinat! N'avez-vous pas été l'instrument des anarchistes réfugiés à Londres? Vous avez des chefs, quoi que vous en disiez.

R. — Je n'ai pas de chef; j'ai agi librement.

D. — Le surlendemain du jour où M. Carnot avait expiré, la photographie d'Henry était envoyée à Mme Carnot. Au dos était écrit: *Il est bien vengé!* Désavouez-vous les auteurs de ces lettres de menaces?

R. — Je n'ai point à les désavouer.

D. — De quel droit avez-vous tué? La loi humaine défend le meurtre. De quel droit vous êtes-vous constitué juge, accusateur et bourreau?

R. — S'il est défendu de tuer, cela n'empêche pas les gouvernements de faire massacrer des millions d'hommes!

D. — Vous avez vingt ans.

R. — Oui, l'âge des militaires qu'on envoie tuer leurs frères.

D. — Vous avez tué un père de famille, un époux modèle! Asseyez-vous; votre interrogatoire est terminé.

Les témoins.

M. Cousin, commissaire de police à Lyon, a procédé aux premières constatations. C'est devant lui que Caserio a été amené après l'attentat. Il était porteur d'un coup de poing américain. Dans la lutte qu'il avait soutenue contre la foule indignée qui essayait de le lyncher, ses vêtements avaient été mis en lambeaux. Il était d'ailleurs fort calme et ne manifestait aucun repentir.

Suit le gardien de la paix Brun, qui a arrêté Caserio et qui l'a conduit au commissariat. L'agent Bardin a aperçu, hélas! trop tard, l'assassin, au moment où il se précipitait vers la voiture présidentielle. L'agent Jeklé fait une déposition analogue. L'agent Colombani a mis la main au collet de Caserio qui fuyait, son crime commis, en criant : « Vive l'anarchie! » et en ajoutant en italien : « Maintenant, on peut me couper la tête, ça ne me fera rien! » (*Mouvement*).

Le général Voisin.

Voici le général Voisin, gouverneur militaire de Lyon :

Je me trouvais, dit-il, dans la voiture de M. le Président de la République avec M. le général Borius et M. Gailleton, maire de Lyon. M. Carnot était littéralement ravi des illuminations splendides de la rue de la République et des ovations qui lui étaient faites par la foule. Jamais la population lyonnaise n'avait été plus enthousiaste. Tout à coup, j'aperçus un homme qui s'approchait, tenant quelque chose de blanc à la main. Je crus que c'était un bouquet ou un placet; mais au lieu de le jeter dans la voiture, comme j'avais vu beaucoup de gens le faire, cet individu, à ma grande surprise, posa son papier sur la poitrine du Président. M. Carnot ne poussa pas un cri, ne dit pas un mot. Machinalement, je cherchais des yeux le bouquet sur le tapis de la voiture, quand je vis M. Carnot se renverser en arrière et porter la main à sa poitrine. J'aperçus distinctement une goutte de sang sur ses doigts. Le Président porta de nouveau la main à sa poitrine ; cette fois, la main tout entière était rouge. (*Sensation.*) M. Carnot pâlit affreusement et perdit connaissance.

M. le Dr Poncet se hâta de s'élancer à son secours et

lui donna les premiers soins avec tout le dévouement
imaginable. Sur mon ordre, la voiture partit au galop
pour la préfecture, où M. le Président de la République
fut transporté. Je suis incapable de reconnaître Caserio.
C'est à peine si je l'ai aperçu.

Le général Borius.

M. le général Borius, ancien chef de la maison militaire de M. le Président de la République :

Lorsque le crime a été commis, j'avais la tête tournée
du côté opposé au Président. J'entendis soudain un bruit
sourd comme le bruit d'un coup de poing. Le Président
s'écria, avec un sentiment de dégoût : « Oh ! cet homme ! »
Il porta aussitôt sa main entre son gilet et sa chemise et
la retira tachée de sang en disant : « Je suis blessé ! »
Presque immédiatement, M. Carnot perdit connaissance.
Le Dr Poncet, qui passait, sauta dans la voiture,
déshabilla le Président et lui donna les premiers soins.
Je n'avais pas aperçu Caserio.

Sur une question du Président, le général ajoute :

Depuis l'exécution de Ravachol, de Vaillant et d'Henry,
des lettres de menaces arrivaient presque quotidiennement
à l'Elysée, surtout de l'étranger. Je les remettais à la
Sûreté générale ou à la Préfecture de police. A la veille
de chaque exécution, on annonçait à M. Carnot que, s'il
laissait la loi suivre son cours, les anarchistes se venge-
raient sur lui, sa femme et ses enfants...

M. Carnot avait trois agents au service de l'Elysée derrière la voiture ; mais la haie avait été confiée à la police
lyonnaise. De chaque côte de la portière était un officier
à cheval ; mais le Président leur avait demandé de se
tenir un peu en arrière pour ne point le masquer et je
leur avais transmis ce désir. Il est bien malheureux que la
voiture ait été aussi basse.

Me Dubreuil. — Les dernières paroles du mourant
n'ont-elles pas été pour remercier les personnes qui lui
donnaient des soins ? En revanche, M. Carnot a-t-il eu un
seul mot contre son meurtrier ?

M. le général Borius. — Pas un mot. Et cependant M. Carnot avait repris complètement connaissance. S'il s'est tu, c'est par grandeur d'âme ! (*Mouvement prolongé.*)

M. Gailleton, maire de Lyon, est malade et ne peut comparaître à l'audience.

Les officiers de l'escorte.

M. le capitaine Noettinguer, du 7e cuirassiers escortait à cheval la voiture présidentielle.

M. le Président Carnot, dit-il, voulait être vu et en contact direct avec la population. Aussi M. le général Borius et le colonel Chamoin m'ont-ils prié de dégager la portière et de supprimer la haie de cuirassiers. Je me trouvais donc un peu en arrière du Président lorsque Caserio a frappé. Je n'ai point vu son couteau ; je ne croyais même pas qu'il eût porté un coup de poing à M. Carnot. Je reconnais parfaitement Caserio. Il avait une casquette blanche.

Caserio se coiffe allègrement de la casquette, en faisant un signe affirmatif.

M. le lieutenant Delpech, du 7e cuirassiers, qui se tenait à l'autre portière, du côté opposé à celle de M. Carnot, déclare également que le Président l'avait fait prier de ne pas le masquer complètement. Le valet de pied Constant Flotti, était assis sur le siège de la voiture et a distinctement aperçu Caserio au moment où il s'est précipité, tenant un papier à la main. Le valet de pied a cru qu'il donnait un coup de poing à M. Carnot. L'attentat a été consommé avec une rapidité inouïe. Constant Flotti a entendu Caserio crier : « Vive la révolution ! » au moment même où il venait de frapper le Président.

M. Rivaud.

M. Rivaud, préfet de Rhône, se trouvait dans la seconde voiture avec M. Dupuy, président du Conseil.

Il ne s'est pas aperçu de l'attentat et son attention n'a été éveillée qu'au moment où Caserio était entraîné par les gardes. Déjà M. Carnot était étendu sur les coussins avec toutes les apparences de la mort. Au poste de police où il subissait le premier interrogatoire, Caserio répondait avec le plus grand calme.

— J'avais beaucoup insisté, poursuit M. Rivaud, pour qu'on prît des précautions suffisantes pour la sûreté du Président de la République. J'avais insisté surtout pour qu'on ne laissât pas approcher de lui les personnes qui apportaient des placets ou des fleurs. Je n'ai pas à me défendre. J'ai pris toutes les mesures possibles. Je n'ai pas à rechercher par ordre de qui les officiers de l'escorte se sont écartés. (*Mouvements divers.*)

M. le président. — C'est par ordre de M. le général Borius. Il l'a dit lui-même, monsieur Rivaud. Du reste, dans tous ses voyages, M. le Président ne voulait pas être entouré d'agents ; il désirait être en contact direct avec la population. J'ajoute que toutes les précautions du monde ne pouvaient empêcher un homme résolu d'approcher de lui et de le frapper. (*Sensation.*)

Caserio. — Si je n'avais pas pu le prendre à Lyon, je serais retourné à Cette chercher du travail. Mais si M. Carnot s'était présenté à moi dans une autre occasion, je l'aurais frappé. (*Mouvement prolongé.*)

M. le procureur général Fochier donne lecture de la déposition de M. Gailleton, maire de Lyon, qui était assis à côté de M. Carnot. « Quelle brute ! » s'écria M. Gailleton, croyant que Caserio venait seulement de remettre un placet avec trop de brusquerie au Président. Mais, aussitôt, M. Carnot pâlit et dit faiblement : « Je suis blessé ! » et il tomba en syncope, la tête en arrière. Il reprit connaissance à la suite des premiers pansements. M. Carnot avait donné des ordres formels pour que la foule pût arriver librement jusqu'à lui.

M. Coste Labaume, conseiller municipal, a vu Caserio, après l'assassinat, se jeter sur la foule en essayant de se frayer un passage. C'est alors qu'il fut saisi et terrassé.

M. Demergue.

M. Domergue, cordonnier, est le premier qui ait arrêté l'asssasin. Il reçoit les félicitations de la Cour.

— Je regrette bien, s'écrie Caserio, d'avoir laissé mon couteau dans la poitrine du Président; autrement, j'aurais poignardé le premier qui aurait attenté à ma liberté. (*Sensation prolongée.*)

M. Bauthiat, coiffeur, a également aidé à l'arrestation en prenant Caserio à la gorge. Mêmes félicitations du Président.

Mlle Marie Granger, une jeune femme de chambre fort accorte, affirme également l'avoir retenu par la manche. Caserio, en se débattant, lui a cassé en deux son parapluie et, dit-elle, « leur a fichu un coup de poing à chacune, à elle et à son amie, Mme Emilie Bertillier. » Caserio adresse à Mlle Granger un agréable sourire.

L'agent Dubois.

L'agent de la sûreté Dubois, attaché spécialement au service de l'Elysée, qui accompagnait M. Carnot à Lyon, fait une déposition assez curieuse. Il affirme avoir remarqué un individu vêtu comme Caserio qui rôdait autour du Président pendant la visite à l'Exposition. Aussi, quand il eut aperçu Caserio au moment où il fuyait, s'est-il d'instinct précipité sur lui. Toutefois après l'avoir bien examiné, M. Dubois ne croit pas que l'homme de l'Exposition soit le même que l'assassin.

Les docteurs Ollier et Poncet.

Après ces témoins oculaires de l'assassinat, les médecins, M. le Dr Ollier, M. le Dr Poncet, professeurs à la Faculté de médecine de Lyon, qui ont vainement

prodigué tous les efforts de la science pour sauver le
malheureux Président. Ils n'ont réussi qu'à prolonger
sa vie de quelques heures. M. Carnot était dans un
état de demi-évanouissement. A peine s'est-il réveillé
un instant pour dire au Dr Poncet qui explorait sa
blessure : « Docteur, que vous me faites mal! » Puis
il a remercié affectueusement le colonel Chamoin et
les amis qui entouraient son lit de mort. (*Vive émotion*).

M. Vaux, le coutelier de Cette qui a vendu le poignard à Caserio, déclare qu'il a également vendu à
des inconnus, dont un soldat, deux armes semblables.
Mais il n'a reconnu parmi ces acheteurs aucun des
anarchistes de Cette, avec lesquels il a été confronté.

M. Viala, le boulanger de Cette qui employait Caserio, déclare qu'il était vif, emporté : qu'il lisait beaucoup, particulièrement des nouvelles intéressant les
anarchistes. « Si jamais je fais un coup comme Henry,
disait-il, je frapperai les grosses têtes. »

— Cependant, ajoute M. Viala, je ne le croyais pas anarchiste. D'ailleurs, je ne sais pas ce que c'est que l'anarchie.
M. le Président. — Vous l'apprenez ici !

M. Crociocha.

M. Crociocha, commissaire central de Cette, dépose
que, dès son arrivée à Cette, en janvier dernier, Caserio lui avait été signalé comme anarchiste; mais il
entra presque aussitôt à l'hôpital.

Quand il en sortit, poursuit le témoin, je chargeai
spécialement un agent et mon secrétaire de le surveiller
au café du Gard, où il se rendait assez fréquemment; mais
il était sobre, il travaillait régulièrement, il ne pouvait
éveiller particulièrement mes soupçons.

M. le Président s'étonne que le commissaire central
n'ait pas exigé de Caserio la déclaration de domicile
requise de tout étranger. Il est évident qu'il y a eu

une négligence bien grave et que la police de Cette encourt une lourde responsabilité.

M. le Président. — Est-ce que Cette est un centre anarchiste ?

R. — Il y a une quinzaine d'anarchistes, mais ce sont plutôt des révolutionnaires,

M. le commissaire central de Cette excelle dans les distinctions.

M. Boy, commissaire de police à Vienne, a interrogé les anarchistes de cette ville, avec lesquels Caserio a été en relations lors de son séjour de 1893. Vienne compte de nombreux anarchistes italiens; la police en connaît officiellement cent vingt. Caserio les fréquentait à peu près tous et il en revit encore quelques-uns en 1894, le jour où il s'arrêta à Vienne avant de prendre à pied la route de Lyon et d'assassiner M. Carnot.

M. Pernel.

M. Pernel, commissaire spécial à la Préfecture du Rhône, donne à son tour des renseignements sur le passage de Caserio dans cette ville. En 1893, il s'était fait inscrire sous le nom de Cesario et fréquentait quelques anarchistes italiens. Il n'eut pas, à cette époque, le temps matériel d'entrer en relations avec les groupes d'anarchistes français.

Il reste à entendre un dernier témoin et non le moins intéressant, le soldat Leblanc, qui a fait à Marseille de si curieuses révélations sur le complot anarchiste dont Caserio n'aurait été que l'agent d'exécution.

L'audience est levée à 6 heures et renvoyée à demain.

La ville continue d'être absolument calme. Grâce aux excellentes mesures prises par M. le président Breuillac, l'ordre dans la salle n'a pas été un seul instant troublé.

Par mesure de précaution, Caserio n'a pas été reconduit à la prison Saint-Paul. Il passera la nuit au Palais de Justice.

Lyon, 3 août.

J'ai dit que le Président des assises avait réservé pour cette seconde audience le témoignage du soldat Leblanc, ce déserteur originaire de Cette, qui a spontanément révélé à l'autorité militaire de Marseille, où il était détenu, l'existence d'un complot contre l'existence de M. Carnot.

Leblanc comparaît entre deux gendarmes. C'est un grand et blême garçon qui a toutes les allures d'une gouape, pour parler l'argot parisien. Ses révélations sont extrêmement sujettes à caution, et le ministère public ne les accepte lui-même qu'avec un scepticisme marqué.

Le soldat Leblanc.

Au commencement du mois de février, commence le témoin, je me trouvais en traitement à l'hospice de Cette en même temps que Caserio. Mon camarade de chambre recevait de nombreuses visites d'anarchistes, notamment un nommé Sauret. Ils causaient longuement pendant l'heure de la promenade et, comme je me retirais discrètement :

— Voici un bourgeois, dit Caserio à Sauret; il ne veut pas entendre parler de l'anarchie.

— Non, répondis-je, Ravachol était un assassin !

— En tout cas, reprit Caserio, c'est un assassin qui a fait son devoir !

— Et Vaillant, répliquai-je, il a voulu faire sauter la Chambre, il n'a pas réussi. Tous vos attentats échouent !

— Si Vaillant a manqué son coup, reprit encore Caserio, nous, nous nous chargeons de réussir. Le groupe de Cette ne manquera pas le sien.

Lorsque, plus tard, j'appris à la prison militaire de Marseille que M. Carnot avait été tué par un Italien, je ne pus m'empêcher de me rappeler cette conversation. Nous étions persuadés entre prisonniers que ce crime amènerait

la guerre avec l'Italie et que nous serions prochainement
graciés. Pendant la nuit nous avons entonné le *Ça ira!* en
signe de joie. On nous accusa, bien à tort, d'avoir chanté
la *Ravachole* et le directeur de la prison me fit appeler.

— J'allais venir moi-même, lui dis-je, vous donner des
renseignements intéressants.

— Ah! oui, interrompit le directeur, vous êtes de Cette,
vous avez même fait partie de la Tierce.

Il désignait ainsi une association secrète. Je lui répondis
que je n'avais jamais été anarchiste, mais que j'en savais
long.

Caserio, haussant les épaules. — Le soldat Leblanc ne
sait ce qu'il dit. Il n'a pas raconté la même chose au juge
d'instruction. Jamais je n'ai reçu aucune visite à l'hôpital
de Cette. J'étais traité dans une salle isolée. On l'a mis au
défi de reconnaître un seul des anarchistes qui, d'après
lui, m'avaient rendu visite; il n'en a pas reconnu un
seul.

Leblanc. — Pardon, j'ai reconnu Sauret. D'ailleurs,
Caserio n'osera pas nier que les compagnons lui aient
remis à l'hôpital la photographie des anarchistes de Chicago et celle de Ravachol devant la guillotine. Tous les
malades ont vu ces photographies !

M. le Président, au témoin. — Caserio ne disait-il pas
aussi que les bombes sont peu sûres, qu'elles manquent
bien souvent leur but?

Le soldat Leblanc. — Parfaitement, et comme je lui
demandais pourquoi il ne s'attaquait pas au roi d'Italie,
il me répondit : « Les rois et les chefs d'Etat sont bien
gardés; mais je trouverai moyen de frapper tout de même
à la tête malgré tous les escadrons de cavalerie. »

Caserio. — Ce n'est pas moi qui ai tenu ce propos, c'est
le malade du lit n° 2. C'est celui-là, dont je ne me rappelle
pas le nom, qui nous reprochait de jeter des bombes dans
les cafés, comme Henry, sans tuer personne, et de ne
jamais nous attaquer à un empereur, un roi ou un président. Je répondis que c'était très difficile, que j'avais eu
l'occasion de voir le roi d'Italie, entouré de gardes. A
quoi mon voisin répliqua qu'il n'y avait qu'un moyen : se
mettre à une fenêtre et tirer dessus !

M. le Président. — Au fond, vos deux récits ne diffèrent
que par la forme; c'est une question de nuances. Ce qui
paraît certain, c'est que la conversation a été tenue.

Le soldat Leblanc. — Certainement, monsieur.

D. — Vous avez été encore plus explicite à l'instruction.

Vous avez raconté que Caserio comptait mettre son projet à exécution à Lyon, à l'occasion de la visite de M. Carnot à l'Exposition, où il serait bien étonnant qu'il ne vînt pas.

Caserio. — J'ignorais même qu'il dût y avoir une Exposition à Lyon ; autrement, je n'aurais pas gaspillé mon argent et je n'aurais pas été obligé de faire à pied une partie du voyage. Jamais je n'ai confié à personne mon intention de tuer le Président de la République.

Le soldat Leblanc. — Allons donc ! L'assassin devait être tiré au sort ! (*Mouvement.*) Il devait être accompagné de deux ou trois camarades qui masqueraient ses mouvements et faciliteraient sa fuite.

Caserio. — Nous ne sommes pas des militaires pour tirer au sort. Parmi les anarchistes, il y a liberté absolue. Le sort lui-même ne peut les enchaîner !

Le soldat Leblanc. — Eh bien ! voici ses paroles exactes. Comme je lui demandais quel était celui des compagnons qui serait chargé de frapper M. Carnot, Caserio me répondit : « Le sort en décidera. » (*Sensation.*)

Le Réquisitoire.

M. le procureur général Fochier prononce son réquisitoire.

Mon cœur, dit l'honorable magistrat, est encore ému comme à la première heure, comme à cette minute terrible où, dans notre hospitalière cité lyonnaise, se répandit la nouvelle de l'assassinat du chef de l'Etat, de cet honnête et irréprochable citoyen, si vénéré, si respecté de tous, qui venait apporter par sa présence la plus haute consécration à l'Exposition du travail !

M. Carnot se souvenait encore avec reconnaissance, avec attendrissement, de son premier voyage à Lyon en 1888, de l'accueil si cordial qu'il y avait reçu. Il nous revenait avec l'autorité d'un chef d'Etat qui avait assuré à la France le respect des nations et de sûres alliances. Les acclamations qui l'accueillaient ne s'adressaient pas seulement au Président, mais à l'homme privé, au mari modèle, au père de famille irréprochable, au grand citoyen qui, lorsqu'il fut investi de la première magistrature, prononça ces belles paroles : « Tout ce que j'ai de force et de dévouement, je le donnerai à mon pays. » (*Vive émotion dans l'auditoire.*)

M. le procureur général rappelle les fêtes de Lyon, l'inoubliable enthousiasme de la population lyonnaise :

Et c'est cette allégresse, s'écrie-t-il, que le couteau d'un scélérat devait changer en un deuil public ! Le lendemain, à l'heure précise où le Président devait recevoir nos derniers saluts, c'est un cortège funèbre que suivait la population en larmes ! Le criminel n'est pas un Lyonnais, car un Lyonnais ne viole pas les lois sacrées de l'hospitalité. Ce n'est pas un Français non plus qui a frappé M. Carnot. Cet homme n'est d'aucun pays — les anarchistes ne sont d'aucun pays ! Caserio a renié sa patrie !

Je déplore les représailles regrettables qui se sont exercées contre des Italiens paisibles après l'attentat. Ces représailles, provoquées d'abord par des citoyens égarés, ont été aggravées par des malfaiteurs, que la justice française n'a pas hésité à frapper. (*Assentiment.*) Quant à Caserio, c'est une bête fauve. Contre les fauves on se défend et il n'y a qu'une seule manière. (*Mouvement.*)

Caserio écoute le réquisitoire, les mains sur les genoux, dans une immobilité hypnotique. Est-ce un sourire qui erre sur ses lèvres ? Est-ce un rictus nerveux qui met à nu ses dents de jeune loup ? On ne saurait le dire.

C'est au milieu de l'abandon paternel du Président, qui voulait rester en contact avec le peuple, que M. Carnot a été frappé. C'était sa volonté formelle de n'être pas gardé davantage, et les anarchistes le savaient ! Caserio l'a visé au cœur, non pas en fanatique, mais en assassin prudent qui n'a point fait le sacrifice de sa vie. Son premier souci a été de fuir ; son seul regret a été d'avoir laissé son poignard dans la poitrine de sa victime et de n'en pouvoir frapper le premier qui s'opposerait à sa fuite.

M. Carnot est mort sans avoir prononcé une seule parole de haine contre son meurtrier. La haine fut toujours étrangère à son grand cœur ! S'il avait survécu, vous dira-t-on, nul doute qu'il eût pardonné. Il est mort, et votre devoir, messieurs les jurés, est tout autre ! Je vous demande justice. (*Mouvement.*) Caserio a dit à l'instruction qu'il ne consentirait à parler que devant vous. L'heure est venue ! Qu'il parle ! qu'il tente d'expliquer le crime infâme, stupide et lâche qui a mis la France en deuil ! Il se défend d'avoir eu des complices ; soit ! mais il n'en est pas moins vrai que, depuis l'exécution de Vaillant et d'Henry l'assassinat du Président de la République était dans la résolution des anarchistes ; les lettres de menaces se succédaient sans interruption à l'Élysée.

La littérature anarchiste, cet amas de productions infâmes, désignait chaque jour la victime au couteau de l'assassin ! (*Sensation.*) « Le revolver a du bon », écrivait un des misérables théoriciens de l'anarchie ; le poignard et le poison sont plus sûrs ! »

Caserio fait en ricanant un signe affirmatif.

Les voilà, les réformateurs, s'écrie M. le procureur général Fochier, les voilà les doux rénovateurs de l'humanité ! L'atrocité et la sauvagerie, tel est leur programme, telle est leur exécrable formule.

Y a-t-il eu complot ? Je n'accueille qu'avec réserve les déclarations que le soldat Leblanc a apportées ici. Il est possible qu'il n'y ait pas eu de tirage au sort pour désigner l'assassin de M. Carnot. Ce qui est certain, c'est que Caserio était depuis longtemps déterminé à frapper, comme il le disait, « les grosses têtes ». Sa préméditation a été impitoyable. Pendant ce long voyage de trente heures, de Cette à Lyon, ce voyage effectué avec tant de précautions, tantôt à pied, tantôt en wagon, avec des lignes brisées pour dérouter la police, il n'a pas eu un instant de remords.

On vous plaidera qu'il est le fils d'un père épileptique. Mais à quel moment cet homme si obstinément résolu a-t-il eu le moindre accès d'épilepsie ? Sa volonté de fer est inflexiblement arrêtée : « Je referais encore ce que j'ai fait ! » a-t-il déclaré au juge d'instruction.

Seul, le châtiment suprême sera, pour ce criminel de droit commun, pour cet assassin, une expiation suffisante. Caserio a plongé dans la douleur tout un peuple, toute une famille tendrement unie.

L'anarchie dont il se réclame n'est pas un parti politique ; c'est une entreprise infâme de meurtre et de destruction.

C'est au nom de la société, de là civilisation, de l'humanité, messieurs les jurés, que je vous demande, non de faire ici acte de vengeance, mais de haute et complète justice !

Me Dubreuil.

Après le réquisitoire, Me Dubreuil, bâtonnier de l'Ordre des avocats, prononce une admirable plaidoirie, une des plus belles, des plus élevées qu'il m'ait été donné d'entendre : l'exorde, si simple et si sobre, est de haute éloquence. C'est d'abord un hommage plein d'émotion à la mémoire de M. Carnot.

Avec les fumées de l'encens sacerdotal, s'écrie Me Dubreuil, les mêmes larmes, les mêmes prières, les regrets sont montés de toutes parts vers l'Eternel ! Toutes les opinions se sont effacées, confondues devant le crime. Bâtonnier de l'Ordre des avocats, j'ai convié mes confrères au deuil public, et aujourd'hui, me voici rivé à cette barre. Malgré mon insuffisance, mes répugnances peut-être, il faut que j'oublie l'illustre victime pour ne me soucier que de son assassin ! Contraste inouï, cruelle ironie, inconcevable métamorphose ! Mais c'est l'honneur du barreau de placer devant la poitrine de l'anarchiste un soldat obscur, un dévoué défenseur désigné par cette société bourgeoise qui me commande d'aider, de suppléer à la défense de Caserio.

A la barre comme devant l'ennemi, une consigne ne se discute pas ! Nous sommes deux ici, le prêtre et l'avocat, pour soutenir, dans la lutte suprême, le misérable qui a frappé. Le prêtre est déjà ici : il est en avance (et Me Dubreuil montre l'abbé Grassi, le vicaire de Motta-Visconti, envoyé à Lyon par la famille de Caserio) ; l'avocat, le voici ! (*Vive émotion dans l'auditoire.*) Il faut qu'il vous parle au nom même de l'humanité, que Caserio a si monstrueusement outragée !

Ma défense, messieurs, ne sera pas un vain simulacre dans cet épouvantable drame judiciaire au dénouement duquel apparaît la silhouette sanglante du bourreau. Le crime est constant, la préméditation éclate. Oui, Caserio a frappé sans hésitation, sans remords, sans que son bras ait tremblé un seul instant, M. le Président Carnot. Il a proclamé qu'il recommencerait encore ! Je n'ai donc à vous apporter ici aucune discussion sur le crime. Je ne me réclamerai pas davantage de ces théories anarchistes qui conduisent fatalement à l'assassinat ! Mon asservissement légal ne va pas jusque-là ; je ne lui ferai pas le sacrifice de ma conscience !

Mais vous avez en face de vous un jeune homme à peine sorti de l'adolescence et j'ai le droit de vous montrer comment celui qui fut un enfant doux et sensible, le saint Jean-Baptiste des processions de Motta-Visconti, avec une peau d'agneau sur les épaules, est devenu le sectaire féroce qui, sans souci de sauver sa tête, va se condamner lui-même tout à l'heure en vous donnant lecture d'un factum d'une violence inouïe !

Et Mᵉ Dubreuil traîne à la barre, avec une rare puissance d'éloquence, les théoriciens de l'anarchisme ; en première ligne l'avocat Gori.

Celui-là, s'écrie-t-il, doit méditer bien souvent sur la destinée de cet enfant d'une honnête famille de paysans lombards, sur l'infortune de cette vieille mère qui, depuis l'attentat dont vient répondre son malheureux fils, passe ses journées assise, les mains jointes, pleurant et ne trouvant plus de paroles pour exprimer son désespoir. (*Vive sensation.*)

Caserio lui-même ne peut maîtriser son émotion. Ses traits se contractent : il est visible qu'il fait des efforts surhumains pour soutenir impassiblement son rôle de vengeur et de justicier. Mais la nature l'emporte ; les souvenirs d'enfance ont raison de cette nature de fer ; il baisse la tête et des larmes abondantes — les premières peut-être qu'il ait versées depuis bien longtemps — mouillent ses paupières à ce souvenir des siens.

Mᵉ Dubreuil se tourne vers lui et avec un entraînement d'éloquence qui part du cœur :

Ah ! vous pleurez enfin, Caserio ! s'écrie-t-il ; qu'elles soient bénies, ces larmes réparatrices ; elles sont votre meilleure défense !

Mais, brusquement, la physionomie de Caserio s'est rassérénée. Il a repris son impassibilité. Il se mouche bruyamment ; puis, de son air insouciant et railleur, il sourit à l'auditoire d'un sourire forcé, en montrant les dents, pendant que Mᵉ Dubreuil poursuit :

J'ai pesé les deux plateaux de la balance et il ne m'a pas semblé qu'ils fussent égaux. Tant d'insouciance en face d'un tel forfait ! Où est donc la responsabilité ? Où est la conscience ? Pardon, messieurs les jurés, pardon ! En jetant sur ce malheureux un regard de pitié, j'ai l'air d'oublier l'auguste victime. J'ai éprouvé au premier moment un sentiment de révolte contre moi-même et, songeant que j'allais vous demander les circonstances atténuantes pour l'assassin de M. Carnot, il me semblait que ces attendrissements pour le criminel sont presque aussi coupables que l'attentat lui-même, et que j'allais en commettre un second.

Mais, après ce premier mouvement de révolte, j'ai réfléchi et vous réfléchirez comme moi, plus que moi, car vous êtes des juges ! Vous songerez à la fatalité héréditaire, à l'influence néfaste des milieux, aux circonstances étranges qui ont précédé le crime !

Ce sont les trois termes de la savante discussion psychologique à laquelle l'éminent avocat va se livrer. Caserio n'est point un fou, mais son père était épileptique bien avant sa naissance, depuis l'époque où, pendant la guerre contre l'Autriche, il avait vu son frère emmené prisonnier, où sa propre vie avait été menacée. Une lettre du médecin communal de Motta-Visconti atteste l'existence de ce germe héréditaire que le père de Caserio a transmis à ses enfants. L'accusé lui-même est atteint de rachitisme, une des caractéristiques de l'épilepsie. C'est à cette même prédisposition morbide qu'il faut attribuer scientifiquement la modification du caractère de cet enfant, autrefois si doux. Son insouciance éclate encore dans la lettre qu'il écrivait à sa mère après le crime : « Bien que je sois en prison, lui disait-il, je passe des journées amusantes et heureuses ! »

Heureuses, en cellule ! dit Mᵉ Dubreuil, avec les fers, les

entraves et, en perspective, l'échafaud! (*Mouvement.*)
Puis, ce qu'il faut retenir, c'est la soudaineté de ce crime
résolu et commis d'un seul bond, de Cette à Lyon, sans
une seconde de recul. Pendant ces trente-six heures
Caserio a agi comme un hypnotisé. Il a obéi à une force
mystérieuse et irrésistible; il n'a certainement pas obéi à
sa libre volonté. Le professeur Lombroso, qui a étudié
cette nature, est persuadé qu'il se trouve en face d'un épileptique héréditaire.

C'est ce dégénéré, victime d'une de ces éducations
incomplètes qui mènent si souvent aux aberrations criminelles, que les théories anarchistes ont affolé. Ce bel
enfant aux cheveux blonds, si modeste, si pieux, a eu le
malheur de quitter son village à treize ans, de venir à
Milan et d'y rencontrer l'avocat Gori. Ses haines contre la
société, il les a sucées à sa triste école.

Caserio, furieux et se démenant entre ses gardes. —
C'est faux! M. Gori n'a pas été mon maître; je ne suis le
disciple de personne !

M. le président Breuillac. —Laissez parler votre avocat;
sa tâche est assez difficile.

Mᵉ Dubreuil. — L'avocat Gori a déclaré, je le reconnais,
qu'à l'époque où Caserio lui fut présenté, il était déjà
énamouré des idées socialistes et propagandiste fervent.
Il ajoute qu'il le voit encore avec son éternel sourire et
que c'est la lutte pour la vie qui a fait de ce rêveur raphaé-
lesque, qui pleurait au spectacle de l'exécution de Louis XVI,
un être tragique, orageux et sanguinaire; mais ce sont
les hommes comme M. Gori, préservés par leur éducation
supérieure des entraînements criminels, qui impres-
sionnent ces âmes simples, ces jeunes esprits désarmés
contre la vie. (*Assentiment.*)

C'est à son enthousiasme des doctrines néfastes que
Caserio a dû d'être condamné en Italie, de devenir un
proscrit qui a suivi son chemin de la croix, *via crucis*, de
Milan et de Lugano jusqu'à Cette : là donc vont les véritables responsabilités. (*Mouvement prolongé.*)

Sans argent, sans papiers, sans patrie, Caserio était
fatalement condamné à ne plus fréquenter que des anarchistes. Il s'est imprégné d'une déplorable littérature, de
ces écrits qui blessent et qui tuent l'âme des ouvriers,
comme la goutte d'eau perce à la longue la pierre la plus
dure.

Et songez, messieurs, que ces funestes enseignements

s'adressaient à un cerveau déjà héréditairement condamné.

Non, Caserio ne porte pas la responsabilité tout entière de son acte ; il faut chercher ailleurs les vrais coupables. Il n'a été que le bras.

Caserio proteste de **nouveau**, dans sa vanité, contre le système de son défenseur. M. le président Breuillac est forcé de le menacer de le faire expulser.

La péroraison de Mᵉ Dubreuil impressionne profondément l'auditoire :

M. Carnot est mort **sans** un mot de haine contre son assassin. Des sphères supérieures où s'est envolée sa belle âme, il me semble que je vois descendre, porté sur un rayon lumineux, son vœu suprême qui vous convie, messieurs, à la miséricorde, au pardon. Et vous songerez aussi, messieurs les jurés, à cette vieille paysanne italienne qui adresse une invocation désespérée à ce Dieu auquel son malheureux fils a cessé de croire. C'est sous cette double et si pure sauvegarde que je place mon infortuné client.

Seule, la solennité de l'audience empêche d'applaudir ces admirables paroles de Mᵉ Dubreuil. M. le président Breuillac demande à Caserio s'il a quelque chose à ajouter pour sa défense. L'accusé fait un signe affirmatif et tire de sa poche un factum qu'il fait passer à l'interprète.

Il est probable, dit M. le président Breuillac, que cet écrit ne renferme qu'une apologie des théories anarchistes. Je préviens les membres de la presse que, conformément à la loi récente (1) la Cour sera sans doute dans la nécessité d'en interdire le compte rendu.

Nous n'avons donc rien à dire de cette lecture, d'ail

______

1. M. le président Breuillac fait allusion ici à la loi votée à la suite du procès d'Emile Henry, et qui autorise les cours et tribunaux, à interdire, en tout ou en partie, le compte rendu des procès anarchistes.

leurs aussi peu intéressante que possible. Mes lecteurs peuvent m'en croire, Caserio n'a pas l'instruction d'Emile Henry. Il paraît visiblement déconcerté
quand M. le procureur général Fochier requiert la non-
publicité de cette partie des débats et ajoute qu'il n'a
rien de plus à dire pour sa défense.

Le verdict.

Il est midi quand le jury entre en délibération. Il
revient au bout de dix minutes avec un verdict affirmatif sur toutes les questions et muet sur les circonstances atténuantes.

M. le procureur général Fochier requiert la peine
capitale.

A ce moment, Mᵉ Dubreuil se lève et, après avoir
rendu justice, comme nous tous, à la haute impartialité
avec laquelle M le président Breuillac a dirigé les
débats, il a ajouté qu'aucune amertume ne devait lui
être épargnée et qu'il est de son devoir d'avocat de
demander acte à la Cour de certaines paroles que cet
honorable magistrat a adressées aux jurés au début
de la session et dans lesquelles il les engageait à frapper sans faiblesse l'assassin de M. Carnot.

Le procureur général Fochier fait observer que le
procès Caserio n'était pas encore entamé, que le jury
de jugement n'était pas encore tiré, que cet incident
est dès lors étranger aux débats eux-mêmes.

M. le président Breuillac demande au défenseur si
ces conclusions sont revêtues de la signature de son
client. Réponse négative de Mᵉ Dubreuil, qui tend la
plume à Caserio; mais ce dernier, après avoir parcouru le papier, refuse de signer. Mᵉ Dubreuil déclare
alors reprendre les conclusions en son nom personnel.

La Cour se retire pour délibérer sur ce cas éven-
tuel de cassation et revient avec un arrêt qui
donne acte des conclusions prises; mais avec cette
réserve que le Président a fait là un acte de pure
administration; qu'il était de son droit et de son devoir de rappeler, au début de la session, les jurés à

l'accomplissement de leur devoir; que, d'ailleurs, le nom de Caserio n'a même pas été prononcé, et que ni lui ni son avocat n'avaient à ce moment la qualité pour intervenir. Le Président constate enfin que l'accusé et son défenseur ont eu toute liberté pendant les débats.

Après cette lecture, M. le président Breuillac prononce l'arrêt qui condamne Caserio **à la peine de mort** et ordonne qu'il sera exécuté à Lyon.

Caserio, qui a écouté la sentence les mains serrées sur la barre, la tête légèrement penchée à droite, les yeux baissés, pose tranquillement sa casquette blanche sur sa tête et, pendant que les gendarmes lui passent le cabriolet, il essaie de crier, mais sans pouvoir vaincre l'émotion qui l'étouffe, et ses derniers mots parviennent presque étranglés jusqu'à nous : « Vive la révolution sociale! » Puis, après un temps d'arrêt : « Corragio, camaradi, evviva l'anarchia! »

Dans la salle et au dehors, aucun incident.

Exécution de Caserio.

Quinze jours après sa condamnation, le 16 août, Caserio était exécuté devant la prison Saint-Paul, au milieu d'un orage terrible qui avait fait rage pendant toute la nuit.

Il dormait d'un profond sommeil, ne croyant pas que le jour fût si proche, quand le directeur vint l'éveiller.

Le misérable fut atterré. Sa voix devint tremblante, chevrotante. Ses dents claquaient et de grosses larmes coulaient le long de ses joues.

Pendant tout le trajet de la prison à la guillotine, il ne cessa de faire entendre des gémissements inarticulés. Pourtant, à deux pas de la bascule, il se roidit une dernière fois, repoussa le prêtre avec un grognement furieux et prononça d'une voix affaiblie les mots sacramentels :

— Courage, camarades, et vive l'anarchie!

La dernière syllabe s'éteignit dans le bruit du couteau qui tombait.

LE PROCÈS DES TRENTE

Paris, 7 août.

C'est hier lundi que s'est engagé, devant le jury de la Seine, le fameux *procès des Trente*.

Ces trente anarchistes qui remplissent le banc des accusés, débordant sur le banc de la presse judiciaire, sont les survivants, au point de vue pénal, de l'énorme rafle qui fut opérée au lendemain de l'attentat de Vaillant.

Il en passa bien trois cents par le cabinet de M. le juge d'instruction Meyer.

Beaucoup furent relâchés, faute d'inculpation précise. Il en est resté une trentaine, que la Chambre des des mises en accusation a renvoyés en Cour d'assises sous la rubrique « association de malfaiteurs », et contre lesquels M. l'avocat général Bulot requerra, dans cinq ou six audiences, la peine des travaux forcés.

Association de malfaiteurs ! J'avoue que le mot m'a rendu rêveur.

Il y a là des gens qui ne se sont jamais concertés, jamais connus, jamais vus, si ce n'est dans le cabinet du juge d'instruction.

Des théoriciens comme Jean Grave, le philosophe du parti ; comme Sébastien Faure, qui s'en est constitué le missionnaire, qui en fut le redoutable et éloquent orateur.

A côté d'eux, des dilettantes comme le poète Chatel, comme M. Fénéon, l'écrivain décadent, spécialement accusé de détention d'engins explosibles ; puis des comparses, des commis voyageurs de l'anarchie, comme Daressy, comme Chambon, — des inconnus.

Et enfin, tout au sommet du banc, des individus comme Ortiz, l'ami d'Emile Henry, inculpés de vols de droit commun, en particulier du vol retentissant de Fiquefleur.

Que tous ces hommes aient formé une association, ourdi un complot, le ministère public ne pourrait essayer de le soutenir en s'en tenant aux faits matériels.

Pour conspirer ensemble, la première condition est de se connaître.

Suffit-il d'avoir obéi à une idée commune, d'avoir isolément prêché, écrit, ou volé, pour réaliser ce que Caserio appelait l'idéal anarchiste ?

C'est cette théorie qu'il soutiendra sans doute, car, autrement, la prévention ne tiendrait pas debout.

L'accusation n'en reste pas moins artificielle et, en face d'individus dangereux à divers titres, il eût été plus logique, plus équitable, d'intenter des procès individuels : chacun, en bonne justice, ne devant répondre que de ce qu'il a fait.

Les accusés.

A midi, sous une escorte de gardes républicains, doublée pour la circonstance, les accusés sont introduits dans la salle d'audience.

Voici M. Fénéon, avec sa longue figure maigre et osseuse, presque ascétique, ses yeux enfoncés, sa physionomie flegmatique, sa lèvre rasée et son long *bouc* américain, qui lui donne l'air d'un jeune quaker.

Voici Matha, l'ami d'Emile Henry, l'ancien coiffeur de Casteljaloux, tout en cheveux, avec une barbe égyptienne qui semble avoir été roulée au petit fer.

Puis Jean Grave, un anarchiste gras, front bombé, teint plombé, un toupet à la Rochefort, une forte moustache de sous-officier en civil ; puis Sébastien

Faure, le défroqué, dont la tonsure s'est élargie jusqu'à une calvitie désastreuse, et qui donne l'impression d'un de ces moines d'autrefois, moitié prêtres, moitié soldats, tels qu'en dut connaître la Ligue et qui vous couchaient proprement l'adversaire sur le pré, sauf à lui donner la bénédiction *in articulo mortis.*

Tout en haut, deux ou trois Italiennes trop brunes, avec des fichus voyants, impliquées dans un vol vulgaire, et, à côté d'elles, un joli commis de nouveautés, coquet, bien pris dans une jaquette ajustée comme un corset; la raie irréprochable et les cheveux ondulés comme un jeune conquérant de comptoir attaché au *Bonheur des Dames.* C'est Ortiz, le cambrioleur fin de siècle.

J'en demande pardon à M. Fénéon, qui passe pour avoir aimé la littérature, mais je suis obligé d'infliger aujourd'hui à mes lecteurs la prose un peu *pompier* des magistrats — l'acte d'accusation dressé par ces messieurs du Parquet général.

Ce n'est pas mon habitude de reproduire cette sorte de documents, toujours solennellement indigestes.

Mais que me resterait-il sans cela?

Tout à l'heure, en vertu de la loi nouvelle, M. l'avocat général Bulot demandra et obtiendra l'interdiction du compte rendu des deux seuls interrogatoires intéressants de l'affaire : celui de Jean Grave, celui de Sébastien Faure. De telle sorte que, sans l'acte d'accusation, mes lecteurs ne sauraient même pas de quoi ils sont accusés.

C'est un peu la situation d'un invité qu'on priverait de rôti et qu'on réduirait aux hors-d'œuvre.

Exécutons-nous donc sans récriminer et, faute d'un compte rendu d'audience vivant, mouvementé, avec ses reparties du tac au tac, reproduisons ici, avec une résignation respectueuse, le réquisitoire de M. le substitut Lefuel, qui a été chargé, par le parquet de la Cour, de rédiger l'acte d'accusation du *procès des Trente.*

L'acte d'accusation.

Tout d'abord, un coup d'œil d'ensemble sur l'organisation du parti anarchiste :

Les accusés appartiennent à une secte qui établit entre tous ses adeptes des liens de compagnonnage, qui a pour but la destruction de toute société et pour moyen d'action le vol, le pillage, l'incendie et l'assassinat. Dans cette secte, chacun concourt au but suivant son tempérament et ses facultés, l'un en commettant le crime, les autres en amenant à le commettre par l'excitation et par l'assistance ; le criminel trouve l'une et l'autre chez des compagnons qui, en relations habituelles les uns avec les autres, forment des groupes agissant sous l'influence d'une inspiration commune. Ces groupes constituent des centres de propagande, des refuges pour les compagnons étrangers, des appuis pour l'individu apte ou déterminé au crime. Conférences, prédications, publications, moyens matériels d'action, cet individu y rencontre toutes les excitations et toutes les ressources qui le mettront en état de réaliser par un crime individuel le but auquel tend l'effort commun.

Arrivons-en maintenant aux responsabilités individuelles. A tout seigneur, tout honneur. D'abord Jean Grave.

Jean Grave.

Jean Grave, dont les débuts ont été très humbles, est un homme de lettres d'une réelle valeur.

Il semble avoir conçu le plan selon lequel devait se développer le parti anarchiste ; il l'a, en tout cas, exposé le premier dans une brochure parue en 1883, sous le pseudonyme de Jehan Levagre, avec la mention : « Publication du groupe des V° et VIII° arrondissements », qui révèle l'existence, dès cette époque, d'une association d'anarchistes.

Dans cet écrit, Jean Grave érige un principe « que la propagande ouverte doit servir de plastron à la propagande par les actes, secrète celle-là ; qu'elle doit lui fournir les moyens d'action qui sont les hommes, l'ar-

gent et les relations, et qu'elle doit surtout contribuer
à mettre en lumière les actes accomplis en les commentant, etc. »

Jean Grave préconise l'idée de la fondation de groupes
d'études qui doivent servir à nouer des relations partout
où on pourra les établir.

Ailleurs, il signale les inconvénients d'une caisse centrale et engage les adhérents à se fréquenter continuelle-
ment, afin d'arriver à se connaître assez pour que l'anarchiste décidé à commettre un acte de propagande par le
fait et ayant, pour cet acte, besoin d'argent, puisse toujours en trouver chez d'autres compagnons, sans formalités, sans explications.

Jean Grave a toujours suivi fidèlement les règles qu'il
avait tracées : directeur du journal *la Révolte*, il y a exalté
les méfaits des anarchistes, l'attentat dirigé contre la Société de Carmaux par Emile Henry, la tentative d'assassinat commise par Léauthier; il a fait l'éloge des voleurs
Schouppe, Pini et Duval. Il s'est servi aussi de son journal pour provoquer, dans une intention criminelle, des
souscriptions qui, centralisées par Paul Reclus, avaient
un triple but : la propagande révolutionnaire, l'assistance
des détenus et la distribution des brochures.

Jean Grave a fait ensuite paraître une seconde brochure intitulée la *Société mourante et l'Anarchie*, dans
laquelle il a fait appel aux pires violences. Les excitations
contenues dans cet ouvrage ont motivé contre lui, en 1894
une condamnation à deux ans d'emprisonnement.

Après Jean Grave, Sébastien Faure, qui a appartenu, on le sait, à un ordre religieux avant de se lancer dans la prédication de l'anarchie.

Sébastien Faure, qui a appartenu à une famille aisée, a
reçu une instruction supérieure. Il est doué d'un véritable talent de parole; il a été en quelque sorte le commis
voyageur des doctrines anarchistes en province, détermi-
nant la création d'un groupe d'études formé sous l'inspiration de Jean Grave et servant activement d'intermédiaire entre les uns et les autres.

S'il a fréquemment eu soin de prendre à témoin ses au-
diteurs de la modération de sa parole, il a été en réalité
(des documents irréfutables l'établissent) en parfait accord
avec ceux de ses amis qui recouraient à la propagande
par le fait.

Tout en s'abstenant d'écrire dans la *Révolte* et le *Père Peinard*, il faisait annoncer régulièrement dans ces journaux ses conférences qui, en suscitant des vocations homicides, ont obtenu le succès qu'il avait rêvé.

Le 12 novembre 1893, Lauthier, entraîné par ses discours et fier de se dire son élève, l'avise qu'il va se livrer à un acte de propagande par le fait, et Sébastien Faure ne dissimule pas la joie que lui cause l'attitude de son disciple.

Après l'attentat de Vaillant, Sébastien Faure lui envoie de Marseille un mandat-poste de 5 francs, en témoignage de sympathie..

En mars 1892, il fonde, à Marseille, le journal *l'Agitation* et y fait l'apologie des crimes récemment commis en France et à l'étranger.

Vers la même époque, il publie un almanach anarchiste dans lequel on lit : « Nous approuvons : 1° Pini volant; 2° Pini affectant à la propagande le produit de son vol ; 3° Pini revendiquant fièrement en Cour d'assises l'acte qui l'y fait traduire », et Sébastien Faure commente sa triple proposition en déclarant que le vol, qui doit toujours être approuvé, est méritoire, « alors même que le voleur se sert du produit de son vol pour vivre en parasite ou en exploiteur. »

Il y a, d'autre part, des preuves certaines de l'affiliation de cet accusé à divers groupes tombant sous le coup de la loi.

Une lettre adressée par lui, le 26 novembre 1892, aux compagnons du « Falot cherbourgeois » démontre qu'il y avait dans la région lyonnaise une organisation anarchiste dont il avait été l'âme.

En relations suivies avec Paul Reclus, il a reçu de lui une série de lettres prouvant d'une manière irréfutable que, notamment le 4 février 1892, tous deux conféraient avec diverses personnes dans un but criminel.

L'ensemble de cette correspondance atteste qu'il y avait entre Sébastien Faure et Reclus des comptes d'argent dont la provenance assez obscure établit que les individus composant les groupes anarchistes ont suffisamment mis en commun leurs idées et même leurs ressources pour que le mot d'entente caractérise leur concert coupable.

Du reste, le contact des hommes d'action du parti n'effrayait pas Paul Reclus, qui écrivait de Nancy à Sébastien Faure « qu'il y avait dans cette ville des copains sérieux ». On sait, d'ailleurs, ce qu'il entend par cette

expression, puisque Pauwels était au nombre de ces
« copains sérieux ».

Les théoriciens, tels que Paul Reclus et Sébastien Faure
se reliaient ainsi directement aux agents d'exécution,
voleurs ou assassins, suivant en cela une voie logique
indiquée notamment par Fortuné Henry en ces termes :
« Donc, cher Faure, toujours en avant. Espérons que,
bientôt, une période d'action suivra cette période de par-
lote. »

Tous ces faits, antérieurs d'ailleurs à la loi du 18 décembre 1893, se rattachent sans interruption à des faits
n'ayant que précédé que de bien peu l'arrestation de Sébastien Faure, opérée le 19 février 1894 ; des uns et des autres,
il résulte que l'entente criminelle n'a pas cessé d'exister.

En décembre 1893 et en janvier 1894, Sébastien Faure
a fait dans le Rhône, la Loire et les Bouches-du-Rhône
diverses conférences au cours desquelles la modération
voulue du langage n'excluait en rien les violences de la
doctrine.

A la même époque, il a pris part journellement à des
conciliabules tenus chez l'accusé Duprat et il a corres-
pondu avec l'accusé Paul Bernard, homme d'action très
dangereux, à l'effet de tirer parti, au point de vue pécuniaire, des lettres de Vaillant.

Un troisième *premier ténor* de l'anarchie est en-
globé dans la procès, C'est l'ingénieur Paul Reclus, le
neveu du célèbre géographe, en fuite et introuvable
depuis six mois. Voici, d'après l'acte d'accusation,
quel fut son rôle :

Paul Reclus.

Paul Reclus est un ingénieur des arts et manufactures.
Il compte parmi ses parents des hommes de science et des
penseurs éminents, dont le plus illustre, son oncle, Elisée
Reclus, professe comme lui les doctrines antisociales les
plus funestes.

D'un tempérament actif, Paul Reclus est bientôt sorti
de la spéculation pour se livrer au prosélytisme et a conquis presque immédiatement une des premières places
parmi les anarchistes.

Sa propagande était discrète et individuelle, mais elle savait inspirer une aveugle confiance : avant de commettre

son crime, c'est de lui que Vaillant sollicite les fonds dont
il a besoin ; c'est encore à lui qu'il s'adresse au moment
même d'agir et c'est lui qu'il charge de ses suprêmes recommandations ; c'est enfin chez lui que Pauwels se cache,
en 1891, quand il est traqué par la police.

Paul Reclus s'était, en outre, donné pour mission parti-
culière d'organiser les finances du parti ; à cet égard, il a
lui-même défini son rôle dans une lettre qu'il a écrite le
28 décembre 1893 à M. le juge d'instruction Meyer. Il a
expliqué les motifs de sa fuite en disant que pour se disculper « il aurait eu à divulguer la comptabilité des fonds
« confiés à sa garde et à fournir ainsi les noms de plu-
« sieurs braves amis, dont quelques-uns, étrangers, eussent été expulsés ». Les recherches faites pour découvrir
le lieu de sa retraite ont été infructueuses.

Voici maintenant les seconds rôles Constant Martin,
Duprat, Ledot, Chatel, Agneli, Pouget, Bastard, Paul
Bernard qui fut si longtemps détenu à la suite de
l'explosion du théâtre du Liceo à Barcelone.

Constant Martin.

Autour de Jean Grave, de Sébastien Faure et de Paul
Reclus que tous considéraient comme des maîtres, se
groupaient des disciples, les uns, lettrés, comme Ledot,
Agneli, Chatel et Pouget ; les autres, hommes d'action,
comme Bastard, Paul Bernard, Daressy, Soubrié, Brunet,
Billon, Tramcourt, Chambon et Malmaret, tous avec des
tendances diverses également dangereuses.

Deux individus, qui ont rempli un rôle tout spécial,
Constant Martin et Duprat, leur servaient de trait d'union,
L'un et l'autre ont su être indispensables et rendre au
parti anarchiste d'inappréciables services.

Constant Martin, ancien blanquiste, ayant évolué depuis
1883 vers l'anarchie, a été en relation directe et constante
avec Sébastien Faure et a été préposé, sous la direction
de Paul Reclus, à ce qui, dans une société régulière, s'ap-
pellerait la « comptabilité espèces ».

Trésorier des compagnons, il a de plus utilisé ses nombreux séjours à l'étranger pour mettre en rapport les
anarchistes français avec ceux de Londres, de Bruxelles,
de Milan, etc. La crèmerie qu'il tenait, rue Joquelet, était
en quelque sorte un lieu d'asile et un centre de rensei-

gnements pour tous les malfaiteurs internationaux se réclamant de l'anarchie.

Duprat.

Duprat, ancien ouvrier tailleur, devenu marchand de vin, s'est signalé, vers 1883, dans les réunions anarchistes, par la violence de son langage.

Rédacteur de l'*Indicateur anarchiste*, il était affilié aux groupes les plus remuants, passait pour un militant des plus énergiques, s'occupait activement de propagande et avait noué des relations avec l'étranger.

A partir de 1890, son établissement, sis rue Ramey, n° 11, a été un des centres principaux où les anarchistes de tous les pays tenaient leurs conciliabules; un dépôt pour les brochures de propagande y avait été établi.

Ledot, Chatel, Agneli, Pouget sont des rédacteurs de la *Révolte*, de l'*En Dehors*, de la *Revue anarchiste* et de la *Revue libertaire* :

Ledot.

Ledot a fait, en novembre 1893, un voyage à Bruxelles pour se mettre en communication avec des anarchistes belges.

Rédacteur de la *Révolte*, il était chargé de l'article périodique intitulé « Mouvement social ». A partir de l'arrestation de Jean Grave, il l'a remplacé comme administrateur du journal. Il a continué, en cette qualité, après la promulgation de la loi du 18 décembre 1893, à faire ouvertement la propagande par écrit et à recueillir des fonds pour son extension. Un article inséré par lui dans la *Révolte*, à la date des 13 et 20 janvier 1894, est un appel non dissimulé à l'emploi des explosifs.

Un article publié peu après dans le numéro des 17-24 février, quelques jours avant l'attentat qui a été commis à Liège, signale les « bonnes nouvelles » qui arrivent de cette ville, « où les camarades paraissent sortir de l indifférence et où un nouvel essor va être donné à la propagande... »

Chatel et Agneli.

Chatel et Agneli, qui habitaient ensemble, font profession de se livrer exclusivement à des occupations philosophiques, littéraires et artistiques, et d'admirer seulement en « dilettanti » à qui l'action ne saurait convenir, ce qu'ils trouvent « d'esthétique dans les beaux gestes, de l'anarchie ».

En réalité, il n'y a là qu'une attitude destinée à voiler une coopération très active à l'œuvre de l'anarchie.

Chatel a fondé la *Revue anarchiste.*

Après avoir été gérant de l'*En Dehors*, il a collaboré à la *Revue libertaire* et y a fait paraître des articles mettant en relief, pour les exalter, tous les crimes des compagnons.

On a saisi en la compagnie d'Agneli une lettre, non signée, datée du 5 février 1894, et dont l'auteur, paraissant s'exprimer au nom d'un groupe anarchiste de Bruxelles, se lamente au sujet de la disparition de la *Révolte* et demande des renseignements afin de reprendre en Belgique la publication de ce journal.

Les termes de cet écrit établissent surabondamment l'affiliation de son auteur, comme de son destinataire, à la secte anarchiste.

Pouget.

Pouget, ancien employé de commerce, ayant reçu une instruction complète, a créé et rédigé le *Père Peinard*, l'un des organes les plus violents du parti. Il a préconisé à maintes reprises, dans les réunions, l'emploi des explosifs.

La correspondance versée au dossier révèle qu'une entente s'était établie entre lui et divers anarchistes de province.

Pouget est en fuite.

Après les journalistes de l'anarchisme, les hommes d'action :

Bastard.

Bastard fait partie du groupe des hommes d'action, peu capables de propagande écrite, mais prêts à tous les crimes : c'était un ami intime de Pauwels.

Au moment de son arrestation, il a tenu ce propos.

« Cette fois-ci je monterai la butte de Monte-à-Regret, j'embrasserai la veuve ! »

Connu comme l'un des orateurs les plus virulents des réunions anarchistes et des conciliabules tenus chez Duprat, il n'a jamais cessé, depuis 1891, de se livrer à une propagande active.

Paul Bernard.

Paul Bernard était à Barcelone au moment de l'explosion du théâtre de cette ville. Il a été arrêté et longtemps détenu, puis relâché faute de preuves suffisantes. Sébastien Faure a en lui une grande confiance ; c'est à lui qu'il a remis les lettres de Vaillant, et c'est lui qu'il a chargé d'en faire argent.

Passons sur l'acte d'accusation en ce qui concerne Brunet, Billon, Soubrié, l'ancien délégué mineur de Decazeville à l'époque de l'affaire Watrin (1) ; Daressy, Tramcourt, Chambon, Malmaret.

Nous les retrouverons tout à l'heure. Leur interrogatoire a été public et ferait double emploi avec l'acte d'accusation.

L'audacieux et mystérieux vol de Fiquefleur donne plus d'intérêt au paragraphe qui concerne Ortiz, l'ami d'Émile Henry.

Ortiz.

Ortiz, fils d'un Mexicain et d'une Polonaise, a terminé ses études au collège Chaptal comme boursier de la Ville de Paris.

Entré en 1887 à la *Révolution cosmopolite*, il a publié immédiatement un article de provocation au pillage en même temps qu'un rédacteur de cette revue y insérait un article invitant à l'action individuelle et à la propagande par le fait.

Lorsque l'anarchiste Schouppe, condamné aux travaux forcés, revint en France après son évasion et commit au préjudice du sieur Flandrin le vol relaté plus loin, ce fut Ortiz qui lui donna asile et qui, pour lui créer un alibi, écrivit de sa main à la femme Schouppe une lettre qu'il

____

1. Voir les *Causes criminelles* de 1886.

signa Schouppe et qu'il fit mettre à la poste à Brooklyn (New-York) le 12 août 1892.

Son entente avec Schouppe est donc certaine.

Ortiz était intimement lié avec Émile Henry.

Dans la nuit du 13 au 14 août 1892, à Abbeville, plusieurs malfaiteurs ont pénétré à l'aide de fausses clefs, dans la maison de M. Flandrin ; après avoir fracturé plusieurs portes, ils ont brisé un coffre-fort et ont fait main basse sur des titres représentant une valeur d'environ 400.000 francs, une certaine quantité de couverts et de pièces d'argenterie, etc., etc.

Schouppe a été condamné comme auteur principal de cette soustraction frauduleuse. Manheim et Crespin l'ont été comme complices par recel.

Tous deux, directeurs à Paris d'une sorte d'agence interlope pour la négociation en Angleterre des titres dérobés, ont révélé à la justice, après le verdict du jury, que Ortiz, l'un des coupables, lui avait échappé. En effet, en septembre 1892, Manheim s'était rendu à Londres pour s'entendre, au sujet de la vente de certaines des valeurs volées, avec Marocco, anarchiste bien connu, qui s'occupe spécialement en Angleterre des affaires de ce genre.

Il s'y rencontra avec Ortiz, parti de France, immédiatement après le crime, pour céder à Marocco divers titres dont il n'ignorait aucunement l'origine frauduleuse.

Le vol de Fiquefleur.

Pendant la nuit du 7 au 8 janvier 1893, à Fiquefleur-Equanville (Eure), trois individus masqués et armés de stylets se sont introduits par effraction dans l'habitation des dames Postel et Moulin pendant qu'un quatrième faisait le guet au dehors.

Ils se firent, par menaces, remettre les clefs et s'emparèrent de la somme de 1.100 francs en billets et en espèces métalliques, de divers bijoux et d'une liasse de récépissés constatant le dépôt dans un établissement de crédit de valeurs représentant un capital de 800.000 francs.

Cela fait, ils lièrent leurs victimes et assurèrent ainsi leur fuite.

Ces malfaiteurs étaient vêtus bourgeoisement et s'exprimaient avec correction : l'un répondait au signalement d'Ortiz et un autre à celui d'Emile Henry.

Or, du 21 décembre 1892 au commencement de janvier

1893, trois hommes, parmi lesquels deux répondaient aux mêmes signalements, avaient séjourné dans la région et particulièrement à la Rivière-Saint-Sauveur, sous le prétexte de chercher une usine pour y monter une grande industrie. L'un d'eux, sous le nom de Jean Nicole, se donnait comme ingénieur, l'autre, sous celui de Robert Philpott, comme le fils d'un. riche négociant anglais, bailleur de fonds de la future affaire. Le troisième se faisait appeler Martin Alexandre.

Le 7 janvier, jour du vol, quatre individus, qui en ont été évidemment les auteurs, passèrent la soirée à Honfleur, chez le sieur Racignol, cafetier.

Le lendemain, de grand matin, on les revit venant de Fiquefleur et regagnant Honfleur à pied.

Plusieurs habitants de la Rivière Saint-Sauveur, et notamment le maire de cette commune, ont formellement reconnu Ortiz comme étant le faux Nicole et Emile Henry comme étant le faux Philpott.

Emile Henry a d'ailleurs fourni une preuve matérielle de sa culpabilité; n'ayant pu tirer parti des récépissés soustraits à la dame Postel, il les lui a retournés de Londres, en y joignant une lettre dans laquelle il invitait sa victime à lui faire parvenir en échange une somme de 30.000 francs. Cet écrit n'est pas signé d'Emile Henry, mais son authenticité a été vérifiée et est indiscutable.

La suite de l'acte d'accusation est consacrée aux Italiens, à Bertini, à la veuve Milanaccio, sa maîtresse, à Belotti, à Chericotti, qui forment la toile de fond dans ce vaste décor d'accusés.

Tous sont accusés d'avoir pillé, à Nogent-les-Vierges (Oise), pendant la nuit du 29 au 30 janvier 1893, la maison d'un bourgeois,. M. Demagney; tous sont affiliés à l'anarchisme; Bertini serait intimement lié avec Ortiz. Une perquisition opérée boulevard Brune, n° 1 — véritable repaire d'anarchistes, dit l'acte d'accusation — où Belloti habitait, fit découvrir la plupart des objets volés.

La dernière partie de l'acte d'accusation vise particulièrement ceux que le ministère public regarde, avec Ortiz, comme les amis les plus intimes d'Emile Henry, Matha, Fénéon et enfin le journaliste hollandais Cohen, qui est en fuite.

Matha.

Matha, ancien coiffeur à Casteljaloux (Lot-et-Garonne), s'est fixé à Paris il y a trois ans environ.

Mis par Constant Martin en rapport avec les compagnons les plus résolus, il a fondé en décembre 1891 le *Falot cherbourgeois*, puis est devenu gérant du journal l'*En Dehors* qui, par ses insultes à l'armée, a joué un rôle à part dans la presse anarchiste.

Ayant été condamné par défaut pour délit de presse à dix-huit mois et deux ans d'emprisonnement, il a passé en Angleterre en juin 1892, pour se soustraire à l'exécution des peines prononcées contre lui. Matha était étroitement lié avec Ortiz, Fortuné Henry, Marocco et Chericotti.

C'est chez Matha, réfugié à Londres, qu'Émile Henry a donné à son patron, le sieur Dupuy, son adresse, lorsqu'il s'est enfui en Angleterre après l'explosion de la rue des Bons-Enfants.

Quoiqu'il fût sans ressources personnelles, qu'il se sût activement recherché par la police, Matha est rentré en janvier 1894, quelques jours avant l'attentat de l'hôtel Terminus. Le motif de son retour a dû être des plus graves, car sans but justifiable, il s'est rendu à Paris au péril de sa liberté. Son séjour dans cette ville a été favorisé par Fénéon et Cohen.

Fénéon et Cohen.

Fénéon est intelligent et érudit.

Commis principal au ministère de la guerre, il était noté comme un excellent employé; il était, dans son existence officielle, d'une correction extérieure ne laissant rien soupçonner de ses sentiments intimes. C'était un homme a double face; fonctionnaire muet et solennel dans le jour, il recevait, le soir, chez lui, Ortiz et Émile Henry.

Il écrivait dans les journaux anarchistes et avait acquis dans quelques feuilles décadentes une sérieuse autorité sur certains jeunes gens aux préoccupations maladives et curieux d'étrangeté en matière littéraire.

Il était dans les meilleurs termes avec Cohen, Hollandais d'origine, partageant ses principes et ses vues, les exposant comme lui dans les mêmes milieux, jouissant d'une véritable réputation dans le monde intellectuel, et ami particulier d'Émile Henry.

A la suite d'incidents retentissants et notamment d'un discours d'une violence inouïe contre le général Dodds, qualifié de massacreur, et contre la patrie en général, Cohen qui, en fait, est un agent de groupes étrangers, avait été expulsé.

Il avait rencontré à Londres, où il avait trouvé asile, Matha qui projetait de rentrer en France. Il lui avait fait connaître que Kampfmeyer, anarchiste allemand, ayant habité Paris, rue Lepic, 69, était retourné dans son pays, laissant à Fénéon la clef de son logement.

A la faveur de ce renseignement, Matha, dès son arrivée à Paris, s'aboucha avec Fénéon qui, conformément au désir de Cohen, le mit en possession de l'appartement de Kampfmeyer. Là des conciliabules ont eu lieu journellement entre Fénéon et Matha.

Le déménagement de la villa Faucheur

L'attentat de l'hôtel Terminus venait de se produire, Emile Henry était arrêté et son domicile avait été découvert.

C'est dans ces circonstances que des compagnons, devançant la police, s'étaient précipités à la villa Faucheur, en avaient enfoncé la porte et s'étaient emparés des engins et produits chimiques, et notamment d'un flacon en verre jaune contenant du mercure qu'Emile Henry avait laissé dans sa chambre. Leur mobile était de conserver des substances explosives pouvant servir à de nouveaux attentats. Or, au cours d'une perquisition faite au Ministère de la Guerre, le 26 avril 1894, dans une annexe du bureau de Fénéon, on a saisi un flacon en verre jaune contenant du mercure jusqu'à un tiers de sa hauteur, et une boîte d'allumettes de fabrication belge ou anglaise renfermant douze détonateurs chargés au fulminate de mercure, absolument semblables à ceux dont Emile Henry s'était servi pour fabriquer sa bombe et à ceux que Pauwels portait sur lui lors de l'attentat de l'église de la Madeleine.

L'identité du flacon de mercure enlevé à la villa Faucheur avec celui que possédait Fénéon n'est pas manifestement établie, quoiqu'elle soit très probable, d'après les déclarations mêmes d'Emile Henry.

En refusant de fournir aucune explication, Fénéon a laissé le champ libre à toutes les hypothèses. Malgré que son attitude constitue à sa charge une lourde présomption de complicité, la justice, s'en tenant à ce qui est

matériellement et légalement prouvé, ne retient contre
lui, de ce chef, que le délit de détention, sans motifs légitimes, d'engins explosifs.

L'audience.

J'ai dit que Paul Reclus était en fuite. De même
Martin, Pouget, Duprat et Cohen.

M° de Saint-Auban pour Jean Grave, M° Desplats
pour Sébastien Faure, M° Aubin pour Chatel, M° Demange pour Fénéon, M° Justal pour Matha, M° Lagasse
pour Ortiz, M°ˢ Le Chaplain, Bouguereau, Panthès,
Paul Morel, Lévy-Alvarez, Albert Crémieux, Oster,
Duroyaume, Deshayes Saint-Merry, Carrette, Gautier-
Rougeville, Blondeau, de Dammartin, Kinon, Gaye et
Félicien Paris pour les autres accusés, sont assis au
banc de la défense.

Sébastien Faure et Jean Grave sont interrogés les
premiers.

Mais à peine M. le greffier Wilmès a-t-il donné lecture de l'acte d'accusation que M. l'avocat général
Bulot se lève et requiert l'interdiction de la publication de ces deux interrogatoires.

L'interdiction.

Au nom de Jean Grave, M° de Saint-Auban, qui a
déjà prononcé pour lui une plaidoirie restée célèbre
au Palais, lors d'une première poursuite pour son
livre la *Société mourante et l'Anarchie*, proteste énergiquement contre les réquisitions du ministère public :

Il ne s'agit pas ici, dit-il, d'un accusé qui se prépare à
lire un factum révolutionnaire.

Il ne faut pas, pour l'honneur même de la justice, que
la Cour puisse étouffer la pensée d'un homme qui se
défend !

Malgré cette protestation, la Cour interdit la reproduction des interrogatoires de Jean Grave et de Sébastien Faure, auxquels le président Dayras consacre la
plus grande partie de cette première audience.

Levée de l'interdiction.

La publication est de nouveau autorisée pour les interrogatoires qui suivent. Le premier des accusés interrogé à la reprise de l'audience, le compagnon Ledot, qui succéda à Jean Grave à la *Révolte*, demande d'abord au président de lui lire le texte de loi en vertu duquel il est poursuivi.

M. le président Dayras défère à ce désir et lui donne lecture de l'article 265 du Code pénal, qui punit des travaux forcés le crime d'association de malfaiteurs.

D. — Vous avez été administrateur de la *Révolte*, où vous avez remplacé Jean Grave?

R. — J'ignorais que je commettais un délit en lui succédant à ce journal. Il n'avait pas été arrêté comme rédacteur de la *Révolte*, mais à cause de son livre la *Société mourante et l'Anarchie*.

D, — Ce n'est pas cela qu'on vous reproche. Mais je dois d'abord rappeler vos antécédents.

Vous avez été condamné pour abus de confiance, pour filouterie d'aliments, enfin, à 15 mois de prison pour vol.

Aujourd'hui, le ministère public vous demande compte des articles dans lesquels vous prêchiez le vol et le pillage?

R. — Montrez-moi des articles que j'aie signés! .

M. le Président. — Vous étiez le gérant responsable du journal.

Toutes les fois, écriviez-vous, qu'une explosion ne visera aucune exploitation personnelle, ce n'est pas au compte des anarchistes qu'il faudra la mettre, mais au compte de leurs pires ennemis. »

R. — Nous savions que la police préparait des explosions factices pour nous mettre au ban de la société.

D. — Ce n'est pas tout. Le ministère public vous reproche encore d'avoir annoncé dans la *Révolte* des réunions anarchistes, en engageant les compagnons à exécuter carrément « les mouchards qui s'y trouveraient ».

R. — Tous les journaux mettent ainsi leurs lecteurs en relations les uns avec les autres. Je ne vois pas qu'on les poursuive pour association de malfaiteurs.

D. — Vous avez continué, après Jean Grave, à recevoir

des fonds pour la propagande par le fait. La *Révolte*
publiait même une liste de souscription permanente sous
ce titre : « Souscription pour la propagande révolutionnaire. »

. R. — Je me suis servi uniquement de cet argent pour
soutenir le journal, qui faisait d'autant moins ses frais
que l'administration nous volait les trois quarts de nos
mandats.

D. — Vous. avez envoyé cinq francs à Vaillant dans sa
prison.

A ce moment, Sébastien Faure intervient vivement.

On vient d'interdire, s'écrie-t-il, la reproduction de mon
interrogatoire et de l'interrogatoire de Jean Grave.

Nous demandons tous deux que cette interdiction
s'étende à la totalité des débats : ou il faut que le public
les ignore depuis A jusqu'à Z, ou qu'il les connaisse depuis l'alpha jusqu'à l'oméga.

Vous nous enlevez la publicité, à nous, simples philo-
sophes, et le public connaîtra les interrogatoires de ceux
que vous accusez de vols qualifiés. Ne pensez-vous pas
que cette publicité restreinte soit de nature à jeter sur
nous un certain discrédit.

Matha s'associe énergiquement à la demande de
Sébastien Faure.

M..l'avocat général Bulot trouve singulière cette
prétention d'accusés qui, dit-il. « ont conduit au vol
anarchiste des malheureux dont ils voudraient bien
se désolidariser aujourd'hui. »

· Au nom de Jean Grave, Mᵉ de Saint-Auban insiste :

Mes clients, dit-il, ne peuvent rougir de la prétendue
complicité de gens qu'ils ne connaissent même pas.

Mais il s'agit ici de ne pas rompre l'unité des débats.
On a commencé par un acte de silence, que l'on continue
par le silence ! (*Mouvement.*)

La Cour passe outre à l'incident, et M. le Président
procède à l'interrogatoire de Chatel, le mousquetaire
de l'anarchie, un jeune homme de vingt ans, avec des
· cheveux noirs qui lui tombent bouclés sur les épaules,

l'air martial, la moustache conquérante, et auquel il
ne manque que la plume au chapeau.

M. le président lui rappelle d'abord qu'il a subi
plusieurs condamnations pour divers délits de presse
et qu'il a été jugé une fois pour outrages aux agents.

Chatel est l'ancien gérant de l'*En Dehors*.

R. — L'*En Dehors* était un journal purement littéraire
et qui n'avait rien d'anarchiste.

D. — Depuis, vous êtes devenu secrétaire de la *Revue
anarchiste*, puis de la *Revue libertaire*, où il n'y avait pas
de directeur.

Quand la *Révolte* cessa sa publication, vous avez offert
à ses lecteurs de leur faire le service de votre journal.

R. — C'est absolument faux !

D. — Il a paru, dans la *Revue libertaire*, des articles
extrêmement violents.

R. — J'y suis étranger. Chacun des rédacteurs y avait
son initiative. En ce qui me concerne, je suis un indépendant, un individuel, rebelle à toute idée d'association.

M. le Président. — Nous savons de quoi sont capables les
isolés !

R. — Moi, je n'ai jamais provoqué personne à commettre aucun crime. Je repousse même le qualificatif de « compagnon », qui porte atteinte à ma liberté de penser et
qui semble l'amalgamer à la pensée d'un autre !

D. — Vous fréquentiez cependant les groupes anarchistes ?

R. — Oui, il y a deux ans, quand j'étais encore imbécile. (*Rires.*)

Aujourd'hui, je suis moi, M. Chatel, et c'est tout !

D. — Soit, examinons ce que vous avez écrit. Vous poé-
tisiez les actes anarchistes, ces actes élégants que l'on
commet, écriviez-vous, une fleur à la boutonnière !

R. — Je n'approuvais pas, je discutais. On peut trouver
beau un fruit vénéneux !

D. — Voici un autre passage où vous envoyez votre salut à des malfaiteurs qui se rendaient coupables d'agres-
sions nocturnes contre des officiers.

R. — Cet article n'est pas de moi. Je n'en connais même
pas l'auteur !

D. — En voici un troisième, qui se termine par ces
mots : « A quoi sert l'arrestation de Jean Grave ? A faire
de nous des chimistes. »

R. — J'entendais ainsi protester contre des arrestations arbitraires, des attentats à la liberté de penser. Je signalais les dangers de ces arrestations.

D. — Ailleurs, vous exaltiez « l'attitude héroïque d'Emile Henry », et, au moment où vous avez été arrêté, vous vous prépariez à passer en Belgique pour y faire de la propagande.

R. — Je ne suis pas un propagandiste. Je remplace la propagande par la plume. Jugez-moi pour délit de presse !

Après le poète Chatel, c'est un autre dilettante de l'anarchie, le compagnon Agneli, un jeune homme timide, féminin, romantique, avec un joli collier de barbe blonde. On l'entend à peine. La seule inculpation relevée contre lui est relative à la découverte d'une lettre saisie dans la chambre d'étudiant qu'il partageait avec Chatel. Dans cette lettre, un compagnon lui demandait le moyen de continuer en Belgique la publication de la *Révolte* interdite en France.

R. — Ce n'est pas à moi que cette lettre était adressée.

D. — Comment se fait-il alors que vous y ayiez répondu en écrivant à une dame de Belgique que vous traitiez de « chère sœur » ? Vous lui recommandiez un « compagnon artiste » forcé de passer à Bruxelles, où il comptait faire « de bonne propagande pour les idées libertaires »; on a retrouvé sur votre table le brouillon de cette réponse.

Voilà pour les poètes de l'anarchie.

Nous allons maintenant abandonner la littérature avec l'interrogatoire du compagnon Bastard, un fort gaillard, ancien garçon boucher, déjà condamné pour avoir volé un bifteck à son patron, lequel, affirme-t-il, ne lui donnait chaque jour qu'un morceau de pain pour se soutenir jusqu'à quatre heures.

Ce sont ces mauvais traitements qui l'auraient jeté dans les bras de l'anarchie : arrêté après les crimes de Ravachol, Bastard fut relâché au bout de six semaines et, ne pouvant plus trouver de travail, il prit le faux nom de David. C'est à cette époque qu'il fit la connaissance de Paul Reclus. (*Mouvement d'attention.*)

D. — Vous avez été embauché par Reclus aux Soudières de la Meurthe.

R. — Oui, il m'a accepté comme manœuvre dans un chantier sur la recommandation d'un de mes amis, M. Paillet. Mais personnellement, je ne connaissais pas Paul Reclus.

D. — C'est là que vous avez rencontré Pauwels, qui s'est tué depuis en jetant une bombe dans l'intérieur de la Madeleine (*Mouvement*).

R. — Pauwels, m'offrit, en bon camarade d'habiter avec lui ; il travaillait la nuit et moi le jour. La chambre commune était toujours occupée.

D. — Vous faisiez tous deux une active propagande anarchiste aux Soudières de la Meurthe, à Varangeville, sous la direction de Paul Reclus? C'est à votre sujet que Paul Reclus écrivait à Sébastien Faure :

« Il se fait ici une propagande active. Nous avons des copains sérieux ! »

R. — A l'époque où cette lettre a été écrite, je n'étais plus à Varangeville.

D. — Pauwels, qui vous avait quitté pour retourner à Paris, vous écrivait :

« Surtout, ne lâchez pas la propagande, bon Dieu ! il n'y a que cela ! Nous en crèverons, mais les bourgeois aussi ! »

R. — Cette lettre de Pauwels ne m'était pas adressée. Elle n'a pas été saisie chez moi, mais chez Paul Reclus. Je n'ai jamais eu aucune relation avec Pauwels depuis son départ de Varangeville.

D. — Cette lettre prouve en tout cas que vous êtes un propagandiste fervent ?

R. — Est-ce que je suis responsable des actes de Pauwels? Lui ai-je jamais écrit? Prouvez-le moi ! Cela vous est impossible.

L'accusé proteste énergiquement.

D. — En tout cas, dès votre retour à Paris, vous avez pris part à de nombreuses réunions anarchistes. Vous avez même été poursuivi pour apologie de faits qualifiés crimes.

R. — Et j'ai bénéficié d'une ordonnance de non-lieu.

D. — Vous étiez si bien resté dans le mouvement anarchiste qu'au mois de janvier 1894, un compagnon, réfugié à Londres, vous écrivait :

« Mon vieux, espérons ! Le jour approche où, à moins d'accidents, nous pourrons réaliser nos projets. »

R. — Mais je ne connais personne à Londres ! On peut toujours m'écrire, si l'on veut. Je suis hors d'état de l'empêcher. En somme, c'est pour avoir reçu une lettre que je suis ici.

D. — Quand vous avez été arrêté, vous avez dit :

« Cette fois-ci, je monterai à l'abbaye de Monte-à-Regret, j'embrasserai la veuve ! »

R. — C'est un propos stupide qui m'est attribué par la police. Pourquoi aurais-je parlé d'embrasser la veuve ? je n'ai commis aucun crime !

C'est un peu fort tout de même qu'on veuille m'envoyer au bagne pour m'être associé avec des gens que je n'ai jamais vus !

Pendant que son voisin s'assied en protestant, Paul Bernard se lève. Un blond, alerte, déterminé, l'œil vif, la moustache cirée, tête de jeune sergent qui ne trouve point de cruelles parmi les modistes de la garnison.

Soupçonné d'avoir pris part à l'attentat du Liceo, mis en liberté après une longue détention préventive, Paul Bernard est, malgré son extrême jeunesse, presque un vétéran de l'anarchie.

M. le président Dayras lui rappelle qu'il était l'élève préféré de Sébastien Faure, qu'il a fait comme lui de nombreuses conférences en province, particulièrement lors de son retour en France après l'attentat de Barcelone.

Paul Bernard. — Quand ça serait, quel rapport cela a-t-il avec le procès d'aujourd'hui ?

M. le Président. — Ces conférences vous ont même valu une condamnation à deux ans de prison.

Elles étaient présidées par Sébastien Faure.

Sébastien Faure. — C'est absolument faux. Jamais je ne me suis rencontré avec Paul Bernard en province.

M. le Président. — Cela n'a, d'ailleurs, aucune importance.

Sébastien Faure. — Voilà plusieurs fois que vous répétez ce mot-là : « D'ailleurs, ça n'a pas d'importance ! » Si rien n'a d'importance, pourquoi sommes-nous ici?

M. le Président, à Paul Bernard. — Vous avez fait également des conférences à Saint-Etienne et elles vous ont valu un an de prison pour provocation au pillage, au vol et à l'incendie?

C'est alors que vous vous êtes réfugié à Barcelone où vous vous trouviez au moment de l'attentat du *Liceo* (*Sensation.*) Vous avez été relâché faute de preuves.

R. — Oui, après six mois de prévention, sans jamais avoir été interrogé !

D. — Revenu à Paris, vous fréquentez la crèmerie Constant Martin, où se tenaient des réunions quotidiennes de tous les anarchistes de Paris. Vous avez reçu trois lettres de Vaillant, des autographes que vous envoyait Sébastien Faure « pour en tirer tout le parti possible ». Quel parti?

R. — Je voulais les vendre au musée Grévin, tout simplement (*Rires*).

Suit l'interrogatoire de l'ouvrier menuisier Brunet, ancien membre de la *Ligue des antipropriétaires.* Brunet a organisé des soupes-conférences dans lesquelles il rappelait aux travailleurs qu'ils étaient bien sots de se laisser manquer de pain quand les magasins regorgeaient de vivres.

— Là, ajoutait-il, est le remède à vos souffrances ! »

Brunet affirme que son discours a été inexactement reproduit :

— Je suis anarchiste, dit-il, mais je diffère absolument des autres anarchistes! Jamais je n'ai soutenu les théories de Sébastien Faure. C'est le jour et la nuit. Je suis hostile aux doctrines qui prêchent le vol et l'incendie. Je crois à la révolution par les Chambres syndicales !

D. — Enfin, vous fréquentiez les réunions et vous y avez prononcé des discours violents ! Vous êtes un des agents les plus actifs de l'organisation anarchiste?

R. — Il n'y a pas d'organisation anarchiste. Ces réunions se faisaient spontanément. Les compagnons prenaient sur leur paye et apposaient une affiche. On y mettait mon nom à mon insu. Neuf fois sur dix, je l'ignorais!

Après Brunet, le jeune Billon, ouvrier typographe, ancien clerc d'huissier, ancien garçon de café.

Il proteste contre toute vocation anarchiste.

M. le Président lui reproche d'avoir fait une tournée dans les campagnes, à Angers, à Nantes, à Saint-Nazaire, pour le compte de la fédération des travailleurs.

D. — « J'ai fait de la propagande, écriviez-vous, et de toutes les manières possibles. »

« — Nous travaillons pour une cause sublime! vous écrivait un camarade que vous n'avez pas voulu nommer. Tâchons de nous tenir à la hauteur de Vaillant et des autres héros de l'anarchie! »

R. — Cette lettre est l'œuvre d'un agent provocateur.

D. — Vous avez reçu une autre lettre d'un compagnon qui vous encourageait à « venger les frères martyrs », et l'on a trouvé sur vous un brouillon de réponse dans lequel vous dites : « Je suis prêt à tout! » en recommandant toutefois à votre correspondant de ne pas se confier trop facilement aux anarchistes, qui sont souvent des bavards. (Rires.)

Soubrié.

Celui-là est une vieille connaissance du procès de Decazeville, un vieux mineur à moustache grisonnante, au visage couturé, qui a déjà joué un rôle important au moment de la fameuse grève. Son défenseur, M° Albert Crémieux, se lève en même temps que lui :

Avant tout, dit-il, je tiens à rappeler que Soubrié est totalement étranger à l'assassinat de M. Watrin. Il était alors délégué mineur et fit tous les efforts imaginables pour amener la reprise du travail!

Je ne veux pas que le nom de M. Watrin soit jeté dans l'esprit de messieurs les jurés!

M. le Président. — Soubrié s'est lancé depuis dans le mouvement anarchiste. On a trouvé chez lui une sorte de compte rendu des réunions du *Cercle international*.

Soubrié. — Dont je n'ai jamais fait partie. Il existe un autre Soubrié et la police me met sur le dos tous les méfaits qu'il a pu commettre. Il s'appelle François comme moi.

M. le Président. — Enfin, c'est bien vous qui fréquentiez le restaurant Duprat, rue Ramey, qui était le rendez-vous des anarchistes?

R. — Non, ce n'est pas moi, et je ne sais pas pourquoi je suis ici.

Depuis que j'ai quitté Decazeville pour venir habiter Paris, jamais je me suis livré à aucun acte de propagande et jamais je n'ai rien fait de mal.

A l'ancien délégué mineur succède un commis voyageur de l'anarchisme, l'ouvrier cordonnier Daressy, spécialement chargé, dit l'accusation, de porter la bonne parole dans les campagnes.

Il annonçait aux paysans, dans la *Révolte*, qu'ils pouvaient se mettre en rapport avec lui s'ils désiraient des brochures.

D. — De plus, un anarchiste vous aurait adressé un pli contenant un dessin de bombes et des formules explosibles?

R. — Mais je ne sais pas du tout qui a pu m'envoyer ce pli! s'écrie l'accusé avec indignation. C'est certainement quelqu'un qui voulait me perdre. Je n'ai même jamais reçu cette lettre, qui a été saisie après être tombée au rebut.

L'accusé Trancourt, monteur en bronze est un repris de justice, déjà condamné pour vol et abus de confiance, chez lequel on a saisi une lettre, datée d'Angleterre, dans laquelle un compagnon lui annonce « qu'il est encore plus résolu qu'avant, que la guerre est déclarée et qu'il n'y a plus qu'à marcher! »

L'accusé. — Cette lettre était signée d'un nommé Soudier que je ne connais pas et qui me chargeait de faire cette commission à un oncle que je ne connais pas davantage et dont il ne me donnait pas l'adresse. (*Rires.*)

Je ne suis même pas anarchiste et je ne connais aucun de ces messieurs qui sont ici! Je ne me suis jamais associé avec personne.

Le compagnon Chambon, ouvrier graveur, louait à Lyon des chambres aux anarchistes de passage, sou-

le faux nom de Lambert. Depuis, il aurait été en relations constantes avec les anarchistes de Londres et,
au moment de son arrestation, il chercha à avaler un
papier dont voici un extrait :

« Nous sommes hors la loi, hors la société, comme
des bêtes malfaisantes! Il ne nous reste que l'action !
Nous avons nos revolvers, nos couteaux et surtout nos
explosifs. Ce sont les armes des désespérés! Que notre
mort serve d'exemple pour la marche en avant! »

R. — C'est une lettre que j'ai copiée je ne sais où.

D. — On a saisi également chez vous une apologie
d'Emile Henri accompagnée d'une « recette culinaire » indiquant les meilleures préparations pour la propagande
par le fait et la confection des explosifs.

R. — Je suis dans l'impossibilité de vous dire où j'ai
copié ça!

Comme Chambon, dont il fut l'ami, l'accusé Malmaret, graveur-lithographe, est originaire de Valréas
(Vaucluse), où il avait organisé un « groupe d'études
sociales ». C'est lui qui aurait initié Chambon à l'anarchie.

— J'ai des idées, répond tranquillement Malmaret, j'ai
le droit de les développer. Je ne crois pas qu'on puisse
me condamner pour ça.

D. — Vous aviez l'habitude de vous cacher sous de faux
noms?

R. — Il n'y a pas de mal à cela! Les princes d'Allemagne en prennent bien quand ils viennent en France.
(Rires.)

D. — N'avez-vous pas eu l'intention de publier un manuel sur la manipulation des explosifs?

R. — C'est faux. Je demande des preuves. D'ailleurs,
depuis 1893, j'ai cessé de faire partie du mouvement.

D. — Voici une lettre, cependant, dans laquelle vous
remerciez un camarade qui vous a promis, si vous veniez à Londres, de vous mettre en relations avec Pilotell?

R. — Pilotell est un ami d'enfance, un compatriote;
j'ai été élevé avec lui.

D. — Pourquoi vous a-t-on surnommé le « terrible «?

R. — Il n'y a rien de terrible dans ce surnom; on m'a

appelé ainsi parce que j'ai la manie de répéter à tout
propos : « C'est terrible! » (*Rires.*)

L'audience est levée à six heures et renvoyée au
lendemain pour l'interrogatoire de M. Félix Fénéon.

SECONDE AUDIENCE

Il y a beaucoup à élaguer dans le compte rendu de
cette seconde journée du procès des Trente.

Il n'est plus question ni de Jean Grave, ni de Sébastien Faure, ni de l'organisation anarchiste.

En dehors de l'interrogatoire de M. Félix Fénéon,
que nous allons reproduire avec tout le soin qu'il
comporte, toute l'audience a été consacrée au procès
de la bande Ortiz, au vol de Fiquefleur, si audacieux,
mais si connu.

M. Félix Fénéon.

La tête haute, la voix brève et dédaigneuse, avec
des intonations pleines de raillerie et de sarcasmes
contenus, sans un geste, roide comme la justice et
droit comme un soldat au port d'armes, ce grand
jeune homme tout en os répond aux questions de
M. le président Dayras avec la morgue qu'un symboliste a coutume de manifester pour nous autres phi-
listins.

La lèvre inférieure s'abaisse et se relève automati-
quement sans qu'aucun muscle du visage ne bouge.
Seule, la longue barbiche américaine de M. Félix
Fénéon se dresse diabolique et moqueuse à chaque
mouvement. C'est un jeu de physionomie tout à fait
extraordinaire.

On sait que le jeune employé du ministère de la
la guerre est incriminé sur plusieurs chefs : ses relations avec Emile Henry, avec Cohen, avec Ortiz
et autres théoriciens — ou praticiens — de
l'anarchisme militant; sa collaboration, d'ailleurs assez effacée, à l'*En Dehors*; enfin, et surtout, la pos-

session si singulière d'engins explosifs que, par une ironie que les dilettantes du parti qualifieraient de délicieuse, M. Félix Fénéon avait cachés dans son propre bureau du ministère.

Par un contraste bien étonnant, lui demande M. le président Dayras, vous, le commis modèle du ministère de la guerre, vous étiez un des collaborateurs actifs de l'*En Dehors* ?

R. — C'est absolument inexact. J'y ai seulement écrit, de loin en loin, quelques articles de beaux-arts et une étude humoristique sur le Chat-Noir. (*Rires*).

Le rédacteur en chef de l'*En Dehors*, M. Zo d'Axa, était mon ami personnel. Ma collaboration remonte d'ailleurs à une époque déjà lointaine, où le journal n'avait pas pris encore un caractère accentué.

D. — Vous ne pouviez ignorer cependant que cette feuille s'était donné pour mission d'insulter l'armée. Et vous n'hésitiez pas à y écrire, vous, un employé du ministère de la guerre !

Vous étiez l'ami de Zo d'Axa, dites-vous. Vous étiez aussi l'ami intime de l'anarchiste Cohen, qui exprimait le regret, au moment de l'arrivée des Russes et des funérailles du maréchal de Mac-Mahon, que « toute cette charogne n'eût pas été mise en bouillie par la foule » ?

Vous connaissez cette lettre, n'est-ce pas ?

R. — Je n'ai pas qualité pour discuter les fantaisies épistolaires de M. Cohen. Au surplus, la lettre dont vous parlez ne m'était pas adressée !

M. le Président. — N'importe ! Ce sont là, je le répète, de singulières relations pour un employé du ministère de la guerre.

Vous étiez également l'ami d'un anarchiste allemand nommé Kampfmeyer, le chef du « parti des jeunes » à Berlin.

R. — Kampfmeyer ne sait pas le français ; j'ignore l'allemand. Nos conversations ne pouvaient pas être bien subversives (*Rires*.)

D. — Vous avez aussi connu et fréquenté Matha, l'ancien gérant de l'*En Dehors*, réfugié à Londres à la suite d'une condamnation à deux ans de prison pour avoir provoqué des militaires à l'insubordination.

Vous l'avez revu au mois de janvier dernier, quand il revint en France peu de jours avant l'explosion de l'hôtel

Terminus. Il fallait, soit dit en passant, que Matha fût
chargé d'une mission bien importante pour risquer ainsi
sa liberté ! (*Mouvement.*)

Eh bien, c'est chez vous que Matha s'est présenté au
début de ce voyage mystérieux et vous lui avez remis la
clef de l'ancien logement de Cohen, où il s'est caché pendant plusieurs semaines.

R. — Cette clef ne m'appartenait pas. Cohen me l'avait
confiée en me priant de la lui remettre. Rien de plus simple, comme vous voyez.

J'ajoute que Matha ne se cachait guère. On le rencon-
trait à dix heures du matin dans les rues, avec sa barbe
exubérante et son pardessus extraordinaire qui suffisaient
seuls à le signaler à l'attention.

D. — Pourquoi, si les choses se sont passées aussi naturellement, avez-vous commencé par prétendre que vous
ne le connaissiez pas?

R. — Le jour de mon arrestation, j'ai répondu systéma-
tiquement « non » à toutes les questions qu'on me posait.
Il eût été au moins décent de me laisser le temps de me
remettre et de m'habituer aux menottes. (*Rires.*)

Puis il me répugne de donner des renseignements sur
quelqu'un. Si l'on m'en avait demandé sur vous-même,
monsieur le Président, j'aurais observé la même réserve.

Cette riposte met l'auditoire en joie.

M. le Président. — Et Ortiz? Il était aussi votre ami?

R. — Vous employez des mots beaucoup trop forts.
Ortiz n'a jamais été mon ami. Je l'ai rencontré deux ou
trois fois dans un milieu de jeunes gens où l'on faisait de
la litterature et des armes. Je ne me rappelais même plus
son visage quand on l'a amené ici.

D. — Votre concierge affirme pourtant qu'il venait à
chaque instant chez vous et que vous receviez, d'ailleurs,
une foule de gens suspects.

R. — Ces gens suspects étaient des peintres ou des
poètes. Ma concierge a peut-être assez mince qualité pour
les juger.

D. — Enfin, vous avez connu Emile Henry. N'est-ce pas
chez Cohen que vous l'avez rencontré?

R. — Jamais je n'ai vu Emile Henry chez Cohen.

D. — Voilà le milieu anarchiste dont vous vous entou-
riez au sortir du ministère de là guerre !

Par suite de quelles circonstances vous y êtes-vous trouvé
lancé?

R. — Par une curiosité légitime de symboliste et d'impressionniste. Du reste, dans le milieu de l'*En Dehors*, il y
avait infiniment moins d'anarchistes que de littérateurs
et de peintres.

Arrivons au point important :

D. — Vous savez qu'on a découvert dans votre cabinet,
au ministère de la guerre, onze détonateurs et un flacon
de mercure.

. Comment vous trouviez-vous en possession de pareilles
substances?

R. — J'ai trouvé ce flacon de mercure et ces tubes de
fer-blanc au mois de mars 1884, en déménageant la chambre à coucher de mon père qui venait de mourir.

D. — N'avez-vous pas emporté également au ministère
de la guerre trois cartons pleins de lettres?

R. — C'est exact, mais pas une de ces lettres n'émanait
d'un anarchiste avéré.

D. Et pourquoi n'avez-vous pas laissé tout cela chez
vous?

R. — Je redoutais une perquisition à cause de mes relations avec Cohen et je ne voulais pas rester deux mois
en prison en attendant que le Parquet eût dépouillé toute
cette correspondance.

Le tube de mercure et les détonateurs se sont trouvés,
par hasard, empaquetés avec. Il y avait aussi une médaille de Sainte-Hélène et la peau d'un chat noir. (*Hilarité
prolongée*.) Je vous répète que j'avais trouvé tout cela dans
les affaires de mon père que je n'avais pas encore eu le
loisir de classer.

D. — Votre mère et votre servante ont prétendu que
votre père avait trouvé ces tubes de fer dans la rue. Il est
bien surprenant qu'on ramasse dans la rue des engins
remplis de dynamite?

R. — Vous trouvez? Eh bien! M. le juge d'instruction
Meyer m'a reproché à moi de ne pas les avoir jetés par
la fenêtre. Celui qui les aurait ramassés les aurait trouvés
dans la rue! (*Rires*).

D'ailleurs ces tubes étaient renfermés dans une sorte de
boîte d'allumettes, qui se trouvait dans la chambre de
mon père, au milieu de ses blagues et de ses pipes. Cette
boîte, je ne l'ai jamais ouverte.

M. le Président — Votre père, employé à la Banque de France, n'aurait jamais conservé chez lui des engins explosifs!

R. — Pas plus que son fils, employé au ministère de la guerre.

D. — M. l'avocat général vous dira que tout cela est faux, que vous tenez ces engins d'un individu qui vous les a confiés et que vous ne voulez pas nommer.

M. Félix Fénéon, d'un ton roide. — Je maintiens rigoureusement ma version.

M. le président fait passer sous les yeux des jurés le flacon de mercure ; une petite bouteille à encre bleue, dont l'étiquette a été déchirée, puis les onze tubes, qui ressemblent absolument à de très minces porte-mine.

(*Montrant le flacon.*) Cette petite bouteille n'a-t-elle pas appartenu à Émile Henry?

Vous savez qu'on la lui a représentée et qu'il a reconnu avoir eu en sa possession des flacons identiques; même couleur de verre, même forme de bouteille. (*Mouvement.*)

M. Fénéon. — Vous auriez pu lui montrer un muid de mercure qu'il l'eût tout aussi bien reconnu. Il reconnaissait tout ce qu'on voulait. C'était bien dans son caractère de mystificateur.

D. — M. Girard est persuadé que c'est là un des flacons qui ont été enlevés de la villa Faucheur, après l'explosion de l'hôtel Terminus, par des complices inconnus d'Emile Henry.

Vous supposiez bien que la justice n'irait pas chercher ces flacons au ministère de la guerre?

R. — La preuve, c'est qu'on y a perquisitionné!

(*D'un air ennuyé.*) Je vous ai déjà dit que je gardais tout cela comme des babioles!

D. — Il résulte de l'expertise que chacun de ces onze détonateurs constitue un engin dangereux. Il a suffi d'un seul de ces tubes à M. Girard pour faire voler une caisse en éclats.

R. — Je le sais maintenant. Je l'ignorais alors.

D. — Le mercure sert à la confection des explosifs?

M. Fénéon. — Et des baromètres. (*Rires*).

Je n'aurais certainement pas gardé tous ces objets si 'avais été renseigné sur leur nature!

Matha.

Après M. Félix Fénéon, Matha, l'ancien coiffeur de Casteljaloux, l'ancien gérant de l'*En Dehors*, l'ancien ami d'Emile Henry.

Souriant, avantageux, frisant avec prétention sa jolie barbe, il répond à M. le président Dayras avec la politesse engageante d'un garçon coiffeur qui essaie de vous *tomber* d'un shampooing.

M. le président Dayras rappelle au plus pommadé des anarchistes qu'il a été condamné pour provocation à des militaires, qu'il était membre du *Cercle international anarchiste*, qu'il a fondé à Cherbourg le journal *le Falot*, et que les fortes têtes du parti le considéraient comme un sujet sérieux.

Matha sourit avec la modestie d'un homme très flatté :

— Moi, un pauvre gérant de journal! s'écrie-t-il en minaudant.

D. — Vous vous êtes réfugié à Londres après votre condamnation et vous y avez rencontré Emile Henry.

Que veniez-vous donc faire à Paris au mois de janvier dernier, presque à la veille de l'attentat de l'hôtel Terminus?

Vous étiez sous le coup de plusieurs années de prison auxquelles vous vous étiez dérobé par la fuite. Il vous fallait un motif bien puissant pour vous faire risquer ainsi votre liberté !

Matha, d'un air bon enfant. — Je m'embêtais à Londres, tout simplement.

D. — Soit! Alors, pourquoi avez-vous fait la navette entre Paris et Londres pendant tout le mois de janvier?

Il y a là des allées et venues bien étranges et qui se succèdent presque jusqu'au jour de l'explosion.

L'attentat commis, votre premier soin est de déménager, de vous réfugier chez des amis.

Encore une fois, pourquoi tous ces voyages?

R. — Ce n'est pas à moi de vous donner des renseignements.

D. — L'accusation est convaincue que vous étiez chargé

par les chefs du parti anarchiste réfugiés à Londres d'une
importante mission à Paris.

Matha. — C'est une plaisanterie! Encore une fois, moi,
je vous réponds que je n'ai aucune explication à vous
donner.

Impossible de tirer de lui un mot de plus.

La bande Ortiz.

Cet autre ami intime d'Emile Henry, son compagnon dans l'expédition de Fiquefleur, le chef de la
bande de cambrioleurs italiens qui se réunissait au
nº 1 du boulevard Brune, n'a rien des brigands lé-
gendaires qui chauffaient les pieds des thésauriseurs
récalcitrants.

Comme nous l'avons dit hier, Ortiz a l'allure fati-
guée d'un jeune commis de magasin qui aurait emmené la veille une *première* à Robinson. Il tiraille en
souriant sa moustache, s'assure que son mouchoir dé-
passe la pochette gauche de sa jaquette et écoute avec
satisfaction M. le président Dayras qui rappelle aux
jurés son origine, son éducation, ses années de collège.

Fils d'un Américain et d'une Autrichienne, Ortiz a
été élevé au collège Chaptal comme boursier de la
ville de Paris.

D. — Dès 1887, on vous voit, à peine adolescent, colla-
borer à l'*Evolution cosmopolite* et y prêcher le droit au vol,
que vous appelez « le droit à la restitution ».

« Préparez-vous travailleurs, écriviez-vous dans ce
journal, préparez-vous aux éventualités de la guerre prochaine! Il faudra que nous nous emparions de toutes les
usines, de toutes les manufactures, pendant que les in-
conscients seront l'arme au pied devant les frontières!

Ortiz. — C'est un article purement politique qui s'adressait à la foule, affamée par les exploiteurs.

D. — En 1892, vous fréquentez à la *Révolte*, au *Père
Peinard*, avec Malato, Emile Henry, Matha, et, depuis lors,
vous n'avez pas cessé de faire de la propagande par le fait

en commettant de nombreux vols à la tête d'une bande de malfaiteurs cosmopolites.

M. le président montre aux jurés un véritable magasin d'objets volés, qui encombrent la moitié du prétoire. Il y a de tout dans ce butin, rapporté des expéditions en province au dépôt du boulevard Brune : des pendules, des salières en argent, des tapis, des chemises de femme, une longue-vue, un chapeau à haute forme, des fusils de chasse, des réveille-matin, jusqu'à une bicyclette !

Sur la table des objets à conviction, une lanterne sourde et une pince-monseigneur démontable, ce qui se fait de mieux dans la fabrication anglaise, à ce qu'il paraît.

D. — Il n'y a là que de faibles échantillons de vos rapines.

Tous les objets de valeur, vous les écouliez à Londres, par l'intermédiaire de la célèbre *banque des voleurs*, dirigée par un certain Maroleau, et qui se charge aussi de la négociation des titres volés.

Elles sont nombreuses, les expéditions auxquelles vous avez pris part !

Dans la nuit du 13 au 14 avril 1892, un nommé Schouppe, s'introduit à la tête d'une bande de cambrioleurs dans la maison d'un ancien magistrat d'Abbeville, M. Flandrin, brise le coffre-fort à coups de barre de fer, met l'habitation au pillage et emporte 400.000 francs de titres.

Vous étiez alors à Londres où vous essayiez de négocier une partie de ces valeurs chez un nommé Mannheim, qui a été condamné en même temps que Schouppe, à sept ans de réclusion.

R. — Je suis innocent ! Mannheim savait que j'étais l'ami de Schouppe. Il m'accuse pour diminuer sa responbilité d'autant.

D. — Et le vol de Fiquefleur ? Pendant la nuit du 7 au 8 janvier 1893, trois malfaiteurs masqués et armés de stylets s'introduisent dans la maison de Mmes Postel et Moulin. Après avoir fait sauter la serrure de la porte d'entrée, ils éveillent ces deux dames et les contraignent à ouvrir le coffre-fort, qui contenait cinq ou six montres en or, 1.100 fr. d'argent, et un certificat de dépôt de valeurs dans une banque de Honfleur, pour une somme de 700.000 francs.

La maison pillée, vous garrottez ces deux dames, qui ne peuvent vous reconnaître sous vos masques de velours.

Eh bien ! Ortiz, ces trois voleurs de Fiquefleur, c'était Emile Henry, vous et un troisième individu qui se faisait appeler Alexandre Martin.

Il y avait plus d'un mois que vous vous étiez installé dans ce coin de Normandie, Emile Henry et vous, sous les faux noms de Filpott et de Nicolle ; vous vous donniez comme deux jeunes capitalistes anglais, désireux d'établir une manufacture dans le pays.

Le maire de la Rivière-Saint-Sauveur, la commune dont dépend le château de Fiquefleur, flatté de la préférence et désireux de vous fixer dans le pays, vous fit toutes sortes d'avances et vous invita même à venir prendre le café chez lui le soir de la Saint-Sylvestre. (*Hilarité.*)

Emile Henry, c'était Filpott et Nicolle, c'était vous ! Le maire, les aubergistes, les gens du village, tout le monde vous a reconnu.

R. — Tout le monde se trompe, j'étais à Londres au moment du vol.

D. — Mais votre complice lui-même vous accuse. Furieux de n'avoir trouvé que ce certificat de dépôt de 700.000 francs, dont il ne pouvait rien faire, Emile Henry n'a-t-il pas écrit à Mme Postel pour lui offrir de le lui rendre contre l'envoi d'une somme de 30.000 francs, ajoutant qu'elle n'avait pas affaire à des malfaiteurs vulgaires, mais à des hommes prêts à tout en cas de refus de sa part !

La lettre n'était pas signée. Mais on l'a comparée à l'écriture d'Emile Henry. Le doute est impossible et il n'y a pas besoin d'experts en écriture !

Enfin, dans la nuit du 29 au 30 janvier 1893, le château de M. Demagney, à Nogent-les-Vierges (Oise), était envahi, en l'absence du propriétaire, par une bande de cambrioleurs qui emportaient des liasses de titres, sans parler d'objets d'art, de fusils, d'argenterie, de linge, de pendules, de réveille-matin, retrouvés plus tard boulevard Brune, où la bande Ortiz avait son principal magasin. Ortiz lui-même a eu l'imprudence d'engager, contre une somme de 200 francs, deux des fusils volés, entre les mains d'un M. Gillois, et M. Demagney les a parfaitement reconnus.

L'accusé commence à perdre pied, balbutie des explications enfantines.

— J'ai acheté ces fusils à l'Hôtel des Ventes.

D. — Et la pendule que vous avez donnée à votre maîtresse ?

R. — C'est un inconnu qui m'en a fait cadeau en sortant de l'Hôtel Drouot.

D. — Enfin, c'est devant cette maison du boulevard Brune que vous avez été arrêté le 19 mars 1894, en même temps que votre co-accusé Chiericotti. Vous étiez tous deux armés de revolvers.

Passons sur les derniers interrogatoires : celui de l'italien Chiericotti, un ancien ami du voleur anarchiste Pini, aujourd'hui à la Guyane; celui de l'italien Bertani, dit Orsini, un anarchiste capitaliste qui reçoit 200 francs par mois de son père, établi à Buenos-Ayres. Ceux-là, d'après l'accusation, étaient les principaux recéleurs de la bande Ortiz, les préposés au magasin du boulevard Brune, où ils habitaient.

Leurs explications ne valent guère mieux que celles d'Ortiz ; tous les objets trouvés en leur possession leur ont été donnés par de généreux inconnus.

Un troisième accusé, Liégeois, ami intime de Chiericotti, se défend d'être anarchiste et surtout voleur.

— Mais, lui fait observer M. le président Dayras, comment se fait-il que vous ayez écrit cette phrase ; « Je pense que les vols individuels n'ont qu'un inconvénient, c'est d'exposer leur auteur à se faire prendre »? (*Hilarité*) Vous savez d'ailleurs qu'on a retrouvé chez vous une partie des objets volés à Nogent-les-Vierges. Votre logement en était littéralement encombré.

R. — Tous ces objets m'avaient été remis par Chiericotti dans des valises que je n'ai pas ouvertes. Je croyais de bonne foi qu'elles lui appartenaient.

Jamais je n'ai fréquenté la bande du boulevard Brune. J'ai toujours travaillé honnêtement.

Quelques femmes.

Elles sont quatre, tout en haut du banc, et leur rôle, il faut le dire, paraît fort effacé dans l'affaire.

C'est d'abord une Italienne au teint mat, aux cheveux courts ; elle fait penser à ces petits Napolitains qui posent dans les ateliers de peintres et vous offrent des plâtres sur les quais. Elisa Milanaccio était la maîtresse de Bertani, dont elle aurait reçu quelques cadeaux compromettants.

— Ah ! fait-elle avec un soupir, ils ne valaient pas cher, ses cadeaux ! Autrement je me serais hâtée de les porter au Mont-de-piété : j'étais sans ressources !...

La maîtresse d'Ortiz, Antoinette Casal, (1) est une bonne Auvergnate, un peu épaisse, l'air honnête, coiffée d'une jolie toque brune qui ne peut contenir l'abondante toison de ses cheveux noirs.

Il y a un an qu'Ortiz l'a quittée. et le ministère public ne lui reproche guère que d'avoir eu entre les mains un des réveille-matin provenant du vol de Nogent-les-Vierges.

Elle proteste de sa bonne foi avec une émotion qui paraît sincère.

Après elle, Mme Chiericotti, une modiste qui n'a pas froid aux yeux et qui récrimine avec animation contre une arrestation qui a ruiné son commerce.

D. — Mais vous ne pouvez nier, cependant, que Chiericotti vous ait fait cadeau d'une broche en diamants ?
R Mme Chiericotti, haussant les épaules. — Des diamants! Mais faites-la donc expertiser ? Ça vaut vingt-cinq sous! (Rires.)

Enfin, la veuve Belotti, qui habitait aussi boulevard Brune, est accusée avec son fils, un pauvre

1. Antoinette Casal a épousé, depuis le procès, son amant qu'elle se propose d'aller rejoindre en Nouvelle-Calédonie.

garçon voûté, souffreteux, complètement sourd, d'avoir aidé au transport de malles suspectes. Elle s'en défend.

Tous ces derniers inculpés sont des comparses dont le rôle est mal défini, la participation mal établie, et en faveur desquels le ministère public abandonnera sans doute l'accusation.

Les Témoignages.

Brûlons-les. Ils ont tous trait jusqu'ici aux vols d'Abbeville, de Fiquefleur et de Nogent-les-Vierges. Les développer, serait tomber dans les redites.

M. Flandin, juge honoraire à Abbeville, qui a été victime du vol audacieux de la nuit du 13 août 1892, organisé par Schouppe, affirme que son coffre-fort contenait beaucoup plus de 400,000 fr.

Après lui, le recéleur anglais Manheim, qui comparaît entre deux gardes et qui affirme énergiquement qu'Ortiz lui a apporté des titres à vendre de la part de Schouppe.

— Vous mentez impudemment! s'écrie Ortiz, hors de lui.

Puis ce sont les témoins de Fiquefleur, le cafetier, l'aubergiste, l'adjoint au maire.

Le premier, M. Lebon, se souvient parfaitement des deux jeunes Anglais qui circulèrent dans le pays l'hiver passé en cherchant à acheter une usine.

M. le Président. — Regardez Ortiz!

M. Lebon. — Ah! ah! c'est celui qui se faisait appeler M. Nicolle.

M. l'avocat général Bulot, représentant au témoin la photographie d'Emile Henry : — Et celui-là?

M. Lebon. — Celui-là, c'est Flipott.

Ortiz. — Monsieur, vous êtes un honnête homme, je vous en supplie, réfléchissez!

Le témoin, hochant la tête. — Oh! pas de doute! C'est bien vous! (*Mouvement.*)

M. Michel, adjoint au maire de la Rivière-Saint-

Sauveur, un bon gros maire normand, tout en lar-
geur, n'est pas moins affirmatif.

M. le Président. — Vous avez été charmant pour les
deux prétendus ingénieurs, vous leur avez fait visiter
plusieurs usines.

Le témoin. — Dame ! c'était pour le bien du pays. Je ne
voulais pas qu'ils choisissent une autre commune. Je tenais
à les fixer chez nous ! (*Rires.*)

Mme Postel, la propriétaire du château de Fiquefleur,
une bonne dame d'une cinquantaine d'années, qui
ressemble plutôt à une fermière endimanchée qu'à
une millionnaire, retrace en tremblant encore les
péripéties de la nuit terrible durant laquelle trois
hommes masqués sont venus les arracher du lit, elle
et sa vieille mère, pour les contraindre à ouvrir le
coffre-fort.

M. Lepelletier, cafetier, reconnaît à son tour Ortiz,
qui proteste, plus furieux que jamais, au milieu des
rires de l'auditoire :

— Ces rires sont indécents! s'écrie l'accusé en se
tournant exaspéré vers le public.

Nous ne dirons rien des derniers témoignages, ceux
de quelques voisins de la maison du boulevard Brune
et de prêteurs complaisants chez lesquels Ortiz a eu
l'imprudence d'engager plusieurs des objets volés.

L'audience est levée à six heures et demie.

TROISIÈME AUDIENCE

On avance, mais l'intérêt diminue avec chaque
audience. Pas d'incidents, et toujours le défilé mono-
tone des témoins du procès Ortiz. Cette grosse affaire
d'association de malfaiteurs anarchistes se trouve
momentanément réduite à un banal procès de vol
qualifié.

Après le vol d'Abbeville, après l'audacieuse expédition de Fiquefleur, sur lesquels nous n'avons plus à
revenir. le pillage du château de Nogent-les-Vierges,
dans l'Oise.

Le propriétaire du château, M. Demagnez, déclare que les cambrioleurs ont fait preuve d'une audace et d'une habileté inouïes. Pas un meuble n'a été oublié par eux, les tiroirs trop résistants ou fermés à secret ont été sciés. M. Demagnez était absent et aucun des voisins n'a rien entendu, rien vu de ce déménagement en règle.

M. Demagnez, qui a retrouvé, grâce à des oppositions pratiquées à temps, la majeure partie des titres qui lui avaient été enlevés, ne peut s'empêcher de reconnaître que « c'était proprement travaillé » !

Après l'audition de l'ornemaniste Dupuy, qui fut le patron d'Ortiz et d'Emile Henry et qui déclare qu'Ortiz était « un garçon charmant » auquel il laissait le maniement de sommes importantes ; après le rapport de M. Gobert, expert en écritures, qui reconnaît sans hésitation la main d'Emile Henry, « une petite ronde de fantaisie », dans la lettre de menaces adressée à Mme Postel, la châtelaine de Fiquefleur, nous arrivons à la série plus intéressante des témoignages qui concernent spécialement M. Félix Fénéon.

L'ancienne concierge de l'anarchiste Cohen, Mme Dupuis, déclare que Matha et Félix Fénéon étaient des habitués de la maison. Au 1er janvier dernier, c'est M. Fénéon qui lui a donné ses étrennes.

Fénéon proteste énergiquement.

Une seconde concierge qui lui a succédé rue Lepic, Mme Hartmann, affirme à son tour que Fénéon venait chaque jour voir Cohen. Ce dernier recevait également Emile Henry, qu'il faisait passer pour son frère et qui couchait parfois chez lui.

M. Vieille, ingénieur des poudres et salpêtres, a été chargé d'examiner le flacon de mercure et les onze détonateurs saisis au ministère de la guerre, dans le bureau de Fénéon. Ces détonateurs sont remplis de fulminate de mercure. Ce sont des engins très dangereux.

M. Girard, directeur du Laboratoire municipal, a présenté à Emile Henry le flacon découvert chez Fénéon, mais sans lui dire d'où il venait ;

J'ai examiné également, dépose M. Girard, les détonateurs contenus dans une boîte d'allumettes qui avaient été trouvés au ministère de la guerre.

Ce sont des engins d'un usage courant dans l'industrie. Un seul de ces tubes suffit pour provoquer une déflagration violente.

Quant au mercure, il entre dans la préparation des explosifs dont se servait habituellement Emile Henry, qui a fait de nombreuses préparations avec cette substance.

Toutefois, je dois déclarer qu'Emile Henry n'a pas reconnu comme sien le flacon de Fénéon. Il paraissait fort impatienté par mes questions et y coupa court en disant sèchement :

— Ne parlons plus de ça! mais, d'après son attitude, je n'en suis pas moins resté persuadé que ce flacon lui avait appartenu.

Me Demange, avocat de Fénéon. — La vente des détonateurs est-elle libre, ou réglementée par une loi?

M. Girard. — Elle est absolument libre : tout le monde peut se procurer des détonateurs avec la plus grande facilité. (*Vive sensation.*)

A quand une bonne loi sur la vente des explosifs ? Elle serait peut-être aussi utile que tous les projets qu'ont votés les Chambres pour enrayer l'anarchisme.

Les témoins à décharge.

Les premiers sont cités à la requête de Soubrié, l'ancien délégué mineur de Decazeville à l'époque du procès Watrin (1).

Depuis qu'il a été « remercié » par la Compagnie minière, Soubrié est employé à la *Société bellevilloise de consommation*, où il gagne en moyenne 7 à 8 francs par jour.

Le directeur, M. Forquet, fait de lui le plus grand éloge. Il n'a jamais eu, en sept ans, un seul reproche à lui adresser et il se déclare tout prêt à le reprendre.

M. Fournière, conseiller municipal de Paris, qui s'était rendu à Decazeville au moment de la fameuse

1. Voir les *Causes criminelles* de 1886.

grève de 1886, affirme que jamais Soubrié n'a fait profession d'anarchisme.

M. Basly, député, qui a longuement séjourné à Decazeville à l'époque de l'affaire Watrin, atteste que Soubrié est resté totalement étranger à l'assassinat du malheureux ingénieur et au soulèvement qui l'a précédé.

Continuons.

M. Ferdinand Faure, négociant à Paris, frère aîné de Sébastien Faure, affirme que, malgré ses tendances — d'ailleurs purement théoriques — Sébastien a conservé toute l'estime des siens.

M. Georges d'Esparbès, qui a publié un article des plus violents contre Sébastien Faure, déclare qu'il tenait les éléments de cet article de M. Puybaraud, secrétaire général de la Préfecture de police. (*Mouvement d'indignation et rires au banc des accusés.*)

Mᵉ Desplats, défenseur de Sébastien Faure. — Ce sont ces mêmes notes qui se retrouvent dans le rapport de police joint au dossier. Je proteste contre de pareilles communications à la presse. Avant de juger Sébastien Faure, on a voulu le déshonorer.

Sébastien Faure. — Et moi je pardonne de tout mon cœur à M. d'Esparbès, dont on a surpris la bonne foi ! (*Mouvement.*)

M. Félix Fénéon avait fait citer à l'audience son chef direct du ministère de la guerre, M. Lallement, qui a vu le jeune commis à l'œuvre depuis près de huit ans, et qui le regarde comme « un employé remarquablement intelligent, instruit, bien doué, ayant le droit d'aspirer aux plus hautes destinées administratives. »

Un vieil ami de la famille Fénéon, M. Cahen, fait le même éloge de son jeune ami, qu'il proclame « incapable de commettre le moindre méfait. »

M. Stéphane Mallarmé, un des maîtres littéraires de Félix Fénéon :

C'est un garçon droit, charmant et très doux, un esprit fin, uniquement passionné pour l'art « supérieur à l'emploi de quoi que ce soit autre que la littérature pour faire triompher ses idées »; un symboliste, un impressionniste, curieux de tout ce qui est nouveau.

M. Henry, maître de conférences à la Sorbonne, qui a confié à M. Félix Fenéon d'importants travaux scientifiques, témoigne à son tour de cette tendance du jeune littérateur, attiré par tout ce qui lui paraissait étrange ou original.

Enfin, M. Frantz Jourdain, architecte, cité par Jean Grave, rappelle qu'il l'a rencontré dans les milieux littéraires et artistiques les plus bourgeois, les plus conservateurs même. Partout, Jean Grave était considéré comme un rêveur, incapable d'une mauvaise action, nullement dangereux, comme un intellectuel d'ailleurs pauvrement doué pour la politique active.

A la reprise de l'audience, M. l'avocat général Bulot prononce son réquisitoire.

Le réquisitoire.

M. l'avocat général Bulot commence par avertir les accusés qu'il ne supportera aucune interruption de leur part. L'heure des monologues a sonné.

A l'audience, l'attitude de Jean Grave et de ses co-accusés a été inconvenante et ironique.

Il est temps de revenir aux choses sérieuses et d'en parler sérieusement.

Robert Macaire et Bertrand aussi ont fait rire des générations, ce qui ne les empêche pas d'avoir été de fieffés coquins.

M. l'avocat général Bulot ne laissera pas transformer en comédie-bouffe le drame effroyable qui inquiète depuis trop longtemps l'opinion.

Ces prétendus doctrinaires n'ont aucune doctrine. Ils ne cherchent pas à substituer un gouvernement à un autre, et leur procès n'est pas un procès politique : c'est un procès d'association de malfaiteurs.

Les actes de propagande par le fait sont sortis des

prédications de Sébastien Faure et des publications
de Jean Grave comme la moisson sort de la semence.

L'organe du ministère public esquisse ensuite,
d'après les brochures de Jean Grave, le système d'organisation de l'anarchisme.

C'est par petits groupes isolés qu'il opère et Jean
Grave a, dès 1883, recommandé lui-même, dans ses
brochures, la constitution de « ces petits groupes
d'études » extrêmement restreints pour éviter les in-
discrétions et échapper à la police, mais dont l'ensemble n'en formait pas moins une armée terrible !

Jean Grave, qui a écrit ces lignes : « Que diriez-vous
donc si l'on trouvait demain, au coin d'une rue, le
cadavre d'un exploiteur, avec ces mots : « A notre
patron, ses ouvriers », — n'a pas de goût pour risquer
dans de pareilles crimes la sécurité de sa personne,
mais il en a été l'inspirateur et l'apologiste, de même
qu'il fut, avec Paul Reclus, le caissier de l'anarchisme.

.C'est dans la création de ces groupes isolés que se
manifeste l'association de malfaiteurs : le plan conçu
par Jean Grave a été réalisé !

Dès 1883, les explosions de Montceau-les-Mines et
du théâtre Bellecour de Lyon montraient que la doctrine de la propagande par le fait commençait à
porter ses fruits.

Le procès de Kropotkine et une énergique répression
en endiguèrent quelques années l'épanouissement.

Mais en 1887 et 1888, la série des voleurs anarchistes apparaît avec Schouppe, avec Duval, avec
Pini.

Enfin, voici Ravachol, voici Vaillant, Léautier,
Meunier, Emile Henry, les assassins !

Chacun de ces crimes a été exploité, célébré par les
journaux de l'anarchie, pendant que la *Révolte*, à sa
quatrième page, faisait appel aux compagnons pour
la caisse anarchiste et la formation de nouveaux
groupes.

M. l'avocat général Bulot examine ensuite la situation personnelle de Sébastien Faure, « un casuiste qui

a changé d'apostolat » et qui a quitté les ordres pour de tout autres raisons sans doute que la perte de la vocation si l'on juge du moins de son tempérament par ce passage d'une lettre de Paul Reclus :

— Tu n'es pas venu faire ta conférence. C'est quelque jupon qui t'aura retenu ! (*Rires.*)

Sébastien Faure a été le commis voyageur, le conférencier de l'anarchisme, c'est l'une des têtes de cette association de malfaiteurs, chaque année plus menaçante.

Après ce coup d'œil général jeté sur l'anarchie et ses principaux chefs, M. l'avocat général Bulot passe à l'examen des responsabilités particulières de chacun des accusés :

Contre Jean Grave, Sébastien Faure, Paul Bernard, Bastard, Matha, pas de circonstances atténuantes ! Les travaux forcés.

Le jury pourra frapper avec plus d'indulgence cinq autres des accusés, le poète Chatel, le peintre Agnelli, Fénéon, Chambon, Brunet.

Enfin, M. l'avocat général Bulot demande l'acquittement de Tramcourt, de Daressy, de Malmeret et de Soubrié, l'ancien délégué mineur de Decazeville, dont l'affiliation à l'anarchie n'est pas suffisamment établie.

Voilà pour les *intellectuels*.

Quant aux voleurs anarchistes, Ortiz, Chiericotti et Bertani, ils devront être frappés avec la dernière rigueur.

L'accusation est abandonnée en ce qui concerne, Antoinette Cazal, la maîtresse d'Ortiz ; Mme Chiericotti, Belotti fils et la veuve Belotti.

J'avais laissé prévoir hier cette renonciation à la poursuite.

Une lettre d'Elisée Reclus.

M. l'avocat général Bulot regretté qu'on n'ait pas impliqué dans le procès le célèbre géographe qui écrivait à Jean Grave cette lettre à propos du procès Pini :

La collectivité des travailleurs a-t-elle le droit de prise sur la totalité des produits? — Oui.

Une partie des travailleurs a-t-elle droit à une partie de cette reprise?

— Aucun doute.

L'individu isolé a-t-il le même droit de reprise personnelle? — Comment en douter? L'avoir collectif étant approprié par quelques-uns, comment, le droit de reprise étant reconnu pour la masse, ne pas le reconnaître en détail?

C'est, cependant, ce qu'on appelle communément le vol. Mais, avant de juger la valeur des actes, il faut en apprécier les mobiles.

La conscience intérieure seule permet de juger si un acte est moral ou immoral.

Si celui qu'on qualifie de voleur est, en effet, un redresseur de torts, il a fait sa petite révolution dans la mesure de son petit pouvoir. On peut l'applaudir. Tant vaut le caractère, tant vaut l'acte! »

Cette lettre d'Elisée Reclus impressionne vivement l'auditoire.

M. l'avocat général Bulot, se tournant vers le banc des accusés :

— Allons, Ortiz, réclamez-vous des théories d'Elisée Reclus! Comme le moine qui baptisait carpe le lapin des jours de carême, Elisée Reclus appelle reprise individuelle ce que nous appelons bourgeoisement le vol.

C'est le Gorenflot de l'anarchie! (*Hilarité.*)

L'audience est renvoyée à demain pour la fin du réquisitoire.

QUATRIÈME AUDIENCE

M. l'avocat général Bulot a terminé son réquisitoire.

Nous ne le suivrons pas dans l'examen des responsabilités particulières.

Un mot seulement sur Bastard. M. Bulot révèle ce détail amusant : lorsque le commissaire de police a pénétré chez lui, il a trouvé épinglée sur le mur la carte de l'accusé avec ces mots : — « Je regrette que je

ne sois pas là pour vous recevoir avec la dignité qui
vous est due, j'ai un rendez-vous avec ma maîtresse :
la liberté. »

Arrivons maintenant à M. Félix Fénéon.

L'organe de l'accusation a fortement égratigné de
ses railleries le jeune décadent. Mais il n'a pas forcé
la voix et, s'il n'abandonne point expressément
l'accusation contre ce « curieux de l'anarchisme », on
peut dire qu'il verra sans déplaisir son acquittement.

Ce qu'on peut reprocher le plus justement à l'ancien
employé du ministère de la guerre, ce sont les liai-
sons dangereuses. Il en est durement puni et c'est du
bout des lèvres, avec la modération d'un homme
d'esprit, que M. Bulot demande contre lui une simple
leçon, que peut-être, avec tous les amis de M. Fénéon,
lui-même estime aujourd'hui suffisante :

Fénéon a-t-il été affilié à une association de malfaiteurs ?
La question est délicate. Ce qui est certain, c'est qu'il a
connu Ortiz. Sa concierge l'affirme et M. Fénéon a bien
tort de faire fi de son témoignage. Quand on veut savoir
quels sont les amis que reçoit un locataire, il nous faut
bien le demander à sa concierge. (*Rires.*)

Félix Fénéon a également connu Cohen, dont vous vous
rappelez l'abominable article sur les funérailles du maréchal de Mac-Mahon.

Il a connu Matha, le mandataire de ce groupe mystérieux
de Londres qui ordonne les attentats anarchistes ; il lui a
même procuré un gîte au moment où Emile Henry préparait l'explosion de l'Hôtel Terminus.

N'oubliez pas que ce fut Matha qui procéda, après l'attentat, au déménagement du logement d'Henry, villa Faucheur.

Est-il téméraire de supposer que Matha lui ait dit, au
lendemain de cette expédition clandestine :

— Tenez, Fénéon, vous êtes un curieux, un psycho-
logue. Il vous sera agréable d'avoir quelque souvenir de
l'anarchisme ; prenez donc quelques-uns de ces détonateurs qui ont servi à faire sauter des bourgeois !

Personne ne croira que Fénéon les ait trouvés au milieu des vieilles pipes de son père. (*Rires.*)

N'attendez pas de lui qu'il en révèle la provenance ; il
se taira toujours, et je ne le lui reproche pas.

Mais voilà où mènent les fréquentations mauvaises. On a connu Ortiz le voleur, Emile Henry l'assassin, on a parlé sociologie avec l'Allemand Kampfmeyer, qui savait toujours assez de français pour se faire comprendre d'un décadent. (*Rires.*)

Cela fausse l'esprit! On était un employé modèle, on faisait de la critique aiguë et l'on se fait traduire en cour d'assises!

Si Fénéon était reconnu coupable par vous de s'être affilié à une association de malfaiteurs, ce serait, même avec les circonstances atténuantes, un minimum de cinq ans de réclusion.

La détention d'explosifs comporte **une peine moins grave**. C'est un simple délit.

Vous apprécierez, messieurs : ce que je demande, c'est une correction.

Ce sont ces décadents-là qui ont permis à l'anarchie de concevoir et de commettre ses crimes.

La péroraison de M. l'avocat général Bulot a vivement impressionné l'auditoire :

Dès le premier jour, quand j'ai été appelé à requérir contre les auteurs d'attentats anarchistes, j'ai exprimé le regret de ne pouvoir requérir aussi contre les théoriciens.

La loi me permet enfin de les regarder face à face, et de même que j'ai demandé compte à Vaillant, à Emile Henry, de toutes les victimes qu'ils avaient faites, je demande aujourd'hui compte à Sébastien Faure, à Jean Grave, non seulement de ces mêmes crimes, mais de la douleur de la fille de Vaillant, de la mère d'Emile Henry.

Je leur demande de quel droit ils ont prêché l'assassinat et le vol, ces privilégiés que la société bourgeoise, cette société qu'ils veulent détruire, a comblés en leur donnant l'instruction et l'éducation.

Je me tourne vers eux et je leur crie : Vous avez semé des assassins! Vous avez jeté le deuil dans bien des familles! Vous êtes des misérables, et j'appelle sur vous toutes les sévérités de la loi! (*Mouvement prolongé.*)

Me de Saint-Auban prononce ensuite en faveur de Jean Grave une plaidoirie élégante d'une forme exquise et souvent puissante, et son premier soin est naturellement de faire le procès à l'accusation.

Le réquisitoire est un pot-pourri de citations jetées dans le débat pêle-mêle, et la poursuite est une fantasmagorie.

On demande compte à Jean Grave d'un livre qu'il a écrit en 1883, quand il **avait** vingt ans, et contre lequel on requiert en 1894 en vertu d'une loi de 1893.

Les hommes qui l'entourent, il ne les a jamais rencontrés, il ne leur a jamais écrit, il les ignore, et on les poursuit tous ensemble pour association de malfaiteurs !

Ce n'est pas le procès d'un acte : aucun acte n'est relevé contre Jean Grave ; c'est le procès d'un cerveau, le procès des idées.

Quel précédent redoutable ! A quand la seconde fournée ? (*Mouvement.*)

On veut vous démontrer l'entente établie entre gens qui ne se connaissent pas, en vue de commettre des actes qui ne se sont jamais produits.

Et encore, si ces théoriciens étaient d'accord ! Mais aucun d'eux ne conçoit l'anarchie de la même manière ! Vous n'avez même pas l'entente cérébrale !...

Avec Jean Grave, c'est l'anarchisme doctrinaire ; avec Sébastien Faure, l'anarchisme ouvrier ; avec le poète Chatel, l'anarchisme esthétique ; avec Brunet, l'anarchisme opportuniste.

Brunet proteste en riant.

Oh ! s'écrie Me de Saint-Auban, je retire le mot, je ne voulais pas vous offenser ! (*Hilarité générale.*)

Il n'y a rien dans le dossier contre tous ces hommes. On ne leur reproche même pas, comme à certains autres, d'avoir reçu de coreligionnaires inconnus de ces lettres bizarres qui ne sont jamais arrivées aux destinataires, à tel point que les sceptiques se demandent si elles sont jamais parties. (*Nouveaux rires.*)

Me de Saint-Auban rappelle ensuite que son client a déjà payé de deux ans de prison son fameux livre : *La Société mourante et l'anarchie.* Les jurés ne voudront pas ajouter à ces deux ans de prison un petit supplément de vingt ans de travaux forcés !

Puis, un parallèle assez piquant entre la franc-
maçonnerie et l'anarchie, amusant hors-d'œuvre à
l'adresse de M. Bulot, un des vénérables du triangle.

Enfin, Me de Saint-Auban s'attache à établir, par
la lecture de nombreuses citations de la *Révolte*, que,
Jean Grave, loin d'être un organisateur de société
secrète, est rebelle à toute idée d'action commune et
d'affiliation ; qu'il a toujours été dans le parti anarchiste un isolé, un indépendant, qu'il a répudié formellement la théorie du vol, et il termine par cette
péroraison enflammée :

Messieurs les jurés, vous êtes des justiciers, vous n'êtes
pas des fusilleurs !

On veut vous faire condamner pour association de malfaiteurs des hommes qui n'ont jamais été associés.

On essaie de donner la couleur et la légalité de la justice à ce qui n'est que la brutalité d'une exécution.

Vous répondrez au ministère public que cette besogne-
là n'est pas la vôtre.

Vous lui crierez par votre verdict :

« Nous n'avons d'autre mission sociale que celle de
rendre la justice.

« S'il faut frapper, faites-le. Cela ne nous regarde
pas ! »

L'audience est renvoyée à demain vendredi, pour
la continuation des plaidoiries,

CINQUIÈME AUDIENCE

La plus grande partie de l'audience a été prise par
l'éloquente plaidoirie de Me Desplats en faveur de
Sébastien Faure et par le plaidoyer de l'accusé.

Me Desplats a surtout discuté la loi qu'on veut
appliquer aujourd'hui. Selon lui, la thèse de l'avocat
général est insoutenable : le ministère public, en
effet, a requis contre la propagande par l'idée, alors
que la loi ne vise que la propagande par le fait.

Après son défenseur, Sébastien Faure demande à
présenter quelques observations personnelles et pro-

nonce, en réalité, un long et curieux plaidoyer, d'un mouvement oratoire très étudié.

D'ordinaire, commence-t-il, les accusés redoutent l'heure du verdict, tandis que moi je l'attends avec impatience.

Je sais que je prends la parole devant des hommes honnêtes et consciencieux et je tiens, après les écrasantes plaidoiries de Mes de Saint-Auban et Desplats, qui ont nettement établi mon irresponsabilité matérielle, à leur prouver mon irresponsabilité morale; je tiens à leur montrer que j'ai la conscience nette, le cœur pur et les mains propres.

Car il faut se rappeler qu'on a cherché à me dépouiller de l'honneur, et j'y tiens plus, messieurs les jurés, qu'à la liberté. J'ai bien confié à Me Desplats le soin de défendre cette liberté, mais je me suis réservé celui de défendre mon honneur. Dans cette défense, je ne réclame ni votre indulgence ni votre pitié, je ne vous demande que votre justice.

J'ai souvent entendu dire au ministère public, dans les procès anarchistes auxquels j'ai assisté, que l'anarchie était la négation de toute doctrine, de toute organisation, et aujourd'hui l'accusation nous représente comme un parti complètement discipliné et suivant un plan qui daterait de onze ans! Quand donc le ministère public avait-il raison? Est-ce autrefois? Est-ce aujourd'hui?

Cette constatation une fois faite, j'aborde ma justification.

Je vous rappelle que depuis deux ans et demi, j'ai été presque constamment en prison; je n'ai eu que deux ou trois mois de liberté et je ne suis venu que fort rarement à Paris.

Or, il est maintenant prouvé que je ne me suis entendu, ni de près ni de loin, avec aucun des auteurs des attentats, qu'en aucune circonstance on ne m'a trouvé excitant à un crime ou faisant l'apologie d'un crime, que je suis, en un mot, resté toujours étranger à toute propagande par le fait.

Mais l'accusation, vis-à-vis de moi, a eu recours à un subterfuge. Elle a cherché à établir une solidarité morale entre moi et les auteurs des attentats.

D'abord, elle a entassé conjectures sur conjectures et prodigué les « évidemment » ! Puis elle m'a représenté comme un apôtre de la violence, semant partout la haine, mais trop lâche pour se mettre en avant, et usant de son autorité pour pousser au crime par des harangues ou des écrits.

Or, si mes harangues ou mes écrits avaient enfreint les lois sur la provocation, on n'aurait **pas** manqué de les poursuivre!

Pour l'entente, l'accusation fait-elle la preuve? Quels sont donc les impulsifs qui auraient reçu de moi des conseils? M. l'avocat général en est réduit à dénaturer mes sentiments, mes doctrines et mes actes.

Mes sentiments?

Il suffit de me connaître pour être convaincu que ma propagande a eu seulement pour but de développer les principes les plus élevés, d'inspirer des sentiments purement humanitaires.

Et j'esquisse, pour le démontrer, les grandes lignes de ma théorie sociale : c'est d'ailleurs nécessaire parce qu'on a calomnié l'anarchie!

Il en est, en effet, qui ne voient dans les religions que les persécutions qu'elles ont engendrées, et ils calomnient les religions!

Ceux qui ne voient dans la Révolution que la Terreur calomnient la Révolution!

De même ceux qui ne voient dans la philosophie libertaire que certains point la calomnient!

Il y a une grande divergence dans les esprits!

Il faut noter que le christianisme de Torquemada n'est pas le même que celui de saint Vincent de Paul.

On peut être républicain comme Lafayette ou républicain comme Marat. Le socialisme de de Mun n'est pas celui de Jules Guesde; l'anarchisme de Faure peut n'être pas celui des autres!

Cet exposé est donc nécessaire, et il l'est encore parce que si je suis, comme on a dit, conférencier, commis voyageur en anarchie, en picrate, il faut au moins que je montre quelles sont mes marchandises.

Il l'est encore, parcequ'on a dit qu'il y a un *Credo* condensant toute l'anarchie, parce qu'on a dit que certains organes comme le *Père Peinard* et la *Révolte*, avaient le droit de parler au nom de tous!

Or, les opinions de ces journaux ne sont que leurs opinions : ma pensée n'entraîne celle de personne et nulle pensée n'entraîne la mienne.

Et c'est ma pensée, ce sont mes idées que je veux vous exposer. Elles ont été dénaturées! On aurait pu les connaître si on vous avait montré tous les papiers qui com-

posent le volumineux dossier qu'on a saisi chez moi ; on
s'en est bien gardé ! Voilà pourquoi je dois vous exposer
ma doctrine.

M. le Président. — Faure, je ne puis vous permettre de
faire cet exposé...

Faure. — Mais, monsieur le président, on vous a
montré la caricature de l'anarchie, je veux vous en faire
voir la figure réelle...

M. le Président. — Vous avez dit que vous vouliez
défendre votre honneur, défendez-le, mais restez sur ce
terrain...

Faure. — Soit, je m'incline ! Messieurs les jurés com-
prendront moins bien les conclusions que je tirerai de cet
exposé et ma situation devient difficile, mais je passe...

Je prie les jurés de faire un effort d'imagination, de
supposer que je les ai mis au courant de tous mes sentiments, que je leur ai expliqué comment je pense qu'un
monde meilleur peut se lever, comment à l'anarchie par
la haine j'oppose l'anarchie par l'amour, comment, au
lieu de tout détruire, je veux tout édifier, et je leur
demande : Croyez-vous qu'un homme qui a de pareilles
idées ait pu, à un moment quelconque, pousser au
crime ?

Je fais des conférences, a-t-on dit ! Eh bien ! toutes mes
conférences ont été publiques et données sous l'œil de
l'autorité : j'ai eu comme contradicteurs les meilleurs tribuns de notre temps, cela prouve que j'ai toujours cherché la vérité.

Je ne suis pas un tigre altéré de sang, car je pleure
avec ceux qui pleurent, j'ai pitié de tous ceux qui souffrent
et je n'ai jamais prêché la violence, provoqué au crime,
ni fait l'apologie d'un attentat,

Je ne suis pas un chef, je n'ai jamais donné d'ordres à
personne, nul ne m'a jamais obéi, et cela, parce que j'ai
constamment proclamé que, pour être heureux, il faut que
la liberté soit le but et la fin de toutes choses, parce que
j'ai toujours dit que la nature n'a pas fait des tyrans et
des esclaves, mais des individualités équivalentes en droits !

Mais l'accusation, ici, remplace le mot « chef » par le
mot « maître » et dit que mon influence me permettait
d'imposer mes idées. C'est inexact. Je propose mes idées,
je ne les impose pas, chacun peut les combattre.

Chez les libertaires, une idée ne s'admet pas parce
qu'elle est dite par quelqu'un, mais parce qu'elle est conforme à la raison.

A entendre l'accusation tous mes coaccusés sont mes élèves!

Eh bien! je me retourne de leur côté, et je les supplie de parler; s'ils avouent ce fait, la justice leur en tiendra compte largement. Qu'ils ne s'inquiètent pas de moi! Pour eux, il s'agit d'opter entre la liberté et le bagne. Au nom de leurs femmes, au nom de leurs enfants, je les supplie de parler! Si un seul peut se dire mon élève, si un seul a subi mes impressions, que celui-là, encore une fois, se lève!... ! (*Vive sensation.*) Vous cherchiez la manifestation de la vérité, messieurs les jurés, vous l'avez !

Et maintenant, vous vous demandez qui je suis?

Je ne suis l'homme d'aucune secte, je suis celui qui ayant en vue une magnifique conception, se fait l'apôtre de cette conception; celui qui, ayant aperçu un phare, le montre; celui qui dit tout haut ce que plusieurs pensent tout bas; celui qui ne sollicite ni fortune ni pouvoir, qui ne veut être qu'une individualité perdue! Je suis celui qui a les mains pleines de semences et qui jette ces semences dans le sillon!... Voilà ce que je suis!

Mon défenseur vous a parlé de ma vie : je n'ajouterai qu'un mot.

Fils de bourgeois, élevé dans l'élégance, accoutumé au bien-être, je vis depuis 1887 parmi les humbles et les souffrants. J'ai renoncé à un brillant avenir, j'ai rompu avec des affections qui m'étaient chères...

Voilà trois printemps que je suis en cellule; quand je sortirai, je serai sans position et sans foyer et je n'aurai que la consolation d'avoir pu essuyer quelques larmes. On peut remonter ma vie, on n'y trouvera pas une action déloyale...

J'ai tout dit.

A vous maintenant de déclarer si je mérite les travaux forcés.

Car, pour moi, il n'y a pas deux solutions : ou je suis affilié à une association de malfaiteurs, et vous ne me devez aucune indulgence; ou je ne suis pas coupable, et vous devez m'acquitter !

C'est la liberté ou le bagne!

Le bagne?

Le bagne, pire que la mort! car si la mort est l'adieu à toutes les joies, c'est aussi l'adieu à toutes les tristesses, tandis que le bagne est une lente agonie qui arrache chaque jour au patient un lambeau de sa chair, une parcelle de son cœur...

Vous direz, messieurs les jurés, si cette peine est digne d'un homme dont la vie a été celle d'un modeste. (*Vive émotion dans l'auditoire.*)

Après cette harangue, M⁰ Le Chaplain présente avec une grande habileté la défense de Ledot ; puis M⁰ Antony Aubin, dans un plaidoyer élégant, demande l'acquittement de Chatel.

On entend ensuite les plaidoiries de M⁰ Bouguereau pour Agnelli, de M⁰ Lagasse pour Bastard, de M⁰ Panthès pour Paul Bernard et de M⁰ Paul Morel pour Brunet.

SIXIÈME AUDIENCE

Dès le début de l'audience, un incident s'est produit.

M⁰ Lévy-Alvarez venait de prendre la parole pour présenter la défense du jeune Billon, quand M. le président Dayras annonça que, sur la demande de M. l'avocat général Bulot, l'audience allait être suspendue pendant deux minutes.

Et M. l'avocat général Bulot d'ajouter aussitôt :

— Je viens en effet de recevoir un paquet rempli de matières fécales et je désire me laver les mains.

A la reprise, le défenseur de Billon fait observer que cet incident préoccupait vivement les accusés, car il pouvait produire un fâcheux effet.

Mais M. l'avocat général réplique d'un air détaché :

— Oh ! ce n'est pas la première fois que je reçois, soit une lettre anonyme de menaces, soit... autre chose. Cela m'arrive souvent ! Aujourd'hui je reçois du dehors, par la poste, des matières fécales enveloppées dans un numéro de *l'Intransigeant*, où se trouve un article de M. Henri Rochefort, souligné et annoté d'une façon menaçante pour moi. Je le regrette pour le journal, voilà tout !

Après cet incident, M⁰ Lévy-Alvarez sollicite l'acquittement de son client, qu'il représente comme un modeste et un excellent travailleur.

Puis, après les plaidoiries de Mes Albert Crémieux pour Soubrié, Laureau pour Daressy, Oster pour Tramcourt, Kinon pour Chambon et Duroyaume pour Malmeret, Me Demange, dans une défense pleine de cœur, demande l'acquittement de M. Félix Fénéon, « un garçon d'un dévouement absolu, d'une bonté et d'une loyauté indiscutables ».

Enfin, après une habile plaidoirie de Me Justal pour Matha, Mes Lagasse et Dammartin présentent la défense d'Ortiz et de la fille Chazal.

DERNIÈRE AUDIENCE. — LE VERDICT

Le *procès des Trente* est terminé.

Après les plaidoiries de Mes Carette, pour Chericotti ; Gaye, pour la femme Chericotti ; Deshayes Saint-Merry, pour Bertani ; Gauthier-Rougeville, pour Liégeois ; Blondont, pour la veuve Milanaccio, et Félicien Paris, pour Belloti, M. le président Dayras demande aux accusés s'ils ont quelque chose à ajouter pour leur défense.

Jean Grave se lève, et, d'une voix émue :

Messieurs, dit-il, pardonnez-moi la lecture de ces vingt lignes. Je n'ai pas fatigué votre attention. Je ne suis pas un orateur. J'ignore l'art de la parole. Toute ma vie, j'ai été un silencieux ; silencieux je suis resté à cette audience, silencieux je succomberai sous le poids de l'injustice.

Je me consolerai du malheur en songeant que des hommes éminents, des cerveaux magnifiques, les de Goncourt, les Mirbeau, les Manouvrier, les Séverine m'ont accordé leur sympathie...

On m'accuse d'être un malfaiteur ; ma vie austère, mes parents, mes amis et mes écrits me lavent de cette injure. Je n'ai connu les tribunaux que pour la défense de mes idées.

On m'accuse de m'être associé, affilié, d'avoir songé à je ne sais quelle conspiration anarchiste. Plus de vingt articles, sortis de ma plume, répondent que si j'ai eu quelque influence, je l'ai employée à combattre toute idée d'association.

On m'accuse d'avoir fait une propagande écrite pour masquer l'assassinat, et les partisans de l'assassinat n'ont cessé de me combattre de me traiter de modéré, de jésuite et de pion.

On m'accuse d'avoir provoqué l'idée de vol.

Et j'ai combattu le vol dans une série d'articles !

Mon communisme est celui de Proudhon, qui m'a inspiré mes doctrines. Il n'appartenait pas à l'histoire du crime, mais à celle de la pensée !

Mon défenseur l'a éloquemment dit. Simplement je le répète et j'attends votre verdict avec pleine sérénité.

Après Jean Grave, Sébastien Faure déclare qu'il tient aussi à ajouter quelques mots à sa défense :

Messieurs, dit-il, vous êtes pères, et vous chérissez vos enfants. Eh, bien, moi aussi, je le suis. Vous travaillez à leur préparer un avenir de bien-être et de félicité; cet avenir, je travaille à le leur assurer. Tous vos efforts tendent à aplanir les difficultés de leur route; tous les miens ont pour but de faire cette route si belle, si spacieuse, si fleurie, que ces êtres aimés la parcourent avec délices.

Vous voyez que si je suis l'associé de quelqu'un, c'est de vous-mêmes !

Donc, par des voies différentes, nous poursuivons le même but. Etes-vous bien certains que votre voie soit plus sûre, plus rapide, et meilleure que la mienne? Etes-vous bien certains que vous êtes dans la vérité et que je suis dans l'erreur?

L'injustice d'aujourd'hui peut être dénoncée demain; quels remords et quelle honte vous vous prépareriez, si bientôt, si dans quelque temps, ces petits êtres chéris dont je viens de vous parler, ayant grandi, apprenaient qu'un homme qui avait osé en 1894 prêcher l'amour de la liberté et propager l'idée du *bonheur universel* a été, pour ce crime, condamné au bagne et que vous étiez au nombre de ses juges!

Ah ! si Celui qui est mort sur cette croix, à l'ombre de laquelle vous rendez aujourd'hui la justice; si Celui-là pouvait parler, il vous dirait : « Hommes, jetez les yeux sur moi et voyez le supplice ignominieux auquel je fus condamné! Qu'avais-je fait pourtant! J'étais venu prêcher aux hommes le relèvement et la dignité. J'étais venu leur dire qu'ils sont tous fils du même père et qu'ils doivent s'aimer comme des frères. J'étais venu ranimer leurs courages en leur parlant de la cité céleste où tout sera béatitude souveraine et sans fin !

« Mais les Pharisiens et les prêtres ont dénaturé mon apostolat, calomnié mes actes, travesti mon rôle. Hommes, n'écoutez pas les prêtres et les Pharisiens d'aujourd'hui et épargnez-moi les douleurs et la honte de voir se renouveler devant moi l'infamie donc je fus victime ! »

Messieurs, vous ne les écouterez pas !

Vous rendrez un verdict de probité, d'indépendance et de justice !

Bastard, Paul Bernard et Chericotti prononcent également quelques paroles.

Il est deux heures un quart. Le jury entre en délibération.

A quatre heures et demie, les jurés reviennent en séance et le chef du jury donne lecture du verdict.

Le verdict.

Ortiz et Chericotti, les voleurs, sont seuls déclarés coupables, sans circonstances atténuantes.

Sébastien Faure, Jean Grave, Fénéon, Matha, le poète Chatel et tous les autres accusés sont acquittés du chef d'association de malfaiteurs, le seul qui fût retenu contre eux.

C'est l'effondrement du procès !

Bertani, qui est retenu seulement pour port d'arme prohibée, est condamné à six mois de prison et 16 francs d'amende. Ortiz à quinze ans de travaux forcés, Chericotti, à huit ans de la même peine.

II

LES CHATELAINS DE VILLEREAU

Orléans, 2 janvier.

Il y a vingt ou vingt-cinq ans, le vicomte de Courcelles, qui est apparenté aux plus vieilles familles de
France, se mésalliait en épousant, au grand chagrin
de tous les siens, une gantière de la Chaussée d'Antin,
une Flamande superbe avec des cheveux d'or,
Me Wilhelmina Boonen.

Il l'emmena dans sa terre de Villereau (Loiret),
vécut désormais à l'écart et eut une fille, actuellement âgée d'une vingtaine d'années.

M. de Courcelles mourut en 1887, léguant à sa
veuve une somme de 200.000 francs, plus une rente
viagère assez importante, qui devait cesser de lui être
servie le jour où elle se remarierait. La grosse part
de l'héritage revenait, selon la loi, à sa fille.

Peu de temps après le décès de M. de Courcelles,
un ex-capitaine du génie de l'armée belge, M. Impens,
s'installait au château de Villereau.

L'ancien officier, dit la chronique, n'était pas un
inconnu pour Mme de Courcelles. Une intimité dont on
jasa beaucoup s'établit ou se rétablit entre eux et ce
ne fut pas sans une certaine surprise qu'on apprit un
beau jour que M. Impens était un prétendant, non
point à la main de la veuve, mais à la main de sa
fille, encore au couvent.

Le consentement de Mlle de Courcelles à ce mariage
disproportionné se fit attendre pendant plusieurs

années. L'héritière ne voulait à aucun prix entendre parler de M. Impens.

— C'est bien, lui signifia sa mère. Tant que tu refuseras de te marier avec lui, tu resteras au couvent.

La jeune fille y demeura deux ans, et, pendant toute cette longue période, M. Impens continua d'être l'hôte de Mme de Courcelles au château de Villereau.

Enfin Mlle de Courcelles céda. Les bans furent publiés. On raconte que le contrat de mariage qui fut dressé avantageait singulièrement M. Impens. Mais ce n'est pas autour de ces questions de chiffres que s'agitera le débat d'aujourd'hui.

Ce que le ministère public reproche à M. Impens — car c'est lui qui va comparaître devant le Tribunal correctionnel d'Orléans — c'est d'avoir transformé l'existence de sa jeune femme en un véritable martyre, de l'avoir maltraitée, battue, presque séquestrée, tout en conservant avec la mère des relations d'intimité singulière et en gardant la haute main sur l'administration de la fortune.

A cette vie, dira la prévention, le caractère déjà mélancolique de la jeune Mme Impens s'assombrit encore. Isolée du monde, terrifiée par son mari, n'ayant personne à qui elle pût confier son chagrin, elle tomba dans une sorte de marasme, et l'on commençait déjà, autour d'elle, des démarches pour la faire admettre dans une maison de santé, quand une gouvernante anglaise la prit en compassion et prêta vingt francs à la petite châtelaine qui, détail inouï, n'avait jamais eu un centime à sa disposition. Avec cette faible somme, Mme Impens parvint à s'enfuir du château et à se réfugier à Orléans, où elle implora la protection de la justice.

Son mari et sa mère vinrent la reprendre et la ramenèrent, mais il était trop tard, une enquête fut ouverte et une descente de justice fut opérée à Villereau.

Au début de l'instruction, l'affaire semblait prendre les proportions d'un véritable drame de famille. On insinuait que M. de Courcelles était mort dans des circonstances mystérieuses, on parlait tout bas d'empoisonnement, on annonçait que ses restes allaient être exhumés.

On racontait que Mme Impens elle-même avait souffert à diverses reprises de singuliers malaises. Mais toutes les suppositions auxquelles l'imagination publique se livrait ne reposaient sans doute sur aucun fondement, car le ministère public ne relève contre M. Impens qu'un seul chef de prévention : les sévices, les mauvais traitements dont sa jeune femme aurait été victime.

Il n'en sera pas moins curieux de suivre le procès, qui met en scène des personnages extraordinaires comme Mme de Courcelles, cette ancienne gantière qui, s'il faut en croire les indiscrets, avait l'habitude de recevoir ses fournisseurs dans le costume de Suzanne au bain.

Mme Impens, qui a été recueillie par sa famille paternelle, est citée naturellement comme principal témoin.

M. le procureur de la République Peyssonnié soutiendra la prévention.

Orléans, 4 janvier.

Il n'a rien d'un Barbe-Bleue, ce M. Impens, qu'on nous avait fait si terrible !

C'est un homme d'une quarantaine d'années, un fort gaillard avec une moustache conquérante, très légèrement déplumé, mais point un barbon. Il paraît, d'ailleurs, très rassuré sur le résultat de son procès.

Dans l'auditoire, toute la famille de Courcelles : M. de Pleumartin, qui fut le subrogé-tuteur de Mme Impens et chez lequel la jeune femme s'est réfugiée ; Mme la princesse de La Tour d'Auvergne ; Mme la comtesse de Durfort, ses parentes les plus proches dans la ligne paternelle. Mme de Courcelles n'est pas citée à l'audience.

Quant à Mme Impens, la voici, elle n'a point l'allure d'une victime. Elle est même assez étoffée et assez coquette.

C'est une brune au teint mat, à la voix masculine, avec un tic désagréable dans les sourcils. Pas jolie, mais une chevelure superbe sur laquelle se pose délicatement une petite capote en velours vert.

M. le président Beaudoin. — Vous avez accusé votre mari, madame, de vous avoir odieusement frappée et d'être resté après le mariage l'amant de votre mère? Persistez-vous dans ces accusations?

Mme Impens (*sèchement*). — Oui, monsieur. M. Impens a commencé à me frapper deux mois après mon mariage et il a continué jusqu'à mon départ du château de Villereau, c'est-à-dire jusqu'au mois d'octobre dernier.

Je l'avais épousé par force après être restée deux ans enfermée dans un couvent par ordre de ma mère. Par deux fois, j'avais signifié mon refus formel de lui accorder ma main.

J'ai fini par céder. Ma mère me menaçait de me laisser au couvent jusqu'à ma majorité.

J'aimais alors un jeune homme que ma mère éconduisit parce qu'il refusait d'être son amant (*Rumeurs*).

C'est pour me faire oublier ce projet de mariage que ma mère m'avait enfermée au couvent des Dames de Saint-Michel, à Orléans, et c'est dans ce couvent que M. Impens m'a été présenté.

Il avait le double de mon âge et me déplaisait profondément.

Si j'ai consenti à l'épouser de guerre lasse, c'était pour sortir du couvent.

Arrivons au mariage.

D. — Alors comment nous expliquerez-vous certaine lettre que vous écriviez à M. Impens, en lui disant : « Reviens bien vite, mon chéri, mon petit futur mari; reçois mille baisers de ta petite femme chérie! »

Voilà une lettre passionnée, enflammée, dans laquelle vous tutoyez déjà M. Impens avant le mariage. La contrainte ne paraît pas avoir été bien cruelle! (*Rires.*)

R. — J'étais prête à tout pour sortir du couvent!

D. — Vous avez toujours soutenu, madame, que M. Impens n'avait jamais été un mari pour vous?

R. — C'est vrai.

D. — Cependant vous avez fait une fausse couche. Au

surplus, vous paraissiez, dans les premiers temps du mariage, tout à fait éprise de votre mari. Vous jouiez au crocket ensemble et vous racontiez à des personnes de votre intimité que vous adoriez M. Impens.

R. — Allons donc! Il est parti trois jours après notre mariage pour faire son voyage de noces, tout seul, en Italie, et depuis, il n'est venu me rejoindre dans ma chambre qu'une seule fois.

D. — Vous avez prétendu qu'au château de Villereau vous étiez enfermée chaque nuit dans votre chambre.

« Cependant, ajoutiez-vous, mon mari venait *quelquefois* me rendre une courte visite et c'est ainsi que se sont passées les trois années de mon mariage. »

Il résulte de ces déclarations mêmes que M. Impens venait vous voir au moins quelquefois.

R. — Oh! pas du tout. Il passait les nuits avec ma mère. J'en ai la certitude morale! (*Mouvement.*)

D. — Voilà une allégation bien grave! Quelle preuve en avez-vous?

R. — Je voyais bien comment ils étaient ensemble!

D. — Enfin les avez-vous surpris?

R. — Ils fermaient leur porte, je ne pouvais pas entrer.

D. — Vous avez dit que vous les aviez aperçus une fois, au billard, dans une position qui ne vous avait laissé aucun doute?

R. — Ah! c'est vrai! je l'avais oublié!

M. le Président. — Il est bien étrange que des détails aussi caractéristiques vous soient sortis de la mémoire! (*Sourires.*)

R. — Je m'en souviens bien maintenant. C'était dès le commencement de mon mariage.

D. — Alors, comment avez-vous pu écrire depuis à votre mari des lettres passionnées, que j'ai ici et que je soumettrai au Tribunal? Vous ne prétendrez plus, cette fois-ci que c'était pour sortir du couvent. Vous étiez mariée !

Passons à la prévention de coups. M. Impens a reconnu qu'il avait donné, une fois ou deux, de légères poussées à sa femme parce qu'elle se retournait pour regarder des officiers.

Mᵐᵉ Impens. — Il me battait à propos de rien! Un jour, il m'a porté un violent coup de poing sur l'œil. J'ai raconté au curé de Villereau, tant j'étais honteuse, que je m'étais heurtée contre une porte.

Une autre fois, M. Impens m'a porté un coup de poing sur le nez et j'ai été obligée de me réfugier dans la chambre de ma domestique.

D. — Cependant vous écriviez à une amie de pension : « Il n'existe. pas de meilleur mari que le mien sur la terre, je ne puis faire à mes amies un meilleur vœu que de leur souhaiter un mari comme le mien ! » (*Hilarité.*)

Me Johanet, défenseur de M. Impens. — Il y a beaucoup de lettres sur ce ton. Je ne les lirai même pas toutes, il y en a trop !

M. le Président. — Tenez, madame, en voici une que vous écriviez à M. Impens lui-même, alors en voyage, et que vous signiez avec trois points d'exclamation : « Ta petite femme chérie qui t'adore !!! »

R. — J'étais contrainte de feindre l'affection et l'amour pour avoir la tranquillité. Puis, j'avais peur de mon mari et, quand il était absent, j'avais peur de ma mère qui était là. Je riais moi-même de ce que j'écrivais !

M. le président. — Alors vous jouiez la comédie ?

R. — Parfaitement !

D. — Eh bien ! madame, qui nous dit que vous ne la jouez pas encore aujourd'hui ? (*Mouvement prolongé.*)

Mon impression est que vous avez été beaucoup moins malheureuse que vous ne le dites.

Vous avez eu le plus grand tort, en tout cas, de ne pas garder vos tristesses pour vous, au lieu de les livrer à la publicité.

Votre procès a pris les proportions d'un véritable scandale.

Un post-scriptum cependant.

M. le président tient à dire un mot des menaces de mort.

Mme Impens. — Mon mari m'a menacée de me passer son sabre belge au travers du corps !

D. — Et où était le sabre de M. Impens ?

R. — Dans le placard ! (*Hilarité générale.*)

Le vénérable M. de Pleumartin, oncle et ancien subrogé-tuteur de la jeune Mme Impens, comparaît à la barre.

D. — Mme Impens a prétendu qu'elle **avait** un fiancé dont Mme de Courcelles n'a jamais voulu pour gendre, parce qu'il avait résisté à ses avances ?

R. — Je l'ai entendu dire. On racontait que ce mariage avait été rompu parce que le jeune homme n'avait pas voulu donner dans le panneau.

D. — N'avez-vous pas poursuivi la déchéance de tutelle de Mme de Courcelles, votre belle-sœur?

R. — Oui, monsieur, parce que je savais ma nièce séquestrée dans un couvent. J'ai même dû faire appel à la Préfecture de police, qui n'est pas parvenue à la retrouver.

D. — Avez-vous entendu dire que Mme de Courcelles entretint des relations intimes avec M. Impens, son gendre?

R. — Oh! tout le monde le disait!

D. — Tout le monde, ce n'est personne, monsieur! Des noms! Citez des noms!

M. de Pleumartin. — Je l'ai entendu dire par le cocher Jourdain qui prétendait avoir surpris M. Impens au moment où il sortait du lit de sa belle-mère; mais quant à l'avoir vu!... (*Hilarité.*)

D. — Mon Dieu! il est certain que votre beau-frère, M. de Courcelles, a fait un mariage étrange, mais rien ne nous prouve que Mme de Courcelles n'ait pas été une épouse fidèle pendant vingt ans. Il est certain qu'elle a soigné son mari avec le plus grand dévouement pendant ses dernières années, ce qui semble indiquer que tout n'a pas été mauvais dans son existence.

M. le Procureur de la République. — Cependant, Mme de Courcelles ne faisait-elle pas avec M. Impens, son gendre, des promenades amoureuses, en laissant la jeune femme au château?

M. de Pleumartin. — Ils se donnaient le bras. On dit même qu'on a vu M. Impens embrasser sa belle-mère.

M. le Président. — Monsieur, ce qu'on vous demande ici, ce ne sont pas des on-dit!

Le cocher Jourdain raconte, en torturant son chapeau entre ses doigts, qu'il a vu, lui, M. Impens descendre du lit de Mme de Courcelles.

Madame, ajoute le cocher, me jeta un regard en souriant et me dit : « Mon gendre a été malade toute la nuit. Il est venu se chauffer auprès de moi. (*Hilarité générale.*)

D. — Mais comment vous trouviez-vous dans la chambre à coucher de Mme de Courcelles?

R. — Parce qu'elle m'avait sonné!

M. le Président. — Il est bien étonnant que votre maitresse vous ait sonné pour vous faire assister à un pareil spectacle. (*Hilarité.*)

Le cocher. — Oh ! je ne tenais pas à le voir, ce spectacle-là ! J'ai compris tout de suite que c'était mon arrêt d'expulsion.

D. — Quand vous a-t-on renvoyé ?

R. — Quinze mois après. (*Rires.*) On a cherché un prétexte. On m'a accusé d'avoir dit des choses insignifiantes à la petite jeune fille de basse-cour. (*Nouveaux rires.*)

M. le Président. — Oui, une enfant de treize ans !

Et M. le président lit un procès-verbal accablant pour l'ancien cocher du château de Villereau.

— Ce n'est pas à vous, conclut-il, de reprocher aux autres d'être vicieux. La justice aura à se demander si la déposition d'un domestique renvoyé dans de pareilles conditions est digne de foi.

Mme Jourdain, la femme du cocher, raconte avec des larmes dans la voix que la jeune M^mo Impens « prenait des breuvages qui la rendaient très malade et qui lui étaient administrés par sa mère ».

Me Johanet. — C'était du jus de pruneaux. (*Hilarité.*)

Mme de Plazaula, amie de la famille de Courcelles, n'a jamais surpris rien d'incorrect entre Mme de Courcelles et son gendre. Elle a su seulement qu'une femme de chambre, Victorine Perdoux, enfermait chaque soir Mme Impens dans sa chambre et lui ouvrait le lendemain matin. La jeune femme a fini par s'enfuir du château de Villereau à travers champs.

Depuis quelque temps, dit le témoin, M^mo Impens était fort triste et elle m'avait fait part de ses doutes sur l'intimité de sa mère et de son mari :

— Je veux mon mari pour moi, ajoutait-elle. Je ferai un coup de tête un de ces jours !

Victorine Perdoux, la femme de chambre, déclare au contraire que le ménage Impens « allait fort bien », et que la jeune femme se montrait fort empressée auprès de son mari, dont elle parlait toujours avec affection. Seulement, ils faisaient chambre à part.

D. — Est-ce que Mme Impens était enfermée dans sa chambre?

Le témoin, énergiquement. — Jamais, Monsieur!

Mme de Plazaula. — Vous mentez, mademoiselle, vous me l'avez dit!

La femme de chambre. — Je jure que ce n'est pas vrai!

Mme de Plazaula. — Comment! vous ne m'avez pas dit : « Je ferme le soir, j'ouvre le matin! »

M. le Président. — Ne seraient-ce pas les persiennes? (Rires.)

Mme de Plazaula. — Oh! non, c'était bien la porte.

D. à la femme de chambre. — Mme Impens prétend que son mari la battait et qu'un jour elle s'est réfugiée dans votre chambre.

La domestique. — Jamais! Je ne sais pas ce que ça veut dire!

D. — Avez-vous vu Mme Impens avec des traces de coups?

R. — Jamais!

M. l'abbé Hermet, curé de Villereau, qui dînait au château deux fois par semaine, n'a jamais rien surpris de suspect entre Mme de Courcelles et son gendre. Le jeune ménage ne lui est nullement apparu comme désuni.

D. — Mme Impens ne vous a-t-elle pas montré un coup qu'elle avait reçu?

R. — Oui. Mais elle a ajouté qu'elle s'était heurtée contre une porte.

D. — Monsieur le curé, n'avez-vous pas assisté à une scène dans laquelle Mme Impens s'est mise à genoux devant sa mère?

Le curé. — Oui, Mme Impens demandait pardon à sa mère de l'avoir accusée d'empoisonnement sur la personne de son père. (Mouvement.)

C'est l'abbé Hermet qui a marié Mme Impens. Il déclare que la jeune femme n'a point épousé l'officier belge à contre-cœur. Elle a, tout au contraire, accentué son *oui* avec énergie.

Le maire de Villereau, un gros paysan en blouse bleue, nous apprend que M. Impens est venu au château quelques semaines à peine après la mort de M. de Courcelles, et « qu'il passait pour l'amant de la mère avant d'épouser la fille. »

Ce magistrat rural ne sait d'ailleurs que des racontars.

Le jardinier de Villereau, un vieux serviteur, depuis quarante-six ans dans la maison, a toujours vu ses jeunes maîtres en bonne intelligence et n'a jamais rien surpris de suspect entre Mme de Courcelles et son gendre.

L'ancien curé de Villereau, qui a assisté aux derniers moments de M. de Courcelles, rend témoignage des dernières paroles du châtelain :

« Mignonne, — c'est ainsi qu'il appelait sa fille — est un esprit faible et indécis qui se laisse facilement circonvenir. Ma famille ne me pardonnera jamais mon mariage. Elle essaiera de s'emparer de mon enfant.

Aussi, comme je veux que ma veuve soit respectée, je lui laisse un testament! »

Interrogé par M. le président Beaudouin, M. Impens se borne à nier énergiquement les actes de violence qui lui sont reprochés.

Ma femme, dit-il, n'est pas une méchante nature; c'est un instrument inconscient. Je suis officier belge, je sais ce qu'un galant homme doit à sa femme au point de vue de la considération et des égards. Mme Impens a inventé les accusations qu'elle porte contre moi, tout comme elle a inventé que sa mère avait empoisonné son père. Je me ferais scrupule de lui nuire en rien, elle est jeune, elle a l'avenir devant elle; je n'en dirai pas davantage.

D. — Quel est votre grade dans l'armée belge!

R. — Je suis capitaine-commandant de réserve.

M. le Président. — Et je dois dire que les renseignements recueillis sur votre compte sont des plus élogieux; votre colonel a écrit que, s'il avait eu une fille à marier, il aurait été heureux de vous avoir pour gendre.

Depuis quelle époque connaissez-vous Mme de Courcelles?

R. — Depuis une quinzaine d'années. Je l'avais rencontrée avec son mari à Anvers chez une de mes cousines, une vieille demoiselle qu'elle appelait sa tante. Nous avions fini par nous traiter de cousins.

D. — A quelle époque êtes-vous venu pour la première fois au château de Villereau?

R. — Un an après la mort de M. de Courcelles; depuis, j'y ai fait quelques visites. Je n'ai donné ma démission d'officier que pour me marier.

D. — Vous vous tutoyez avec votre belle-mère?

R. — C'est un usage en Belgique.

D. — Comment avez-vous été amené à demander la main de Mlle de Courcelles?

R. — La jeune fille paraissait m'aimer beaucoup : elle adorait les soldats! Je me suis laissé aller à l'épouser, bien qu'elle fût un peu jeune pour moi. Mme de Courcelles craignait toujours que la famille de son mari, qui la traitait en ennemie, ne lui enlevât son enfant.

D. — Comment étiez-vous venu habiter le château de Villereau?

R. — Mme de Courcelles m'avait fait demander ,par Me Georges Lachaud, son avocat de Paris, pour venir l aider à régler les affaires de son mari.

D. — Elle vous a présenté à M. de Pleumartin comme son cousin et son protecteur.

M. de Pleumartin. — Parfaitement.

M. Impens. — Je proteste contre ce terme de protecteur qui n'a jamais été employé.

D. — Vous vous êtes mariés bien vite et aucun des membres de la famille de Courcelles n'assistait à la cérémonie?

R. — Toute sa vie Mme de Courcelles avait été poursuivie de leur haine!

D. — Vous êtes allé faire seul votre voyage de noce en Italie; voilà qui est bien étrange!

R. — C'était sur le conseil des médecins qui m'engageaient à quitter provisoirement ma femme, très nerveuse des premières émotions du mariage.

D. — Vous reconnaissez l'avoir frappée?

R. — Oh! deux fois seulement je lui ai donné un léger coup du revers de la main à Jersey parce qu'elle se retournait pour voir passer des horse-guards. Ces scènes remontent à plus de trois ans. Depuis, je ne l'ai même jamais brusquée. Tous les témoins vous l'ont affirmé.

D. — Vous niez avoir entretenu des relations suspectes avec votre belle-mère depuis votre mariage?

R. — Absolument! C'est effrayant de raconter de pareilles choses!

D. — Et vous n'avez jamais séquestré votre femme?

R. — Mais, jamais! Mme Impens montait constamment sur le vélocipède de M. le curé. (*Rires.*)

M. lé procureur de la République Peyssonié prononce son réquisitoire.

C'est une cause étrange que celle-ci, dit-il, les témoins n'ont pu en faire saisir au tribunal la véritable physionomie. La vérité est que Mme Impens, séquestrée la nuit et espionnée le jour, ayant l'inceste sous ses yeux, a été réduite à la plus lamentable condition dans le château de ses pères.

M. Impens n'est qu'un comparse. L'âme de toute cette affaire c'est Mme de Courcelles, la gantière, la fille de joie qui tenait la boutique clandestine de la Chaussée d'Antin, et qui est devenue vicomtesse de Courcelles après avoir été inscrite sur les registres de la police des mœurs. Chacun savait autour du château de Villereau que cette femme avait marié sa fille à son amant et que l'on y faisait ménage à trois!

Mlle Boonen était venue à Paris en 1867, l'année de l'Exposition. A cette époque, les filles venaient à Paris comme les grenouilles vont à l'eau. Elle avait deux sœurs, aussi belles et aussi entreprenantes qu'elle. Après avoir choisi un entresol dans une maison neuve de la rue de Penthièvre où on louait à des cocottes pour essuyer les plâtres, elle monta, 13. Chaussée-d'Antin, un magasin de ganterie aux armes de Belgique. Ses deux sœurs se marièrent richement : l'une est sur les marches d'un trône, l'autre vicomtesse ou marquise.

Wilhelmina Boonen devint châtelaine, elle aussi; elle devint vicomtesse de Courcelles, et c'est le secret de Polichinelle qu'elle n'a pas été comme femme mariée le modèle de toutes les vertus.

M. le procureur de la République trouve étrange qu'après la mort de M. de Courcelles M. Impens soit venu s'installer au château de Villereau, où il commandait en maître. L'ancien capitaine n'est pas un mauvais cœur; il a été, comme le vicomte de Courcelles, la victime de cette meneuse d'hommes, mais il n'aurait pas dû hésiter entre sa jeune femme et les ruines de son ancienne maîtresse. S'il avait eu cette force d'âme, avec toutes ces hontes on aurait pu faire du bonheur !

Si M^mo de Courcelles a marié sa fille à son amant, c'est qu'elle ne pouvait épouser elle-même M. Impens sans s'exposer à perdre la fortune que lui avait laissée son mari. Elle a voulu garder à la fois cette fortune et son amant; et comme M^llo Léonice de Courcelles se révoltait contre ce mariage, sa mère l'a fait enfermer dans un couvent de repenties, avec des filles perdues et des voleuses. C'est ainsi que le consentement de cette malheureuse jeune fille a été arraché.

Orléans, 5 janvier.

Le procès de Courcelles-Impens a eu le résultat que nous avions prévu dès la première heure de l'audience.

Mais ce n'a pas été sans une lutte acharnée du ministère public, qui a continué pendant toute la journée d'aujourd'hui son véhément réquisitoire, dirigé bien moins contre M. Impens que contre la veuve du vicomte de Courcelles.

M. le procureur de la République Peyssonnié ne se borne pas à soutenir que la châtelaine de Villereau a marié sa fille à son propre amant. Il persiste à considérer comme établis, malgré le néant des témoignages, les mauvais traitements dont M. Impens aurait rendu victime sa jeune femme, après l'avoir totalement délaissée pour aller partager le lit de sa belle-mère.

Mme Impens, dit-il, était confinée dans une aile du château de Villereau. La chambre de son mari était située dans une autre aile, et cette chambre de M. Impens communiquait avec celle de sa belle-mère.

Que le Tribunal n'ajoute pas la moindre foi aux lettres affectueuses et tendres que la jeune femme a adressées à son mari ! Ces lettres lui ont été dictées. Il en est une qu'on lui a fait écrire en double exemplaire.

N'a-t-on pas arraché à cette jeune mariée un testament en faveur de son mari?

13

M. le procureur de la République ayant rappelé qu'à l'audience d'hier Mme Impens a eu la douleur de s'entendre traiter de comédienne :

— Est-ce un reproche que vous adressez au président? interrompt M. le président Beaudoin.

Il est visible que les deux magistrats ne peuvent pas se souffrir.

M. Peyssonnié termine son réquisitoire, d'ailleurs plein de verve et d'une rare intensité d'accent, par cette péroraison qui a vivement impressionné l'auditoire :

(*Se tournant vers Mme Impens*). — Quant à vous, madame, j'estime que vous ne pouviez supporter plus longtemps ce partage de votre mari entre votre belle-mère et vous !

J'estime que vous aviez le droit de prendre la fuite, d'aller demander conseil à un avocat, de vous réfugier dans votre famille.

Le Tribunal va rendre son jugement et il servira de base à la procédure de divorce que vous allez entamer pour briser le lien qui vous unit à M. Impens.

C'est à regret que nous vous avons fait connaître des secrets que nous aurions préféré vous laisser ignorer.

Mais j'estime que vous êtes déliée de toute obéissance et de tout respect envers votre mère, et je vous le dis, après mûre réflexion. Accordez-lui néanmoins un dédaigneux pardon et sortez de cette audience sans honte, en laissant votre mère abandonnée au mépris de tous les honnêtes gens !

Me Johanet, qui a défendu M. Impens avec infiniment de talent, avait beau jeu en face d'une accusation étayée sur des apparences et des racontars. Il en a profité fort habilement pour démolir le réquisitoire, qu'il traite de roman, et, après avoir établi l'honorabilité de M. Impens par les attestations de ses anciens chefs de l'armée belge, il demande au Tribunal quelle confiance peuvent lui inspirer les accusations des témoins. La jeune femme, la fille qui a menti en accusant sa mère d'avoir empoisonné son père, ment encore lorsqu'elle accuse son mari de l'avoir séquestrée et frappée :

Du reste, ajoute M⁰ Johanet, cette jeune femme nerveuse et impressionnable n'est pas responsable de tout le mal qu'elle a fait.

Elle subit l'influence néfaste et haineuse de la famille de son père, qui n'a jamais pu pardonner à M. de Courcelles de s'être mésallié et qui poursuit sa veuve d'une implacable haine.

Mais si Mme Impens pouvait s'arracher à ses oncles et à ses cousins, si elle restait seulement vingt-quatre heures seule à seule avec son mari, elle se rétracterait aussitôt.

Ce procès, c'est la vengeance des parents du mort contre celle que le vicomte de Courcelles avait librement choisie pour femme !

A l'appui de la thèse qu'il soutient, M⁰ Johanet donne lecture d'une correspondance pleine de tendresse échangée entre les deux époux.

Mme Impens exprimait son amour à son mari en prose et en vers et M⁰ Johanet donne lecture de ce quatrain, qui accompagnait un envoi de fleurs :

De mon affection accepte le doux gage !
Combien j'ai de bonheur lorsque je pense à toi !
Ces fleurs te le diront dans leur simple langage
Et répondront pour moi !

Après une courte délibération, le Tribunal prononce l'acquittement de M. Impens, en se fondant « sur les mensonges prouvés et les exagérations certaines qui. ne permettent pas d'accorder aux accusations portées contre le prévenu le moindre crédit.

P.-S. Malgré l'acquittement de son mari, Mme Impens a cru devoir intenter une action en divorce, pour violences et injures graves. Mais le tribunal d'Orléans, devant lequel elle avait porté sa demande, s'est déclaré incompétent, M. Impens étant de nationalité belge.

Quelques mois après le procès, la vicomtesse de Courcelles est morte subitement à l'Hôtel Terminus, pendant un voyage qu'elle faisait à Paris.

III

LE MARIAGE DE Mlle FÉRIEL

Paris, 19 janvier.

Le procès très parisien qui s'est plaidé hier devant la 3ᵉ chambre du Tribunal civil transporte de la scène au prétoire une artiste dramatique, Mlle Fériel, dont le talent très expressif n'a pas peu contribué à la renaissance de l'art de la pantomime. Mlle Fériel plaide contre M. Roger Trousselle, fils d'un notaire de Paris.

La jeune femme, de son vrai nom Marie-Ange Feugère, est née à Valladolid, en Espagne. Son père était ingénieur dans cette ville et, après sa mort, Mme Feugère fonda à Paris un cours d'éducation qui lui permit de gagner fort honorablement sa vie et celle de sa famille. L'éducation de Mlle Fériel fut très complète, le brevet de capacité et le brevet supérieur en sont une preuve. Son éducation musicale ne fut pas moins soignée.

Mais le démon du théâtre l'avait tentée. Elle vint à bout des résistances de sa mère, et c'est en jouant la comédie dans les salons parisiens qu'elle rencontra M. Roger Trousselle.

Mlle Fériel était jolie, M. Trousselle jeune et ardent; l'on conçoit que celui-ci devint bientôt amoureux de celle-là. Envoi de fleurs d'abord, petits billets respectueux et soumis, et enfin aveu d'un amour qu'on n'a plus la force de dissimuler. Telle fut la progression insensible par laquelle passa M. Trousselle et qu'on peut suivre pas à pas dans ses lettres.

Cette fois, Mlle Fériel, qui avait pu ne pas attacher

d'importance à des compliments flatteurs, la monnaie courante de la vie parisienne, prit ombrage de cette liberté, et, à la date du 9 février 1892, elle écrivit à son soupirant de façon à le décourager complètement :

Celui que j'aurai choisi entre tous, disait-elle, pour être le compagnon de ma vie me devra l'abandon de la sienne ; il devra être prêt à tout sacrifier pour m'obtenir comme je serai disposée à lui faire l'abandon de toutes choses...

Remarquez que je ne vous le demande pas, je ne fais que vous exprimer en bon camarade les réflexions que votre aveu m'a suggérées. Je tiens à vous dire que je suis, avant tout, la fille de parents foncièrement honnêtes, qui m'ont inculqué le sentiment de le dignité d'une façon toute virile.

Cet obstacle ne fit qu'exaspérer la passion naissante de M. Trousselle, qui s'engagea de plus en plus. Il protesta de la sincérité de ses sentiments, envoya à Mlle Fériel un caniche noir, symbole, dit-il, de sa fidélité et, dès lors, la correspondance devint plus intime.

Marie Fériel devint pour lui Mariquita et, par abrévation, Kita. Roger, ce fut Petit Ami, Titami, ou encore Lord Chydée, allusion à ses fréquents envois de fleurs.

Enfin, dans une promenade à Fontainebleau, le jeune homme demande officiellement à la mère la main de sa fille et se fait fort d'amener son père à consentir à ce mariage. Il commence par en parler à son oncle :

Une bonne nouvelle, écrit-il à celle qu'il appelle « sa fiancée », j'ai parlé de ce que vous savez à mon oncle, il nous approuve absolument. C'est un allié.

Les deux jeunes gens attendent le moment favorable pour s'ouvrir à M. Trousselle. Pour écarter un obstacle, Mlle Fériel obtient la résiliation de son engagement au Vaudeville.

Mais toutes ces espérances s'évanouissent soudain.
M. Trousselle père fait une visite à Mme Feugère et
l'informe qu'il désapprouve absolument ce mariage
et qu'il n'y consentira jamais.

Roger Trousselle hésite, et après avoir d'abord
juré à sa fiancée qu'il attendra ses vingt-cinq ans
pour se marier, il se résigne à obéir à son père, et
déclare qu'il va partir pour l'Orient. Puis son désespoir prenant soudain une forme plus aiguë, il écrit le
28 juin 1892 à Mlle Fériel qu'il vient de tenter de se
suicider, qu'il s'est manqué et que la balle du revolver est entrée dans l'épaule.

Mlle Fériel fut touchée de ce désespoir : « Revenez
me voir, je ne veux pas que vous mourriez. » Et
comme elle reste quelques jours sans nouvelles et
qu'elle est horriblement inquiète du blessé, elle insiste : « Je veux vous voir encore, je viens de signer
un nouvel engagement. Si vous ne pouviez plus voir
Mlle Feugère, vous pouvez revoir Mlle Fériel. »

Mais Roger Trousselle ne songe plus qu'à obéir à
son père. Il veut partir pour Constantinople, et dans
une dernière entrevue les deux jeunes gens se rendent
mutuellement leur liberté.

Tel est le prologue du roman, car rien n'est fini,
au contraire. Les fermes résolutions de Roger Trousselle ont fléchi. Quelques jours après, il écrit de nouveau, et cette fois il sollicite son pardon. Il faut croire
qu'il fut éloquent puisqu'il l'obtint, mais Mlle Fériel
lui fit observer que cet engagement était sérieux et
définitif, et qu'il eût à réfléchir avant de promettre.

Est-il besoin de le dire? L'amoureux fit tous les
serments. Les choses dès lors se précipitèrent. Roger
Trousselle offre une bague de fiançailles à Mlle Fériel.

Si mon père, lui dit-il, refuse de consentir à mon
mariage, c'est qu'il croit que ma résolution de vous épouser est fragile, je veux lui prouver qu'elle est inébran-
lable et définitive. Allons donc à l'étranger, nous nous
engagerons solennellement devant un prêtre. Mon père
sera dès lors convaincu de la fermeté de ma décision.
D'ailleurs, votre mère n'a été mariée à Valladolid que par

un mariage religieux. Je ne vous demande de faire que ce que votre mère a fait elle-même.

Un voyage en Suisse fut décidé, et le 11 août 1892, le curé de Glis-Brigue consentait à célébrer une sorte de cérémonie religieuse et bénissait solennellement « les fiançailles des deux amoureux en vue d'une union future. » Il dressa même un certificat de cet engagement.

Devant une telle preuve d'amour, Mlle Fériel laisse fléchir ses résolutions et M. Roger Trousselle put enfin triompher des derniers scrupules de la jeune fille.

Le fils du notaire ne tarda pas à ramener à Paris celle qu'il considérait désormais comme sa femme; il choisit pour Mlle Fériel et sa mère un appartement de 5.000 francs, avenue de la Grande-Armée. Il voulut que cet appartement fût mis au nom de Mlle Fériel.

M. Trousselle père intervenait même pour informer sur une de ses cartes Mme Feugère qu'il prenait l'engagement d'en payer le loyer. Il paraît que cet engagement n'a pas été tenu encore et qu'il y a un procès engagé à ce sujet.

Qu'arrive-t-il alors? La jeune femme apprend à Roger Trousselle qu'elle est enceinte et celui-ci laisse percer dans ses épanchements un certain refroidissement. On ne le voit plus que rarement; cependant il conduit la jeune femme chez son médecin, qui confirme ses dires. Roger, qui ne vient plus, écrit de plus belle (une de ses lettres est même adressée à Mme Roger Trousselle); le 14 novembre il a une entrevue avec elle. Et brusquement il disparaît... Mlle Fériel ne l'a plus revu.

Et cependant trois personnes étaient intervenues pour obtenir la régularisation de ce pseudo-mariage, entre autres, le Père de Bizemont, auquel le jeune homme écrivait le 4 novembre :

Je n'ai jamais douté un instant que Marie-Ange ne soit digne de moi, j'aurais bien plutôt craint ma propre indignité à posséder un tel trésor.

A toutes les supplications, à toutes les demandes, la famille Trousselle reste sourde. Le fils est parti, il est dans le Caucase, dit-on.

Un enfant naît, une fille, au mois de juin 1893, et aux réclamations devenues plus pressantes, Roger Trousselle, ou sinon lui, du moins quelqu'un de son entourage intime, répond en faisant tirer un certain nombre d'exemplaires d'un factum qui est envoyé aux amis de la famille Feugère...

On y reproduit l'acte de célébration des fiançailles en Suisse, la carte de visite que Roger .Trousselle a fait faire alors et qui porte : Roger de Thérésis.

Quant au libelle, en voici un échantillon :

Elles appellent cela un mariage religieux ! Est-ce qu'une mère moins criminelle n'eût pas attendu l'union future avant de livrer sa fille ? Mais justement convaincues que leur victime allait leur échapper, elles ont joué leur va-tout, et le soir même la mère a livré sa fille à son amant.

Ce qui d'ailleurs démontre surabondamment jusqu'à quel point ces femmes sont redoutables, jusqu'où elles poussent la ruse et l'hypocrisie, c'est qu'avec de pareils vices elles ont su capter l'estime de trois personnes de la plus haute honorabilité et que cette estime a survécu même à la prostitution de la fille par la mère.

C'est dans ces conditions que s'est engagé le procès actuel.

L'audience d'aujourd'hui a été consacrée tout entière à une plaidoirie très touchante de M° Bourdillon pour la demanderesse.

Mˡˡᵉ Fériel demande au Tribunal que M. Roger Trousselle, qui est fort riche, soit appelé à supporter les charges résultant de la naissance de l'enfant, et réclame une pension annuelle de 18.000 francs ou une somme de 250.000 francs.

A la huitaine prochaine, M. Lavollée plaidera pour M. Trousselle.

26 janvier.

Le procès en dommages-intérêts intenté par Mˡˡᵉ Fériel à M. Trousselle, fils du notaire parisien,

13.

pour séduction et rupture de promesse de mariage, s'est terminé par un coup de théâtre.

Dans une plaidoirie d'une rare élégance de forme. M⁰ Lavollée avait conclu au rejet de la demande quand, au moment de s'asseoir, il a déclaré que M. Trousselle tenait à faire, néanmoins, tout son devoir de galant homme en offrant immédiatement, sans condition ni réserve, à Mlle Fériel une somme de 125.000 francs.

M⁰ Bourdillon, avocat de Mlle Fériel, a déclaré aussitôt qu'il acceptait cette offre au nom de sa cliente et, après un échange d'observations dont on trouvera plus loin le piquant détail, l'affaire a été supprimée du rôle.

Ce dénouement imprévu ne nous dispense pas, d'ailleurs, de résumer l'éloquente plaidoirie de M⁰ Lavollée.

L'avocat de M. Trousselle estime que la demande de 250.000 francs de dommages-intérêts formée par Mlle Fériel n'est fondée à aucun point de vue.

La jeune artiste a mauvaise grâce à parler de séduction, et M. Trousselle fils ne s'est engagé par aucune promesse formelle de mariage.

D'autre part, le texte du Code civil qui interdit la recherche de la paternité ne permet pas à Mlle Fériel de réclamer des dommages-intérêts en raison de la naissance de son enfant.

L'honorable avocat aborde ici l'histoire de ce roman d'amour. C'est en voyant Mlle Fériel jouer la comédie dans un salon que le jeune Trousselle s'éprit d'elle, au mois de janvier 1892.

Le lendemain, le fils du notaire envoyait à Mlle Fériel des fleurs avec sa carte « et ses meilleurs souvenirs, ses compliments bien sincères et l'assurance de sa vive amitié » :

Certes, poursuit M⁰ Lavollée, la famille de Mlle Fériel est fort honorable.

Mais, en entrant au théâtre, Mlle Fériel ne pouvait prétendre à conserver la considération absolue qui entoure

les jeunes filles du monde et qui les protège contre les
entreprises des adorateurs.

En se produisant sur la scène, une jeune fille sait
qu'elle expose sa vertu. Jamais M. Roger Trousselle ne se
fût risqué à adresser une déclaration à une jeune fille de
son monde.

Mme Feugère, mère de Mlle Fériel, ne pouvait se mé-
prendre sur ses intentions réelles.

Il était peu probable que M. Roger Trousselle pût rester
pour Mlle Fériel un simple camarade, il ne pouvait davantage se présenter comme un fiancé. Les préjugés du monde
le lui interdisaient.

Mme Feugère aurait dû se rendre compte de la situation.
Il était de son devoir de mère d'arrêter net cette passion
naissante.

Mlle Feugère ne fut pas plus prudente que sa mère. Elle
répondit par un billet banal, remerciant M. Trousselle de
son gracieux envoi si parfumé et du soin qu'il prenait de
sa santé. Mais c'était déjà un premier pas.

Quelques jours plus tard, nouvel envoi de fleurs de
M. Roger Trousselle et nouveau billet de Mlle Fériel :

Vous êtes bien, monsieur Roger, le plus charmant jeune
homme que je connaisse, comme aussi le plus déso-
béissant.

Je devrais vous gronder, mais je n'en ai pas le courage,
tant la corbeille est agréable à voir et tant les fleurs sont
joliment choisies !

Cependant je finirais par me fâcher, si vous me gâtiez
encore, car les fleuristes s'entendent à ruiner les jeunes
gens !

Cette période de marivaudages continue pendant
un mois, les envois de fleurs se succèdent.

— Nous sommes bien là, observe Me Lavollée, en
face d'un jeune homme qui recherche les faveurs
d'une actrice, mais qui ne songe nullement à l'épouser.

Enfin, le 9 février, M. Roger Trousselle se déclare :

Chère mademoiselle,

Vous avez été si aimable et si gracieuse samedi soir que,
depuis, je pense sans cesse aux si doux, mais malheureusement si courts instants que j'ai passés avec vous.

Vous allez probablement vous moquer de moi en lisant cette lettre, mais qu'importe ? Il faut que je vous le dise, c'est plus fort que moi !

Vous êtes charmante et adorable et, puisque je suis trop timide pour vous le dire, laissez-moi vous l'écrire. Ne vous fâchez pas.

Laissez-moi espérer que vous me permettrez encore de vous accompagner jusqu'à votre porte et de marcher à votre côté comme un bon petit camarade.

Pardonnez à un jeune homme qui serait bien heureux d'être et de signer.   Votre petit ami,

ROGER.

Mlle Fériel répondit à M. Trousselle une lettre très réfléchie, que nous avons reproduite plus haut, et dans laquelle elle lui rappelait que « fille de parents foncièrement honnêtes, qui lui avaient inculqué le sentiment de la dignité d'une façon toute virile, elle exigerait de celui qu'elle aurait choisi pour être le compagnon de sa vie l'entier abandon de la sienne ».

Et elle terminait en engageant M. Trousselle à lui rendre visite « le jour de sa mère ».

Des relations d'intimité plus étroite s'établirent ainsi.

Me Fériel accepte de son nouvel ami un amour de petit chien ; elle s'abandonne dans ses lettres à une causerie plus familière, s'excusant auprès du jeune homme d'être « un paquet de nerfs, une vraie bobine Rumkoff » et continuant à le gronder pour ses envois de fleurs.

Au mois d'avril, les deux amoureux et Mme Feugère mère font un petit voyage à Fontainebleau. Ils passent ensemble la journée du 1er mai.

A demain donc, écrit le 30 avril Mlle Fériel. Nous passerons ensemble la journée terrible ! Et s'il doit y avoir de la dynamite, eh bien, nous chanterons de concert :

Mourir ensemble est encor du bonheur !

Mlle Fériel raille agréablement son « petit briga-

`dier ». — M. Roger Trousselle vient d'être appelé comme réserviste :

> J'ai calculé, lui écrit-elle, ce que vous avez dépensé en fleurs depuis quatre mois. De quoi avoir, ma foi! le collier de Léonide Leblanc ! Vous êtes un monstre !

M⁰ Lavollée s'étonne que Mᵐᵒ Feugère mère ne se soit pas préoccupée de cette intimité :

> Si elle avait agi en mère correcte et prudente, elle eût dû congédier le soupirant ou, tout au moins, exiger que la famille Trousselle fût mise au courant.
> Il semble, au contraire, qu'elle ait cherché à presser les choses de façon à compromettre M. Trousselle en dehors de sa famille.
> Ce jeune homme de vingt-quatre ans était littéralement affolé par la passion !

Il en vint à comprendre qu'en dehors du mariage, ses assiduités resteraient vaines et, le 24 mai, pour la première fois, il prononçait le mot de « fiancée », embrassant de « toute son âme » la jeune actrice qui, très maîtresse d'elle-même, se gardait de lui répondre avec la même effusion :

> Ne pensez pas à moi, écrivait-elle à M. Roger Trousselle — qui faisait toujours ses vingt-huit jours — en rendant visite à Saussier. Vous êtes si distrait que vous seriez capable de lui dire : « Je vous aime ! » et de vous précipiter sur son illustre moustache !

Nous arrivons ainsi à la troisième période, l'intervention du père, auquel Mˡˡᵉ Fériel, qui l'a rencontré, trouve « l'air pas commode », et qui signifie tout net à son fils qu'il ne consentira jamais à un pareil mariage.

Mᵉ Lavollée estime qu'à ce moment Mᵐᶜ Feugère avait le devoir absolu de rompre. Pourquoi a-t-elle permis au jeune homme de revoir sa fille, malgré l'obstacle infranchissable qui se dressait devant elle?

Quant à Mlle Fériel, elle continue d'écrire à M. Roger Trousselle, le grondant gentiment d'être resté trois jours sans la voir et, naturellement, le jeune homme accourt au rendez-vous.

Quand il lui annonce que la décision paternelle est irrévocable, elle lui répond par une lettre de vingt pages, toute pleine d'amères railleries :

Comment appellerons-nous cette période de cinq mois pendant laquelle nous nous sommes mis en relations suivies ?

Dans nos annales respectives, sera-ce un roman ou une comédie ?

Pour une comédie, ce serait trop long. Les mystères du moyen âge ne duraient que trois jours. J'ai trouvé le titre, qui est en même temps celui d'une pièce que vous aimez beaucoup : *l'Infidèle*..... Par exemple, je n'exciterai pas votre jalousie en venant sous vos fenêtres chanter une sérénade. Non ! me voyez-vous affublée d'un veston, chantant en français une chanson espagnole, accompagnée d'un Tsigane ? Je serais bien ridicule ! A notre époque, ceux qui chantent sous les balcons ne reçoivent plus de coups d'épée. Ce sont des sous !

On sait le reste. M. Trousselle fils est trop épris pour pouvoir oublier celle qu'il a aimée.

Au mépris de toutes les défenses paternelles, il lui revient et... elle ne le décourage pas. Il raconte à Mlle Fériel qu'il a voulu se tuer pour elle et elle lui répond :

Je ne vous pardonnerai jamais d'avoir songé à vous détruire ! Que de maux et de pleurs nous coûtent nos parents par l'amour qu'ils ont pour nous !

Je ne veux pas que tu meures ! *Je t'aime !*

Aussi celui qui naguère écrivait à Mlle Fériel :

Chère petite Kita,

Je suis bien triste et bien malheureux, et je ne dois plus te revoir jamais. Telle est la volonté de mon père...

retombe-t-il bientôt sous l'entière domination de celle qui a conquis son cœur :

Si, par hasard, sur votre chemin, vous rencontrez un pauvre jeune homme bien triste et bien malheureux, ne détournez pas la tête, faites-lui l'aumône d'un regard et dites-vous : Il m'aime, il souffre pour moi.

Les relations d'intimité ne tardent pas à reprendre. Elle a voulu lui rendre *Dick*, son chien, un caniche noir, le symbole de la fidélité. Il la supplie de le garder ; une nouvelle correspondance s'engage.

Mlle Fériel lui envoie un joli bouquet d'orchidées, une petite palette délicieusement peinte pour son anniversaire. Il la remercie en pleurant sur le bonheur « à tout jamais perdu ».

C'était l'acheminement vers la réconciliation, cette réconciliation si étroite qu'elle se termina par un voyage en Suisse et par des fiançailles romanesques célébrées devant le curé de Glis-Brigues, dans le Valais.

Me Lavollée estime que cette cérémonie ne peut être considérée comme une promesse sérieuse de mariage. Tout se passe en dehors de M. Trousselle père ; de la famille, dont on connaît l'opposition. Mais Mme Fougère mère est là et c'est elle qui sollicite du curé, malgré les résistances inflexibles qu'elle connaît, une attestation en bonne forme.

Nous touchons au dénouement : la grossesse, l'intervention décisive de la famille, l'annonce de la rupture définitive et d'un long voyage de M. Roger Trousselle pour obéir à la volonté paternelle.

Me Lavollée estime que si son jeune client s'est résigné avec douleur à renoncer au rêve qu'il avait si longtemps caressé, rien n'autorise Mlle Fériel à soutenir qu'elle a été trompée, séduite, abandonnée après une promesse *formelle* de mariage. Son action n'est qu'une recherche détournée de la paternité.

Et ici se place le coup de théâtre :

Messieurs, s'écrie M⁰ Lavollée, maintenant que j'ai plaidé
ce procès en remettant toutes choses au point, en montrant
chacun des personnages dans son véritable rôle, maintenant que je vous ai adjurés de ne pas accueillir une demande qui constituerait un précédent redoutable pour les
familles, permettez-moi de faire une déclaration. Au cours
des pourparlers qui ont précédé cette audience, mon
confrère, M⁰ Bourdillon, et moi nous sommes tombés d'accord qu'un pareil débat ne devrait jamais voir le jour de
l'audience !

M. Trousselle a offert 125.000 francs. Eh bien, il les offre
encore, ici même, à cette barre, sans condition, sans res-
triction, à Mlle Fériel. Il tient, après vous avoir fait juges
de sa conduite, à remplir ses devoirs de galant homme.
(*Mouvement prolongé.*)

M⁰ Francastel, avoué de M. Trousselle, se lève à
son tour et confirme cette offre, qui met fin au procès.

Mais M⁰ Bourdillon ne l'accepte pas sans quelques
réserves :

Cette offre tapageuse et solennelle, s'écrie-t-il, délie
Mlle Fériel du secret qu'elle s'était promis de garder.

Ces 125.000 francs, on les lui a déjà offerts ! Elle les avait
acceptés ; puis, tout à coup, la proposition a été retirée.
M. Trousselle père avait repris sa parole. Il a voulu
plaider !

Ma cliente, messieurs, ne vous a rien dit de cette décep-
tion nouvelle, bien petite après tant d'autres.

J'ai plaidé en honnête homme, devant d'honnêtes gens,
pour une honnête femme !

Ma plaidoirie, cependant si mesurée, a porté ! Il s'est
échappé de la presse un cri de réprobation unanime
contre la conduite de M. Trousselle. Alors, il a eu peur de
l'opinion publique et aujourd'hui il nous jette à nouveau
ses 125.000 francs comme une aumône !

Eh bien ! il faut qu'il le sache, nous ne lui en savons
aucun gré !

Ce n'est pas là une libéralité fastueuse, don d'une âme
généreuse à une femme délaissée.

C'est un tribut que M. Trousselle paie à l'opinion.

N'attendez donc de nous aucune reconnaissance.

Mlle Fériel n'oubliera jamais l'injure que vous lui avez
faite. Et si mes paroles vous paraissent trop sévères,
retirez vos offres ! Il en est encore temps ! (*Sensation.*)

Me Lavollée. — Nous les maintenons formellement.

Me Bourdillon. — Eh bien ! au nom de Mlle Fériel je les accepte aussi solennellement qu'elles m'ont été faites, et non sans quelque regret.

J'avais encore tant de choses à vous dire !

Mlle Fériel **avait** accepté ces 125.000 francs au début du procès ; aujourd'hui elle ne vous demande rien de plus. Et ce soir, M. Trousselle pourra se dire qu'une parole d'actrice vaut quelquefois plus que les promesses d'un futur notaire ! (*Mouvement prolongé*).

L'audience est levée au milieu d'une agitation que l'on devine et M. le président Taillefer ordonne la radiation pure et simple de ce procès, qui a si vivement passionné Paris.

IV

MADAME APPARUTTI

UN AMIRAL IMAGINAIRE

Paris, 23 janvier 1894.

Les Parisiennes n'ont certainement pas oublié le nom de Mme Apparutti, « couturière de la Cour impériale de Russie et des Cours royales de Danemark et de Grèce », qui disparut, il y a deux ans, emportant l'argent de nombreux commanditaires, que ses relations princières avaient alléchés.

Cette aventurière de haut vol est morte à Saint-Pétersbourg. On a même dit qu'elle s'était suicidée au cours de la procédure d'extradition commencée contre elle.

Mais le syndic de sa faillite est harcelé par les réclamations de ses dupes, au premier rang desquelles figure un ancien juge de paix des environs de Dijon, M. Masson, cousin de Mme Apparutti par alliance, et qu'elle aurait allégé de plus de 50.000 francs.

Me Robinet de Cléry, qui réclamait hier à la faillite la restitution de cette somme, va nous raconter en détail le roman de cette commandite, consentie à Mme Apparutti par un magistrat cantonal qui ne donnait pas, d'ailleurs, son argent pour rien.

L'honorable avocat de M. Masson commence par raconter au tribunal la vie accidentée de l'ancienne couturière. Femme divorcée d'un mari qui, paraît-il, avait tous les torts, Mme Apparutti se fixa, après la rupture de son mariage, dans l'île de Jersey, où elle

dirigea pendant quelques années une institution de
jeunes filles.

De retour à Paris en 1886, elle devenait la directrice
d'un journal de modes, le *Conseiller des Dames et des
Demoiselles*. Son train de maison était jusqu'alors des
plus modestes. Elle avait un petit loyer de 1.200 francs.

Soudain, on la voit ouvrir à grand renfort de réclames
une maison de couture des plus élégantes, elle prend
un appartement de 6.000 francs qu'elle installe avec
le plus grand luxe, elle fait de longs voyages à l'étranger. On raconte, et elle ne cesse de le répéter avec complaisance, qu'elle est devenue la couturière en titre de
S. M. l'impératrice de Russie, qui l'honore de sa protection et qui lui a donné la clientèle des familles
royales de Danemark et de Grèce.

Pour capter la confiance de M. Masson, qui ne demandait d'ailleurs qu'à « faire travailler » ses fonds
dans les affaires, Mme Apparutti lui confia qu'à l'époque
où elle habitait Jersey. elle avait eu l'occasion de
donner des leçons de français aux fils du comte
Colson, ancien précepteur de la Tsarine et de la reine
de Grèce, qui avait conçu pour elle une passion folle et
était déterminé à l'épouser. C'est par ce vieux gentilhomme danois, devenu bientôt dans sa correspondance « l'amiral Colson », que Mme Apparutti prétendait avoir obtenu la faveur de l'impératrice de Russie,
auprès de laquelle la propre sœur de l'amiral, la comtesse de Pallen, exerçait les fonctions de dame du
Palais.

Une protection aussi haute assurait infailliblement
sa fortune. A l'entendre, les commanditaires faisaient
assaut autour d'elle. L'un d'eux était venu lui apporter spontanément 25.000 francs. Il est vrai qu'en
retour de cette avance, il exigeait « qu'elle fût très
gentille pour lui ». Mme Apparutti repoussa avec indignation ces propositions galantes et préféra donner à
son cousin Masson l'occasion de gagner beaucoup
d'argent sans peine, en lui procurant le fonds de rou-
lement dont elle avait besoin.

De 1887 à 1892, l'ex-juge de paix lui versa près de

200.000 francs. Il vendit ses obligations, aliéna ses terres et lui confia toute sa fortune, recevant à chaque échéance de nouveaux appels de fonds et entretenu dans sa confiance par une correspondance extraordinaire dont voici quelques aperçus :

M. Colson, écrivait Mme Apparutti au juge de paix, voyage avec le second fils de l'Empereur, auquel il fait faire le tour du monde.

L'amiral se trouve actuellement aux Indes d'où il m'écrit des lettres enflammées.

Hier soir, j'ai reçu de lui une caisse recommandée contenant un écrin superbe, dans lequel il y avait une rivière de diamants et une bague digne d'une reine.

L'écrin est chiffré aux armes de « la comtesse Marie Colson ».

Autre lettre :

Je suis demandée à Saint-Pétersbourg par l'Impératrice, qui veut me confier un Institut de jeunes filles quand je serai mariée.

Je dois l'organiser d'ici là.

Mais l'amiral est si jaloux qu'il veut m'emmener dans les forêts de l'Inde pour vivre seul avec moi !

Dans une autre lettre, elle promettait au juge de paix bourguignon de lui faire obtenir un bureau de tabac pour l'un de ses protégés, par l'intermédiaire de l'amiral Colson.

Cependant M. Masson, auquel son associée a promis monts et merveilles, s'inquiète de ne pas toucher le moindre dividende. Mme Apparutti le rassure d'un mot :

Le retard dans le paiement des sommes qui me sont dues à Saint-Pétersbourg provient de la nomination d'une nouvelle grande-maîtresse de la Cour. Surtout n'allez pas écrire à l'ambassade, votre précipitation perdrait tout.

Et le bon juge de paix continuait d'arroser, tout en commençant à gémir.

Mais continuons, avec Mᵉ Robinet de Cléry, le dépouillement de la correspondance. Voici une lettre de Mᵐᵉ Apparutti qui est datée de Copenhague, où elle s'était rendue, prétendait-elle, sur l'ordre de l'Impératrice de Russie, alors auprès de son père, le roi Christian :

Napoléon n'a pas dû étudier avec plus de soin ses plans de bataille que je n'étudie les miens. Il me faut du génie pour me diriger dans le labyrinthe où je marche ici ! Le général (?) est une vieille bête amoureuse qui ne pense qu'à faire l'amour avec sa jeune femme. Il a profité des fêtes de Pâques pour se sauver dans une auberge de village où il passe son temps à faire ses vingt-quatre heures.

Je vous ai caché mes premières audiences.

L'Impératrice est parfaite pour moi et j'arrive petit à petit à pouvoir parler. Elle ne peut revenir de l'étonnement où je l'ai mise en disant que les factures d'octobre n'étaient pas payées. J'ai parlé de mes difficultés, de mes embarras et j'ai vu le moment où elle allait me donner un chèque de 100.000 francs; mais la Reine l'a regardée et lui a dit : « Faites contrôler les réclamations de Mᵐᵉ Apparutti; on ne paie jamais sans contrôle. » Je n'ai pu que m'incliner. C'était, d'ailleurs, de toute justice !

Il est évident que la comtesse L... tripotait et trafiquait; mais si je le dis, je peux tout perdre !

Mᵐᵉ Apparutti ne tarissait pas en détails sur la faveur dont l'honorait l'Impératrice, dont elle était devenue, disait-elle, la confidente, presque l'amie :

J'ai revu Sa Majesté hier soir. Elle est très malade de la tête. Elle est adorée pour sa bonté et très, très intelligente ! C'est la fille de sa mère à ce sujet. Mais la Reine est d'une économie obligée et d'un ordre rare. Elle porte les vieilles robes de ses filles et compte avec son chef.

L'Impératrice ne peut compter avec les 1.300 serviteurs de la Cour. C'est à qui volera, mentira, trompera le mieux !

L'Impératrice m'a dit : « Ne vous plaignez pas de votre vie de travail, à côté de ce que nous endurons. Je voudrais vendre du drap dans une boutique plutôt que d'être où je suis. C'est horrible, et il faut sourire dans l'effroi ! »

Elle m'a embrassée et elle m'a dit qu'elle devinait en moi un caractère sûr et dévoué.

Prenez donc patience et ayez confiance.

J'espère pouvoir manœuvrer ma barque sans dommages, mais c'est rude, difficile et je suis seule.

Je suis très bien à l'hôtel ; il est vrai que les voitures de la Cour qui viennent me prendre font leur effet.

Il y a ici des effets singuliers : quand le soleil paraît, le ciel est rose comme à l'aurore chez nous ; quand il ne paraît pas, le jour ressemble à un clair de lune. C'est indéfini, indéfinissable !

Autre lettre :

L'Impératrice a l'or en tas, mais elle aime ces tas intacts et a peine à mettre la pelle dedans.

Elle ferme les yeux sur le gaspillage pour ne pas toucher à ses tas personnels. Elle fait toutes ses générosités par la voie de l'Etat et les intendants grattent à plaisir.

D'ailleurs, elle est charmante et bonne avec moi, mais elle se tient toujours à son rang et je vous assure qu'il n'y a qu'à baisser pavillon.

Les grands trouvent que tout leur est dû et que tout leur est permis. Tout est là : *charmants et fourbes !*

Citons encore celle-ci, la plus délicieuse de toutes :

Copenhague, 31 mai 1891.

Mon cher Eugène,

Je jette ce mot à la gare allemande en revenant du Palais, et je vous l'écris de chez le général (?).

Voici les choses. A cinq heures, Mme Hüntz, la lectrice de l'Impératrice, est venue me chercher en voiture.

J'étais levée, mais dans un état à ne pas me tenir debout ; elle m'a mis de force mon manteau et je suis descendue en robe de chambre, manteau et chapeau.

A la porte, une voiture, les stores baissés. Je monte. C'était l'Impératrice !

Elle me dit : « Venez, ma bonne petite Colson, nous allons nous promener et causer. »

Une fois hors de la ville, on a levé les stores et nous sommes allées dans la campagne, à la maison des Colson, à Falkenborg.

Vieille église catholique, agencée en maison bourgeoise.

L'Impératrice veut alors descendre, visite la maison, gardée par de vieux domestiques, et là prend une crise de larmes et de nerfs.

Nous rentrons au Palais et elle m'a fait dîner auprès d'elle dans un petit salon. C'était Mme Hüntz qui faisait le service. Je vous fais grâce du menu, c'est fantastique !

Enfin elle me dit : « J'ai envoyé vos factures. Tout vous sera payé comme de coutume. Je donne l'ordre. Il faut trois semaines de *visas*. Donc, vous aurez 200.000 francs du 20 au 25 avril au plus tard. »

Je soupire d'aise et je remercie. J'ai pu manger après.

On prétend que l'Impératrice a la tête très malade, cela se voit, mais silence !

A vous de tout cœur,

MARIE.

En même temps, Mme Apparutti copiait, à l'adresse de M. Masson, quelques lignes de l'amiral, son illustre protecteur :

Trouvez-vous à Ostende le 24 mai. La reine de Grèce y sera incognito avec la princesse, se rendant en Danemark. Là, vous remettrez en mains propres la commande que je vous adresse sous ce pli et vous prendrez toutes celles du mariage de la princesse.

Affaire de 60.000 francs. Ne me remerciez pas. Je suis heureux de vous seconder dans votre vie de labeur.

Et Mme Apparutti ajoutait pudiquement :

Voilà ce que je puis vous lire de cette lettre de l'amiral, le reste vous pétrolerait et ferait rougir vos cheveux blancs.

Cependant M. Masson finit par s'inquiéter de l'absence prolongée du fiancé, de cet amiral fantôme qui courait les mers et tardait tant à venir retrouver celle qu'il aimait.

Me Apparutti lui répond que l'amiral Colson vient d'être frappé par un deuil cruel !

Il a eu le chagrin de perdre l'aîné de ses fils, et quelques jours plus tard le vieux juge de paix reçoit

de Russie un billet de faire part qui lui annonce la
fin prématurée du jeune homme, au nom de « M. le
comte Ruffen Colson, amiral en retraite, son père, de
MM. Rudolph et William, ses frères, et de ses sœurs,
Mlles Maria, Aurore, Nadia Colson, de la comtesse
Lavini-Colson, de sir James Robert Peel et de toute la
famille ».

Le 10 février 1892, l'amiral est à son tour frappé
par la mort — Mme Apparutti s'est décidée à le tuer !
— et elle télégraphie à M. Masson :

Je suis sous le coup d'une grande émotion! M. Colson
est mort, de là la non venue du chèque!

Je ne puis rien vous dire de plus. Je vais partir!

MARIE.

Quelques jours après, nouvelles lettres. Mme Apparutti est forcée de se rendre à Copenhague — par
mer, ce qui l'épouvante ! — pour surveiller ses
intérêts :

Je crois avoir compris, écrit-elle, que les Colson ont
commencé par se faire remettre des sommes dues à leur
père et que ma cause en a souffert. Je passerai après.

14 mai.

Nous sommes arrivés hier seulement à Copenhague. La
mer a arrêté le paquebot en route. Ensuite les glaces nous
ont forcés de faire un long détour : au lieu de quarante-
huit heures, nous avons mis six jours et demi!   .

Mon audience, fixée au 14, est repoussée au 18, l'Impératrice étant partie subitement pour la Crimée pour voir
son fils malade.

Pour pénétrer auprès de l'entourage, il faut des laissez-
passer visés par sept ou huit signatures. Les Palais sont
fermés et gardés comme des forteresses!

Enfin, au mois de décembre 1892, l'infortuné
M. Masson apprenait par une lettre du secrétaire des
commandements de S. M. l'Impératrice de Russie que

14

les noms de « comte de Fallen Colson et d'Apparutti étaient inconnus de sa souveraine et que jamais aucune commande n'avait été faite par la Cour à la maison Apparutti de Paris ».

La fuite de Mme Apparutti allait achever de dessiller les yeux de l'infortuné juge de paix.

A ce moment, il lui restait encore 57.000 francs hors de sa caisse. Le surplus des 200.000 francs qu'il avait remis à Mme Apparutti lui avait été reversé, tant sous forme de prétendus dividendes distribués par l'aventurière pour entretenir sa confiance, qu'à la suite de ses réclamations multipliées.

Me Robinet de Cléry achèvera aujourd'hui son intéressante plaidoirie.

Me Milliard prendra ensuite la parole pour le syndic de la faillite et Me Eugène Carré au nom des héritiers Apparutti.

30 janvier.

Me Robinet de Cléry a terminé hier sa remarquable plaidoirie dans l'affaire Apparutti.

Nous ne reviendrons plus sur l'épisode de l'ex-juge de paix Masson, auquel Mme Apparutti était parvenue à faire verser près de 200.000 francs en lui laissant croire qu'elle était la protégée de S. M. l'impératrice de Russie et la couturière privilégiée de la cour.

Un seul détail à noter pour compléter notre compte rendu.

M. Masson ayant quitté la magistrature, Mme Apparutti lui avait offert la haute recommandation de son fiancé, l'amiral danois Colson, pour le faire réintégrer dans ses fonctions, et, avec une lettre pleine d'effusions, de reconnaissance, l'ex-juge de paix adressait ses états de service à l'amiral imaginaire, à bord du vaisseau fantôme qu'il commandait dans la Méditerranée.

Passons maintenant à une autre victime de l'aventurière.

Celle-là occupe un rang plus élevé dans la hiérarchie judiciaire : M. Masson, cousin de Mme Apparutti, n'était qu'un simple magistrat cantonal ; M. Mollerat, beau-frère de M. Masson, exerçait à Beaune la fonction de juge au tribunal civil.

M. Mollerat a commandité Mme Apparutti, lui aussi, pour une somme de 90.000 francs, qu'heureusement il retrouvera en partie, grâce à une assurance sur la vie que son associée avait contractée à son profit.

Avec lui, comme avec M. Masson, Mme Apparutti joua supérieurement de l'amiral Colson et de sa prétendue sœur, la comtesse de Fallen, dame du palais de la Tsarine :

Elle me raconta, écrit M. Mollerat dans un mémoire, que grâce à la protection du comte Colson et de la comtesse, qui occupaient une haute situation à la Cour de Russie, elle avait obtenu la riche clientèle de l'Impératrice, des grandes-duchesses, de la reine de Grèce.

A l'appui de son dire, Mme Apparutti m'a mis sous les yeux une facture s'élevant à plus de 200.000 francs, sur laquelle figurait notamment un manteau royal coté 125.000 fr.

D'autre part, elle avait, prétendait-elle, découvert toute une série de vieilles tapisseries sortant des Gobelins, qui se trouvaient dans un château proche de Voiron (Isère).

Elle était entrée en correspondance avec le châtelain et était tombée d'accord avec lui ; les tapisseries devaient être livrées à la Cour de Russie pour la somme de 50.000 francs.

Elle partait le lendemain pour en prendre livraison, accompagnée de M. Maloisel, expert de la manufacture des Gobelins, chargé de décrocher et d'emballer les tapisseries pour les expédier à Saint-Pétersbourg. Mais elle était obligée de payer comptant.

Ci... 50.000 francs, qui furent avancés à Mme Apparutti par le juge au tribunal civil de Beaune. Service bien facile à rendre, et sans risques, car, les tapisseries livrées, Mme Apparutti n'avait, disait-elle, qu'à passer à l'ambassade de Russie pour toucher le montant de sa facture.

Au retour de son voyage à Voiron, continue M. Mollerat,

Mme Apparutti s'arrêta chez moi, à Beaune. Nous la reçûmes à déjeuner. Elle nous fit, de son voyage, un récit des plus détaillés, qui dénote chez elle (car j'ai la certitude qu'elle n'y a jamais été!) une puissance d'imagination sans pareille!

Elle nous cita le nom de l'hôtel de Voiron où elle était descendue avec M. Maloisel, les menus de ses repas, elle nous décrivit les sites pittoresques de l'Isère, rapportant même à mes petites filles deux poupées articulées comme souvenir de voyage.

Le châtelain qui lui avait vendu les tapisseries était, nous dit-elle, un homme déjà âgé, chargé de famille et éprouvé par des revers de fortune.

Il était sur le point de marier sa fille aînée, et c'est pour lui constituer une dot qu'il était obligé de vendre ses vieux Gobelins.

Elle alla jusqu'à nous décrire les sujets de ces merveilleuses tapisseries; c'étaient des épisodes du siège de Troie, notamment : « Briséis dans la tente d'Achille. »

Enfin elle me mit sous les yeux le reçu de 50.000 fr., reçu parfaitement timbré, daté et signé.

Et Mme Apparutti ajouta, mystérieusement, qu'elle connaissait une autre occasion non moins magnifique : une autre série de tapisseries anciennes existait dans un vieux château des environs de Lyon. On en demandait 40.000 francs. De l'avis de M. l'expert Maloisel, c'était donné ! M. Mollerat avança les 40.000 francs.

Les tapisseries furent expédiées à la Cour impériale de Russie. Mais un affreux malheur allait frapper Mme Apparutti ! Le comte Colson mourut subitement au moment où il lui rapportait en France, par ordre de la Tsarine, un chèque de 200.000 francs !

A défaut de remboursement, M. Mollerat exigea de Mme Apparutti des billets :

Je ne puis m'empêcher de signaler, dit-il en terminant, le sang-froid extraordinaire de cette femme. Assise à mon bureau, tout en écrivant, elle ne cessait de me parler avec une tranquillité d'esprit et un à-propos remarquables. Pas une défaillance, pas un tremblement dans la main ni dans la voix ! Une telle sérénité me permettait-elle de douter de la sincérité de ses dires ?

Enfin le jour fatal arriva où M. Mollerat, comme son parent M. Masson, apprit que le vieux château de l'Isère était bâti sur le brouillard, que l'amiral Colson n'existait pas et que jamais Mme Apparutti n'avait traité la moindre affaire avec la cour de la Tsarine.

Après la déconfiture et la mort de Mme Apparutti, il essaya de se couvrir comme il le put par les assurances sur la vie que sa cousine lui avait souscrites, et c'est sur l'étendue de son gage qu'il plaide actuellement avec le syndic de l'aventurière dont nous avons esquissé l'invraisemblable roman.

À lundi, pour les plaidoiries de Mes Milliard et Eugène Carré au nom du syndic et des héritiers de Mme Apparutti ou pour le jugement.

5 février.

La troisième Chambre civile a prononcé hier son jugement dans le procès intenté à la succession et à la faillite de Mme Apparutti, la pseudo-couturière de la cour de Russie, par les deux anciens magistrats, ses parents, M. Masson et M. Mollerat, qui lui avaient avancé des sommes considérables et qu'elle avait allégés d'une partie de leur fortune avec une dextérité sans égale.

M. Mollerat et M. Masson demandaient l'un et l'autre à bénéficier des polices d'assurances sur la vie de Mme Apparutti, à l'exclusion de sa fille et de ses autres créanciers.

Conformément à la demande de Me Eugène Carré et de Me Milliard, avocats de Mlle Apparutti et du syndic de la faillite, le Tribunal, sur les conclusions de M. le substitut Trouard-Riolle, déclare que M. Masson ne justifie d'aucun droit exclusif sur ces polices d'assurances et le déboute de sa demande.

M. Mollerat est plus heureux. Le Tribunal reconnaît qu'il justifie de l'attribution personnelle de polices d'assurances jusqu'à concurrence de 83.000 francs et lui alloue cette somme à titre de remboursement partiel.

V

LE DOUBLE SUICIDE
DE L'HOTEL D'IRLANDE

Paris, 10 février.

Lambert, ce boulanger d'Amiens qui vint, au mois
de juillet dernier, *suicider* sa femme dans un hôtel
garni de Paris, a comparu aujourd'hui devant le jury
de la Seine sous l'accusation d'assassinat.

C'est bien un assassinat en effet, le plus lâche et le
plus cruel de tous, que ce misérable a commis en me-
nant à la mort une malade hantée par les idées noires,
en flattant sa manie, en lui procurant successivement
la corde, le revolver, le réchaud, et en jouant enfin,
pour triompher de ses hésitations dernières, l'indigne
comédie d'un suicide à deux.

Ce grand garçon blême, à la moustache tombante,
aux traits durs, fils de paysan et ayant gardé de son
hérédité toute l'âpreté rurale, avait épousé Agathe
Barth par un coup de folie. Il l'avait connue dans un
bal musette, en 1891, alors qu'il était encore boulanger à Paris.

Lambert père, vieux villageois picard, fut indigné
de ce mariage, moins peut-être en raison du passé de
sa belle-fille qu'à cause de sa pauvreté. Il la maudit,
refusa son consentement et bouda le jeune ménage
qui alla s'établir à Amiens, où l'accusé d'hier venait
d'acheter 60.000 francs un fonds de boulangerie fort
achalandé.

A Amiens, la jeune Mme Lambert trompa l'attente malicieuse de ses voisins. Sa conduite fut irréprochable, elle était laborieuse, intelligente, entendue ; la boulangerie prospéra. Par malheur, la pauvre femme tomba malade. Elle souffrait de l'estomac, du cœur ; elle était menacée de perdre la vue ; elle se vit à la charge de tout le monde, en butte aux reproches de son beau-père qui, dans ses rares visites, la rudoyait en répétant « qu'on n'a plus qu'à se détruire quand on n'est plus bonne à rien ». Elle craignait de devenir, pour son mari lui-même, un objet d'aversion et de dégoût, elle sentait qu'il ne l'aimait plus, et l'idée fixe du suicide germa dans sa pauvre tête sans que Lambert fît rien pour la tirer du marasme :

Lambert. — Mais je ne lui ai jamais adressé aucun reproche. Je l'entourais de soins, de tendresse et de dévouement. Je luttais, impuissant contre son désespoir. Chaque jour elle me suppliait de la mener au bord de la Somme, où elle voulait se précipiter, ou de lui procurer un revolver.

M. le Président. — Il fallait prévenir sa mère.

R. — Je l'ai fait.

D. — Oui, quand il n'était plus temps. Votre belle-mère ne croit pas au suicide de sa fille. Elle vous accuse même, d'une façon formelle, d'avoir tué votre femme pour vous débarrasser d'elle.

Le ministère public ne va pas jusque-là.

Il croit que Mme Lambert a voulu mourir, mais il vous demandera tout à l'heure pourquoi, loin de combattre ses pensées de suicide, vous avez paru les partager, vous qui n'aviez aucune raison d'en finir avec la vie. C'était une infâme comédie pour amener votre femme à réaliser son dessein, car la préoccupation constante de cette malheureuse était de ne pas vous laisser derrière elle et de mourir en même temps que vous. Elle prévoyait bien le sentiment de délivrance que vous inspirerait sa mort. Pour la sauver, vous n'aviez qu'à vouloir vivre et à le lui dire. Vous teniez sa destinée entre vos mains.

Pourquoi ne vous êtes-vous pas suicidés à Amiens?

R. — De crainte d'effaroucher la clientèle.

D. — Vous avez quitté furtivement la ville le 10 juillet, sans rien dire à personne, en prenant un chemin détourné pour vous rendre à la gare. Ce départ mystérieux est bien étrange.

R. — Nous étions résolus à mourir ensemble. Il était inutile de donner l'éveil.

Le 10 juillet, dans la soirée, les époux Lambert arrivaient à Paris.

M. le Président. — Que s'est-il passé du 10 au 15? On ne sait rien de vous que ce qu'il vous a plu de raconter.

Pendant cinq jours nous allons assister à l'agonie d'une malheureuse qui se débat entre la vie et la mort, la mort devant laquelle elle recule avec épouvante toutes les fois que l'heure fatale a sonné.

Et vous êtes là, près d'elle, vous prêtant à tous ses caprices, lui procurant avec une inépuisable complaisance tous les instruments de mort qu'elle vous réclame.

Avant de descendre à l'hôtel de Saint-Malo, où vous vous rendez tout d'abord et où vous vous faites inscrire sous le faux nom de Boucher, venant de Versailles, vous achetez un réchaud et un charbon.

Mais votre femme ne veut pas du réchaud. Elle craint que l'odeur du charbon, pénétrant à travers les minces cloisons de la chambre, ne se repande dans l'hôtel.

Elle préfère attendre au lendemain et, le lendemain, elle n'a plus qu'une idée fixe: se noyer avec vous dans la Seine.

Aussi, le soir venu, vous la conduisez jusqu'au quai des Tuileries; mais là, la malheureuse recule encore: *la nuit, l'eau lui fait peur*, et vous l'emmenez aux Champs-Elysées, où vous achevez la soirée au concert de l'Horloge. Puis, vous rentrez à l'hotel d'Irlande, rue Saint-Honoré, où vous avez fait transporter votre valise.

Le troisième jour, vous adressez à votre belle-mère une lettre signée de vos deux noms et dans laquelle vous annoncez votre résolution de mourir ensemble.

Ce jour-là, Mme Lambert a renoncé à l'idée de se jeter dans la Seine. Elle vous demande un revolver. Vous en avez apporté un d'Amiens; elle exige que vous vous en procuriez un second pour vous frapper en même temps qu'elle, et, toujours avec la même docilité, vous lui rapportez un autre revolver que vous êtes allé acheter avec vingt-cinq cartouches.

Lambert. — Elle avait le droit de se tuer, je suppose.

M. le Président. — Quand elle a vu le revolver, la pauvre femme a encore reculé devant la mort. Elle a rejeté l'arme avec épouvante. Alors vous l'avez menée à Charenton, au bord de la Marne, mais la Marne lui a inspiré la même répulsion que la Seine et vous êtes revenus par le bois de Vincennes.

Le quatrième jour, Mme Lambert ne veut plus ni de réchaud, ni de revolver, ni du suicide à deux dans la Seine. C'est une corde qu'elle réclame. Son mari va acheter une corde de cinq mètres, à laquelle il fait un nœud coulant. Mais, cette fois encore, la malade se révolte au dernier moment.

La soirée s'achève à Meudon et, vers dix heures, les deux époux rentrent à l'hôtel d'Irlande. Pendant que sa femme se déshabille, Lambert sort pour acheter du charbon, des bûchettes, de l'ouate pour calfeutrer la porte et la fenêtre. Il rapporte aussi un pâté de foie gras, une bouteille de Bordeaux, un flacon d'eau-de-vie.

M. le Président. — Il fallait en finir. Mme Lambert, prétendez-vous, était revenue à son idée première : l'asphyxie à deux.

A quelle heure êtes-vous rentré ?

R. — Vers minuit.

D. — Votre femme était-elle couchée ?

R. — Non, elle était debout en toilette de nuit, elle m'attendait impatiemment.

D. — N'avez-vous pas plutôt profité de son premier sommeil pour allumer le réchaud ?

R. — Oh non ! monsieur, je vous le jure ! C'est elle qui a calfeutré les ouvertures et attisé le feu ; je me suis contenté de disposer le charbon sur le fourneau que j'avais placé sur la table.

M. le Président. — C'est qu'on a retrouvé ses vêtements soigneusement pliés sur une chaise, comme si elle comptait s'éveiller le lendemain ?

R. — Oh ! elle me pressait d'en finir et elle s'est couchée la première. Je me suis étendu à côté d'elle, et bientôt je me suis endormi profondément.

Quand je me suis réveillé, il pouvait être dix heures du matin ; je ressentais un mal de tête effroyable. Ma femme

n'était plus à côté de moi, elle était tombée sur le tapis,
elle râlait!

M. le président. — Elle était vivante! Qu'avez-vous fait ?

L'accusé, tout à l'heure presque arrogant, baisse la
tête en sanglotant.

— Elle était vivante, reprend M. le président Caze.
Qu'avez-vous tenté pour la rappeler à la vie?

R. — Je lui ai tamponné les tempes avec du cognac. J'ai
décalfeutré les fenêtres.

D. — Et vous n'avez pas appelé de secours! Vous êtes
resté là, quatre heures et demie, à côté de l'agonisante,
attendant son dernier souffle!

Vers une heure, le garçon d'hôtel, inquiet de ne pas
vous voir paraître, est venu frapper à la porte.

Votre femme respirait encore!

Vous avez crié au garçon de ne pas entrer et vous lui
avez jeté vos bottines dans le corridor. Quand il les rap-
porta cirées, la mort avait enfin fait son œuvre. (Sensation.)

Vous avez replacé le cadavre sur son lit, caché le
réchaud dans l'armoire et vous êtes parti sans prévenir
personne. Où alliez-vous?

Lambert, atterré par ce terrible interrogatoire, balbutie quelques paroles inintelligibles.

Je vais vous le dire, où vous alliez, reprend M. le président Caze.

Vous alliez retrouver une ancienne maîtresse avec
laquelle vous avez passé deux jours en fête.

Ah! vous étiez bien tranquille, vous étiez inscrit à l'hôtel
sous un faux nom, vous emportiez tous les papiers qui
pouvaient faire soupçonner votre identité. La morte, que
le propriétaire de l'hôtel ne devait découvrir que le lendemain, irait, vous y comptiez bien, figurer à la Morgue
au milieu des cadavres inconnus.

Mais on ne pense pas à tout! La marque d'une couturière sur un jupon de Mme Lambert allait permettre de
reconstituer son identité.

Ce jupon, elle l'avait commandé à l'époque où elle
n'était pas encore mariée, où elle habitait sous son nom
de fille dans le garni où vous l'avez connue.

La couturière donna l'adresse de ce garni et c'est là

qu'on vous découvrit. Car, par une inconcevable imprudence, vous étiez retourné dans cet hôtel où vous aviez amené autrefois vos maîtresses, et c'est là que vous aviez loué une chambre avec une fille Stephen, que, le soir de votre prétendue tentative de suicide, vous étiez allé racoler dans un bal musette et que vous aviez emmenée souper au *Chien qui fume!*

Pendant deux jours vous avez couru avec cette fille les cafés et les lieux de plaisir, fêtant joyeusement la délivrance !

R. — Je voulais m'étourdir !

D. — Votre mal de tête était passé ! Comment expliquerez-vous au jury que votre femme soit morte et que vous en ayez été quitte à aussi bon compte?

R. — Je ne sais pas. J'étais bien décidé à mourir comme elle !

D. — Les médecins ont constaté que Mme Lambert n'avait pas été asphyxiée tout d'un coup, mais progressivement, à petites doses, comme si vous aviez de temps en temps entr'ouvert la fenêtre et laissé entrer un peu d'air, assez pour vous permettre de résister, insuffisamment pour ranimer cette malheureuse, malade et beaucoup plus faible que vous !

Il y avait aussi à côté de l'alcôve un petit cabinet où vous avez pu vous tenir toute la nuit.

R. — Ce petit cabinet n'avait pas de fenêtre.

D. — Mais le médecin estime que vous y étiez moins exposé que dans la chambre aux gaz délétères qui s'échappaient du réchaud.

Quoi qu'il en soit, ce qui reste acquis, c'est que vous pouviez sauver votre victime et que vous ne l'avez pas voulu, que vous avez assisté impitoyable à son agonie de quatre heures, que vous n'avez pas appelé au secours et que, lorsque le secours est venu, vous l'avez repoussé pour rester seul auprès de celle dont vous attendiez impatiemment le dernier râle.

Voilà pourquoi le ministère public vous dira que vous êtes un assassin. (*Sensation.*)

Peu de chose à retenir des témoignages.

M. le Dr Descout, M. le professeur Ogier, directeur du laboratoire de toxicologie, ont fait l'autopsie du cadavre et constaté dans les viscères des traces d'arsenic, sans pouvoir, d'ailleurs, vu la faible dose retrouvée, conclure à une tentative d'empoisonnement

La fille Stéphen ne s'est pas présentée à l'audience. M. le Président donne lecture de sa déposition. Lambert avait dépensé avec elle environ 200 francs lorsqu'on l'arrêta.

Il avait raconté à cette nouvelle maîtresse que sa femme était repartie pour Amiens, et lui avait demandé de l'accompagner aux magasins du Louvre, parce qu'il voulait rapporter une robe « à la bourgeoise » !

M l'avocat général Bulot prononce son réquisitoire, Me Henri Robert présente la défense de Lambert.

Reconnu coupable d'assassinat, avec admission de circonstances atténuantes, le boulanger d'Amiens est condamné à huit ans de réclusion.

VI

L'ESPAGNOL DE MONTMARTRE

Paris, 15 février.

Bien que le huis clos n'ait pas été prononcé hier à la Cour d'assises, il nous est vraiment bien difficile de raconter par le menu le procès de l'ignoble personnage qui comparaissait devant le jury.

Ce petit homme à tête de fouine, aux traits ravagés par la débauche, est le mystérieux Lesteven qui, dans des accès de fureur sadique, faisait subir des tortures abominables aux malheureuses filles dont il vivait, et qui a été soupçonné d'être l'auteur de l'assassinat d'une femme coupée en morceaux rue Botzaris.

L'accusé vient actuellement répondre de la tentative d'assassinat commise sur une de ses conquêtes de rencontre, Mathilde Fortin, qu'il martyrisa pendant deux heures et qu'il finit par précipiter de la fenêtre de sa chambre, rue Hassard, à quelques pas seulement de la rue Botzaris.

Il y a cinq ans que Lesteven, qui s'était surnommé lui-même l'Espagnol de Montmartre, terrorisait ces quartiers excentriques, attirant des filles chez lui, les rouant de coups, les menaçant de mort, leur arrachant les cheveux et se livrant sur elles à de véritables orgies de luxure cruelle.

Il fallait à Lesteven les cris de douleur et l'épouvante de ses victimes pour qu'il pût assouvir ses passions bestiales :

— La vue du sang me réjouit! » disait-il à une de ces malheureuses.

Cet être dégradé, qui appartient à une bonne fa-

mille, mais qui, depuis l'âge de seize ans, n'exerce
d'autre métier que celui de souteneur, a déjà subi de
nombreuses condamnations pour violences. Rien ne
l'a corrigé, et c'est sous une accusation capitale qu'il
comparaît aujourd'hui devant la Cour d'assises.

Pendant l'interrogatoire de M. le président Caze,
Lesteven se tient immobile, les yeux baissés, obstinément silencieux, affectant l'imbécillité la plus complète, bien que les médecins aliénistes l'aient déclaré
pleinement responsable, et il est impossible de lui
arracher une seule réponse.

L'interrogatoire se trouve ainsi ramené à une sorte
de monologue, dans lequel M. le président Caze dresse
le long martyrologe des victimes de ce répugnant personnage.

Au mois de juin 1888, Lesteven est condamné à
quatre mois de prison pour avoir menacé une fille
Lebien de lui ouvrir le ventre avec son couteau.

En 1890, on lui arrache des mains une fille Roux
qu'il s'apprête à éventrer.

En 1891, une fille Nicole est tellement épouvantée
de ses menaces que, pour se soustraire à ses violences,
elle se jette par la fenêtre, heureusement peu élevée,
d'un bouge de la rue Lavieuville où il l'avait en-
traînée.

En 1892, il roue de coups une fille Lambert à la
quelle il répète que sa passion est de battre les femmes, qu'il est « le grand bandit de Montmartre » et
qu'il n'a rien à craindre de la police ni de la justice
parce qu'il a le secret de se faire passer pour fou.

Le 7 juillet de la même année, il assomme à demi,
à coups de poing et de talon de botte, une fille Brouët,
à laquelle il casse trois dents et qu'il renvoie presque
nue, après avoir mis ses vêtements en lambeaux.

En 1892, il menace encore de son couteau une fille
Glatigny, qui refuse de lui rapporter 10 francs par
jour.

Au mois de mars 1893, il essaie de précipiter par la
fenêtre une fille Rampoumat, qui refuse de se prêter
à d'infâmes complaisances.

Huit jours plus tard, il racole aux Halles une malheureuse bonne sans place, Jeanne Danz, près de laquelle il se fait passer pour un compositeur espagnol, l'enferme dans son garni de la rue Lepic et, pendant huit jours, se livre sur elle aux plus épouvantables violences, la mordant, la bâillonnant avec ses cheveux, lui arrachant les dents et les poils en la menaçant — c'était son idée fixe — de la faire passer par la fenêtre.

Au mois d'avril, il ramène chez lui une autre bonne, Louise Recrot, lui écrase à moitié le visage à coups de talon et la force pendant deux heures à lui rapporter sa chaussure, comme un chien, pour l'accabler ensuite de nouveaux coups.

Arrivons à la dernière scène de sadisme, celle qui s'est terminée par une tentative d'assassinat.

Le 10 juin, dans la soirée, Lesteven rencontre place Armand-Carrel une fille Mathilde Fortin, l'emmène chez lui, rue Hassard, au quatrième, l'enferme et, tout d'un coup, se jette sur elle avec des cris de bête fauve, lui martelant le visage à coups de poing. Après un martyre de plus d'une heure, il lui tire à bout portant deux coups de revolver dans la tête.

Par un hasard inexplicable, les deux balles contournèrent le front sans pénétrer dans le crâne.

Des voisins, le concierge de la maison accoururent au bruit des détonations et essayèrent vainement d'enfoncer la porte. Pendant que durait cette sorte de siège, Lesteven s'était de nouveau rué sur sa victime, essayant de l'assommer à coups de crosse de revolver, lui enfonçait le canon dans la bouche et lui fracassait une partie de la mâchoire, que la malheureuse cracha sur le parquet, où le commissaire de police l'a retrouvée.

Les draps de lit, les rideaux, le mur étaient littéralement inondés de sang :

— Grâce ! grâce ! s'écriait la malheureuse.

— Non, pas de grâce, hurlait Lesteven. Prépare-toi à mourir. Je vais te tuer. Tu n'as pas de secours à attendre. Tiens, je n'ai pas peur !

Et, par bravade, il tirait un troisième coup de revolver par la fenêtre.

Soudain, deux voisins que le coup de feu avait attirés à la fenêtre poussèrent un cri de terreur.

Lesteven venait d'entraîner sa victime vers la fenêtre et, après une courte lutte, il l'avait fait basculer dans le vide.

La pauvre fille, déjà à demi morte, défonça dans cette terrible chute de treize mètres un treillage qui se trouvait à la hauteur du second étage. Plus bas, elle s'abîma contre une balustrade qui se brisa sous le poids de son corps, et elle alla enfin tomber devant la porte, n'ayant plus figure humaine et perdant son sang par dix blessures :

— Ouvrez ! ouvrez ! criaient les voisins qui essayaient toujours vainement, d'enfoncer la porte.

— Le premier qui entre, cria Lesteven, je lui brûle la g... avec mon revolver.

On parvint enfin, avec l'aide de la police, à s'assurer de ce forcené qui, retrouvant toute sa présence d'esprit pour se défendre, et croyant la pauvre Mathilde écrasée sur le pavé, raconta en ricanant que sa maîtresse s'était précipitée elle-même par la fenêtre.

Mais, bien qu'elle se fût brisé une jambe, démis une épaule, et qu'on l'eût relevée dans le plus pitoyable état, Mathilde Fortin respirait encore, et elle vient aujourd'hui, à l'audience, accuser son assassin.

La malheureuse donna au commissaire de police des détails qui révèlent une férocité inouïe.

Au moment où elle gisait dans la chambre, les dents brisées et ayant craché sa mâchoire, elle supplia son bourreau de le lui apporter un verre d'eau. Lesteven fit mine de lui apporter, puis le lui retira brusquement et obligea sa victime à lui laver ses mains ensanglantées.

Après l'audition de quelques-unes des malheureuses qui ont été, avant elle, les victimes de ce forcené, l'audience est renvoyée à demain jeudi pour la fin des témoignages, le réquisitoire et la plaidoirie de Me Lévy Alvarez.

M. l'avocat général Bulot requerra certainement contre Lesteven la peine de mort.

Personne ne s'en étonnera.

16 février.

Le procès de Lesteven, l'immonde personnage qui martyrisait les filles et qui finit par précipiter une de ces malheureuses dans la rue, d'une hauteur de treize mètres, sans réussir à la tuer, a continué aujourd'hui devant la Cour d'assises de la Seine.

Mathilde Fortin, la victime de cet abominable attentat, fait réellement peine à voir.

Elle boite atrocement et son visage n'est plus qu'une large cicatrice toute couturée.

Elle se traîne péniblement jusqu'à la barre des témoins et se laisse tomber sur une chaise. L'huissier de service fait passer sous les yeux des jurés les trois dents et le fragment de mâchoire que Lesteven a arrachés à cette pauvre fille pendant le martyre de deux heures qu'elle a subi.

Comme je lui disais que j'étais une honnête fille, déclare Mathilde Fortin, et comme je refusais de me prêter à ses exigences, il s'est rué sur moi, m'a terrassée et m'a tiré deux coups de revolver dans la figure. Ensuite, il m'a forcée de me traîner à genoux devant lui en répétant : « Pardon ! mon maître ! » pendant qu'il criait : « Oui, demande-moi pardon, car tu vas mourir, tu vas paraître devant Dieu, personne ne peut te secourir ! »

J'espérais toujours dans l'arrivée des gardiens de la paix que les voisins étaient allés chercher, ne pouvant réussir à enfoncer la porte.

Hélas ! ils sont montés trop tard ! Après m'avoir meurtri le visage à coups de poing et de crosse de revolver, Lesteven m'a prise par le milieu du corps et m'a précipitée par la fenêtre.

Je ne me rappelle plus rien... On m'a relevée évanouie, une jambe cassée, une épaule démise, et je ne guérirai jamais. (*Mouvement.*)

Lesteven, avec une douceur hypocrite. — Voyons, mademoiselle, je vous ai battue, c'est vrai et je m'en repens, mais vous savez bien que c'est vous qui êtes tombée accidentellement par la fenêtre. Dites donc la vérité à ces messieurs, puisque Dieu vous a donné le droit de continuer à vivre !

Le témoin. — Oh ! je l'ai dite, monsieur, la vérité. C'est bien vous qui m'avez jetée !

Mathilde Fortin regagne péniblement sa place au milieu d'un mouvement de commisération générale.

Le Dr Motet, l'éminent aliéniste, déclare que Lesteven n'est nullement un malade irresponsable et qu'il a, tout au contraire, la pleine conscience de ses actes.

Suit le témoignage de M. Lallemand, le voisin de Lesteven, qui a parfaitement vu le misérable précipiter sa victime.

M. l'avocat général Bulot requiert énergiquement contre l'accusé la peine de mort.

Après la plaidoirie de Me Lévy-Alvarez, le jury rapporte un verdict de culpabilité, muet sur les circonstances atténuantes.

Lesteven est condamné à la peine de mort.

Le condamné demeure littéralement atterré de cette sentence. Il regarde la Cour d'un œil hébété et reste immobile, comme écrasé, jusqu'à ce que les gardes l'entraînent.

SUICIDE DE LESTEVEN

Trois semaines environ après sa condamnation, « l'Espagnol de Montmartre » échappait au gardien de la Roquette qui venait le chercher dans sa cellule de condamné à mort pour le conduire à sa promenade quotidienne, grimpait précipitamment un escalier et se précipitait du haut des marches sur le sol de la prison où il s'abîmait, le crâne fracassé.

On le releva mourant et il expira la nuit suivante.

VII

Mme ALZIARY DE ROQUEFORT

Montpellier, 26 février.

C'est aujourd'hui que comparaît devant le jury de l'Hérault Mme Alziary de Roquefort qui, le 27 août dernier, tua, à coups de revolver, dans l'église Sainte-Anne, Me Jean, notaire à Montpellier.

La rumeur publique, enchérissant encore sur les dires de la meurtrière, avait d'abord attribué à ce drame des causes sensationnelles, et l'on s'attendait à voir mettre à nu les exactions notariales les plus révoltantes, mais il semble qu'il faille déchanter.

Nous ne sommes pas en présence d'une noble famille mise sur la paille par un tabellion sans scrupules, mais d'une plaideuse enragée, qui a fini par se venger sur son propre notaire de ses nombreux déboires judiciaires et de la décadence progressive de sa fortune.

Encore que durant son séjour à Paris, rue Saint-Sauveur et rue Lacordaire, l'accusée se fit appeler Mme la comtesse de Roquefort, elle n'avait que des rapports éloignés avec le faubourg Saint-Germain. Née tout bonnement Cruvelier, elle était la fille d'un boucher de Montpellier, qui avait amassé une fortune assez rondelette.

Cet heureux commerçant laissait à chacun de ses six enfants 30.000 francs environ, et c'est ainsi que Mlle Cruvelier put épouser M. Alziary de Roquefort, ancien sous-officier, originaire du Var, nommé en 1870 percepteur à Saint-Vallier et révoqué depuis.

15.

Ce fut M⁰ Jean qui dressa le contrat des deux époux et c'est encore lui qui reçut le testament de Mme Cruvelier, mère de l'accusée, décédée à Montpellier le 30 juin 1884.

Par ce testament, la défunte partageait ses immeubles en six lots et, en vue de prévenir toute contestation entre ses enfants dont elle connaissait l'humeur processive, elle déclarait priver de la quotité disponible celui d'entre eux qui attaquerait le testament.

Le Tribunal civil de Montpellier confia les opérations du partage à M⁰ Jean, qui avait simplement à faire tirer au sort les six lots formés par la testatrice et à départir les valeurs mobilières inventoriées.

Mme Alziary de Roquefort se montra fort mécontente de son lot, bien qu'elle eût tiré la première ; elle éleva des récriminations amères sur la vente de certains titres, et de ce jour commencèrent avec ses avocats, ses avoués et ses notaires des démêlés interminables qu'il serait fastidieux de détailler ici.

Déboutée d'un procès en dommages-intérêts qu'elle avait intenté à M⁰ Jean pour avoir négligé ses affaires, assignée au contraire par lui en règlement d'honoraires et condamnée à lui payer 1.270 francs, Mme Alziary ne cessa d'assaillir de ses protestations le Parquet, les tribunaux, le Garde des Sceaux en personne, et jusqu'aux Chambres, auxquelles elle dénonçait M⁰ Jean comme un voleur et comme un escroc.

A tous ses voisins de Paris, où elle était allée se fixer, elle se plaignait d'un notaire de province « qui l'avait ruinée et qui se promenait avec son argent pendant qu'elle marchait avec des souliers éculés ».

La misère du ménage croissait, en effet, de jour en jour ; est-ce la faim qui a été la mauvaise conseillère ? Toujours est-il que le 17 août 1893, Mme Alziary arrivait à Montpellier incognito, descendait dans un hôtel et, après s'être renseignée sur les habitudes de M⁰ Jean, se rendait à l'église Sainte-Anne, à la messe de 11 heures et demie. Le notaire n'y étant pas venu, car il avait modifié ses habitudes et se rendait maintenant à la messe de 9 heure et demie pour pouvoir passer la journée à la campagne avec sa famille, Mme Alziary remit sa vengeance à huitaine.

Pour continuer à passer inaperçue en ville, elle acheta une voilette noire très épaisse, qu'elle fit poser double; le samedi soir, 26 août, elle veilla jusqu'à une heure du matin pour voir danser les invités d'une noce qu'on célébrait dans l'hôtel et elle recommanda au garçon de l'éveiller à 7 heures du matin.

Dès 8 heures, elle était postée dans les bas côtés de l'église. Quand Me Jean entra dans la nef, elle se dirigea vers lui, s'enquit de son identité auprès de la loueuse de chaises, et, sûre de ne pas se tromper, elle posa le revolver sur la nuque du notaire au moment où il s'asseyait après l'élévation.

Trois coups de feu retentirent. La première balle atteignit Me Jean à la moelle épinière, la seconde se logea dans le cerveau et provoqua la mort instantanée. La troisième balle se perdit en l'air ainsi qu'une quatrième tirée par Mme Alziary tandis qu'on se jetait sur elle pour la désarmer.

Dans l'église, une panique épouvantable s'était produite, quelques personnes croyant à une bombe anarchiste. Seule, Mme Alziary était restée calme, et aux agents qui la conduisaient au poste elle ne cessait de répéter : « J'ai fait ce que je devais faire, j'ai tué un voleur ! »

Durant toute l'instruction, elle s'est bornée à répondre : « J'avais contre Me Jean des griefs attestés par mes procès. J'ajoute que ce n'est pas pour ces griefs que j'ai tué, mais pour un autre motif que je ferai connaître quand on me jugera. »

Quel peut être ce motif? c'est ce que nous ne tarderons pas à savoir, à moins que Me Laguerre, son défenseur, ne se borne, comme on le prétend, à réclamer l'examen médical de cette enragée procédurière.

La famille de Me Jean s'est portée partie civile et Me Gaston Chamayou, du barreau de Montpellier, interviendra aux débats s'il y a lieu.

27 février.

L'affaire Alziary de Roquefort a attiré une foule énorme à l'audience de la Cour d'assises.

La meurtrière du notaire Jean est une petite vieille de soixante-trois ans, toute ridée, toute ratatinée. La figure est tourmentée, la bouche méchante, les yeux petits et brillants sont ceux d'une folle, d'une hystérique tout au moins.

Mᵐᵉ Alziary de Roquefort s'est mise en frais de toilette : elle porte une robe et un corsage de soie noire un chapeau de velours surmonté de fleurs jaunes et de brides, orné de soie verte, des gants de peau à trois boutons. Elle donne tout à fait l'impression d'une somnambule de foire.

La Cour est présidée par M. le conseiller Grasset, M. Cénac, avocat général, occupe le siège du ministère public, Mᵉ Laguerre est au banc de la défense, Mᵉ Chamayou au banc de la partie civile; à ses côtés on remarque Mᵉ Fliche, avocat à la Cour de Paris, un gendres du notaire assassiné.

Mᵐᵉ Alziary répond avec une grande aisance. Elle sourit en relevant ce qu'elle appelle les faussetés de l'information.

— J'ai eu trente-huit procès, dit-elle, j'avais raison dans tous, mais je les ai tous perdus parce que la justice, d'accord avec Mᵉ Jean, me les a tous fait perdre; sur trente-huit, elle n'a pas eu la pudeur de m'en faire gagner un seul !

— Il est vrai, lui répond le président, que vous avez fait une énorme consommation de papier timbré et cela ne vous a pas enrichie.

— C'est la faute de Mᵉ Jean. J'aurais pu faire jusqu'à cinquante procès !

Le président lui fait alors observer que ce n'est pas seulement Mᵉ Jean qu'elle a traité de canaille, mais aussi tous les officiers ministériels et même les greffiers avec lesquels elle a été en relations.

— C'est qu'ils étaient tous d'accord, réplique Mᵐᵉ Alziary.

L'accusée ne sort pas de là : pour elle, tous les hommes d'affaires sont des voleurs et tous les magistrats leurs complices : « personne ne lui rendant justice, elle était bien obligée de tuer Mᵉ Jean. »

D. — Vous reconnaissez donc avoir tué Mᵉ Jean lâchement ?

R. — Oui, mais pas lâchement.

D. — Comment ? par derrière !

R. — Oh ! par derrière ou par devant, c'est la même chose. (*Rires.*)

L'accusée s'anime en parlant ; son chapeau se met de travers et lui donne une physionomie burlesque dont l'effet est irrésistible.

Mᵐᵉ Alziary, sans se laisser intimider par les rires de l'auditoire, parle avec une grande volubilité ; elle prétend n'être pas venue de Paris pour tuer Mᵉ Jean, mais bien pour s'occuper de la succession de sa nièce. L'idée de l'assassiner ne lui est venue qu'à l'église, quand elle a vu son ancien notaire s'agenouiller pieusement.

— A ce moment, dit-elle, sa colère a été tellement vive qu'elle n'a pu attendre la sortie de la messe pour tuer Mᵉ Jean.

L'audience de l'après-midi a été consacrée aux dépositions, dont il n'y a rien à retenir. Il en résulte que Mᵐᵉ Alziary de Roquefort était une plaideuse insupportable, qui a toujours eu des difficultés avec ses propres conseils. Une vieille dame, citée comme témoin à décharge, accuse Mᵉ Jean de ne lui avoir pas rendu exactement ses comptes. Mᵉ Chamayou proteste et réfute, pièces en mains, cette accusation.

Demain, réquisitoire et verdict.

28 février.

Les débats de l'affaire Alziary de Roquefort se sont terminés ce soir, après toute une journée consacrée aux plaidoiries.

Dans son réquisitoire, M. l'avocat général Cénac a

établi que Mᵉ Jean ne s'était rendu coupable d'aucune faute envers sa cliente et; après avoir retracé la scène du crime, il a demandé un verdict de culpabilité mitigé par des circonstances atténuantes tirées de l'état d'exaspération dans lequel une série de procès imprudents avaient jeté l'accusée.

A l'audience de l'après-midi, Mᵉ Laguerre a prononcé une brillante plaidoirie et demandé l'acquittement de Mᵐᵉ Alziary. Si elle a tué lâchement et sans motifs, a-t-il dit, il faut la condamner à mort. Si elle a tué parce qu'elle avait été spoliée, il faut l'acquitter: entre ces deux solutions il n'y a pas de place pour la solution intermédiaire indiquée par M. l'avocat général.

Rappelant la description consacrée à la bataille de Waterloo dans les *Misérables*, Mᵉ Laguerre s'est écrié :

« Ce n'est pas seulement sur les champs de bataille que l'on rencontre des Thénardiers dépouillant les morts. On en rencontre aussi dans les offices ministériels. Ce sont les Thénardiers de la procédure qui ont réduit ma cliente à choisir entre la prison et l'hôpital.

« Sa cause est celle de tous les pauvres gens. Défendez-la, défendez-vous, vous ferez œuvre de justice ! »

Mᵉ Chamayou, avocat de la partie civile, a aussitôt abordé l'examen des accusations dirigées contre Mᵉ Jean par les témoins à décharge. Il les a détruites à l'aide de documents irréfutables et a prouvé que Mᵉ Jean n'avait réclamé aux époux Alziary que 170 fr. pour honoraires et qu'il était resté leur créancier pour 220 francs.

— C'est donc 50 francs qu'il a perdus avec vous, s'écrie-t-il ; en revanche, il a gagné deux balles dans la tête !

Après une courte réplique de Mᵉ Laguerre, le jury est entré à 5 heures dans la salle des délibérations.

Il en est sorti à cinq heures et demie, avec un verdict déclarant Mᵐᵉ Alziary coupable d'avoir donné la mort à M° Jean, écartant la préméditation et admettant les circonstances atténuantes.

La Cour a condamné l'accusée à huit ans de réclusion et, conformément aux conclusions de la partie civile, à un franc de dommages-intérêts.

VIII

LE TESTAMENT DU BARON ROGER SEILLIÈRE

Paris, 11 mars.

Le baron Roger Seillière, qui mourut à New-York, il y a deux ans, au cours d'un voyage et dans des conditions restées mystérieuses, avait légué 400.000 francs à une dame Merlier qui, paraît-il, avait entretenu avec lui des relations fort étroites pendant plusieurs années.

Mme Merlier demande aujourd'hui au Tribunal civil, par l'organe de M° Desjardin, son avocat, la délivrance de ce legs, et elle assigne devant la 1re Chambre civile les frères et sœur du testateur : le baron Raymond Seillière, le baron Franck Seillière et Mme la princesse de Sagan.

La famille Seillière oppose à cette réclamation un refus formel, et M° Maurice Bernard, qui plaidait pour le baron Raymond, réclame au contraire du Tribunal l'annulation des dispositions testamentaires de M. Roger Seillière, pour cause de démence et de captation.

M° Maurice Bernard rappelle au Tribunal que, dès son enfance, M. Roger Seillière était atteint d'une débilité d'esprit qui devait faire de lui, par la suite, la proie facile des chevaliers d'industrie, des femmes et des intrigants de toute espèce.

C'est à peine s'il put apprendre à lire et, au conseil de revision, il fut réformé avec cette mention : « Roger Seillière, exempt, idiot ».

Dès lors commença pour lui une vie étrange. Le baron Roger Seillière ne sortait de son isolement que pour entrer dans de véritables accès de fureur. Déjà, à l'époque de son adolescence, au cours d'un voyage à Bonn, il avait cherché à précipiter dans le Rhin un petit garçon qui jouait au bord du fleuve. Hanté par

la folie de la persécution, il accusait la princesse de
Sagan, sa sœur, de l'avoir rendu sourd en essayant de
l'étouffer sous des oreillers.

Circonvenu par toutes sortes de spéculateurs et
d'escrocs, il gaspillait follement sa fortune, évaluée à
plus de 8 millions, et il venait de s'engager dans une
entreprise insensée, l'exploitation de mines de mercure à Panama, quand, en 1877, son Conseil de
famille dut se résoudre à solliciter son interdiction.

Le Tribunal de la Seine ne crut pas devoir aller
jusque-là, et Mᵉ Maurice Bernard le déplore. Pourvu
simplement d'un conseil judiciaire, le baron Roger
Seillière demeura maître, sinon de la totalité de sa
fortune, du moins de la totalité de ses revenus, qui
étaient considérables. Il continua de les dépenser
avec une telle prodigalité que son Conseil judiciaire
était forcé de les lui remettre au jour le jour, sous
peine de le voir sans un centime s'il ne lui versait
chaque matin l'argent nécessaire à son entretien.

C'est en 1879 que le baron Roger Seillère fit la connaissance de cette dame Merlier, qui figure au procès
actuel. Femme divorcée d'un sieur Poncin, elle se
faisait appeler Mᵐᵉ William, du nom d'un de ses
anciens amants. Mᵉ Maurice Bernard donne les aperçus
les moins flatteurs sur le genre de vie de cette dame
Merlier et sur les mystères de son appartement de la
rue de Constantinople où se passaient, dit-il, des
« scènes de scandale et de débauche dont la police
finit par s'émouvoir et qu'il est impossible de raconter »
ter » : quelques lettres écrites par Mᵐᵉ Merlier pourraient donner une idée de ces orgies, mais, par respect pour le Tribunal, l'honorable avocat se refuse à
en lire le moindre extrait.

Au bout de deux années de cette intimité avec
Mᵐᵉ Merlier, le baron Roger Seillière, dans un moment de lucidité, essaya de secouer le joug de cette
femme. Ce fut en vain. Mᵐᵉ Merlier, avec l'aide d'un de
ses autres amants, un sieur Bogewski, parvint à le
ressaisir en faisant miroiter à ses yeux l'espoir d'un
mariage splendide avec une Anglaise milliardaire qui

ambitionnait, lui disait-elle, de devenir la belle-sœur de Mme la princesse de Sagan.

C'était, dit Me Maurice Bernard, la propre sœur de Mme Merlier qui jouait le rôle de cette héritière, et la correspondance qui a été retrouvée dans les papiers du baron Roger Seillière atteste à quel degré d'extravagance il était arrivé.

A sa manie de la persécution s'était jointe la folie des grandeurs : il se croyait à la veille de devenir propriétaire de la moitié de San-Francisco, de la plus grande partie des mines d'or de Californie et de toute la ville de Sydney (Australie). Il racontait à qui voulait l'entendre qu'une place lui était réservée « sur le trône d'un grand pays du Nouveau-Monde ». Bref, il était mûr pour la machination à laquelle Mme Merlier allait se livrer en vue de lui arracher un testament.

Ici, Me Maurice Bernard dont nous continuons d'analyser l'intéressante plaidoirie, donne au Tribunal lecture d'une série de lettres fantastiques, qu'il accuse Mme Merlier d'avoir écrites ou fait écrire au baron Roger Seillière pour l'entretenir dans l'espérance de son mariage avec la jeune Anglaise, mariage qui n'a jamais existé que dans son imagination.

. Voici quelques échantillons de cette étonnante correspondance, que la famille Seillière attribue à l'esprit inventif de Mme Merlier :

Cher baron,

A l'instant même je reçois la visite d'une adorable princesse blonde, blonde comme les blés et très riche ; elle vient à Paris pour se marier.

Une personne du grand monde me l'a recommandée, parce qu'elle sait que mes nombreuses relations me permettent de lui faire faire un beau mariage.

Ce qu'elle désire, c'est un fort bel homme qui l'aimera de tout son cœur et qu'elle aimera aussi.

C'est un parti admirable, extraordinairement beau sous tous les rapports : beauté, grandeur et d'une fortune grandiose, elle ne connaît pas ses richesses. C'est une adorable princesse.

Venez donc **vous-même** m'apporter ce que je vous ai demandé, demain samedi, à midi ou onze heures trois quarts : je vous parlerai de cette jolie et richissime princesse que je pourrai vous présenter quand vous voudrez, car elle veut se marier le plus vivement possible.

Autres lettres.

Cher baron,

C'est du boulevard Saint-Germain que j'ai le plaisir de vous adresser ces quelques lignes : je viens rappeler à votre bon souvenir que nous déjeunons demain, à midi, avec lady C..., votre très aimée fiancée.

Croyez-vous que vous avez eu une *veine* insensée que je vous fasse connaître une aussi jolie personne possédant des richesses infinies et qui s'accumulent chaque jour de chiffres énormes !

Voyez de ce qu'elle vient encore d'hériter, c'est-à-dire d'un don qui lui a été fait et de ce dont (*sic*) elle ne veut pas garder pour elle dans sa grande générosité ; elle a fait immédiatement un testament de ce don en faveur de son bien-aimé fiancé :

Quatre-vingts millions et vingt-deux châteaux en plus de tout ce que déjà elle vous reconnaissait ; approfondissez ces richesses et vous comprendrez facilement quel parti vous avez eu la chance de trouver par moi.

En venant demain, vous serez mille fois bon de m'apporter 150 francs : vous me rendrez un immense service, il y a si longtemps que je n'ai rien reçu de vous ! C'est peu 150 francs, vous voyez combien je suis gentille pour vous demander si peu ; aussi je compte sur votre générosité habituelle et votre extrême bonté, plus cinq francs du déjeuner d'hier.

J. de M.

Cher baron,

Hier, en causant, j'ai prié votre très chère fiancée de faire encore à votre égard sur le contrat une modification.

On ajoutera dix trillions, une armée et deux flottes, plus un palais en Angleterre : il vous faut une résidence somptueuse.

Vous seriez bien aimable de m'apporter 150 francs ce matin.

J. de M.

Cher baron,

Serez bien mignon de m'apporter demain matin, à onze heures, quinze louis : j'en ai bien besoin pour payer mes contributions : je compte sur votre extrême bon cœur...

Soyez bien mignon : pensez que dans peu de jours vous allez être possesseur d'un incomparable trésor, et cela vous dédommagera au centuple de vos petites avances : vous voyez comme je suis gentille pour vous.

(Elle) vient de recevoir de sa parente, la duchesse de Portland, des rideaux en point d'Alençon ; ceux du lit sont retenus par des franges d'or massif et les agrafes sont en diamants ; le dessus du lit est brodé de perles fines blanches et roses, ayant ses armes dans le milieu avec la couronne entièrement en diamants, entrelacée d'un R. S., vos initiales ; enfin on prépare à votre intention les plus belles merveilles du monde entier.

A demain soir pour dîner.

J. de M.

Cher baron,

La duchesse me prie de vous rappeler que demain, jeudi, elle désire déjeuner avec vous à une heure. Vous serez mille fois aimable, en venant déjeuner, de m'apporter quinze louis dont j'ai absolument besoin. J'ai une traite à payer et je suis sans un sou. Depuis quinze jours, vous ne m'avez rien remis et vous me devez beaucoup ; si vous voulez que tout cela soit fini pour le mois prochain, soyez gentil : ça vous portera bonheur.

J. de M.

P.-S. — Je vous confie un secret qui ne doit être divulgué à personne : vous me le promettez bien ? La duchesse vient de me confier qu'elle fait préparer la chambre nuptiale de ses ancêtres en Angleterre, à *Brighton*, dans le beau palais que vous savez : les lambris sont en or massif, le plafond enrichi de diamants que des lapidaires ont travaillés pour la circonstance.

A demain donc.

J. de M.

Enfin, le baron Roger Seillière eut l'insigne bonheur de déjeuner avec cette fiancée merveilleuse, qui lui écrivait le petit billet que voici :

Lundi,

Mon bien-aimé Roger,

C'est avec peine que j'apprends votre indisposition ; j'ai fait dire ce matin dans la chapelle du palais une messe pour votre prompt rétablissement : j'espère que Dieu exaucera ma prière et que, mercredi, j'aurai le bonheur de vous embrasser.

Ne soyez pas malade au moment où tout est prêt. J'espère que de votre côté vous avez pris toutes vos dispositions pour que tout marche bien : car je voudrais bien être mariée afin que nous puissions aller dans nos châteaux, dans nos palais.

Ces intérêts-là sont les vôtres ; un homme est nécessaire à la tête d'une grande fortune, et la mienne, je n'ai pas besoin de vous le répéter, est immense ; vous avez la certitude que vous aurez la moitié de ce que je possède, je le désire ainsi ; le contrat de mariage vous institue propriétaire de tout ce qui m'appartient et de la moitié de ce qui doit me revenir.

Vous aurez de plus les titres de duc et pair d'Angleterre et celui de seigneur de Prusse, titres que possédait mon arrière-grand-père et qui est transmis de générations en générations.

A bientôt donc, mon bien-aimé Roger, le bonheur de vivre ensemble dans mes palais. Je vous embrasse, mon bien cher fiancé.

L. C.

Mᵉ Maurice Bernard estime que cette correspondance seule suffirait à prouver l'imbécillité — c'est le terme légal — de celui qui a été victime de la captation.

C'est au moyen de ces chimères que Mᵐᵉ Merlier aurait réussi à arracher à la faiblesse d'esprit de M. Roger Seillière un legs de 400,000 francs, avec l'assistance d'un couple américain, les époux Flattery, qui aidèrent l'ancienne maîtresse du baron à le chambrer dans une petite maison de campagne des environs de Paris, à Torcy, où le testament fut signé.

Mᵉ Maurice Bernard demande à établir par une enquête cette dernière articulation et, en terminant, rappelle au Tribunal que, peu de mois après la confection du testament, le baron Roger s'embarquait, en compagnie de Flattery, sans avoir prévenu sa famille, sans emmener aucun de ses valets de chambre, pour ce voyage à New-York où il devait trouver la mort, une mort mystérieuse et inexpliquée, dans un hôtel de New-York, loin de tous ceux qui s'intéressaient à lui et qui en avaient le pressentiment.

Mᵉ Straus et Mᵉ Lacoin, pour le prince et la princesse de Sagan, ajoutent quelques observations à la plaidoirie de Mᵉ Bernard.

Au nom de Mᵐᵉ Merlier, la légataire, Mᵉ Desjardin déclare que sa cliente pourrait demander *de plano* le rejet des articulations « romanesques » de son confrère. Il proteste énergiquement que Mᵐᵉ Merlier n'est point l'auteur de la correspondance qu'on vient de lire et que jamais elle n'a proposé à M. Roger Seillière la jeune Anglaise « trillionnaire » dont il a été parlé.

Mais Mᵐᵉ Merlier ne s'arrête pas, dit-il à ces objectionr préliminaires, et, à son tour, elle sollicite une enquête qui fasse la lumière la plus éclatante sur l'ensemble des faits articulés.

Mᵉ Desjardin s'étonne toutefois de voir traiter avec une pareille sévérité M. le baron Roger Seillière par une famille qui compte plusieurs de ses membres également pourvus d'un conseil judiciaire: son frère, le baron Raymond et son beau-frère, le prince de Sagan. Il ajoute qu'étant donné le chiffre de sa fortune, 5 à 6 millions au moment de sa mort, le baron Roger avait bien le droit de dépenser quelques centaines de mille francs en faveur d'une femme qui l'avait aimé.

M. le substitut Brégeault conclut de son côté à l'enquête et le Tribunal rend un jugement conforme ces conclusions

9 décembre,

L'affaire Seillière est revenue aujourd'hui, après enquête, devant la première Chambre du tribunal civil de la Seine

Cette enquête, il faut le dire, n'a pas été bien concluante et n'a pas jeté grande lumière sur les relations de Mme Merlier et de la princesse aux 80 trillions.

Le curé de Torcy, qui dînait fréquemment à la table de l'ancienne maîtresse du baron Roger pendant ses villégiatures, déclare n'avoir jamais rencontré chez elle aucune personne suspecte, et Me Segond, notaire à Paris, conseil judiciaire du baron Seillière, dépose qu'il a toujours regardé la présence et l'influence de Mme Merlier comme une garantie.

Le baron Roger Seillière s'était soustrait à cette influence quand il entreprit, par un coup de tête, ce voyage en Amérique dont il ne devait pas revenir.

En revanche, Me Pioger, l'honorable greffier de la Cour d'appel, qui avait été adjoint à Me Segond à titre de mandataire, affirme que l'intelligence du baron était fort atteinte, qu'il était hanté par des idées de richesse et d'ambition, et qu'il lui a parlé plus d'une fois d'une princesse espagnole, fort éprise de lui et dont il sollicitait la main.

Me Pioger affirme également que le baron Roger Seillière se croyait entouré d'assassins et que Mme Merlier partageait ses appréhensions.

— S'il veut me quitter pour aller en Amérique, disait Mme Merlier à Me Pioger, il sera assassiné. Il faut l'empêcher de partir à tout prix!

— Et pourquoi, lui demanda Me Pioger, ne partez-vous pas avec lui?

— Oh! reprit Mme Merlier, ils m'assassineraient aussi.

— Mais vous connaissez donc les assassins! s'écria Me Pioger.

Mme Merlier ne répondit pas.

N'approfondissons pas ce mystère, puisque la justice n'a pas cru pouvoir le pénétrer.

Pour le moment, il ne s'agit que de trancher un procès en captation. Me Pioger estime que le baron Roger Seillière était incapable de tester; Me Segond le regarde au contraire comme responsable de ses actes et *très amélioré* au point de vue mental pendant les dernières années de sa vie.

Au Tribunal de choisir entre ces deux honorables témoins, également dignes de confiance.

Me Maurice Bernard, au nom de la famille Seillière, reprend et développe avec infiniment d'humour les articulations qu'il avait déjà formulées lors des premiers débats. Il donne lecture de l'enquête qui, malheureusement pour sa cause, n'a pas révélé de faits de captation bien topiques, ni surtout établi que Mme Merlier ait mis en scène la princesse blonde aux 80 trillions.

Me Desjardin lui répond et soutient avec une grande force de logique, au nom de Mme Merlier, que le testament du baron Roger Seillière était plein de sens, de logique et de raison.

Après avoir rappelé qu'elle était loin de lui quand le baron Roger est mort au mois d'août 1892, au cours d'un voyage qu'il faisait en Amérique et dans des circonstances restées mystérieuses, Me Desjardin s'attache à démontrer que rien n'était plus légitime que ce legs fait à une compagne d'existence et qui grève d'une façon d'une bien légère un héritage évalué à près de 8 millions.

Le baron Roger Seillière, dit Me Desjardin, était resté célibataire. Depuis longtemps il n'entretenait plus aucunes relations avec son frère Raymond, ni avec sa sœur, Mme la princesse de Sagan. Tous deux, en 1877, avaient essayé de le faire interdire et n'avaient réussi d'ailleurs qu'à lui faire nommer un conseil judiciaire.

Quand on laisse, comme lui, un patrimoine intact de 7 millions, il est bien permis, je suppose, de léguer 400.000 francs à une vieille amie qui ne vous a pas quitté pendant dix-sept ans.

Me Desjardin aborde ici la question de droit :

M. le prince de Sagan a fait plaider qu'il devait être mis hors de cause, par cette double raison qu'il était séparé de biens et pourvu d'un conseil judiciaire dans la

personne de M. Pioger, greffier à la Cour. Nous n'avons
pas à le contredire, et le Tribunal verra si, en droit, la
princesse de Sagan, femme d'un mari pourvu d'un conseil
judiciaire, peut ester en justice.

Quant au baron Raymond Seillière, il est, lui aussi,
pourvu d'un conseil judiciaire.

Mais, quoi qu'il en soit au point de vue du droit, nos
deux adversaires prétendent que la justice a eu tort de ne
pas interdire leur frère en 1877.

La demi-mesure du conseil judiciaire, d'après eux,
était tout à fait insuffisante, ainsi que le démontre un
rapport médico-légal, signé des deux célèbres aliénistes,
les Drs Blanche et Motet.

L'avocat de Mme Merlier combat les conclusions de
ce rapport, et reproche vigoureusement à la famille
Seillière de l'exhumer au bout de dix-sept ans « pour
ternir la mémoire du baron Roger Seillière dans un
intérêt d'argent. »

Dans tous les cas, ajoute Me Desjardin, ce rapport n'a
convaincu ni le Tribunal civil, ni la Cour d'appel, puisque
la demande en interdiction fut repoussée.

C'est que les magistrats avaient, comme la loi leur en
fait un devoir, appelé devant eux le baron Roger Seillière,
et ses réponses pleines de tact à l'interrogatoire qu'il
subit en Chambre du Conseil, déterminèrent le Tribunal à
ne tenir aucun compte de l'avis des médecins.

Mme la princesse de Sagan articulait alors, comme une
preuve éclatante de la folie de son frère, l'accusation que
le baron Roger avait portée contre elle d'avoir voulu,
quand il était enfant, « l'étouffer sous des oreillers ».

Comment la princesse de Sagan peut-elle aujourd'hui
réclamer de la justice la moindre parcelle de la fortune
d'un frère qui la poursuivait de semblables rancunes ?

Nos adversaires ont fait plaider encore que le baron
Roger avait été déshérité par son père parce qu'il était
fou.

Mais, messieurs, j'ai dans mon dossier le testament du
baron Seillière, mort en 1874; je vais vous en donner
lecture, et vous verrez que le père de famille regardait,
au contraire, son fils Roger comme tout à fait capable de
raisonner et de réfléchir.

Me Desjardins donne, en effet, lecture au Tribunal

des premières lignes du testament de M. Seillière
père :

Ceci est mon testament.

Avant de consigner ici l'expression de mes dernières
volontés, je désire rendre compte des sentiments qui y
président.

Ma fille, la princesse de Sagan, mes deux fils Raymond
et François Seillière ont toujours été pour moi pleins
d'affection et de respect; ils ont entouré ma vie de leur
tendre sollicitude et ils m'ont, en même temps, donné la
joie constante de leur union et de leur attachement
mutuel.

Je ne puis, malheureusement, étendre ce témoignage à
mon fils aîné Roger Seillière; je ne veux point, dans cet
écrit suprême, relever de pénibles contrastes je veux
même en éloigner l'amertume que j'en ai trop souvent
ressentie; mais mon fils n'aura qu'à rentrer en lui-même
pour me comprendre...

Après d'aussi solennelles déclarations, Me Desjardin estime qu'il n'est plus possible de plaider que le
baron Seillière regardait son fils aîné comme un fou.

Il dit exactement tout le contraire, puisqu'il rend son
fils responsable de ses actes, de sa conduite, et qu'il
ajoute « qu'il n'aura qu'à rentrer en lui-même pour le
comprendre. »

Depuis quand un fou peut-il comprendre, en réfléchis-
sant et en rentrant en soi-même?

Mais non, le baron Roger n'a jamais été fou! Vainement
vous l'aurez prétendu en 1877 et en 1878.

Vainement encore vous l'aurez prétendu aujourd'hui.
Vous avez fait entendre dix-sept témoins pour attester
cette prétendue folie, et votre avocat est obligé de reconnaître suivant sa pittoresque expression, que votre
enquête a subi bien du déchet !

Un seul de vos témoins, reconnaissez-vous, est digne de
de retenir l'attention de la Justice : c'est l'honorable
M. Pioger, greffier de la première Chambre de la Cour.

Certes, nous sommes tous d'accord pour reconnaître et
proclamer l'honorabilité de l'excellent greffier mais voyez
la misère de votre enquête ! De vos dix-sept témoins, un

seul, M. Pioger, dites-vous, atteste avec quelque autorité
que le baron Roger n'était pas en état de tester.

Et voilà que le notaire de votre famille, Mᵉ Segond,
atteste exactement le contraire.

Voilà que le curé de Torcy, où habitait le baron Roger
Seillière pendant la belle saison, voilà que tous ceux qui
le fréquentaient attestent, comme votre propre notaire,
que s'il était dur d'oreille, il n'était pas fou du tout, qu'il
raisonnait fort bien sur toutes choses, et spécialement
sur l'électricité et les sciences exactes !

Mᵉ Desjardin discute, fort courtoisement d'ailleurs,
l'appréciation de l'honorable M. Pioger, adjoint à
Mᵉ Segond pour administrer la fortune du baron
Roger Seillière, et il estime que l'opinion de Mᵉ Segond,
notaire de la famille Seillière, est seule susceptible
d'impressionner le Tribunal :

Depuis plus de trente ans, Mᵉ Segond est le notaire de
toute la famille Seillière. Lui-même le rappelait au juge
de l'enquête avec complaisance et non sans quelque
malice.

« C'est moi, lui disait-il, qui, depuis trente ans, ai
liquidé tous les membres de la famille Seillière : j'ai
liquidé la grand'mère en telle année, le père en telle
autre, puis la mère, tous les parents enfin. Chaque fois, à
chacune de ces dates, le baron Roger est venu dans mon
étude donner sa signature en présence de ses frères et
sœur, qui alors n'ont élevé aucune protestation. J'atteste
donc, contrairement à l'avis de M. Pioger, que le baron
avait toute l'intelligence nécessaire pour tester. »

La famille Seillière articulait encore — et ce n'était
pas la partie la moins amusante de la plaidoirie de
Mᵉ Maurice Bernard — que Mᵐᵉ Merlier avait exercé une
véritable captation sur l'esprit débile du baron Roger
en flattant la manie des grandeurs dont il était atteint.
Elle lui aurait présenté, à titre de fiancées, nombre de
demoiselles appartenant au monde de la galanterie et
qu'elle lui donnait pour des princesses de sang royal,
riches à milliards, à trillions, et propriétaires de la
moitié de l'Australie.

Mᵉ Desjardin met ses adversaires au défi de prouver

que ces intrigues aient été machinées par Mme Merlier. La princesse mystérieuse qui signait J. de M...
et qui promettait en dot au baron Roger dix-sept
flottes et autant d'armées, n'est nullement, dit-il,
comme la famille Seillière l'a prétendu, une sœur de
Mme Merlier, que cette dernière aurait fait teindre en
blonde, le baron Roger ne pouvant souffrir les brunes.
Toutes les correspondances fantaisistes dont il a été
donné lecture ont été jetées au débat pour les besoins
du procès.

Enfin, messieurs, en désespoir de cause, la famille
Seillière a imaginé de scruter toute la vie de Mme Merlier,
de prétendre qu'elle avait eu un grand nombre d'amants
et qu'elle n'avait jamais cessé de donner au baron de
nombreux rivaux.

Qu'importe au point de vue du droit, qui seul nous
occupe? Je n'ai jamais prétendu que Mme Merlier fût une
sainte; j'ai montré, avec l'aide de tous les témoignages,
que, pendant dix-sept ans, elle avait été une compagne
dévouée, prévenante, attentive, pour le baron Roger,
qu'elle l'avait convenablement soigné dans ses maladies.
N'est-ce pas assez pour légitimer un legs relativement
modeste, en présence de cette opulente fortune que vont
recueillir des frères et sœur qui ne l'aimaient pas et qu'il
n'aimait pas davantage?

Les débats continueront vendredi.

7 janvier 1895.

Les débats du procès Seillière ont donné lieu aujourd'hui à un incident assez rare en matière civile :
la comparution personnelle et improvisée à la barre
de la légataire du baron Roger Seillière, Mme Merlier
qui suivait l'audience de la première Chambre avec
un intérêt marqué. Il y va pour elle, songez-y, d'un
legs de 400.000 francs!

Après la plaidoirie de Me Desjardin pour la vieille
maîtresse du baron Roger Seillière, Me Straus, au nom
de Mme la princesse de Sagan, avait déclaré que si le

procès était gagné par la famille Seillière, la princesse se ferait un devoir d'abandonner sa part aux pauvres, le seul souci des frères et sœur du baron Roger étant de ne point laisser une part quelconque de sa succession entre les mains d'une intrigante.

A ce moment M⁰ Maurice Bernard, avocat du baron Raymond Seillière, demande au Tribunal la permission de répliquer à M⁰ Desjardin, et, contrairement à l'affirmation de Mme Merlier, il se fait fort de démontrer qu'elle a parfaitement une sœur, laquelle se fait appeler Mme de Montaigu.

Cette Mme de Montaigu, dit M⁰ Bernard, n'est autre que la mystérieuse princesse qui signait J. de M... des lettres d'amour dans lesquelles elle promettait au baron Roger Seillière de se marier avec lui et de lui apporter en dot un trône, 80 trillions, dix-sept flottes, autant d'armées et la propriété de la moitié de l'Australie.

— Du reste, ajoute l'avocat de la famille Seillière, Mme Merlier est ici. Interrogez-la !

Vif émoi dans l'auditoire.

M. le président Poncet prie aussitôt Mme Merlier de s'avancer à la barre et procède à un interrogatoire dont voici la partie intéressante :

D. — Madame, n'avez-vous pas une sœur qui se fasse appeler Mme de Montaigu ?

Mme Merlier, très embarrassée. — J'ai une amie de ce nom.

D. — Ce n'est pas votre sœur ?

R. — Non, monsieur, c'est une de mes amies. Je crois qu'elle habite Vaucresson.

Or, il paraît que, depuis l'audience, Mme Merlier a fait dire à M. le substitut Seligman, qui doit donner aujourd'hui ses conclusions, que Mme de Montaigu est bien sa sœur, et que si elle l'a dissimulé à l'audience, c'est pour certaines raisons de famille que nous n'avons pas à apprécier.

S'il en est ainsi et si Mme de Montaigu est bien la

princesse enchantée qui berçait de chimères ambitieuses l'esprit débile du baron Roger Seillière, le procès pourrait bien avoir pour Mᵐᵉ Merlier une solution inattendue.

Nous entendrons là-dessus l'avis du ministère public.

12 janvier.

M. le substitut Justin Seligman a donné aujourd'hui ses conclusions.

L'organe du ministère public s'est prononcé pour le rejet de la demande formée par le baron Raymond Seillière et sa sœur, Mᵐᵉ la princesse de Sagan, et pour le maintien du legs de 400.000 francs attribué par le baron Roger à son ancienne maîtresse.

Ce n'est pas que M. le substitut Seligman tienne Mᵐᵉ Merlier pour une vertu; mais rien, dans la cause, dit-il, ne prouve la captation, et le baron Roger Seillière était parfaitement libre de laisser un souvenir d'amitié à une femme qui l'avait entouré de ses soins pendant les dernières années de sa vie.

M. le substitut Seligman ajoute que, s'il est certain aujourd'hui que Mᵐᵉ Merlier a une sœur qui se fait appeler Mᵐᵉ de Montaigu — elle l'a avoué depuis ses dénégations de la dernière audience — il n'est nullement établi que cette personne soit la mystérieuse J. de M... qui écrivait au baron Roger des lettres si étranges, en lui promettant une fortune colossale et le sceptre d'un vaste empire du Nouveau-Monde.

Au surplus, ajoute M. le substitut Seligman, l'*inconnue* de M. Roger Seillière ne semble pas s'être préoccupée de lui arracher un testament : toutes ses lettres se terminaient invariablement par une demande de deux ou trois louis. Ses convoitises étaient à la fois plus modestes et plus immédiates, et Mᵐᵉ Merlier, qui ne paraît pas l'avoir connue, ne saurait être tenue pour responsable de ses intrigues.

Peut-être, d'ailleurs. le baron Roger n'a-t-il jamais été sa dupe, car si l'on a produit au débat des lettres de la prétendue princesse, on n'a apporté, en revanche, aucune réponse du défunt à ses mirifiques promesses.

On peut certainement regretter, au point de vue moral, ce legs de 400.000 francs fait à une femme comme Mme Merlier, mais chacun est libre de disposer de sa fortune comme bon lui semble et la volonté du testateur doit être respectée, à moins que l'on n'établisse le dol ou la fraude.

A cet égard, la famille Seillière a pu apporter des présomptions, des vraisemblances; elle n'a administré aucune preuve.

Paris, 19 janvier.

Le tribunal a rendu aujourd'hui son jugement.

Conformément aux conclusions de M. le substitut Seligman, il a donné tort aux héritiers du baron Roger Seillière, en validant le testament et en les condamnant aux dépens.

La délivrance du legs de 400.000 francs fait à Mme Merlier par le baron Roger est ordonnée par le Tribunal.

IX

LE MYSTÈRE DE BARBIZON

Melun, 25 mai.

Lorsqu'il avait pris sa retraite à Barbizon, il y a quinze ans, le vieux peintre Landerer ne se sentait point talonné par l'ambition de faire oublier Corot.

Il savait que la peinture de paysages n'est qu'une vaine tentative d'imiter la nature, et, modestement, il s'était cantonné dans la peinture légendaire, les tableaux de batailles, les souvenirs guerriers de la Suisse, des anciens combats entre Bâle-campagne et Bâle-ville, dans l'un desquels son père, vers 1835, avait péri héroïquement.

Son malheur fut de connaître, étant déjà septuagénaire, cette blonde plantureuse et enluminée qui comparait aujourd'hui devant le jury de Seine-et-Marne, avec ses yeux bleu faïence, son teint briqueté, ses dentelles fripées et ses grosses mains de ménagère allemande, qui sembleraient vouées innocemment aux confitures.

Près d'elle, le beau Lacampagne, un plombier infatigable de Fontainebleau, que la nouvelle Mme Landerer avait distingué parmi ses fournisseurs : un fort gaillard d'une quarantaine d'années, tout en barbe, superbe, florissant et fat, suppléant avantageux du vieux mari honoraire qui avait commis la plus grave de toutes les imprudences en épousant une aventurière et en lui léguant ses 10.000 francs de rentes.

L'interrogatoire de M. le président Martinet va nous faire connaître et le drame et les deux amants.

C'est Mme veuve Landerer qui est appelée la première à lui répondre. L'accusée, née en Allemagne — elle s'appelle Northburgia-Binder — s'exprime avec un accent des plus faisandés. Elle a débuté dans la vie comme petite bonne. A quinze ans et demi, elle est partie pour la République Argentine. C'est là que son premier mari, M. Landivar de Litao, aurait fait sa connaissance dans une maison des plus mal famées.

A l'époque de l'Exposition de 1889, M. Landivar de Litao l'amena à Paris. C'est tout ce que l'on sait de cette intrigante :

L'accusée. — Mais j'étais parfaitement mariée avec M. Landivar de Litao, qui avait occupé un poste très élevé dans la diplomatie.

M. le Président. — Oh ! n'exagérons rien. Il avait été simplement secrétaire de la légation de la République Argentine, mais il avait abandonné sa carrière pour faire le commerce des vins.

M. Landivar de Litao ne vous a épousée qu'*in extremis*, à Paris, avenue Kléber. Il avait tenu à régulariser sa situation tout en vous laissant sa fortune.

R. — Mais il n'en avait aucune !

D. — Comment! Quelques semaines avant de mourir il déposait encore 90.000 francs chez un banquier.

R. — Cette somme appartenait à ses correspondants commerciaux.

D. — Quoi qu'il en soit, le 2 octobre 1889, M. Landivar de Litao vous épousait et il vous instituait sa légataire universelle.

R. — Il n'afait pas t'archent, il ne bossélait qu'un mopilier ; il ne m'est rien resté après afoir payé les métecins de mon paufre mari.

D. — Votre mari est mort en effet le 16 novembre 1889, six semaines après avoir fait son testament en votre faveur.

Après lui, vous êtes devenue la maîtresse d'un nommé Nibelung, que vous n'avez pas tardé à abandonner pour un récidiviste d'origine espagnole du nom de Cervantès ; vous passiez d'un amant à l'autre, roulant dans des hôtels de dernière catégorie, courant les villes d'eaux de France

et de Suisse et, disent les renseignements de police, y me-
nant « une conduite légère avec des messieurs ».

Entre temps, vous obteniez des autorités helvétiques le
diplôme de sage-femme, mais vous n'avez jamais exercé !

La veuve du diplomate argentin était fille d'auberge à Bâle, quand un officier suisse, le colonel
Urserer, l'adressa comme domestique, au mois de
janvier 1892, à son compatriote et ami, le peintre
Landerer, retiré à Barbizon.

— Le colonel lui a rendu un bien mauvais service ce
jour-là ! s'écrie M. le président Martinet.

Vous vous êtes présenté au vieux peintre comme une
fille de bonne famille de Bâle, appelée à recueillir quelque
bien. Le vieil artiste, qui jusque-là avait vécu en pension
dans les auberges de Barbizon, fut tellement séduit par
vos prévenances, qu'un mois après votre entrée à son service il parlait de vous épouser.

C'est en vain que les informations qu'il demanda en
Suisse lui laissèrent entendre que vous sortiez d'une maison de prostitution. C'est en vain que ses amis s'éloignè-
rent de lui, à ce point que ce pauvre vieillard de soixante-
dix-sept ans ne trouva pas parmi eux un seul témoin pour
son mariage.

L'accusée. — Ces amis-là sont des ennemis !

M. le Président. — Taisez-vous.

Ils voyaient votre indignité. Ils prévoyaient peut-être le
drame qui vous amène aujourd'hui devant vos juges.

Il y avait à peine un mois que vous étiez chez lui quand
le vieil artiste vous fit un premier testament.

R. — C'était son habitude avec toutes ses domestiques.
(*Rires.*) J'ignorais même qu'il eût de l'argent.

D. — Dans ce premier testament, M. Landerer vous
léguait toute sa fortune, ne réservant qu'une somme de
150 francs pour son fils et 5.000 francs pour sa fille.

Ce testament a été bientôt confirmé par un second, par
un troisième, tous à votre profit.

Enfin le 14 octobre 1892, l'artiste se décida à épouser,
contre l'avis de tous ses amis, celle qu'il appelait « son
excellente et fidèle gouvernante ». Dès lors, il était perdu,
et son sort était fixé ! (*Mouvement.*)

M. le président fait passer sous les yeux des jurés
cette série de dispositions testamentaires.

D. — Ces testaments de M. Landerer ne vous suffisaient pas. Vous en redoutiez le caractère révocable.

A peine mariée, vous avez traîné votre mari chez un notaire, M° Pujol (l'accusée prononce Buchul) pour faire rédiger un acte de donation. Cet honorable officier public s'est refusé à dresser un acte qui suait la captation.

La donation fut cependant réalisée chez un autre notaire, M° Bautry, qui était le notaire de Lacampagne, le plombier de Fontainebleau, devenu déjà votre amant.

Il est vrai de dire que, par un acte réciproque, vous donniez à M. Landerer toute votre fortune, c'est-à-dire absolument rien. (*Rires.*)

Craignant enfin que cette donation ne fût attaquée, vous la faisiez confirmer par un nouveau testament olographe. Aux termes de ce testament, M. Landerer instituait votre amant, Lacampagne, comme son exécuteur testamentaire. Le but était atteint: personne ne pouvait plus s'interposer entre vous ! (*Mouvement prolongé.*)

Voici Lacampagne entré en scène. M. le président Martinet procède à son interrogatoire. L'amant de Mme Landerer était établi entrepreneur de plomberie à Fontainebleau et s'était fortement grevé en faisant bâtir. Il avait ouvert un café qui ne prospérait guère ; bref, il se trouvait fort gêné quand il fit la connaissance de la femme du peintre Landerer.

Déjà, le zingueur de Fontainebleau avait détourné de la succession d'un de ses amis, M. Lesur, une dizaine de mille francs qu'il avait pris, le lendemain du décès, dans le secrétaire du défunt, en promettant au fils de M. Lesur, un enfant de treize ans, de lui rendre l'argent à sa majorité, et de le lui rendre à lui seul, en lui affirmant que ses deux sœurs n'en sauraient rien. L'aimable enfant accepta avec ingénuité, et... quinze jours plus tard, Lacampagne vendait à son profit les titres volés et mettait les fonds dans sa poche :

D. — Vous étiez bien faits pour vous entendre, votre complice et vous ! Si vous aviez détourné la succession de votre ami Lesur, elle avait mis la main sur l'héritage de son premier mari, M. Landivar de Litao, et elle allait bientôt, avec votre aide, s'emparer de la fortune du second, le peintre Landerer.

C'est comme plombier que vous aviez été appelé chez le vieil artiste de Barbizon, et vous n'avez pas tardé à faire la conquête de sa femme, ce qui n'était pas bien difficile.

Vous vous rendiez en bicyclette presque toutes les nuits de Fontainebleau à Barbizon. C'était de notoriété publique. Vous laissiez votre bicyclette à la porte de la propriété du peintre et vous pénétriez dans le jardin.

— C'est esquintant, aviez-vous l'impudeur de dire à votre femme, de rentrer comme ça chez soi à 4 heures du matin !

M. Landerer était extrêmement sourd et extrêmement confiant ; sa femme et lui faisaient chambre à part.

Vous ne redoutiez donc aucune surprise. Au surplus, vos précautions étaient si bien prises que vous aviez donné à Landerer votre propre fille comme servante.

Cette jeune fille, âgée de quinze ans, couchait à proximité de la chambre du peintre.

R. — C'est absolument faux. Jamais je n'ai été l'amant de Mme Landerer, jamais je ne suis allé la nuit en bicyclette à Barbizon.

D. — Allons donc ! ces voyages nocturnes étaient la fable de votre entourage à Fontainebleau !

Du reste, vous ne vous cachiez pas pour aller, après minuit, de Fontainebleau à Barbizon en voiture, et pour ne rentrer que le lendemain matin.

Landerer vous témoignait, naturellement, une grande amitié. (Rires.) Il était loin de se douter que vous couchiez si souvent sous son toit.

Vous ne vous gêniez pas pour vous promener dans le jardin du peintre, en tenant sa femme par la taille.

L'accusé. — C'est trop fort !

M. le Président. — Tenez, voici la déclaration d'un maçon qui vous a aperçus du haut d'une échelle :

« Mme Landerer, ajoute ce témoin, le laissait faire et lui souriait. J'ai pensé tout de suite que M. Landerer était trompé. » (Hilarité.)

Mme Landerer. — Jamais M. Lacampagne n'a été mon amant !

D. — Mais vous l'avez avoué dans l'instruction !

R. — Jamais je ne l'ai vu la nuit.

D. — Il venait le jour ? (Rires.)

Voyons, vous vous tutoyiez en public.

Lacampagne. — C'est M. Landerer qui m'en avait prié !
(*Hilarité générale.*)

D. — Allons donc ! Vous, simple ouvrier !

Lacampagne. — Pardon, je suis entrepreneur.

D. — Vous faisiez des parties de campagne autour de Barbizon avec Mme Landerer et, dans les auberges, vous demandiez toujours une chambre à un lit. Les hôteliers du pays vous ont même refusé plus d'une fois cette chambre, sachant que vous n'étiez pas mariés.

Mme Landerer, pour vous faciliter l'accès de sa propriété, avait pris un parti énergique : elle avait fait enlever la fenêtre de la cuisine. (*Rires.*) Il ne restait plus qu'un volet attaché avec une ficelle, par lequel chacun pouvait escalader le mieux du monde.

Mme Landerer. — J'ai fait enlever la fenêtre pour donner de l'air à la cuisine. (*Hilarité.*)

D. — Votre mari avait un chien de garde qui aboyait la nuit. C'était un témoin gênant. Vous l'avez pendu vous-même à une branche, tirant le nœud coulant jusqu'à ce que la pauvre bête eût cessé de vivre ! (*Mouvement.*)

Mais ces déplacements nocturnes fatiguaient singulièrement le plombier de Fontainebleau.

Comme l'avait dit Lacampagne, « c'était esquintant ! »

Les deux amants résolurent de se rapprocher.

Lacampagne commença par chasser sa femme, qui avait eu le tort impardonnable de mettre Landerer au fait de l'adultère dont ils étaient tous deux victimes.

Le vieux peintre, indigné de cette dénonciation qu'il regardait comme calomnieuse et, protestant de la vertu de sa femme, jeta Mme Lacampagne au bas de son escalier. La pauvre femme se donna une entorse et, pour la punir de s'être mêlée de ce qui ne la regardait pas, son mari l'envoya en pénitence, loin de Fontainebleau, dans sa famille, en lui allouant noblement vingt sous par jour.

Pendant que son amant faisait ainsi maison nette, Mme Landerer obtenait d'un médecin une consultation attestant que l'air de Barbizon ne lui valait rien et

que l'air de Fontainebleau lui était absolument nécessaire.

Respectueux des prescriptions de la Faculté, le
vieux Landerer approuva ce changement d'air et
accompagna à Fontainebleau la prétendue malade,
qui s'installa chez Lacampagne!

On était au mois de septembre. Les deux amants
passèrent huit jours à Fontainebleau :

C'est à ce moment, demande M. le Président à l'accusée,
que vous avez comploté la mort de votre mari.

Dans votre esprit, cette mort était décidée ; le vieillard,
dont vous étiez l'héritière, tardait vraiment trop à mourir!

Lacampagne était harcelé par ses créanciers, le temps
pressait ! En quittant Barbizon, vous n'aviez d'autre but
que de vous créer un *alibi*.

La femme Landerer. — Mais mon mari n'était pas gênant ! M. Lacampagne entrait chez nous comme il voulait.
(*Rires.*)

M. le Président. — Aussi suis-je persuadé que vous
n'auriez pas avancé son heure si le vieux peintre n'avait
pas eu l'imprudence de vous léguer sa fortune.

Ses 90.000 francs étaient le prix de l'assassinat que vous
avez commis.

Arrivons au crime, à la découverte du cadavre du
vieux peintre dans la matinée du 6 septembre dernier :

D. — Vous avez songé à donner le change en faisant
croire que Landerer s'était suicidé.

Il avait chez lui un vieux revolver du calibre 7, qui
n'avait pas été chargé de temps immémorial.

Lacampagne avait un revolver, mais du calibre 8. Tuer
Landerer avec une arme de ce calibre, c'était la plus
grave des imprudences, aussi Lacampagne a-t-il acheté un
autre revolver à Paris. Dans quelles conditions ?

Lacampagne. — C'était M. Landerer qui m'avait donné
cette commission.

M. le Président. — Mais jamais M. Landerer ne se servait d'une pareille arme. Il avait, pendu au chevet de son lit, un sabre, un ancien sabre d'honneur, paraît-il, avec lequel il faisait des rondes quand il entendait du bruit la nuit. (*Hilarité générale.*)

Dites-moi, Lacampagne, Landerer a été tué le 5 septembre, et c'est le 2 septembre que vous achetiez un revolver à Paris.

Oh! vous avez longtemps nié cet achat, vous l'avez nié pendant des jours, pendant des semaines, des mois, et déjà le juge d'instruction avait en mains la preuve de votre acquisition.

Quand on vous eut enfin jeté cette preuve écrasante à la face, vous avez pâli, et vous avez avoué! (*Mouvement.*)

Lacampagne, très ému. — J'avais acheté ce revolver pour M. Landerer.

M. le Président. — Vous voulez dire pour le tuer! (*Sensation.*)

Eh bien! ce revolver, qu'en avez-vous fait?

R. — Je l'ai jeté dans l'étang de Fontainebleau.

M. le Président. — C'est l'aveu le plus terrible de votre culpabilité!

Il est une autre preuve non moins saisissante que vous avez donnée vous-même. Comment avez-vous eu l'imprudence d'écrire à l'armurier, le lendemain de l'assassinat : « Ne portez pas le revolver sur ma facture, je ne veux pas que ma femme sache que je l'ai acheté? » (*Mouvement prolongé.*)

En même temps, vous envoyiez à Barbizon votre propre médecin constater le prétendu suicide du peintre, que l'on venait de trouver mort dans son lit, la tête percée de trois balles. Vous-même vous vous rendiez à la maison du mort, essayant de pénétrer jusqu'à lui. M. Duhamel, conseiller municipal, vous barra la porte, en vous disant :

— Sortez d'ici, ce n'est pas d'un suicide qu'il s'agit, c'est d'un assassinat.

Alors vous êtes retourné à Fontainebleau, vous avez jeté le revolver dans l'étang aux carpes, et vous avez défendu à l'armurier de dire que, cette arme, vous l'aviez achetée chez lui !

Lacampagne, accablé. — J'ai fait tout ça sans réfléchir. (*Rumeurs.*)

L'accusé patauge lamentablement au milieu de ces explications enfantines :

D. — Vous vous étiez également procuré des cartouches à balles, et vous entendrez sur ce point des témoins qui auront raison de vos dénégations obstinées.

Ce jour-là, vous aviez une telle figure que la fille du marchand qui vous les avait vendues ne put s'empêcher de s'écrier : « Cet homme-là va faire un mauvais coup ! »

Le soir même, Landerer mourait assassiné. (*Sensation !*)

Quant à vous, femme Landerer, vous aviez tellement bien arrêté la mort de votre mari, que, le 5 septembre au soir, quelques heures avant le meurtre, vous vous présentiez, accompagnée de Lacampagne, dans une maison de confections de Fontainebleau, chez M. Lamy, pour commander un vêtement de deuil complet.

Le marchand vous demande quarante-huit heures.

— Non, répondéz-vous, j'en suis pressée ! Il me faut mon deuil pour demain ! (*Sensation prolongée.*)

R. — C'est faux... Jamais je n'ai fait cette course.

Lacampagne. — Le marchand confond. C'est une simple pèlerine que nous avons commandée.

D. — Vous étiez très gêné, Lacampagne, à cette époque, talonné par les huissiers, menacé de la faillite, qui a été prononcée depuis.

— Attendez quelques jours, dites-vous à vos créanciers; le 7, vous serez intégralement payés ! C'était la mort de Landerer que vous escomptiez !

— J'ai une maîtresse riche, répondiez-vous à un autre. Dans six mois, je jonglerai avec les billets de mille francs comme je jonglerais maintenant avec des sous.

— Votre maîtresse n'a donc pas maintenant la disposition de sa fortune? demande le créancier un peu incrédule.

— Non, lui répondez-vous, *mais elle l'aura bientôt: vous pouvez faire traite pour le 10.*

— Oui, pour le 10, appuya la femme Landerer.

L'accusée. — J'espérais que mon mari consentirait à lui prêter l'argent dont il avait besoin.

M. le Président. — Le 10 septembre, vous auriez eu, en effet, de l'argent, car vous aviez décidé le meurtre de votre mari pour le 5.

Il était urgent d'agir ! Le vieil artiste, impatienté de votre absence, vous avait sommée de rentrer à Barbizon. Votre retour avait été fixé au 7 septembre au matin. Or, il importait, dans l'intérêt de votre *alibi*, qu'il fût assassiné pendant votre absence. Qu'avez-vous fait dans la soirée du 5, à l'heure de l'assassinat?

Lacampagne. — Je me suis couché tranquillement vers 11 h. 1/2.

L'accusée. — Moi, j'ai joué aux dames avec des consommateurs.

M. le Président. — Eh bien! vers minuit, un bûcheron qui passait devant votre débit a trouvé une voiture attelée et vous a entendus parler dans l'intérieur du café.

Lacampagne. — C'est faux !

D. — Vous avez dû arriver à Barbizon vers une heure du matin. Vous avez pénétré dans la maison Landerer par la fenêtre de la cuisine. La femme Landerer était avec vous, cela est certain! C'est vous, femme Landerer, qui avez dû monter la première. Si votre mari s'éveillait, vous lui faisiez une surprise, Lacampagne s'en allait, le coup était manqué, voilà tout !

Mais le vieux peintre dormait appuyé sur le côté droit, la tête reposant sur le bras, la tempe gauche en évidence. C'est dans la tempe gauche, Lacampagne, que vous lui avez tiré à bout portant un coup de revolver.

Le coup était mortel, mais comme le vieux revolver de Landerer, celui que vous alliez placer dans sa main pour faire croire à un suicide, était déchargé de *trois* coups, il fallait que le cadavre portât la trace de trois balles. Aussi avez-vous déchargé encore sur le mort deux balles inutiles.

Puis vous avez placé ce vieux revolver de Landerer à sa portée, un peu loin... à un mètre de sa main. On ne pense pas à tout!

Vous avez également changé le corps de place après la mort : ce qui le prouve, c'est que tout le sang répandu est du côté droit du lit, alors que les blessures se trouvent sur le côté gauche de la figure.

Aussi l'hypothèse d'un suicide est-elle inadmissible. Le revolver du vieil artiste ne fonctionnait plus, il était complètement rouillé à l'intérieur, et l'armurier vous expliquera que si une seule balle avait été tirée, la rouille aurait disparu. L'expert affirme énergiquement qu'il y avait plusieurs mois que le revolver n'avait pas servi.

D'autre part, les blessures étaient à gauche et M. Landerer n'était point gaucher. S'il s'était suicidé, il se serait frappé à la tempe droite. (*Sensation.*)

J'ajoute que le vieillard avait un commencement de paralysie du bras gauche.

Les yeux du vieux peintre étaient fermés, ce qui établit péremptoirement qu'il a été frappé pendant son sommeil.

Les yeux ne se ferment pas d'eux-mêmes. Quand on
meurt, il faut qu'une main pieuse vienne abaisser les paupières.

Enfin, il est impossible que ce vieillard de soixante-
dix-huit ans ait eu l'atroce énergie de se tirer trois balles
en plein crâne.

M. Landerer ne manifestait d'ailleurs aucune idée de
suicide, et, désireux de passer une nuit tranquille, il avait
par précaution placé sur sa table de nuit un grand verre
d'eau sucrée, pour le cas où il viendrait à s'éveiller.

M. le président Martinet établit ainsi, d'une façon
lumineuse, l'impossibilité matérielle et morale du
suicide :

D. à l'accusé. — Quant à votre fille, Lacampagne, elle
couchait auprès de M. Landerer et prétend n'avoir rien
entendu la nuit du crime.

Il existe de fortes raisons de la supposer votre complice
et je crois bien qu'au début de l'instruction je n'aurais
pas hésité à la faire arrêter ! (*Sensation.*)

Les témoins sont entendus. Ce sont les gendarmes,
les conseillers municipaux de Barbizon, qui ont pénétré les premiers dans la chambre du crime. Tous
ont été frappés de la position du mort, de ses yeux
clos, de l'état du lit, auquel on semblait avoir touché.
Pour tous, le cadavre avait été arrangé, en vue de
faire croire à un suicide. Chose extraordinaire : les
voisins les plus proches et la fille de Lacampagne, qui
couchait dans la maison, affirmaient n'avoir entendu
aucun coup de feu. Cette jeune fille, que nous entendrons à l'audience, était occupée, dès la première
heure de la matinée, à ratisser les allées du jardin,
comme pour effacer des traces de pas.

La fin tragique du vieux peintre n'étonna personne :
tous ceux qui connaissaient la veuve Landivar étaient
persuadés qu'elle ferait assassiner son second mari
par un amant.

M. Lombard, artiste peintre à Barbizon, vieil ami
de M. Landerer, raconte aux jurés la vie tranquille et
insouciante du peintre bâlois jusqu'au jour de l'arrivée de Mme Landivar, qui se faisait passer pour la

veuve d'un ancien ministre de la République Argentine à Rio-de-Janeiro.

M. Lombard flaira aussitôt une aventurière de la pire espèce, mais Landerer était fatigué de la solitude, de la vie d'hôtel, et c'est vainement que son vieil ami essaya de le détourner de ses projets de mariage :

Jamais, je l'affirme, s'écrie M. Lombard, Landerer n'a songé à se suicider. Il aimait à bien vivre, à recevoir ses amis ; il était la gaîté même !

Suivent les témoins qui ont rencontré le galant de Mme Landerer, de nuit, en bicyclette, sur la route de Fontainebleau à Barbizon, à 11 heures du soir. Lacampagne fermait son débit et « partait voir sa connaissance ».

Je passe sur plusieurs témoignages secondaires qui ont trait à la situation gênée de Lacampagne au moment du crime et aux promesses de paiement qu'il a faites à divers créanciers pour le 10 septembre 1893, c'est-à-dire pour une date postérieure de cinq jours à la mort du peintre Landerer. Le ministère public fera entre ces deux dates un rapprochement suggestif.

On entend ensuite le marchand de nouveautés de Fontainebleau, M. Lamy, chez lequel, la veille de la mort de son mari, Mme Landerer a d'avance commandé son deuil, insistant pour avoir son costume le lendemain.

M. le Président donne lecture de la lettre si compromettante adressée par Lacampagne à son armurier : « Ne portez pas sur ma facture l'achat du revolver, je ne tiens pas à ce que ma femme connaisse cette acquisition. »

Un manœuvrier, nommé Urel, affirme que la nuit du crime, vers minuit, il a vu une voiture attelée devant le débit de Lacampagne.

— J'en suis bien sûr, déclare le témoin, j'ai même failli me jeter dedans. Bien sûr, me suis-je dit, il va voir sa belle à Barbizon.

Il faut ajouter cependant que cet homme est à moi-

tié aveugle, ce qui retire beaucoup d'importance à
son témoignage, et que personne n'a entendu pendant
la nuit du crime sortir la voiture de la remise où elle
se trouvait habituellement.

La fille de Lacampagne, une gamine de quatorze ans
et demi, que son père avait placée comme petite
bonne chez le vieux peintre, dépose d'une voix dolente
et embarrassée. Il faut lui arracher les paroles. C'est
elle qui, la première, a découvert le crime en pénétrant le lendemain matin dans la chambre de son
maître qu'elle a trouvé tout ensanglanté sur son lit.

M. le Président. — Et vous n'avez entendu aucun bruit
pendant la nuit du crime ?

Le témoin. — Non, monsieur.

D. — Votre premier soin, le lendemain matin, a été de
ratisser les allées du jardin ?

R. — C'était l'habitude.

D. — Vous avez dit que M. Landerer s'enivrait et qu'il
avait absorbé, la veille de sa mort, une demi-bouteille
d'absinthe !

R. — Il s'était trompé de bouteille. Monsieur croyait
boire de l'eau de Vichy. (*Rires.*)

La petite Lacampagne, qui doit en savoir long et
qui a certainement entendu la scène de l'assassinat,
a constamment varié pendant l'instruction, et M. le
Président le lui rappelle sans vouloir insister autrement sur un témoignage essentiellement suspect.

A demain samedi la fin des dépositions, les plaidoiries et le verdict.

Melun, 26 mai.

Les écrasants témoignages de la présente audience
ont atterré les accusés. Les deux amants sont littéralement effondrés. Lacampagne est d'une pâleur mor-
telle. Si M. le président Martinet reprenait son interrogatoire si serré d'hier, on sent qu'il lui arracherait
l'aveu. Quant à la veuve du malheureux Landerer,
elle disparaît, anéantie, sous son vaste chapeau de

17.

paille noir qui lui cache entièrement le visage, mais, aux tressaillements qui l'agitent, on devine ses angoisses et ses terreurs.

Les médecins experts sont unanimes. Il est presque matériellement impossible que le vieux peintre de Barbizon se soit tiré de la main droite trois coups de revolver dans la tempe gauche. Il est certain qu'on l'a tué pendant son sommeil et que les assassins ont disposé, d'une façon d'ailleurs assez malhabile, toute la mise en scène du suicide, en mettant hors de la portée du mort un vieux revolver rouillé qui n'avait pas servi depuis des mois. Ce qui établit encore l'impossibilité du suicide, c'est que la bougie n'a pas brûlé complètement : elle est restée sur la table de nuit à demi consumée, et ce n'est pas la victime foudroyée par trois blessures qui a pu l'éteindre d'un dernier souffle.

Le dernier témoignage est celui de la femme Lacampagne. Cette malheureuse, chassée par son mari dans les circonstances que nous avons fait connaître, n'apporte à la barre ni haine ni rancune contre l'homme dont elle porte le nom. Par un sentiment de pitié touchante elle essaie, au contraire, d'atténuer les torts de cet indigne époux et, en s'accusant elle-même, elle s'efforce de l'excuser.

— J'ai bien des choses à me reprocher aussi, balbutie-t-elle, sans vouloir s'expliquer davantage.

— N'est-ce pas, s'écrie l'accusé, en se raccrochant désespérément à cette branche de salut, n'est-ce pas? tu as eu des torts, dis-le bien à MM. les jurés.

Et, pour un instant, une lueur d'espérance illumine son visage morne et décoloré.

Dans un réquisitoire d'une bien jolie forme littéraire et d'une rare pénétration d'analyse, M. le procureur de la République de Valles trace la silhouette du vieux peintre de Barbizon, du brave artiste toujours jeune de cœur malgré ses soixante-dix-huit ans, qui, la veille de sa mort, disait encore à un ami : « La forêt est délicieuse; je me promène par les belles routes fraîches des bois, j'ai de bons amis et je peins;

vraiment, je suis bien heureux de vivre ! » Par une précaution affectueuse et qui peint bien cette nature confiante et gaie, le père Landerer, craignant que sa femme manquât d'argent, les premiers jours, au milieu des formalités qui suivraient sa mort et en attendant la liquidation de sa succession, lui avait remis un bon de six mille francs, payable à vue, sur son banquier de Paris. Au-dessus de sa signature, il avait écrit gaillardement : « Je vous salue d'outre-tombe ! »

M. le procureur de la République de Valles nous montre en regard l'intrigante dont la vie aventureuse cache peut-être de redoutables mystères, l'ancienne veuve de l'Américain Landivar de Listao. mort subitement, lui aussi, six semaines après l'avoir épousée et après lui avoir légué toute sa fortune ; puis, avec une force de logique qui impressionne vivement l'auditoire, l'orateur suit pas à pas, dans la longue préparation du crime, cette femme de trente ans et son amant Lacampagne, ce zingueur infatigable qui ne quittait plus la petite maison du peintre, zinguant le toit, zinguant les grilles, zinguant les fenêtres et les gouttières, sans que ses visites continuelles troublassent un seul instant la sérénité du mari. C'est l'éternelle histoire, dit M. le procureur de la République, de Ménélas à Sganarelle et de Sganarelle à Boubouroche ! (*Hilarité.*)

Jamais, ajoute M. de Valles, crime ne fut aussi longuement prémédité. Et il rappelle le chien pendu, la fenêtre de la cuisine arrachée, les amis chassés de la maison, la domestique du vieux Landerer remplacée par la propre fille de Lacampagne, témoin unique, muet, et dont le premier soin, au lendemain de cette nuit sanglante du 5 septembre 1893, sera de ratisser les allées du jardin pour faire disparaître les traces de pas. Il nous montre enfin Lacampagne achetant un revolver et des balles, la femme Landerer commandant son deuil de veuve la veille de l'assassinat. Il termine en requérant énergiquement contre les deux complices la peine de mort.

En face d'un pareil faisceau de preuves, le défenseur de Lacampagne, Mᵉ Eugène Crémieux, ne pouvait plaider que le seul x de l'accusation ; personne n'a vu, la nuit du meurtre, le plombier de Fontainebleau à Barbizon ; personne ne l'a vu sortir de chez lui, personne ne l'a rencontré sur les routes ; sa voiture était restée dans la remise ; on n'articule point qu'il soit allé assassiner M. Landerer en bicyclette... Et, de Fontainebleau à Barbizon, la distance est trop longue pour que Lacampagne ait pu la franchir à pied. Mᵉ Eugène Crémieux concentre habilement toute la discussion autour de ce seul point obscur du procès et se demande s'il ne faut pas chercher ailleurs, parmi des voleurs ou des ennemis, les véritables assassins du vieillard.

Mᵉ Letavernier, avoué à Melun, demande à son tour l'acquittement de la veuve Landerer, que personne n'a aperçue hors de Fontainebleau la nuit de l'assassinat.

A 6 heures le jury entre en délibération.

Après une demi-heure, il revient en séance, rapportant un verdict de culpabilité avec admission de circonstances atténuantes en faveur des deux accusés.

Lacampagne et la veuve Landerer sont condamnés aux travaux forcés à perpétuité.

Une fois de plus, le jury aura traduit ses doutes, si légers qu'ils pussent être, en prononçant un verdict de composition.

X

L'HOTEL SOLITAIRE DE LA RUE GALILÉE

Paris, 25 juin.

Le numéro 61 de la rue Galilée est un hôtel mystérieux et hermétiquement fermé à tous les visiteurs, où l'herbe pousse dans la cour et où vit solitaire, depuis de longues années, un vieux misanthrope nommé M. Colasson.

Le vieillard ne reçoit personne. Trois fois par semaine, la servante d'un de ses parents vient lui apporter les provisions nécessaires à son existence plus que frugale.

L'intérieur de l'hôtel, où ne manquent ni les meubles anciens ni les toiles rares, est dans un état de lamentable abandon.

Le propriétaire n'a ni concierge ni domestiques, et le temps a amassé sur les tableaux de maîtres et les livres de prix une poussière indestructible.

Le vieux solitaire de la rue Galilée a reçu plusieurs fois, depuis une dizaine d'années, la visite d'audacieux voleurs.

En 1886, notamment, une bande de cambrioleurs avait pénétré chez lui et enlevé, après les avoir soigneusement désencadrées, un certain nombre de toiles rares.

Mais le vieillard philosophe et ennemi du bruit n'avait pas voulu porter plainte. Ayant horreur de mêler la police et la justice à son existence de reclus, M. Colasson n'avait parlé à âme qui vive du vol dont.

il avait été victime et il garda le silence pendant
sept ans.

Enhardis par cette discrétion si rare de leur victime,
les cambrioleurs s'étaient promis de revenir et, le
15 février 1893, M. Colasson était l'objet d'une nouvelle tentative autrement audacieuse que la première.

Ce jour-là, vers 8 heures du matin, il venait de
se lever et passait de sa chambre à coucher dans sa
bibliothèque, la seule pièce où il pénétrât quelquefois
pour chercher un vieux livre au milieu de la poussière qui couvrait les rayons, quand deux mains le
prirent à la gorge et le renversèrent.

Avant d'avoir pu reconnaître aucun de ses agres-
seurs, M. Colasson était bâillonné, ligotté, et l'un des
assaillants, qui lui avait enveloppé la tête d'un morceau d'étoffe, le sommait de lui dire où était la clef
de son coffre-fort.

Le vieil original nous racontera tout à l'heure, en
détail, les péripéties de cette agression.

Le sac de l'hôtel terminé, les voleurs prirent la
fuite sans que M. Colasson, toujours bâillonné et à
moitié étouffé sous l'espèce de cagoule dont ils lui
avaient enveloppé la tête, eût repris complètement
ses sens, et ce ne fut qu'au bout d'une heure que, rom-
pant avec ses habitudes de résignation et de silence,
il se décida à paraître devant sa porte pour implorer
le secours des voisins.

L'instruction resta longtemps impuissante à découvrir les auteurs de ce hardi coup de main et la police
désespérait d'aboutir, quand une demoiselle Augus-
tine Leseigneur, une femme galante sur le retour,
révéla à la Sûreté qu'elle croyait connaître au moins
un des malfaiteurs qui, à plusieurs reprises, avaient
dévalisé M. Colasson.

Mlle Leseigneur raconta qu'elle avait fait, en 1876, à
Monaco, la connaissance d'un monsieur à lunettes,
ayant l'allure correcte d'un petit employé, qui s'était
lié avec elle à la roulette, et qu'elle n'avait plus revu
depuis jusqu'en 1884, époque à laquelle, non sans
étonnement, il était venu à Paris lui rappeler leurs

relations d'autrefois et lui réclamer 25 louis qu'il prétendait lui avoir prêtés en 1876.

Deux ans plus tard — à la fin de 1886 — Mlle Leseigneur recevait de nouveau la visite de cet inconnu, qui se décida, cette fois, à lui révéler son nom. Il prétendait s'appeler Besnard et, comme Mlle Leseigneur, qui traversait alors une passe difficile, lui exposait ses embarras pécuniaires, M. Besnard lui dit qu'elle pourrait gagner beaucoup d'argent.

Il lui suffisait pour cela de faire trêve à sa discrétion professionnelle et de donner confidentiellement à l'excellent M. Besnard l'adresse de quelques-uns des amis généreux et riches qu'elle avait connus.

— Après tout, lui disait-il, le vol est un métier comme un autre et qui rapporte de jolis bénéfices. Allons! donnez-moi l'adresse de quelques-uns de vos amis ! Je les détrousserai proprement !

Et il confia à Mme Leseigneur, dans les plus grands détails, qu'il venait de faire un coup superbe chez un vieux monsieur qui habitait un hôtel de la rue Galilée et qui possédait d'admirables tableaux de maîtres.

Indignée de ces propositions, et craignant peut-être pour sa propre sécurité, Mlle Leseigneur, congédia cet étrange visiteur et alla faire part de ses réflexions à la police.

La police, assez sceptique, avait *classé* depuis longtemps sa déclaration, quand se produisit, l'an passé, le pillage de l'hôtel du marquis Panisse-Passis suivi bientôt de l'expédition non moins hardie de la rue Galilée.

La Sûreté eut l'idée de confronter Mlle Leseigneur avec les voleurs du marquis de Panisse-Passis, et, parmi les individus arrêtés, cette femme reconnut sans hésitation son ami de Monaco, son visiteur intermittent de 1881 et de 1886, M. Besnard enfin, lequel n'était autre que le légendaire Renard, le monsieur digne et correct qui faisait le commissaire de police dans l'affaire Panisse-Passis, et qui avait procédé à l'arrestation et à l'interrogatoire des concierges terrorisés.

Renard nia énergiquement. Mais les affirmations de Mlle Leseigneur étaient formelles, et le hardi voleur, déjà condamné à vingt ans de travaux forcés pour le vol de l'hôtel Panisse, comparaissait hier, pour la seconde fois, devant le jury de la Seine, pour répondre du vol de l'hôtel Colasson.

L'instruction avait recueilli, en effet, des indications supplémentaires qui laissaient peu de doute sur la participation de Renard aux vols successifs — et il n'y en a pas moins de quatre, échelonnés de 1886 à 1893 — dont avait été victime le vieil ermite de la rue Galilée.

Voici donc Renard sur le banc de la Cour d'assises, toujours correct, toujours doucereux et bon enfant, avec ses lunettes qui lui donnent l'aspect honnête d'un chef de bureau.

Aux questions de M. le président Delegorgue, il se borne à répondre en souriant, avec une politesse exquise, que Mlle Leseigneur fait erreur, qu'il y a confusion de personne, qu'il ne lui a jamais rien raconté de compromettant, et que tout cela est bien malheureux pour lui, car cette comparution malencontreuse l'empêchera d'arriver à la Nouvelle-Calédonie pendant la belle saison :

M. le président Delegorgue. — Voyons, Renard, vous savez bien que vous avez été confronté avec Mlle Leseigneur et qu'elle vous a positivement reconnu. La confrontation avec sa bonne n'a pas été moins concluante. Vous êtes bien le prétendu Besnard dont Mlle Leseigneur a reçu la visite à des intervalles assez éloignés, et qui lui a parlé du vol de la rue Galilée.

Renard. — La bonne dépose comme sa maîtresse ; c'est bien naturel et cela ne prouve rien. Je voudrais bien connaître, d'ailleurs, la personnalité de cette demoiselle Leseigneur.

M. le Président. — Nous savons que c'est une femme galante ; rien de plus. Elle vous a connu à Monte-Carlo.

Renard. — Je n'y suis jamais allé !

D. — Alors, ce n'est pas vous qui lui avez demandé les adresses de quelques-uns de ses protecteurs, en lui faisant de belles théories sur le droit au vol ?

Renard. — Elle a l'imagination féconde, cette demoiselle Leseigneur! Elle est comme ces messieurs de la Sûreté, qui échafaudent les histoires les plus romanesques et qui finissent par y croire. Voyons, monsieur le Président, vous imaginez-vous qu'à mon âge, avec l'expérience que vous me connaissez, je vais aller raconter mes histoires au premier venu, surtout à une femme. (*Rires.*)

M. le Président. — Mais c'est que nous avons autre chose que les déclarations de Mlle Leseigneur. Un voisin de M. Colasson, qui a pu apercevoir un des voleurs de 1893, déclare qu'il vous ressemblait étonnamment.

Puis, le jour de votre arrestation, vous étiez possesseur de 1.700 francs en or.

Renard. — J'avais commis, en 1892, un vol de 20.000 fr. chez Rose Pompon. Quand on a volé 20.000 francs, il peut bien vous rester 1.700 francs. (*Rires.*)

D. — Enfin, quel était le but de Mlle Leseigneur en vous accusant?

R. — Que sais-je, moi? Mlle Leseigneur n'est pas une rosière de Nanterre. A son âge et malgré son maquillage, les amants deviennent difficiles à trouver. Peut-être n'a-t-elle pas été fâchée de s'immiscer dans l'intérieur de M. Colasson.

M. le Président. — Oh! cela, c'est inadmissible, M. Colasson ne recevait personne.

Puis, vous-même, vous avez avoué que vous aviez connu M. Colasson.

Renard. — Oui, je me souviens, il y a bien longtemps. Mais, à cette époque-là, je faisais du chantage, je ne pratiquais pas encore le cambriolage. M. Colasson avait été arrêté sur un banc des Champs-Élysées, à côté d'une jeune demoiselle, en conversation galante!

J'ai entendu dire qu'à cette époque on avait voulu le faire chanter. Oui, j'ai dit cela, j'ai même dit le nom du maître-chanteur, qui fut condamné à cinq ans de prison.

D. — Vous n'auriez pas aussi connu ses voleurs?

Renard. — Non, jamais je n'ai connu ces messieurs, et puis, vous savez, si je les connaissais par hasard, je ne viendrais pas vous le dire!

Quant à moi, je ne suis pas pour les procédés violents. J'ai horreur du bâillon et des menaces. Si j'avais voulu, rien ne m'empêchait d'aller pratiquer une petite perquisition chez M. Colasson, comme je l'ai fait chez le marquis de Panisse, en me faisant passer pour le commissaire. (*Nouveaux rires.*)

Mais, j'ai le regret de vous le dire, je ne suis pour rien dans les expéditions de la rue Galilée, dans aucune. Il faut avoir l'obligeance de chercher ailleurs. Pourquoi ne me met-on pas sur le dos tous les jolis vols de ces temps-ci, celui de Fiquefleur, par exemple ? (*Hilarité.*)

Et Renard se rassied en secouant la tête comme un homme qui prend la police en pitié.

Les témoins sont entendus.

M. Cuypers, peintre en bâtiments, déclare que le jour du vol commis chez M. Colasson en 1893, il travaillait rue Galilée, et qu'il a vu sortir de l'hôtel deux individus, un grand et un petit. Le petit devait être Renard.

Renard, se levant. — Voyons, regardez-moi, mon ami. Vous faites erreur !

Le témoin, après l'avoir longtemps regardé. — C'est bien ça, c'est bien la taille, la tournure.

Renard, se redressant. — J'ai 1 m.70 ; si je suis « le petit », le grand devait être d'une jolie taille ! (*Rires.*)

Mlle Leseigneur ne comparaît pas. Elle a envoyé à la Cour un certificat de maladie. M. le président Delegorgue donne lecture de sa déposition écrite de l'instruction.

Mais sa bonne, Mlle Léchenaux, est présente à l'audience et reconnaît formellement dans Renard l'individu mystérieux dont sa maîtresse a reçu plusieurs fois la visite.

Renard. — Cette fille se trompe. D'ailleurs celui qui vole n'a pas besoin d'aller emprunter de l'argent chez les autres. (*Rires.*)

M. Colasson, fidèle à ses habitudes de discrétion, n'avait pas cru devoir comparaître. Il a fallu l'envoyer chercher, sa présence étant indispensable. et, cette fois, le vieux solitaire a daigné répondre à l'invitation de la justice.

C'est un grand vieillard de soixante-quinze ans,

très droit, portant une longue barbe blanche. Il dépose hâtivement, en homme qui est dérangé et qui est pressé d'en finir :

En 1886, dit-il, mes voleurs n'avaient pas pris le temps d'emporter les cadres. Ils avaient trouvé plus pratique de désencadrer mes tableaux, et je dois dire qu'ils avaient choisi avec beaucoup de jugement. Ils avaient emporté les meilleurs. (*Rires.*)

D. — Pourquoi n'avez-vous pas porté plainte à cette époque?

M. Colasson. — J'ai horreur du bruit, de la publicité, du dérangement que provoque toujours une instruction. J'ai préféré garder le silence.

M. le Président. — Parlez-nous du vol de 1893.

M. Colasson. — Eh bien ! dans la matinée du 15 février, je venais de me lever et je passais dans ma bibliothèque pour y prendre quelques livres, quand deux individus se sont précipités sur moi, m'ont enveloppé la tête, bâillonné et couché violemment sur le sol. Je croyais être en proie à un mauvais rêve. Je luttai, j'essayai de crier, mais en un clin d'œil je fus garrotté et l'un des voleurs, se penchant à mon oreille, me somma de lui dire où était mon argent.

Je lui fis signe que je ne pouvais pas répondre, que j'étouffais.

Alors il voulut bien m'enlever l'étoffe qui m'entourait la tête et je me trouvai en présence de deux hommes masqués.

L'un des deux était grand, mince, avec une longue barbe blonde; son compagnon me parut un peu moins grand.

— Allons, vite, fit ce dernier, dis-nous où sont les bijoux de ta femme, ou tu es mort!

— Je suis célibataire, répondis-je.

— C'est possible, mais tu as de l'or, des titres. Tu es riche, nous le savons. Où est la clef de ton armoire à glace ?

— La clef est sur la porte, repris-je.

Sur cette réponse, les deux hommes me portèrent dans les cabinets en me menaçant de me faire mon affaire si je bougeais, et le petit ajouta :

— Je suis ici pour venger mon frère, que tu as fait condamner autrefois.

Au bout d'une demi-heure, les deux voleurs reparurent:

— L'argent que nous venons de te prendre, me dit encore le petit, **nous allons** l'envoyer à mon frère, que tu as fait condamner aux travaux forcés.

Maintenant, donne-nous la clef de l'hôtel, que nous sortions décemment, car nous sommes entrés par les murs.

Quand ils furent partis, je parvins, non sans peine, à me délivrer de l'espèce de capuchon qui me couvrait la tête, je marchai péniblement jusqu'à ma porte, un charbonnier qui passait m'aperçut, vint me prêter son aide et alla prévenir le commissaire de police.

L'hôtel de M. Colasson avait été littéralement mis au pillage. Les voleurs avaient fouillé tous les meubles, emportant 6.000 francs en or et 11.000 francs en billets de banque.

— Mais je ne connais pas, monsieur ! s'écrie Renard. Je suis totalement innocent du malheur qui lui est arrivé. Ce n'est pas ainsi que je travaille ! Les mauvaises façons me répugnent.

C'est ce que j'ai déjà dit à M. Colasson le jour où j'ai eu l'honneur de lui être présenté par M. le juge d'instruction. (*Hilarité.*)

Tout naturellement, M. Colasson ne peut reconnaître dans Renard l'un de ses voleurs de 1886 et de 1893. Il signale une ressemblance vague et c'est tout.

Mais Renard s'était condamné d'avance en racontant à Mlle Leseigneur, dans tous ses détails, le vol commis en 1886, et il était visible que c'étaient les mêmes malfaiteurs qui, en 1893, étaient revenus piller l'hôtel de la rue Galilée.

Aussi les jurés n'ont-ils pas hésité.

Malgré une habile plaidoirie de Me Deschamps, qui fait ressortir toutes les obscurités de l'accusation, Renard, reconnu coupable sans admission de circonstances atténuantes, est condamné cette fois aux travaux forcés à perpétuité.

— Messieurs, dit-il aux jurés avec un sourire résigné, vous venez de condamner un innocent !

XI

LES CRIMES DE L'ABBÉ BRUNEAU

Laval, 8 juillet.

L'abbé Bruneau, qui va comparaître demain lundi devant le jury de la Mayenne, figurera dans la galerie des criminels célèbres en « pendant » avec le légendaire abbé Boudes (1), ce curé de l'Aveyron qui fut jugé à Rodez, il y a quelques années et qui avait collectionné le vol, l'assassinat, l'empoisonnement, l'incendie et les attentats aux mœurs.

Comme cet indigne collègue, le vicaire d'Entrammes a accumulé sur sa tête les accusations capitales : assassinat de son propre curé, assassinat d'une fleuriste, incendie de presbytère, etc.

Le clergé de France, si universellement respecté et si digne de l'être, ne saurait, fort heureusement, être atteint par les crimes de ce misérable, brebis galeuse perdue dans l'immense troupeau des bons prêtres, et que l'Eglise, devançant l'œuvre de la justice, a déjà répudié par la voix autorisée de ses chefs.

Fils de paysans qui se sont saignés pour lui « donner de l'instruction », l'abbé Bruneau débuta dans la vie ecclésiastique en se faisant chasser du petit séminaire de Mayenne, et ce ne fut que sur la promesse d'une meilleure conduite et les supplications des parents qu'il obtint d'être admis, après un certain temps d'épreuve, au grand séminaire de Laval.

Ordonné prêtre en 1886 et nommé vicaire à Astillé,

1. Voir les *Causes criminelles* de 1889.

le jeune homme se signala dans ce poste de début par
une ferveur exaltée qui lui servit à capter la confiance
d'un certain nombre de dames pieuses, séduites par
son dévouement aux Œuvres, ses conférences et sa
générosité, car le nouveau vicaire donnait sans compter aux pauvres.

Cette période d'enchantement fut suivie d'un triste
réveil.

Un beau jour, le vicaire d'Astillé dut quitter brusquement la paroisse, et, malgré la discrétion légendaire avec laquelle sont conduites les enquêtes ecclésiastiques, les braves dames qui lui avaient confié
leurs économies pour l'œuvre du Rosaire ou la Con-
frérie des Enfants de Marie apprirent avec stupeur
que leur argent avait servi aux prodigalités les plus
impies, et que le jeune vicaire, non content de
détourner de sa sainte destination l'obole de ses
paroissiennes, n'avait pas craint de voler son propre
curé, et de mettre deux fois le feu au presbytère dans
l'espoir de toucher des primes d'assurance.

Il semble qu'à cette époque l'autorité diocésaine,
déjà mise en éveil par les frasques de séminaire de
l'abbé Bruneau, eût agi prudemment en rendant à la
vie laïque un jeune ecclésiastique qui n'avait décidé-
ment pas la vocation.

Mais l'exercice du sacerdoce porte naturellement à
l'indulgence, au pardon, à l'espérance, une espérance
presque invincible dans le retour au bien. C'est à
cette indulgence de ses supérieurs que le vicaire d'Astillé dut de n'être pas impitoyablement interdit.

On l'envoya à Entrammes, petite commune toute
proche de Laval, comme vicaire d'un brave et esti-
mable curé, l'abbé Fricot.

Hélas ! ni la modération de son évêque, ni les exem-
ples de piété et de dignité de vie que lui donnait son
nouveau chef ne devaient réussir à triompher des
mauvais instincts de l'abbé Bruneau.

Certes, comme il l'avait fait à Astillé, il conquit
bien vite les âmes pieuses d'Entrammes par des ser-
mons pleins de ferveur. Une vieille dame lui confia

toutes ses économies pour l'OEuvre du Rosaire des morts. Une religieuse d'Evron le chargea de distribuer entre différentes OEuvres 16.000 francs, toute sa petite fortune. Le dimanche, après le salut, le nouveau vicaire faisait des conférences aux villageoises, leur enseignant leurs devoirs d'épouse et de mère, apprenant avec une simplicité et une patience également touchantes leur première prière aux petits enfants.

Seulement, la nuit tombée et les portes de l'église une fois closes, mon gaillard dépouillait prestement sa soutane, endossait un petit complet, se coiffait d'un chapeau mou, et, la cigarette aux lèvres, s'en allait par les chemins détournés jusqu'à Laval, où il passait ses nuits dans une société qui eût fait rougir les bonnes dames d'Entrammes de honte et de confusion.

Même à Laval, cela coûte cher, la « grande vie ». Un jour vint où l'abbé Bruneau eut dévoré les fonds du Rosaire, mis à sec la petite caisse des Enfants de Marie et croqué jusqu'au dernier centime — en quelle compagnie, Seigneur ! — les 16.000 francs de la religieuse d'Evron.

Bref, à la fin de l'année dernière, le vicaire d'Entrammes était réduit *a quia*.

Cette période de détresse intense coïncida avec un incident fâcheux : tout bas, l'abbé Fricot, curé d'Entrammes, se plaignit d'avoir été volé. Quelqu'un avait ouvert son secrétaire et fait main basse sur toutes ses petites épargnes : environ 600 francs.

Interrogé par la gendarmerie qui le pressait de lui donner le nom du coupable, le brave curé refusa de porter plainte contre qui que ce fût et se contenta de dire :

— Je connais le voleur ! Je ne veux pas le dénoncer ; mais, quelque jour, je lui dirai ce que je pense !

Quelques jours plus tard, c'était dans la soirée du 2 janvier dernier, l'abbé Fricot disparut dans des conditions extraordinaires.

Tranquillement, un peu avant son dîner, laissant sur la table son mouchoir et sa tabatière à côté d'un livre qu'il parcourait, il était sorti tête nue et sans douillette, malgré le froid, pour faire une petite promenade dans son jardin. On ne l'avait plus revu.

Sa servante, *la Jeannette*, passa toute la nuit à le chercher. Des paysans éveillés par elle battirent inutilement tous les chemins des alentours.

C'est seulement le lendemain matin que Jeannette et les voisins, auxquels s'était joint l'abbé Bruneau, songèrent à visiter de nouveau le jardin.

Tout à coup, en tournant autour du puits, la bonne du curé aperçut trois morceaux de bois qui dépassaient la margelle. Elle s'approcha. Le puits était comblé avec des bûches et des briques jusqu'au ras du bord. Les voisins commencèrent par retirer les bûches, puis le brigadier de gendarmerie alla chercher « une araignée », sorte de griffe attachée à une longue chaîne, à l'aide de laquelle il explora le fond du puits.

Bientôt il sentit au poids que « l'araignée » venait d'accrocher quelque chose. Il tira. C'était un morceau de soutane !

Plus de doute ! Le pauvre curé était là, et on le ramena en effet, non sans peine, à la surface de l'eau, le crâne fendu, le visage à moitié écrasé, les mains et les pieds couverts d'ecchymoses.

L'assassin avait dû se ruer sur lui, armé d'une trique, l'étourdir, le jeter respirant encore dans le puits, et l'avait enterré vivant, l'assommant à coups de bûches, en achevant de combler l'orifice avec des perches et des fagots, tout ce qu'il avait pu trouver dans les hangars.

Il n'y eut qu'un cri dans tout le village :

— C'est le vicaire qui a fait le coup !

Depuis quelque temps déjà, la « vie de bâtons de chaises » du vicaire n'était plus ignorée. On commençait même à en parler tout haut. Déjà, lorsque le pauvre curé avait été volé de ses 600 francs, plus d'un, parmi ses voisins, avait insinué que le voleur n'habitait pas loin du presbytère.

Nul doute ! craignant d'être dénoncé, l'abbé Bruneau avait supprimé sa victime.

Une perquisition opérée dans sa chambre, où l'on trouva d'ailleurs des médicaments dont il est difficile de préciser l'usage, amena une découverte des plus accablantes : les touches de son harmonium étaient tachées de sang.

Enfin, la Jeannette, dont l'attitude avait semblé d'abord fort embarrassée, finit par avouer qu'elle avait aperçu, quelques instants avant la disparition de son maître, le vicaire dans le jardin, allant et venant du côté des hangars, tenant une brassée de bûches :

— Mais, monsieur l'abbé, ne vous donnez donc pas la peine de monter du bois, lui cria-t-elle; c'est mon affaire ; je ferai ça demain au jour !

Malgré tout, l'abbé Bruneau s'obstine dans ses protestations d'innocence, dont les charges les plus accablantes n'ont pu triompher. Jamais il ne s'est départi de son calme : « On guillotinera un innocent, voilà tout, » répond-il quand on l'interroge, et il retombe dans son mutisme.

Le vicaire d'Entrammes oppose les mêmes dénégations à la seconde accusation capitale qui l'amène devant le jury de la Mayenne : l'assassinat d'une fleuriste de Laval, Mme Bourdais, égorgée, le 15 juillet 1893, dans son magasin qui avait été complètement dévalisé.

Jusqu'au lendemain du meurtre de l'abbé Fricot, le Parquet rechercha vainement les assassins de Mme Bourdais.

Aujourd'hui, le ministère public croit pouvoir démontrer au jury que cet assassin n'est autre que l'abbé Bruneau.

Non seulement le vicaire d'Entrammes connaissait Mme Bourdais, à laquelle il avait emprunté de l'argent, mais il a été établi par la déposition d'une cliente de la victime que, le soir du crime, le vicaire avait rendez-vous avec elle.

Ce même soir, un cocher de Laval, nommé Blin, avait chargé dans sa voiture et conduit jusqu'à l'entrée du bourg d'Entrammes un voyageur qui paraissait

18

très pressé, très ému, très préoccupé de se cacher. Confronté avec l'abbé Bruneau, le cocher Blin n'hésita pas une seconde :

— C'est bien vous ! s'écria-t-il. Vous êtes mon voyageur… Seulement, vous n'étiez pas en soutane, vous portiez un complet gris, un chapeau mou, et vous teniez à la main une petite valise.

Avant d'entrer dans le bourg d'Entrammes, vous m'avez prié d'arrêter, et vous avez continué votre route à pied ! »

Les débats que je suis venu suivre achèveront sans doute de faire la lumière sur ce nouveau crime reproché à l'abbé Bruneau.

Ce n'est pas encore le dernier que lui impute l'imagination populaire, naturellement portée à lui mettre sur la conscience tous les assassinats restés impunis dans la région.

Laval, 9 juillet.

L'Accusé.

Incendiaire, assassin, voleur, l'abbé Bruneau porte allègrement les responsabilités capitales qui pèsent sur lui.

L'ancien vicaire d'Entrammes est un grand gaillard d'une trentaine d'années, maigre, efflanqué, anguleux, complètement glabre, l'œil au guet, la parole abondante et facile, une tête de renard madré en garde contre tous les pièges. Ses cheveux rebelles, son teint couleur de terre, ses mains solides et larges comme des battoirs rappellent l'origine rurale. Mais, par instants, l'ancien séminariste reparaît. Alors, avec un geste bon enfant, l'abbé Bruneau joint les mains, comme s'il voulait les rentrer encore dans les manches de sa soutane ; puis, d'une voix assurée, sans émotion, sans embarras, il entame sa justification, en homme qui a préparé de longue date ses réponses et qu'aucune surprise d'audience ne réussira à démonter.

Sur la table des pièces à conviction, la lampe ensanglantée saisie le lendemain de l'assassinat du curé d'Entrammes dans la chambre du criminel et le clavier de l'harmonium de l'abbé Bruneau, dont les touches sont également tachées de sang ; à côté, les débris de la soutane du pauvre abbé Fricot et sept ou huit énormes bûches dont l'assassin s'est servi pour l'assommer après l'avoir précipité dans son puits.

L'audience est présidée par M. le conseiller Giron. M. le procureur de la République Deribéré-Desgardes soutiendra l'accusation ; Mᵉ Dominique, du barreau de Laval, est au banc de la défense.

La salle est naturellement comble. Dans ce département de la Mayenne où la foi s'est conservée très ardente, les crimes de l'abbé Bruneau ont soulevé le plus douloureux scandale et, malgré les preuves qui l'accablent, beaucoup de braves gens se refusent à admettre sa culpabilité.

La jeunesse de l'abbé Bruneau.

M. le président Giron rappelle d'abord au jury les tristes antécédents de l'abbé Bruneau. Écolier, séminariste, vicaire, il a toujours donné le plus fâcheux exemple. Partout où il a passé, des vols audacieux ont été commis.

D. — Vous avez commencé vos études ecclésiastiques avec le curé de Voutré, l'abbé Renaudot, mort aujourd'hui. Pendant votre séjour au presbytère de Voutré, l'abbé Renaudot fut volé de 1.400 francs. « C'est ce petit gars qui m'a pris mon argent, » confia le vieux curé à son médecin, sans oser cependant porter plainte. Plus tard, au petit séminaire de Mayenne, vous vous êtes fait chasser pour vol au préjudice de vos camarades.

R. — Pas du tout : j'ai été remercié pour avoir copié une composition de latin.

D. — L'autorité ecclésiastique a consenti cependant à vous admettre au grand séminaire de Laval. C'est là que

vous avez été ordonné prêtre et envoyé comme vicaire à
Astillé. Vos parents qui sont des paysans peu aisés, obérés
par l'établissement de leur autre fils, ne vous ont jamais
rien donné ; vous n'avez jamais joui d'un revenu supérieur à 1.500 francs par an, casuel compris. Comment,
dans ces conditions, avez-vous pu, en l'espace de cinq à
six ans, jeter l'argent par les fenêtres dans une existence
de dissipation et de débauches, faire des voyages à tout
instant, venir même en aide à votre famille?

R. — Je ne pense pas qu'on me reproche ma piété
filiale ?

D. — L'adjoint d'Astillé, votre première résidence,
déclare que vous quittiez cette commune à toute heure de
jour et de nuit. Il en fut de même à Entrammes. Vous
étiez constamment parti pour Laval, où l'on vous voyait
rôder la nuit. Que veniez-vous faire à Laval, à ces heures
tardives? Vous fréquentiez, n'est-ce pas, les maisons mal
famées où vous n'hésitiez pas à pénétrer revêtu de vos
vêtements ecclésiastiques?...

L'abbé Bruneau, avec componction. — A cet égard, je
vais faire des aveux complets. Je reconnais avoir manqué
une dizaine de fois en quatre ans à mon caractère sacerdotal. Je regrette profondément cette faiblesse des sens;
j'en ai demandé souvent pardon à Dieu. Aujourd'hui,
puisque je suis devant les jurés, j'en demande pardon aux
hommes. (*Mouvement.*) Il y a eu, d'ailleurs, des années où
j'ai manqué une seule fois à mon vœu de chasteté; d'autres années, j'ai peut-être succombé deux ou trois fois. Je
trouve que c'est beaucoup trop pour un prêtre: mais on
a fortement exagéré.

J'ajoute que je pénétrais dans ces malheureuses maisons soit en civil, soit avec un grand manteau qui recou-
vrait complètement ma soutane, et sans chapeau, de telle
sorte qu'il était impossible de reconnaître un prêtre.

D. — Combien dépensiez-vous dans ces maisons?

R. — De 10 à 20 francs. 25 francs peut-être, jamais
davantage.

M. le Président. — Nous n'en pouvons rien savoir. Dans
ces sortes d'établissements, on ne donne pas de mémoires
aux clients. (*Rires.*) Ce qui est certain, c'est que les pensionnaires des diverses maisons closes de Laval vous connaissaient comme un habitué et un habitué généreux,
offrant volontiers des consommations, ayant toujours le
porte-monnaie plein d'or.

Vous entendrez également une demoiselle Marie Jourdan,

que vous avez emmenée souper à la campagne et qui a été
extrêmement satisfaite de vos largesses. Ce jour-là, vous
étiez en civil et vous deviez avoir pris une perruque pour
dissimuler votre tonsure. En effet, comme cette fille voulait vous passer la main dans les cheveux, vous vous y
êtes opposé énergiquement.-(*Rires.*) Une autre fois, des
bouchers vous ont surpris dans une auberge de village,
costumé en prêtre et accompagné d'une femme; ils vous
ont poursuivi de leurs quolibets et vous avez disparu sous
les huées.

Les femmes galantes de Laval venaient vous chercher
en voiture jusqu'à Entrammes! Elles envoyaient les
cochers sonner au presbytère pour vous emmener à Laval
(*Rires.*)

R. — C'est faux. Je n'ai jamais eu de maîtresse attitrée.

D. — C'est parfaitement possible; les cochers ont déclaré
que c'étaient toujours des femmes nouvelles qui vous
envoyaient chercher. (*Nouveaux rires.*) Cependant, vous
avez donné une chaîne et une montre à une demoiselle
Valentine Couteau. Où preniez-vous donc tout cet argent-là?
Il vous restait, votre pension payée, 1.000 à 1.200 francs
pour votre entretien.

R. — J'avais emprunté quelques billets de 1.000 francs;
de plus, une religieuse m'avait légué 16.000 francs et
j'avais touché une prime d'assurance.

D. — Eh bien! l'accusation vous dira que cet argent
provenait d'indélicatesses, d'escroqueries, d'abus de confiance, de vols et d'assassinats. (*Mouvement prolongé.*)

Les Vols.

C'est ainsi que l'abbé Bruneau aurait volé 550 fr.,
au curé d'Astillé, sa première paroisse. Une échelle
avait été appliquée contre le mur du presbytère, et
une vitre brisée pour faire croire que les voleurs
étaient venus du dehors. La vitre avait été maladroi-
tement cassée de l'intérieur à l'extérieur.

— Heureusement, dit le brave curé à son vicaire,
que les voleurs n'ont pas découvert la grosse somme
qui est cachée dans le tiroir de mon prie-Dieu!

Paroles imprudentes, dont l'abbé Bruneau devait faire son profit six mois plus tard.

Six mois plus tard, en effet, poursuit M. le Président, nouveau vol au presbytère d'Astillé. Cette fois, la cachette du prie-Dieu a été découverte. Le malfaiteur y a pris 950 francs.

R. — Oh! la cachette était bien facile à trouver, elle ne fermait même pas à clef.

D. — Quelque temps après ce second vol, vous rendiez visite au curé d'Avrillé. Le jour de cette visite, on lui vole 1.000 francs et plus tard l'on trouve en votre possession une clef qui ouvre son armoire ?

L'abbé Bruneau poussa l'audace jusqu'à « faire » le porte-monnaie de son curé, un jour qu'ils allaient côte à côte en tournée dans la même voiture.

Ce n'étaient pas les seuls exploits de l'indigne vicaire. Une religieuse d'Evron lui avait remis, comme il l'a avoué, 16.000 francs pour les employer en bonnes œuvres. Dieu sait à quelles œuvres l'abbé Bruneau les affectait!

Les Incendies.

Après avoir passé en revue les nombreux vols reprochés à l'ancien vicaire, M. le président Giron arrive à une nouvelle catégorie de méfaits, les incendies.

D. — A Astillé, vous vous étiez assuré contre l'incendie pour 4.500 francs à la *Mutuelle* du Mans. Quinze jours plus tard, le feu prenait au presbytère pendant l'absence du curé. Vous avez essayé de faire croire à un feu de cheminée. Combien avez-vous demandé à la Compagnie d'assurances ?

R. — 1.300 francs d'indemnité, qui m'ont été alloués, à quelques francs près.

D. — Ce qui est particulier, c'est qu'à la faveur de cet incendie, un voleur dévalisa M. le curé Cointeau : son secrétaire fut ouvert et l'argent qu'il contenait disparut..

Eh bien ! cet incendiaire, ce voleur, le ministère public soutiendra que c'est vous !

Mais ce n'est pas le seul incendie qui soit relevé contre l'abbé Bruneau.

D. — Le 30 juin 1892, vous contractez une nouvelle assurance, pour 5.000 francs à la *Mutuelle* du Mans, bien que vous n'eussiez pas acheté de nouveaux meubles. Un mois plus tard, le feu prend pour la seconde fois à la cure d'Astillé. Cinq foyers d'incendie distincts avaient été allumés, dans la cuisine, au premier étage, dans votre chambre et dans la bibliothèque. Une vitre avait été brisée ; une échelle appliquée contre le mur. Déjà, le jour de la Quasimodo, quand un vol avait été commis au presbytère, la même vitre avait été brisée, la même échelle appliquée contre le mur !

L'accusé. — Oh ! ma conviction personnelle est que tous ces crimes sont, en effet, l'œuvre du même individu. J'ai même passé plusieurs nuits à monter la garde dans le clocher.

A la suite de ces incendies, le malheureux curé, qui avait été innocemment soupçonné d'avoir mis le feu et dénoncé à l'autorité diocésaine, probablement par l'abbé Bruneau lui-même, fut envoyé en disgrâce dans une autre commune. Le vicaire, de son côté, fut envoyé à Entrammes, auprès du vénérable curé Fricot.

L'abbé Bruneau était à peine installé dans cette tranquille petite paroisse, qu'un vol audacieux était commis au presbytère. Un malfaiteur inconnu pénétrait dans la sacristie, fracturait une armoire, en y prenant une somme de 550 francs dont une partie en pièces d'or de 40 francs, retrouvées plus tard entre les mains du vicaire. Le jour du vol, l'abbé Fricot était absent et le vicaire avait éloigné précipitamment la domestique. Cette attitude avait paru plus que suspecte. Le vénérable abbé Fricot était persuadé que le voleur n'était autre que son vicaire ; il avait même confié ses soupçons à sa bonne, la Jeannette, en lui faisant jurer de ne jamais répéter à personne le nom qu'il venait de lui révéler.

Après la mort tragique de son maître, la brave fille, embarrassée de ce secret qui lui pesait, confia ce cas de conscience à un religieux qui l'engagea à ne plus hésiter et à éclairer la justice.

L'assassinat du curé d'Entrammes.

Arrivons au 2 janvier 1894, date de la disparition de l'abbé Fricot.

D. — Ce jour-là, vous avez passé la journée à Laval d'où vous êtes rentré un peu gris vers 6 heures du soir. Oh! ce n'est pas la première fois que vous vous montriez en cet état. (*Rires.*)

M. le curé vous pria de donner aux enfants de chœur la leçon de chant accoutumée; vous avez répondu que vous étiez trop las.

Les enfants sont repartis et vous êtes resté seul, avec le curé, qui écrivait dans son bureau.

Une demi-heure plus tard, le curé avait disparu.

On le chercha vainement toute la nuit et, le lendemain seulement, on le retirait de son puits, couvert d'horribles blessures.

Mais revenons à la soirée du crime : le dîner était prêt; un enfant, le petit Lochain, qui habitait à la cure, était venu vous appeler deux fois de la part de la servante qui s'inquiétait de ce retard. Cependant, ni vous ni le pauvre curé n'avez paru dans la salle à manger. Nous savons, hélas! ce que le curé était devenu. Quant à vous, la domestique, en regardant par la fenêtre vitrée, vous aperçut du côté du bûcher. Qu'alliez-vous donc y faire à cette heure-là ?

R. — J'allais chercher du bois pour entretenir le feu dans le bureau, où je m'étais mis à jouer de l'harmonium.

D. — Il était 7 h. 1/2, pourquoi n'alliez-vous pas dîner ?

Pas de réponse.

Le Président. — La domestique, ne comprenant plus

rien à ce retard, se décida à frapper à votre porte et à
venir vous appeler. Eh bien! cette fille déclare que vous
étiez alors dans un état d'excitation épouvantable. Elle
s'étonna de ne pas voir M. le curé : « Il est sorti! » lui
répondez-vous. Et vous montez précipitamment dans votre
chambre.

A 9 heures, la domestique se résigna à vous servir à
souper. La pauvre servante, d'autant plus stupéfaite de
l'absence du curé que sa douillette et son chapeau étaient
restés dans la salle à manger et qu'il gelait à pierre fendre,
passa le reste de la soirée à chercher son maître dans le
bourg. Vous vous êtes donc trouvé seul dans la cure, car
vous aviez éloigné également le petit Lochain, qui aidait
la Jeannette aux soins du ménage. N'est-ce pas à ce
moment que vous êtes allé jeter de nouvelles bûches dans
le puits?

Il était 6 heures quand l'abbé Fricot, assommé, avait
été précipité dans le puits. Mais, à 8 heures du soir, il
n'était pas mort; ses cris désespérés arrivaient jusqu'aux
voisins. Ces cris, vous aussi vous avez dû les entendre et
vous êtes allé achever votre victime, soit en lui lançant de
nouvelles bûches, soit en enfonçant le corps dans l'eau à
l'aide de longues perches qu'on a retrouvées et qui sont
ici. (*Mouvement.*)

Et M. le Président fait connaître ce détail effroyable : malgré la gravité de ses blessures, le vieux curé,
s'accrochant aux parois du puits et se cramponnant
au tuyau de pompe qui le traverse, avait réussi à se
maintenir au-dessus de l'eau, quand son assassin est
revenu et l'a impitoyablement achevé. (*Vive sensation
dans l'auditoire.*)

Le lendemain matin, l'abbé Bruneau préparait habilement les voisins à la nouvelle de la mort du vieux
curé d'Entrammes : « Oh! disait-il, l'abbé Fricot est
tout drôle depuis quelque temps; il a des affaires de
famille qui le tracassent; cela ne m'étonnerait pas
qu'il se fût suicidé. S'il s'est détruit, comme il y a lieu
de le craindre, pas de scandale, à cause de la religion!
Nous le remonterons sur son lit sans rien dire. »

L'accusé. — J'ai peut-être eu tort de parler ainsi; mais
ce qui est certain, c'est qu'on avait déjà cherché dans le

puits sans rien trouver, et c'est moi qui ai donné l'ordre
de l'explorer à fond, avec une araignée.

M. le Président. — Oui, et pendant qu'on cherchait, vous
vous êtes écrié tout à coup : « Tiens, je saigne du nez ! »
Vous veniez d'apercevoir votre mouchoir taché de sang.
(*Mouvement.*)

L'accusé. — C'était si simple de brûler mon mouchoir
ou de le jeter, avec une pierre dedans, dans la Mayenne,
qui coule auprès de la cure !

Pendant que l'abbé Bruneau se faisait frapper dans
le dos pour arrêter ce saignement de nez prétendu, les
voisins retiraient du puits des perches, des bûches,
un morceau de soutane et enfin le corps du malheureux abbé Fricot. Alors l'abbé Bruneau prit à part
une religieuse, la sœur Bouvier, et lui dit à voix basse,
dans le plus grand mystère :

— Ma sœur, j'avais vu hier soir M. le curé auprès de
on puits ; il s'est suicidé, la chose est certaine, mais pour
que sa mémoire ne soit pas ternie, nous avons jeté sur lui
des bûches, de telle sorte que l'on croie à un assassinat.

R. — Je n'ai pas tenu ce propos ; la sœur n'a pas compris du tout.

D. — Le pauvre curé avait été assommé ; il avait la face
écrasée, le nez en bouillie, le visage et les mains couverts
d'ecchymoses. A l'une des bûches retirées du puits
pendaient encore des cheveux blancs. Le vieillard avait
visiblement fait des efforts surhumains pour sortir du
puits. Il s'était ensanglanté contre les parois les mains
et les pieds, qui étaient couverts d'égratignures. Pendant
deux heures et demie, il avait appelé, crié, lutté contre la
mort. Au bout de deux heures, son assassin était revenu
et l'avait achevé à coups de bûches.

Cet assassin, Bruneau, le ministère public dira que ce
ne peut être que vous. Un étranger ne fût pas revenu, deux
heures après, risquer de se faire prendre sur le lieu du
crime !

L'assassinat de l'abbé Fricot avait été suivi du pillage en règle de la maison. Son argent, ses titres, les
fonds de la fabrique avaient disparu. L'argent du
bureau de bienfaisance avait été également volé. Le

voleur n'avait laissé qu'une pièce du Pape de 4 sous !

Quelques jours après l'arrestation de l'abbé Bruneau, on découvrait les titres du vieux curé cachés dans un mouchoir, au fond du grenier. Quant à l'argent, il était entre les mains du vicaire, qui fut trouvé possesseur de 1.500 francs, dont il ne pouvait justifier.

La découverte de taches de sang sur son mouchoir et sur les touches de son harmonium lui enleva d'abord quelque peu de son assurance.

Mais il ne tarda pas à se remettre : « Bah ! disait-il aux gendarmes qui le gardaient, quand mes nerfs seront tombés, je dirai mon chapelet et je ne démordrai plus de rien ! » On voit qu'il s'est tenu parole.

L'Assassinat de la fleuriste.

Laval 10 juillet.

La première journée n'a pas suffi pour passer en revue la nombreuse série de crimes reprochés à l'ancien vicaire d'Entrammes, nous en avons fini avec l'assassinat du malheureux abbé Fricot, reste le second assassinat, celui de la fleuriste de Laval, la veuve Bourdais, égorgée dans sa boutique, pendant la nuit du 14 au 15 juillet 1893.

Déjà, le 5 février de la même année, un malfaiteur inconnu avait pénétré dans la maison de la veuve Bourdais. Plus tard, une clef qui ouvrait l'appartement de la fleuriste fut trouvée en la possession de l'abbé Bruneau et, ce qui est particulier, c'est que le jour du vol, le vicaire d'Entrammes était absent de sa paroisse; on dut même aller chercher un religieux trappiste pour dire la messe quotidienne à sa place.

L'abbé Bruneau. — Je suis innocent de ce vol comme de l'assassinat qui l'a suivi six mois plus tard : je ne connaissais pas la veuve Bourdais, jamais je n'ai mis les pieds chez elle.

M. le Président. — Arrivons au 15 juillet 1893, jour du crime. Des clientes de Mme Bourdais se souviennent parfaitement d'avoir aperçu dans son magasin, vers le soir, un homme qu'elles n'ont pas bien remarqué. Sur les dix heures. des cris de détresse réveillaient les voisins, puis des pas furtifs se faisaient entendre, quelques instants après, dans l'escalier. Le magasin de la fleuriste était ouvert; la police y pénétra.

La malheureuse femme était étendue dans sa boutique, la gorge béante jusqu'à la colonne vertébrale, une paupière arrachée, un œil crevé, lardée de quarante-trois coups de couteau; le lit était inondé de sang.

On ramassa sur le tapis de la chambre à coucher l'arme qui avait servi à l'assassin — un couteau dont la lame était tordue par la violence des coups qui avaient été portés. Aucune trace d'effraction n'apparaissait, ni sur les portes, ni sur les fenêtres. La police en conclut que l'assassin avait dû pénétrer dans l'intérieur à l'aide d'une clef qu'il possédait déjà. Or, je vous rappelle, Bruneau, qu'on a trouvé entre vos mains une clef qui ouvrait le magasin de la fleuriste. Du reste, partout où les vols ont été commis, vous aviez des clefs qui ouvraient les portes. (*Mouvement.*)

Les meubles de Mme Bourdais avaient été fouillés : ses deux porte-monnaie furent retrouvés vides, jetés par l'assassin au bas de l'armoire. Un certain nombre de titres du Crédit Foncier qu'elle possédait avaient disparu.

L'abbé Bruneau. — C'est la première fois que j'entends tous ces détails sur l'assassinat de Mme Bourdais. Je connaissais le crime par les journaux, mais j'en ignorais les circonstances. (*Rumeurs.*)

M. le Président. — Vous étiez un client assidu de Mme Bourdais : vous lui avez souvent acheté des fleurs et des couronnes. On a vu plus d'une fois votre voiture stationner devant sa porte. Vous savez que sur les deux dames qui ont aperçu un homme, le soir de l'assassinat, dans la boutique de Mme Bourdais, l'une d'elles tout au moins vous reconnaît parfaitement ; l'autre affirme, sans vous reconnaître positivement, que ce visiteur avait tout à fait votre taille et votre tournure. On a trouvé chez vous un trousseau de clefs dont plusieurs étaient limées : l'une de ces clefs s'adaptait au comptoir de la fleuriste. Que pouviez-vous donc faire de toutes ces clefs qui ne vous étaient d'aucun usage?

Ce n'est pas tout : on avait volé à Mme Bourdais plusieurs pièces d'or de 40 francs ; or, au mois de septembre suivant, on vous voit changer des pièces de 40 francs au guichet de la gare du Mans. Enfin, le soir du crime, vou- avez été vu à Laval par un cocher nommé Blin. dont la déposition à l'instruction a été des plus formelles. Vers 10 h. 1/2 du soir, vous avez traversé la place de l'Hôtel- de-Ville de Laval, venant de la direction de la maison de Mme Bourdais ; vous marchiez précipitamment et vous avez pris la voiture du cocher Blin pour vous faire conduire à Entrammes. Ce cocher l'a affirmé énergiquement à plusieurs reprises.

R. — C'est faux ! Je n'ai pas quitté ma paroisse de toute la journée, et à 10 heures du soir, j'étais couché.

D. — Le lendemain, vous teniez un propos singulier à un de vos voisins qui vous annonçait le crime, en s'étonnant que la police n'eût rien découvert : « Il n'y a rien de surprenant à cela, lui répondez-vous. Ainsi, moi, je pourrais vous assassiner au coin de votre feu avec votre femme et vos enfants sans que personne s'en doute ! Si j'avais tourné au mal, au lieu de tourner au bien, j'aurais fait un assassin terrible ! » (*Mouvement*.)

Tel est le second assassinat relevé contre l'ancien vicaire d'Entrammes. L'opinion publique lui impute encore la disparition d'un éclusier de Laval, qui en savait long, prétendait-il, sur l'assassinat de Mme Bourdais et qui fut jeté dans la Mayenne ; mais, faute de preuves, ce troisième chef d'accusation a été abandonné par le ministère public.

Les Témoignages.

L'interrogatoire est terminé ; l'abbé Bruneau n'a perdu, pendant ces deux audiences, ni son assurance, ni son sang-froid. Il a trouvé réponse à tout, réponse parfois bien mauvaise et toujours fuyante et dilatoire, mais jamais il ne reste court ; les paroles lui viennent abondantes et faciles, il ne lui manque que d'avoir l'air convaincu.

Le défilé des témoins commence avec les anciens maîtres de l'abbé Bruneau. Le premier est le docteur Sourdrat, l'ami intime du vieux curé qui lui donna les premières leçons de latin et que le futur séminariste aurait volé de 1.400 francs.

Un loueur de voitures d'Astillé, sa première cure, déclare que le jeune vicaire prenait constamment des voitures et se faisait conduire, de jour et de nuit, dans toutes les directions, ayant bien soin, quand il rentrait dans sa paroisse, de se faire descendre, non devant le presbytère, mais à l'entrée du bourg.

La maîtresse d'hôtel d'Entrammes déclare à son tour que l'abbé Bruneau prenait sans cesse sa voiture ; il sortait au moins deux fois par semaine et souvent la nuit.

Singulière existence que celle de ce vicaire coureur de grandes routes, quittant son presbytère à la nuit close pour aller rôder on ne sait où et revenant au petit jour pour dire sa messe et donner la leçon de chant aux enfants de chœur ! Ces vagabondages nocturnes étaient la fable de ses paroissiens. Du reste, il était toujours cousu d'or, dit un témoin, et il portait constamment sur lui une bourse pleine de louis et de billets de banque.

L'abbé Livache, supérieur du petit séminaire de Mayenne, déclare que le jeune Bruneau était un élève des mieux doués, mais qu'on dut le mettre à la porte à la suite d'une série de vols d'argent commis au préjudice de ses camarades. Jamais d'ailleurs on ne put tirer de lui tirer aucun aveu.

— C'est absolument faux ! s'écrie l'accusé. J'ai été remercié, non pour un vol d'argent, mais pour avoir soufflé à un de mes concurrents son devoir de vers latins. (*Hilarité.*)

La veuve Thibault, qui tient à Laval une maison hospitalière, reconnaît dans l'abbé Bruneau un de ses clients accoutumés.

Le vicaire ne craignait pas de franchir, en costume ecclésiastique, ce seuil mal famé et, malgré les tarifs modestes de la maison, il trouvait moyen d'y dépenser 35 francs.

— Cela ne vous étonne pas, demandait-il un jour à la tenancière de l'établissement, de voir un ecclésiastique chez vous?

Et, comme la matrone souriait, il reprit, après un silence :

— Bah! il y en a bien d'autres qui font comme moi! Il n'y a pas de mal à ça. »

Jetons un voile discret sur les dépositions des pensionnaires de la veuve Thibault que le vicaire d'Entrammes honorait de ses préférences : sa conduite était déplorable.

Un jour, des meuniers qui l'avaient rencontré en prêtre dans une auberge de village, en compagnie d'une racoleuse de Laval, lui firent un charivari et l'obligèrent à disparaître précipitamment.

Le cocher Lejeune reconnaît dans l'accusé, dit-il, un monsieur prêtre qui s'est fait conduire dans les quartiers mal réputés de Laval.

D'autres cochers ont conduit le vicaire en compagnie galante, la nuit, à travers les rues ou dans les environs de la ville. Quelquefois, il était en civil, avec une casquette de chasseur.

Une demoiselle Marie Jourdan, qu'il emmena à Changé, en partie fine, fut très surprise de sa résistance à se laisser passer la main dans les cheveux; elle en conclut aujourd'hui qu'il portait perruque pour cacher sa tonsure. Il avait également des moustaches postiches et refusait d'y laisser toucher. Du reste, les souvenirs de cette irrégulière sont assez confus, car la nuit se passa à boire, et le lendemain matin, ni le vicaire ni sa conquête n'avaient les idées bien nettes.

Suit la déposition d'une jeune employée de commerce, Mlle Valentine Foucault, qui nie obstinément, et malgré l'évidence, avoir reçu de l'abbé Bruneau une montre et une chaîne en argent.

Cette jeune demoiselle, qui jure ses grands dieux qu'elle est restée digne de porter la couronne blanche des rosières, paraît avoir conservé pour l'abbé Bruneau une sorte de tendresse mystique ; elle le regarde avec des airs penchés et affirme qu'il ne lui a jamais rien donné, que la montre et la chaîne lui viennent d'une amie et, revenant sur ses premiers aveux de l'instruction, elle tient tête à tous les démentis.

Nous en avons fini avec toutes ces histoires de femmes. Après avoir vu le vicaire d'Entrammes rôdeur de nuit et coureur de ruelles, nous allons le retrouver voleur, escroc, détenteur de fausses clefs, soupçonné d'avoir ouvert le secrétaire du curé d'Avrillé qui avait eu l'imprudence de l'inviter à passer la journée chez lui, et d'y avoir pris 300 francs, l'argent des pauvres ; préludant enfin, par une série d'indélicatesses, aux incendies et aux assassinats qui ont couronné sa carrière.

Comme le curé d'Avrillé, l'abbé Lemaître, curé de Cossé, fut allégé, pendant qu'il allait administrer un malade, de 14 kilos de sous qu'il avait dans ses tiroirs. Il n'osa pas alors soupçonner l'abbé Bruneau qui, cependant, se rendait fréquemment à la cure de Cossé pour se confesser à son confrère. Aujourd'hui, il est visible que sa conviction est faite.

Et le défilé continue. Voici un brave fermier d'Astillé, nommé Goisbeau, auquel le vicaire a soutiré 3.000 francs, sous prétexte de subvenir aux frais de construction d'une école libre ; voici l'ancien légataire d'une religieuse d'Astillé, la sœur Adèle, que l'abbé Bruneau est parvenu à supplanter en promettant à la bonne sœur de distribuer aux pauvres les 16.000 francs qu'elle laissait après elle. Inutile de dire que ni les pauvres ni les œuvres n'ont jamais vu un centime de ces 16.000 francs.

Pendant les dix-huit mois que l'abbé Bruneau passa à Astillé, deux incendies, visiblement allumés par un malfaiteur, éclatèrent à six mois d'intervalle au presbytère et, à la faveur du premier de ces sinistres, pendant la nuit du 21 au 22 mai 1892, le curé, qui était absent de la paroisse, fut complètement dévalisé et la caisse de la fabrique fut pillée. Quant à l'abbé Bruneau, il réalisa successivement deux jolies primes d'assurance.

Tous ces témoignages roulent sur des détails connus et je passe.

Très humainement, M. le président Giron abrège la déposition du père de l'accusé, un vieux paysan rasé, grisonnant, bronzé par cinquante ans de coups de soleil, qui avait été cité on ne sait pourquoi. Pendant toute la dernière partie de l'audience, le pauvre bonhomme reste dans un coin de la salle, les mains croisées, la tête basse, retenant ses larmes et jetant à la dérobée un regard lamentable sur son fils, puis se détournant à la hâte d'un air peureux, comme s'il faisait mal.

Après lui, l'abbé Pointeau, l'ancien curé d'Astillé, un brave curé de campagne uniquement occupé de recherches historiques, qui se console d'avoir eu l'abbé Bruneau pour vicaire, et d'avoir été trois fois volé, deux fois incendié, diffamé calomnié, dénoncé à l'évêque et finalement disgracié, s'estimant heureux encore de n'avoir pas été supprimé comme devait l'être, six mois plus tard, le curé d'Entrammes.

— Je n'étais pas plus rassuré que cela tout de même, déclare-t-il avec une émotion rétrospective. Après les vols étranges dont j'avais été victime, après ces incendies qui avaient éclaté à la cure, je craignais vaguement qu'il ne m'arrivât quelque chose de plus désagréable encore et je couchais barricadé dans ma chambre. (*Sensation.*)

D. — Vous avez été dénoncé par votre vicaire, qui, redoutant vos soupçons, avait tout mis en œuvre pour vous éloigner?

R. — Mon Dieu! je ne l'accuse pas; mais il est certain que j'ai été desservi auprès de l'évêché. On a même apposé à la porte du presbytère des affiches dans lesquelles mon nom était associé d'une façon diffamatoire à celui de deux personnes très honorables qui venaient aider ma domestique. On a fini par demander mon changement et on l'a obtenu. Je ne me suis pas révolté contre cette injustice; j'ai obéi chrétiennement et, aujourd'hui encore, je ne veux pas accuser l'abbé Bruneau.

L'accusé. — Et vous avez bien raison, monsieur le curé;

j'ai toujours eu pour vous la plus grande estime, la plus
sincère affection! Nous avons été persécutés ensemble et
je vous ai toujours consolé! (*Rumeurs.*)

M. le Président. — Comment! mais on a saisi chez vous
une lettre du maire d'Astillé en réponse à une autre lettre
dans laquelle vous lui demandiez le déplacement de ce
malheureux prêtre, pour le bien de la religion! Ce n'était
pas assez qu'on l'eût volé, incendié! Il fallait encore qu'on
l'enlevât contre son gré d'une paroisse où il était adoré!
(*Mouvement prolongé!*)

M. de La Beraudière, maire d'Astillé, rend hommage à la parfaite dignité d'existence du pauvre curé,
dont la déposition si modérée et si scrupuleuse est
véritablement touchante. Il ajoute que ce fut l'abbé
Bruneau qui l'engagea à prévenir l'évêché des placards
injurieux affichés sur le compte du curé. Dans ces
placards, on allait jusqu'à insinuer que le pauvre
prêtre était l'auteur des vols et des incendies qui
s'étaient succédé au presbytère d'Astillé, et c'est dans
ces circonstances que M. le curé Pointeau fut déplacé.
Aujourd'hui, le retour de l'opinion publique l'a bien
vengé de ces calomnies.

Laval 14 juillet.

C'est la journée décisive pour l'abbé Bruneau. Le
Président des assises a réservé pour cette troisième
audience les témoignages relatifs au double assassinat du curé d'Entrammes et de la fleuriste de Laval
et, avec un accusé de cette trempe, obstiné dans des
dénégations invincibles et ayant réponse à tout, les
confrontations avec les témoins ne peuvent manquer
d'être mouvementées.

En suivant l'ordre des dates, c'est à l'assassinat de
Mᵐᵉ Bourdais, la fleuriste de Laval, que M. le président Giron, dont on ne peut que louer l'impartialité
et la méthode, consacre la première partie de l'audience.

Ici, il faut bien en convenir, si les charges ont été soigneusement rassemblées par l'instruction, la lutte est encore belle pour la défense, et Mᵉ Dominique, l'avocat de l'abbé Bruneau, ne manquera pas de tirer parti du mystère qui plane sur ce premier crime.

Un proche voisin de Mᵐᵉ Bourdais, M. Béaran, chapelier à Laval, raconte d'abord comment il a entendu les derniers cris de la victime :

Vers 9 heures du soir, Mᵐᵉ Bourdais avait fermé son magasin. Il pouvait être 10 h. 1/2, quand mon enfant entendit des cris comme si l'on battait quelqu'un. Nous nous mîmes à la fenêtre, très inquiets.

Mais, à ce moment-là, il y avait des saltimbanques sur la grande place de Laval, et nous commencions à nous rassurer, quand nous avons entendu dans le couloir des pas furtifs. N'osant pas nous risquer chez la voisine, nous retournâmes à la fenêtre pour appeler au secours. Justement, une voiture passait. Je hélai le cocher : « Vite ! lui criai-je, allez chercher la police ! Il vient de se passer quelque chose chez Mᵐᵉ Bourdais. »

M. le commissaire de police Leroy, immédiatement prévenu, se transporta aussitôt sur les lieux. La pauvre femme était étendue dans sa chambre, la gorge ouverte, un œil arraché, percée de trente-trois coups de couteau. Le comptoir-caisse de la boutique avait été ouvert et portait des traces de sang.

Une voisine de Mᵐᵉ Bourdais, Mᵐᵉ Desnos, raconte que, six mois avant d'être assassinée, la fleuriste avait été volée de 300 francs. Le malfaiteur avait pénétré chez elle à l'aide d'une fausse clef qu'il avait oubliée dans la serrure. Dans la somme volée se trouvaient plusieurs double louis de 40 francs.

M. le Président des assises fait passer sous les yeux des jurés deux clefs saisies chez l'abbé Bruneau et dont chacune ouvrait un des tiroirs de la veuve Bourdais. Une de ces clefs avait été limée.

Mᵉ Dominique fait observer que les clefs saisies sont des clefs communes, se trouvant couramment dans le commerce.

L'abbé Bruneau persiste à soutenir qu'il est totalement innocent du meurtre de Mme Bourdais et qu'il ne la connaissait même pas :

— Allons donc! dépose le cocher Lelandais, cité à la barre, je l'ai vu je ne sais combien de fois entrer chez elle. Son cheval et la voiture étaient attachés devant la boutique! (*Mouvement.*) Une autre fois, je l'ai chargé au moment où il sortait de chez Mme Bourdais avec des pots de fleurs. Il était accompagné de M. le curé Fricot et je les ai ramenés tous deux à Entrammes.

Le surlendemain de l'assassinat de la veuve Bourdais, l'abbé Bruneau causait avec M. Lemoine, bourrelier à Entrammes, de ce crime qui jetait alors l'émoi dans Laval et tous les alentours : « Ce n'est rien de tuer une femme, disait-il, la police est si mal faite ! On vous tuerait bien au coin de votre feu, votre femme et vous, la justice n'y verrait rien. Ah! si j'avais tourné au mal, j'aurais fait un terrible assassin ! »

Mais voici des témoignages précis.

Mme Daligand, domestique à Leval :

Le 15 juillet, jour du crime, dépose-t-elle, je me trouvais, avec Mlle Leclerc, chez Mme Bourdais, pour acheter des fleurs, quand un individu sans barbe, vêtu d'un complet sombre, traversa brusquement la boutique. Il pénétra dans la chambre sans saluer et sans rien dire à personne.

— Voilà un individu qui n'est guère poli, dis-je, à part moi, en le toisant de pied en poing; j'étais fort intriguée de la présence de cet homme.

Quand j'appris le lendemain, que Mme Bourdais avait été assassinée pendant la nuit : bien sûr, m'écriai-je, c'est cet individu-là qui a fait le coup.

D. — On vous a confrontée avec l'abbé Bruneau?

R. — Oui, monsieur, et si tout d'abord je n'ai pas fort bien reconnu ses traits c'est qu'il faisait des grimaces et qu'il se décomposait la figure. Mais, pour son costume, c'était bien ça. Alors je l'examinai devant, derrière, sur le côté, c'était parfaitement mon homme. (*Sensation.*) Ce qui m'avait beaucoup frappée chez Mme Bourdais, c'est que la fleuriste le laissait aller et venir sans lui demander ce

qu'il voulait. Il avait l'air d'être comme chez lui. Je suis
sûre qu'il se trouvait encore dans l'appartement quand
nous sommes sorties.

Devant cette déposition si formelle, l'ancien
vicaire d'Entrammes ne s'émeut ni ne s'indigne. « Cette
dame fait absolument erreur », dit-il avec indifférence, presque avec douceur, et M° Dominique constate que, le jour de la première confrontation,
Mᵐᵉ Daligand s'est montrée beaucoup moins affirmative.

M. le procureur de la République Déribéré-Desgardes adjure Mᵐᵉ Daligand de se tourner vers l'accusé et de dire une dernière fois si elle le reconnaît.
L'abbé Bruneau se lève en essayant de faire bonne
contenance, mais malgré lui, il baisse la tête, ne pouvant soutenir le regard de la domestique, et une légère
rougeur colore ses joues.

— Oui, oui, c'est lui! s'écrie Mᵐᵉ Daligand avec
énergie.

L'ancien vicaire d'Entrammes ne peut retenir un
tressaillement, mais il n'a ni une protestation, ni un
geste, ni un cri. Il se rassied comme accablé, en jetant
à Mᵐᵉ Daligand un de ces regards qu'on n'oublie pas.

Mˡˡᵉ Leclerc, domestique, qui accompagnait Mᵐᵉ Daligand chez Mᵐᵉ Bourdais le soir du crime, est beaucoup moins affirmative dans ses déclarations : elle
n'a pas dévisagé le visiteur qui se trouvait en même
temps qu'elle chez la fleuriste et ne saurait dire si cet
homme était bien l'abbé Bruneau.

Le cocher Blin, qui connaissait particulièrement le
le vicaire d'Entrammes pour l'avoir conduit fréquemment à toute heure de jour et de nuit, et pour lui
avoir amené des femmes jusqu'au presbytère, jamais
les mêmes, fait une déposition accablante,

— La nuit du crime, dit-il, vers 10 h. 1/2 du soir, je
me trouvais sur la place de l'Hôtel de Ville de Laval,
quand je fus abordé par un homme vêtu de gris, porteur d'une sacoche, qui monta dans ma voiture en m'or-
donnant de le conduire à Entrammes.

19.

D. — De quel côté venait-il ?

R. — Du côté de la boutique de la veuve Bourdais. (*Mouvement.*) « Vous m'arrêterez à l'entrée du bourg d'Entrammes, me dit-il, je monterai le village à pied. »

M. le Président, au témoin. — Tournez-vous vers l'accusé.

Est-ce bien là l'homme que vous avez conduit cette nuit-là.

Le cocher Blin, très énergiquement. — Oh ! parfaitement ! monsieur le président. (*Sensation prolongée.*)

L'abbé Bruneau. — Je nie formellement : jamais ce cocher ne m'a conduit dans la nuit du 15 au 16 juillet de l'an passé. Je n'étais pas à Laval.

Mᵉ Dominique, au cocher. — Comment se fait-il que, mis en présence de l'abbé Bruneau, pour la première fois, le 14 janvier dernier, vous n'avez pas reconnu l'abbé Bruneau ?

R. — J'étais tout saisi, je n'osais pas, puis j'ai réfléchi que je devais toute la vérité à la justice et j'ai parlé.

M. le Président. — Voyons ! vous êtes honnête homme, vous avez prêté serment, vous comprenez toute la gravité de votre déposition ; est-ce bien l'abbé Bruneau ou un autre qui a pris votre voiture la nuit de l'assassinat de Mᵐᵉ Bourdais ?

Le cocher Blin. — C'est bien lui ! (*Mouvement.*)

M. le Dʳ Accolas, médecin-légiste, rend compte de l'autopsie de la veuve Bourdais : la malheureuse femme était en chemise et tenait encore une armature de la lampe à essence fortement serrée dans la main gauche. Elle avait été égorgée dans son lit ; une large mare de sang s'étendait entre les deux oreillers ; la paupière gauche avait été arrachée de l'œil et regardait avec une expression farouche. L'œil droit avait été crevé, vidé, d'un coup de couteau ; le cou avait été scié en six fois et les artères se voyaient à nu. Le visage, les épaules, le ventre, les cuisses étaient tailladés de quarante blessures. Un coup furieux avait traversé la main droite de la victime au moment où elle essayait d'écarter son assassin d'un suprême effort. Une main ensanglantée avait ouvert le tiroir du magasin.

M. le Dʳ Accolas montre aux jurés l'arme du

crime, un mauvais couteau à manche noir, dont la pointe s'était faussée dans la main de l'assassin.

L'impression du docteur est que la malheureuse femme a dû être surprise pendant son sommeil, mais une lutte terrible s'est engagée entre la victime et le meurtrier.

M. le D\u02b3 Dupré a procédé, six mois plus tard, à l'autopsie du pauvre abbé Fricot, le malheureux curé d'Entrammes, à l'assassinat duquel nous arrivons maintenant. Dans son jardin, où on l'avait porté, il gelait très fort et sa soutane était transformée en une sorte de glaçon. L'abbé Fricot avait la face complètement écrasée, le crâne fracturé, la peau des pieds et des mains tout éraillée et comme usée. Jeté encore vivant dans son puits, le pauvre curé avait dû faire des efforts désespérés pour en sortir.

Le D\u02b3 Dupré procéda également à l'examen minutieux de l'abbé Bruneau et constata sur ses mains des éraflures caractéristiques indiquant qu'il avait soutenu une lutte. Il était d'ailleurs dans un état de santé déplorable, conséquence de son inconduite.

Suit le pharmacien du Parquet, M. Gallereau, qui a constaté sur l'harmonium de l'abbé Bruneau, sur sa lampe, sur son mouchoir, la présence de taches de sang. L'abbé Bruneau essaie vainement d'expliquer d'une façon plausible ces constatations si graves.

Je passe sur les dépositions des notables d'Entrammes. Le maire, l'adjoint, le médecin, les membres du du conseil de fabrique, tous rendent hommage au caractère du digne curé, à sa délicatesse, à la régularité presque minutieuse avec laquelle il administrait les biens paroissiaux. Quant au vicaire, il ne revenait à personne.

Depuis les vols dont il avait été victime. M. le curé Fricot paraissait tout soucieux, tout préoccupé; il était certain qu'il connaissait le nom du voleur, mais qu'il ne voulait pas le révéler.

Le lendemain de sa mort, M. l'abbé Boutruche, son neveu, interrogea solennellement la domestique :

— Voyons, Jeannette, lui dit-il, mon oncle avait

toute confiance en vous; il a dû vous révéler ce qu'il n'a confié à personne, le nom de l'homme qui l'avait volé, le même sans doute qui l'a assassiné.

— Oui, monsieur l'abbé, répondit la domestique, je sais ce nom; M. le curé me l'a dit, mais j'ai juré de ne le répéter jamais et je suis liée par mon serment.

— Je vous en délie, s'écria l'abbé Boutruche.

Et, le lendemain, la servante de l'abbé Fricot faisait les déclarations les plus complètes à la justice.

M. de La Hammonaye, le châtelain d'Entrammes, déclare que le curé se plaignait fréquemment à lui de son vicaire qui, disait-il, était toujours parti.

— Ah! disait le pauvre curé à M. de La Hammonaye, après le vol dont il avait été victime, il n'est pas loin, mon voleur; si la police voulait s'en donner la peine, il serait bien vite arrêté!

L'abbé Fricot avait beaucoup d'argent chez lui : il avait reçu 1.300 francs pour fonder une école libre à Entrammes. Quand on lui eut volé une partie de cette somme, le brave ecclésiastique eut une phrase admirable de confiance :

— On ne me volera plus, dit-il, mon vicaire possède un coffre-fort; je lui confierai mon argent.

Il fallut le nouveau vol qui fut commis au presbytère d'Entrammes, au mois de septembre dernier, pour jeter quelque méfiance dans le cœur excellent du vieux prêtre. C'est alors que son humeur changea et qu'il commença à concevoir sur le compte de son vicaire des soupçons que, par excès de scrupule et par bonté d'âme, il voulut garder pour lui seul.

Une déposition amusante est celle du jeune Lochain, un petit bonhomme de neuf à dix ans, que le curé d'Entrammes élevait par charité et qui faisait des commissions pour la servante.

M. le président Giron le fait grimper sur une chaise et l'interroge paternellement.

Le jour où l'on a assassiné M. le curé, dit l'enfant, M. le vicaire était rentré de Laval vers 6 heures du soir; il avait l'air d'avoir bu un petit coup, et il refusa de donner la leçon de chant aux enfants de chœur. Au lieu de venir dîner, il resta jusqu'à 8 heures à jouer de l'harmonium, malgré les appels de Jeannette, qui n'était pas contente de voir la soupe refroidir.

D. — Et où était M. le curé pendant ce temps-là?

R. — M. le vicaire m'a dit qu'il était sorti dans le village et il s'est décidé, vers les 8 heures, à souper seul.

D. — Tu n'as pas entendu des cris?

R. — Non, monsieur. Du reste, M. l'abbé m'a envoyé au premier étage lui faire du feu dans sa chambre, pendant qu'il envoyait la Jeannette chercher M. le curé à travers le bourg.

On sait que, d'après l'accusation, l'assassin aurait profité de cette double absence pour retourner au puits où, depuis 6 heures du soir, se débattait sa victime, étouffer ses cris, l'achever à coups de bûche et enfoncer sous l'eau à coups de perche le blessé qui se cramponnait désespérément aux parois Les cheveux du pauvre abbé Fricot adhéraient encore à l'une des perches qui figurent sur la table des pièces à conviction.

Pendant plus de deux heures, les plaintes et les appels du vieux curé furent distinctement entendus des voisins jusque sur la route d'Entrammes. « C'étaient, dit une femme Marteau, des cris lamentables qui semblaient venir de dessous la terre ! » Ce qui est extraordinaire, c'est que personne ne se dérangea. Il était encore temps de sauver le malheureux prêtre, mais les braves paysans fermèrent leur porte et personne n'eut l'idée de se risquer du côté du presbytère : on peut dire que l'infortuné curé d'Entrammes est mort victime de l'égoïsme rural et de l'indifférence poltronne de ses voisins.

Le R. P. Bachelet, religieux trappiste, supérieur de la Trappe de Port-Salut, qui est tout proche d'Entrammes, raconte la visite matinale qu'il reçut de l'abbé Bruneau, le lendemain de l'assassinat.

— M. le curé a disparu hier soir, nous dit le vicaire d'Entrammes. Nous craignons qu'il ne se soit détruit. Il était singulier depuis quelque temps. Pourvu qu'il ne se

soit pas pendu ! Nous avons passé toute la nuit à le chercher avec la Jeannette.

— Avez-vous regardé dans le puits ? interrompis-je.

— Nous y avons regardé avec une lanterne, mais nous
n'avons rien vu.

— Eh bien, repris-je, il faut l'explorer encore avec une
araignée.

L'abbé Bruneau n'avait pas l'air inquiet. Il me fit l'effet
d'un bon prêtre qui redoute un scandale et qui cherche à
en atténuer le retentissement. (*Mouvements divers.*)

Il était certain, d'ailleurs, que l'assassin n'avait pu
venir du dehors. Les murs du presbytère d'Entrammes
ne portaient, au dire du brigadier de gendarmerie,
aucune trace d'effraction ; aucun vestige de pas sur les
plates-bandes. La porte qui communique avec l'église
était soigneusement fermée. Enfin, ce malfaiteur
inconnu, l'abbé Bruneau, rentré au presbytère depuis
6 heures, ne pouvait faire autrement que de l'entendre. Autant de charges accablantes qui s'accumulent
sur sa tête !

Le vicaire passa une partie de la nuit à faire sem-
blant de chercher le curé disparu dans le village et le
jardin du presbytère en compagnie de la Jeannette et
d'un jeune prêtre qui habite Entrammes, l'abbé
Chelles.

Au moment où les deux ecclésiastiques passaient
près du puits, l'abbé Bruneau s'écria : « Il ne serait
pourtant pas tombé là-dedans ! » Et sans attendre que
son compagnon l'eût rejoint, il approcha sa lanterne
de l'orifice du puits et dit tranquillement : « Non, il
n'y a rien ! » (*Mouvement*).

C'est seulement le lendemain que le puits fut sérieusement exploré, sur les instances du Révérend Père
supérieur de la Trappe de Port-Salut.

Enfin, voici « la Jeannette », Jeanne Charlou, à
l'état civil ; cinquante ans, une bonne servante de
curé, au teint de cire, au large bonnet tuyauté, aux
cheveux finement lissés et chastement dissimulés sous
la ruche.

Dès le premier vol dont M. le curé a été victime, dépose
Jeannette Charlou, j'avais mon idée : le vicaire faisait trop
de dépenses ! Sûrement le voleur ne pouvait être que lui !
Je le dis tout unîment à M. le curé qui me répondit :
« Jeannette, moi aussi je soupçonne l'abbé Bruneau, mais
n'en parlons jamais ! Vous me le jurez, n'est-ce pas? » Je
levai la main et je n'ai rien dit à personne jusqu'au jour
où, après l'assassinat de mon maître, j'ai été relevée de
mon serment par un prêtre.

La vieille bonne se perd dans de longs détails sur
les incidents qui ont marqué la nuit de la disparition
de son maître.

Vers 10 heures du soir, pendant que l'abbé Bruneau
cherchait le curé disparu, elle crut entendre une sorte
de choc violent dans le jardin, mais elle n'y prêta pas
autrement d'attention. Aujourd'hui elle est convaincue
que c'était le bruit d'une bûche que l'abbé Bruneau
venait de jeter dans le puits. La nuit se passa en
recherches vaines. A son retour au presbytère, d'où
le vicaire l'avait éloignée, la vieille servante fut très
étonnée de rencontrer l'abbé Bruneau avec sa soutane
couverte de terre. Elle ne fut pas moins surprise de
trouver ouvert le portail de la cure, qu'elle avait laissé
fermé.

La Jeannette est persuadée que l'abbé avait ouvert
ce portail pour donner le change et faire croire que
l'assassin était venu du dehors. Il paraissait d'ailleurs
peu ému, se fit servir du vin chaud et mangea les œufs
qui étaient restés du dîner du curé; puis il s'écria
tout à coup : « Ah! je saigne du nez! » Et il s'enve-
loppa la tête de son mouchoir en se faisant introduire
un chandelier dans le dos. Il y avait bien du sang sur
son mouchoir, mais personne ne peut dire si ce sang
provenait réellement d'une hémorragie nasale et non
des égratignures qu'il portait aux mains, égratignures
qu'il a vraisemblablement reçues dans la lutte contre
sa victime et dont on a retrouvé des traces sur sa
lampe et sur son harmonium.

La Jeannette n'est pas loin de soupçonner l'abbé
Bruneau d'avoir voulu la précipiter elle-même dans

le puits. Comme elle lui faisait remarquer avec étonnement sa soutane couverte de terre, il l'emmena du côté du puits et essaya de le lui faire enjamber, mais prudemment la Jeannette se détourna et regagna avec rapidité le presbytère.

Le dernier témoin à charge est la sœur Bouvier, institutrice à Entrammes, une bonne religieuse à lunettes, à laquelle, le lendemain du crime, l'abbé Bruneau a tenu ce propos étrange : « Monsieur le curé est dans son puits; je l'ai vu passer tête basse, hier soir, vers 6 h. 1/2 demi, se dirigeant vers le fond du jardin; mais je n'ai pas voulu que sa mémoire fût ternie par un suicide. On a jeté des bûches sur lui, et comme il n'a pas pu sortir du puits pour se les lancer sur le corps, tout le monde croira qu'il a été assassiné. » (*Sensation*).

En 1892, pendant la retraite de la première communion, l'abbé Bruneau prononça un sermon qui, depuis le crime d'Entrammes, est revenu à la mémoire de bien des gens,

J'ai eu un ami intime, presque un frère, qui a été perdu par les mauvaises sociétés, il est devenu voleur et il est monté à l'échafaud. Voici une lettre qu'il m'écrivait la veille de son exécution. »

Ceux qui l'ont entendu, ce sermon du vicaire d'Entrammes, sont persuadés que cet ami intime n'était autre que lui-même !

Laval 12 juillet

Le Verdict.

C'est la dernière audience. Elle appartient aux plaidoiries.

Dans un réquisitoire des plus serré, M. le procureur de la République Déribéré-Desgardes rappelle l'existence de désordres, de débauches et des crimes de l'abbé Bruneau. Il le montre rôdeur de nuit et coureur de mauvais lieux, dépensant en deux ou trois ans 30.000 francs dont il lui est impossible d'expliquer la légitime possession, volant au séminaire de Mayenne, volant et assassinant au presbytère d'Entrammes et dans la petite boutique de la fleuriste de Laval. Après avoir rendu un juste hommage à la mémoire du pauvre curé Fricot, l'organe du ministère public requiert contre son assassin un verdict sans pitié.

Messieurs les jurés, dit-il, nous traversons des temps troubles, votre devoir est pénible, mais vous le remplirez sans faiblesse. Prêtre débauché, incendiaire, voleur et deux fois assassin, l'abbé Bruneau mérite d'autant moins l'indulgence que son éducation et le milieu social dans lequel il a vécu devaient le préserver davantage de la chute et de l'infamie. Il faut que cette tête tombe !

M⁰ Dominique, avocat de l'abbé Bruneau, discute avec une véritable éloquence les charges de l'accusation. Il abandonne à la conscience publique le vicaire victime de ses sens, mais il suplie le jury de résister à la pression de l'opinion et de ne pas voir en lui l'assassin de la fleuriste de Laval, sur la foi d'un cocher ivrogne, ou le meurtrier du curé d'Entrammes, sur les propos sans consistance d'une vieille servante.

Pour lui, l'abbé Bruneau n'avait aucune raison d'assassiner son curé, avec lequel il n'avait jamais eu aucune querelle, et il est très vraisemblable que le pauvre abbé Fricot a été tué par un malfaiteur venu du dehors pour le voler.

La commune d'Entrammes est, paraît-il, un repaire de gens sans aveu, qui viennent chercher asile au monastère de la Trappe où la charité des moines les accueille avec beaucoup trop de confiance. M⁰ Dominique termine sa très remarquable plaidoirie par ces mots : « L'abbé Bruneau est innocent !

Les jurés rapportent un verdict qui reconnaît l'abbé Bruneau non coupable de l'assassinat de la veuve Bourdais et des incendies du presbytère d'Astillé, mais coupable, sans circonstances atténuantes, de l'assassinat de l'abbé Fricot, curé d'Entrammes.

Interrogé une dernière fois avant l'application de la peine, l'ancien vicaire d'Entrammes salue la Cour sans mot dire et se rassied sans aucune apparence d'émotion, après avoir serré la main de son défenseur.

La Cour prononce contre lui la peine de mort et ordonne qu'il sera exécuté à Laval.

Des applaudissements accueillent la lecture de la sentence.

Exécution de l'abbé Bruneau.

L'abbé Bruneau a été exécuté le 30 août, sur la grande place qui s'étend entre la prison et le Palais de justice de Laval.

Son agonie fut terrible !

Deibler était arrivé à Laval avec les bois de justice avant que M⁰ Dominique, qui avait si vaillamment défendu le condamné, eût reçu de M. Casimir-Perier la lettre d'audience traditionnelle.

L'honorable défenseur revendiqua énergiquement ses droits, partit pour Pont-sur-Seine, où le président de la République se trouvait en villégiature ; et pendant qu'il essayait une dernière fois de disputer la tête de l'abbé Bruneau à la justice en implorant la clémence du chef de l'Etat, la foule, venue de tous les points du département de la Mayenne, sachant la présence du bourreau et flairant la curée sanglante, se répandait chaque nuit dans les rues de Laval, en vociférant et chantant des refrains obscènes.

Ces huées et ces chants montèrent certainement jusqu'à la cellule du condamné.

Enfin, après quatre nuits de cette veillée scandaleuse. l'ordre d'exécuter l'abbé Bruneau parvint au Parquet, M⁰ Dominique avait échoué dans sa suprême intercession,

L'ancien vicaire d'Entrammes, qui savait son sort irrévocablement fixé, avait eu le temps de se préparer à mourir.

Il reçut la terrible nouvelle avec résignation, se confessa, entendit la messe et communia dans la chapelle de la prison en présence de tous les condamnés et de nombreux curieux, profondément émus par le calme et la majesté de cette sorte d'office des morts, qui se prolongea pendant près d'une heure.

Après être resté agenouillé pendant tout l'office sur son prie-Dieu, priant avec ferveur et abimé dans une méditation profonde, l'ex-abbé Bruneau se livre docilement lui au bourreau. A l'aumônier, l'abbé Foulon, qui offre un verre de rhum :

— Non, répond-il avec un sourire de reconnaissance, la sainte communion me suffit !

Arrivé devant la guillotine, il proteste une dernière fois de son innocence et embrasse tendrement le digne prêtre en lui disant :

— Monsieur l'aumônier, priez bien pour moi.

Il est 4 h. 55. La tête tombe,

XII

MADAME DE THOURY

Paris,20 juillet

Le 7 mars dernier, une femme d'une soixantaine d'années, Mme de Thoury, tirait deux coups de revolver sur le comte Horace de Choiseul au moment où il prenait son courrier dans la loge de sa concierge, 232, rue de Rivoli.

M. de Choiseul ne fut pas atteint, et Mme de Thoury, qui du reste avait laissé tomber son arme, fut immédiatement arrêtée.

Elle comparaissait aujourd'hui devant la Cour d'assises de la Seine, et les débats vont nous apprendre que l'auteur de cet attentat est une plaideuse rebutée et exaspérée qui a voulu, non commettre un crime, mais faire un éclat.

Fille d'un banquier d'Aubusson, Mme de Thoury, qui est aujourd'hui une grosse dame bouffie, aux cheveux blancs ondulés, aux traits accentués, à la physionomie moqueuse et goguenarde, fut à l'époque de sa première jeunesse la maîtresse du gentilhomme normand dont elle porte le nom, et qui finit par l'épouser après avoir vécu avec elle pendant dix-sept ans.

Après la mort de M. de Thoury, elle devint la maîtresse de son ami intime, le comte Arthur de Montalembert, beau-frère de M. le comte Horace de Choiseul.

Avant de mourir, en 1887, le comte de Montalembert avait reconnu par testament que Mme de Thoury lui avait prêté 150,000 francs. Mais les héritiers contestèrent la réalité de cette créance et, après de longs procès, la Cour de Caen leur donna raison.

Cet arrêt mit le comble à la fureur de Mme de Thoury Elle cria au déni de justice, à la spoliation. Pendant des années, elle chercha par tous les moyens à intimider la famille de Montalembert pour l'amener à composition, courant d'agent d'affaires en agent d'affaires, menaçant de la publication de brochures scandaleuses. et elle finit par s'en prendre au comte Horace de Choiseul, conseil judiciaire de M. Godefroy de Montalembert, l'un des deux fils de son ancien amant,

Le jour où, n'ayant rien pu obtenir, elle achetait un revolver et faisait feu dans la direction de M. de Choiseul, sinon sur lui, elle jouait sa dernière carte en provoquant un scandale public, jalouse de faire reviser par la justice sentimentale du jury les arrêts juridiques de la Cour de Caen.

Telle est, rapidement esquissée, la physionomie du procès d'hier.

Comme on le verra par l'interrogatoire, l'attitude de Mme de Thoury a été extrêmement provocante et hautaine. Elle n'a ménagé à la famille de Montalembert et à M. Horace de Choiseul ni les sarcasmes ni les outrages, Nous ne lui donnerons pas le plaisir de voir reproduites ici les injures qu'elle a prodiguées aux deux familles et dans lesquelles elle n'a même pas épargné les femmes. À l'entendre, les Montalembert et les Choiseul sont capables de tout, les deux fils de son ancien amant sont des spoliateurs et M. Horace de Choiseul lui-même s'est allié à M. Houyvet, premier Président de la Cour de Caen pour la dépouiller entièrement.

M. le président Berr a toutes les peines du monde à arrêter ce débordement d'invectives :

D. — Vous êtes née en 1838.

R. — Je ne m'en souviens plus.

D. — Venue à Paris toute jeune, vous avez vécu dix-sept ans avec M. de Thoury, qui a fini par vous épouser *in extremis.*

R. — J'avais toujours refusé de me marier avec lui par excès de délicatesse.

C'est seulement en 1872, au moment où il allait mourir, que j'ai accepté son nom.

C'était d'ailleurs un parfait honnête homme...

M. le Président. — Que vous avez trompé pendant quinze ans avec M. le comte de Montalembert, dont vous étiez devenue la maîtresse en 1859. M. de Thoury, qui était son ami, n'est mort qu'en 1872. Votre correspondance de cette époque établit à l'évidence ces relations.

R. — Je proteste énergiquement !

D. — M. de Thoury disparu, vous avez songé à reconquérir votre influence sur M. de Montalembert, et vous semblez avoir réussi, car, en 1876, à la veille de se battre en duel, il vous reconnaissait 150.000 francs.

R. — Mais je lui avais prêté cet argent !

D. — Voyons, vous n'avez jamais eu un sou !

M. de Thoury, qui vous avait instituée légataire universelle, est mort insolvable !

R. — C'est absolument faux !

D. — En 1882, influencé par sa famille, M. de Montalembert a tenté de rompre. Vous avez semblé vous résigner, en faisant étalage de vos sentiments religieux, de votre abnégation, de votre résignation à accepter un humble emploi de gouvernante.

Les relations cessèrent, en effet, pendant près de deux ans.

Mais, en 1884, M. de Montalembert, dont l'esprit était fort affaibli, était pris d'un retour d'affection pour vous, et la vie commune recommençait.

Vous étiez auprès de lui quand il mourut à Nice au mois de décembre 1887.

Cinq jours auparavant, dans des circonstances dramatiques, menaçant le malade de l'abandonner et de le laisser mourir comme un chien, vous lui avez arraché une nouvelle obligation de 150.000 francs.

Comme nous l'avons dit plus haut, les héritiers de Montalembert intentèrent un procès à l'ancienne maîtresse de leur père et, après des débats interminables, cette libéralité était annulée par la Cour de Caen.

Dès lors, les héritiers Montalembert ne devaient

plus avoir ni trève ni repos. Mme de Thoury ne cessa
de les faire harceler par des hommes d'affaires, inti-
midant spécialement le comte Horace de Choiseul,
conseil judiciaire d'un des fils du défunt.

Après de longs mois de patience, le comte Horace
de Choiseul se décida à signaler au Parquet les libelles
menaçants dont il était poursuivi :

M. le Président. — Voilà quelle était votre attitude, à
vous, une ancienne femme galante !

R. — Vous n'avez pas le droit de dire cela.

D. — Comment ! vous avez vécu pendant des années en
concubinage !

R. — C'est le cas de très honnêtes femmes, monsieur.

D. — Je ne les appellerai pas ainsi, madame, on n'est
pas une honnête femme quand on vit en concubinage ;
mais revenons au procès : Furieuse d'avoir été appelée
devant M. Clément, commissaire de police, sur la plainte
du comte Horace de Choiseul, vous avez acheté un revolver et vous avez surveillé pendant quinze jours les abords
de sa maison, 232, rue de Rivoli.

Enfin, le 7 mars, vous l'avez aperçu au moment où il
prenait son courrier dans la loge du concierge et vous
avez fait deux fois feu sur lui.

Les deux balles ont passé tout près de sa tête. L'une
d'elles a brisé la porte vitrée.

L'accusée sourit en haussant les épaules.

Votre attitude est inconvenante ! s'écrie M. le Président.
Vous pouviez tuer un homme qui ne vous avait jamais
rien fait, atteindre le petit enfant de la concierge, un
locataire, un passant.

R. — Je ne voulais pas tuer M. de Choiseul, mais j'étais
déterminée à faire un éclat, à saisir le public du déni de
justice dont j'étais victime. J'avais vainement réclamé
auprès des députés, des ministres, de M. Carnot, de
M. Rouvier. Comment ! après tant d'années de dévouement à M. de Montalembert, ses héritiers me réduisaient
à la misère !

D. — Et pourquoi vous attaquiez-vous à M. de Choiseul ?

R. — Parce que les héritiers de Montalembert sont des incapables ou des idiots. Mme de Montalembert est...

Ici, une grossière injure. L'accusée continue avec une violente croissante :

L'arrêt de la Cour de Caen qui m'a dépouillée est stupide. C'est un déni de justice. M. Houyvet, le premier président de la Cour, est coutumier du fait. J'ai voulu faire connaître la situation au grand public et je n'ai pas honte d'être ici.

D'ailleurs, si j'ai guetté M. de Choiseul pendant quinze jours, c'était pour bien étudier les lieux et me rendre compte de la meilleure place que je pourrais prendre pour tirer sur lui sans l'atteindre, car si je voulais faire du bruit, j'aurais été désolée de lui faire du mal. (*Rires.*)

J'aurais pu parfaitement tirer sur lui trois nouvelles balles, j'avais mon revolver entièrement chargé ; je me suis donné le plaisir de tirer sur M. de Choiseul en le manquant. Mon but était atteint : j'étais sûre de passer en Cour d'assises !

M. le comte Horace de Choiseul, ancien député, commence par raconter l'attentat. Il le fait en termes des plus modérés.

Le 7 mars, dit-il, au moment où je me penchais pour prendre mes lettres dans la loge de ma concierge, j'entendis un coup de feu ; je me retournai et j'aperçus une femme que je ne connaissais pas et qui tira une seconde fois sur moi, puis jeta son pistolet. Je la fis arrêter.

D. — Vous avez été l'objet de nombreuses lettres de menaces ?

R. — Oui, monsieur le Président, et j'avais dû porter plainte pour chantage. C'est sans doute pour se venger de cette plainte que l'accusée a tiré sur moi.

L'accusée, très mielleuse. — Mais M. de Choiseul sait bien que je n'ai pas voulu l'atteindre.

M. de Choiseul. — Madame a tiré sur moi, à deux mètres de distance, mais ne la connaissant pas, n'ayant jamais eu à m'occuper de ses affaires, je ne pouvais supposer qu'elle désirât ma mort, et je l'ai dit.

L'accusée. — M. de Choiseul a fait une déposition beaucoup plus modérée à l'instruction. Il change son fusil d'épaule, comme c'est son habitude ; mais je ne veux pas, en présence de sa faiblesse, lui répéter ce que je vous disais de lui tout à l'heure.

M. le comte Horace de Choiseul ajoute qu'il est totalement étranger aux démêlés de Mme de Thoury avec les héritiers de Montalembert. C'est postérieurement à ces procès qu'il a été nommé conseil judiciaire d'un de ses neveux.

L'accusée. — C'est matériellement inexact. M. de Choiseul a été la tête de ce procès. Il était l'ami de M. Houyvet, le premier président, son ancien collègue à la Chambre, et il a usé de son influence de député, si minime soit-elle.

M. Horace de Choiseul. — Je jure sur mon honneur que je ne suis jamais intervenu dans les procès qui intéressent madame !

L'accusée se répand de nouveau en injures contre la famille de Montalembert. Passons !

Les autres témoins sont entendus.

M. Gibaud, un des nombreux hommes d'affaires que Mme de Thoury est allée trouver, a refusé de se charger de faire valoir ses réclamations, pour ne point s'associer « à un pur chantage ».

Il s'est borné à essayer de voir l'abbé Garnier, le publiciste chrétien bien connu, auquel Mme de Thoury voulait demander d'intervenir près de la famille de Montalembert.

L'accusée. — Comment ! mais vous m'avez fait signer un engagement de 15 0/0 sur la somme que j'avais à toucher ! (*Rires.*)

Même appréciation de M. Legallais, ancien notaire qui n'a pas voulu davantage s'associer à une affaire de chantage.

Après l'audition de la concierge de la rue de Rivoli, qui donnait le sein à son enfant au moment où Mme de

Thoury a tiré, et d'autres témoins de la tentative
d'assassinat du 7 mars, M. l'avocat général Bulot demande une condamnation sévère contre une femme
qui a poussé le chantage jusqu'au revolver.

Il donne lecture de circulaires scandaleuses lancées
par l'accusée et annonçant la publication imminente
d'une brochure à tapage contre la famille de Montalembert et la famille de Choiseul-Praslin.

Mme de Thoury menaçait de mettre au jour les scandales de famille les plus révoltants.

— Quand on signe de pareils factums, s'écrie
M. l'avocat général Bulot, on est tombé au dernier
degré de la déconsidération !

L'organe de l'accusation fait observer, d'ailleurs,
que M. le comte Horace de Choiseul n'était pas l'hé-
ritier de M. de Montalembert, qu'il n'a jamais figuré
dans les procès incriminés par l'accusée et auxquels
elle attribue sa ruine, dont il n'a aucunement profité.

— Il faut, conclut M. l'avocat général Bulot, que
ces mœurs-là sortent de chez nous. Elles ont été trop
longtemps encouragées par la faiblesse des verdicts
de vos prédécesseurs. Il est temps que vous procla-
miez que le revolver n'est ni un argument d'amoureux
ni un argument de plaideur.

Me Decori plaide, naturellement, la spoliation, la dé-
sespérance.

Il s'attache à établir que Mme de Thoury était réellement la créancière de M. de Montalembert et que les
héritiers de son ancien amant l'ont dépouillée.

Il donne lecture du testament de M. de Montalembert, reconnaissant que sa maîtresse lui a prêté
150.000 francs pour l'aider à payer une acquisition
immobilière, et d'une correspondance qui semble
bien établir, en effet, que Mme de Thoury était en situation de faire certaines avances à son amant.

Le jury s'est laissé toucher par ces considérations
et a rapporté en faveur de Mme de Thoury un verdict
d'acquittement. L'accusée a remercié les bons jurés
par un sourire, mais elle n'a pas été rendue à la liberté.

Elle est en effet, renvoyée en police correctionnelle pour tentative de chantage envers la famille de Montalembert. Mais son avocat a prévenu la Cour qu'elle ne comparaîtrait point et que, par respect pour elle-même, elle se laisserait juger par défaut plutôt que de daigner répondre à une accusation infamante (1).

1. Mme de Thoury a été condamnée depuis pour tentative de chantage, à un an de prison.

XIII

PROCÈS DE CORNÉLIUS HERZ

Paris, 28 juillet.

Le dernier acte du procès de Panama (1) s'est joué hier devant la 8ᵉ Chambre correctionnelle.

Cornélius Herz était cité pour répondre des chantages qu'on l'accuse d'avoir exercés ant contre la Compagnie de Panama qu'à l'encontre du baron de Reinach, auxquels il a extorqué la somme formidable de onze millions.

Inutile de dire que le malade de Bournemouth ne s'est pas présenté à l'audience.

L'état de rémission que M. le Dʳ Brouardel et son collègue, le Dʳ Dieulafoy, avaient constaté au commencement de l'hiver dernier ne s'est pas maintenu, paraît-il, et Mᵉ Clunet, avocat de Cornélius Herz, apporte à la barre une attestation toute récente, constatant que son client est moribond.

Ce certificat médical, daté du 21 juillet dernier, nous apprend que le Dʳ Herz est atteint du diabète, d'une grave affection des parois du cœur, enfin, d'une angine de poitrine qui peut l'emporter d'un instant à l'autre, au moindre mouvement et sous le coup de la plus petite émotion. Toute tentative de déplacement lui serait fatale !

L'attestation porte les signatures de six médecins :

1. Voir tous les grands-procès de Panama dans les *Causes criminelles* de 1893.

20.

le Dr Cohen, président de l'association médicale du Royaume-Uni, médecin extraordinaire de S. M. la reine Victoria; le Dr G. Johnson, agrégé de la Société royale de médecine, membre de l'Université de Londres, également médecin extraordinaire de la reine; le Dr Bronton, agrégé de la Société royale de médecine; le Dr Fraser, médecin habituel du Dr Herz; le Dr Malcalm Machadee, agrégé du collège royal de chirurgie, et le Dr Green.

Après avoir donné au Tribunal connaissance de cette attestation, Me Clunet demande à poser ses conclusions. Il compte soutenir, paraît-il, que le Tribunal de police correctionnelle est incompétent, et que son client, qui était encore grand-officier de la Légion d'honneur au moment où il a été cité, ne peut être jugé que par la 1re Chambre de la Cour d'appel.

M. le président Flandin lui fait observer qu'aux termes de la loi, aucun avocat n'a le droit de se présenter pour un prévenu qui fait défaut, et une savante discussion juridique, sur laquelle nous glisserons, s'engage entre Me Clunet et M. le substitut Flach, qui soutient la prévention. Très sceptique, M. le substitut Flach !

Cornélius Herz, dit-il, n'a pas toujours été malade ! Quand on l'a appelé à l'instruction, son premier soin a été de passer la frontière.

S'il est vrai qu'au mois de mai 1893, les docteurs Brouardel et Charcot, envoyés à Bournemouth par le gouvernement français, ont reconnu qu'il était atteint du diabète sucré, d'albuminurie phosphaturée, de vomissements, de troubles cardiaques, d'angine de poitrine et qu'il était intransportable, le docteur Brouardel et le docteur Dieulafoy ont constaté le 4 novembre suivant une amélioration sensible.

A cette époque, le docteur Herz n'était plus, dit le docteur Brouardel, le malade anémié, le mourant du mois de juin précédent. Il avait engraissé, l'albuminurie avait disparu, les troubles aigus du cœur avaient cessé, et le doyen de la Faculté de médecine déclarait qu'il était parfaitement en état de se rendre à Londres pour comparaître devant le tribunal d'extradition :

— Je tiens à m'y rendre au plus tôt, protestait alors Cornélius Herz, je veux comparaître, j'entends laisser à mes enfants un nom intact !...

Mais il s'est bien gardé de quitter Bournemouth, et il a continué de jouer la comédie.

Inculpé rebelle et récalcitrant, qu'il obtempère d'abord au mandat d'arrêt décerné contre lui et qu'il se présente, s'il veut soulever des exceptions pour échapper à la justice !

M⁰ Clunet proteste vivement :

Rebelle, récalcitrant, fugitif, Cornélius Herz, allons donc ! Jamais il n'a mis la frontière entre lui et ses accusateurs. C'est à Londres qu'il habitait en 1892 et s'il s'était rendu à Paris, c'était pour venir conférer avec le baron de Reinach, laissant en Angleterre sa femme et ses enfants.

M. de Reinach se suicide le 20 novembre 1892, et, le 27, Cornélius Herz retourne tranquillement à Londres, sans être alors l'objet d'aucune accusation, sans même avoir été cité comme témoin par le juge d'instruction.

Sa mise en cause ne date que du 16 janvier 1893. Il était alors gravement malade, alité, et depuis lors il a été dans l'impossibilité de quitter la chambre.

S'il en était autrement, le gouvernement anglais ne se serait pas contenté de placer un factionnaire à sa porte. Il l'aurait fait transporter à Londres et ne se serait pas prêté à une pitoyable comédie !

M. le substitut Flach. — Et le second certicat du docteur Brouardel ?

M. le président Flandin. — Cornélius Herz est un malade intermittent. (*Rires.*)

M⁰ Clunet. — Mais que pouvez-vous répondre au certificat que je vous apporte et qui porte la signature des plus hautes autorités médicales de l'Angleterre ?

M. le substitut Flach. — Jusqu'à quand Cornélius Herz compte-t-il jouer l'immobilité ?

M⁰ Clunet. — Nous ne sommes pas dans le secret de Dieu. Nous nous trouvons en présence d'un cas de force majeure.

Le Tribunal n'en passe pas moins outre au débat et ordonne que Cornélius Herz sera jugé par défaut.

Les témoins sont entendus.

. Le premier est M. l'expert Flory, qui a été chargé
de la triple et formidable expertise nécessitée par le
procès des administrateurs de Panama, par le procès
de corruption et enfin par la plainte en chantage
déposée par le liquidateur de la succession du baron
de Reinach, M. Imbert, contre Cornélius Herz. On sait
avec quelle conscience M. Flory s'est acquitté de cette
énorme tâche :

Dès 1885, dit M. Flory, on voit Cornélius Herz intervenir
auprès des administrateurs de la Société de Panama et
leur arracher 600.000 francs à la veille d'une première
tentative d'émission d'obligations à lots. Cette allocation
de 600.000 francs avait pour objet de « rémunérer son
concours en vue d'obtenir pour la Compagnie de Panama
l'autorisation d'émettre des obligations à lots. »

Cette première tentative échoua. La demande fut reje-
tée. Cornélius Herz n'en garda pas moins les 600.000 fr.

En 1888, nouvelle demande de la Compagnie.

Cette fois, c'est avec l'agent financier de la Compagnie
de Panama, avec le baron de Reinach, que Cornélius Herz
entra en pourparlers.

Aux termes d'une lettre qui est au dossier, le baron de
Reinach lui assura une allocation de dix millions, qui
seraient payés au docteur Herz sur les premiers fonds
versés par le public. (*Mouvement prolongé.*)

L'émission, vous le savez, ne réussit pas, mais Cornélius Herz n'en exigea pas moins du baron de Reinach le
versement de ces dix millions.

La Compagnie de Panama commença par regimber.

Ici se place le premier acte de chantage imputé à
Cornélius Herz. C'est un télégramme daté de Francfort, le 10 juillet 1888, et adressé à M. Marius Fon-
tane :

Votre ami (le baron de Reinach) cherche à tricher. Il
faut qu'il paie ou qu'il saute ! Et, s'il saute, ses amis tomberont avec lui ! Je briserai tout plutôt que d'être volé
d'un centime. Avisez ! Il n'est que temps !

Signé : Cornélius Herz.

Le lendemain, la Compagnie de Panama lui versait 1.500.000 francs !

Mais, poursuit M. Flory, Cornélius Herz était insatiable. Quelques mois plus tard, il contraignait le baron de Reinach à lui verser encore 2 millions, sur 3.370.000 francs mis à sa disposition par la Compagnie, déposés à la banque Thierrée et convertis en chèques pour être distribués à des hommes politiques. Le docteur Herz toucha ces 2 millions par l'intermédiaire de son mandataire, M. Chabert, et s'empressa d'en faire emploi en achetant trois immeubles à Paris sous le nom de sa femme.

Depuis, ses réclamations et ses menaces se sont succédé jusqu'au suicide du baron de Reinach, qui affirme ne lui avoir pas versé moins de 11 millions, dont 4 millions fournis par la Société de Panama et le reste tiré de sa propre caisse.

Encore Cornélius Herz ne se déclarait-il pas satisfait. Il ne cessait de réclamer et n'était nullement intimidé par les velléités de résistance du baron de Reinach :

« Je ne veux plus rien verser, écrivait le baron au représentant de Cornélius Herz. Il n'a droit à rien. Il n'a rien fait. S'il bouge, je préviendrai le procureur de la République, je montrerai combien de millions il a extorqués à la Compagnie de Panama et je lui en réclamerai le remboursement.

« Ce grand officier de la Légion d'honneur, futur « ambassadeur, dit-il, des Etats-Unis à Paris, prétend « léguer un nom honnête à ses enfants ?

« Je produirai tous ses reçus, qui démontreront combien « de millions il s'est indûment appropriés. »

Il faut croire que le secret qui unissait ces deux hommes était bien terrible, que Cornélius Herz tenait le baron de Reinach par des liens bien puissants, car il ne fit que rire de cet essai de résistance et, quelques jours après, il télégraphiait de Berne au baron de Reinach, rue Murillo :

Vous manquez à vos engagements et vous essayez de vous dérober à vos obligations par des menaces grotesques.

Je dédaigne ces tentatives malhonnêtes et j'irai jusqu'au bout. Ni les supplications de vos amis, ni celles de votre famille ne m'empêcheront de faire le nécessaire pour obtenir prompte justice.

M. de Reinach, maté, continua de chanter, jusqu'au suicide. Quelques semaines avant sa mort tragique, il versait encore à Cornélius Herz une dernière somme de 500.000 francs et il a laissé un état récapitulatif des millions qu'il a décaissés : — « Etat des chantages de Cornélius Herz » écrivait-il au crayon rouge en tête de ce document. Le total dépassait 11 millions, et le fameux traité passé avec Cornélius Herz n'en avait stipulé que 10.

Au dos de cet état, le baron avait écrit le brouillon d'une lettre adressée à son ennemi et qui n'avait pas eu le don de l'intimider.

J'ai reçu votre communication insolente, écrivait-il à Cornélius Herz. Si vous ne me laissez pas en repos, je mettrai le procureur de la République au courant des faits et gestes de l'association de chantage qui s'est formée contre moi.

Quant au gouvernement, il est édifié sur les agissements du docteur Herz.

M. le président Flandin se demande comment, malgré d'aussi violentes récriminations, le baron de Reinach a continué de chanter jusqu'à sa mort :

M. Flory. — *C'est qu'il se c*   *compromis par les moyens qu'il avait employés pour obtenir s faveurs. Voilà ce qui m'explique que Cornélius Herz l'ait fait chanter jusqu'à la fin !* (Vive sensation dans l'auditoire.)

Après M. Flory, M. Imbert, liquidateur de la succession du baron de Reinach, déclare qu'il a fait apposer les scellés sur tous ses papiers dès le lendemain de son suicide, et qu'il y a trouvé la trace des monstrueuses extorsions de fonds dont il avait été victime. Aussi n'a-t-il pas hésité à déposer contre Cornélius Herz une plainte en chantage :

Rien n'établit, dit-il, en dehors du fameux traité de Panama, que jamais le baron de Reinach ait été le débiteur du docteur Herz.

Loin de là, en 1881, Cornélius Herz était réduit à lui emprunter 2.000 francs.

M. le Président. — Et en 1887, Cornélius Herz était dans une telle détresse qu'il était saisi et sur le point d'être vendu !

M. Imbert. — Le baron de Reinach ne lui en a pas moins versé, pour des causes inconnues, plus de 6 millions de sa poche, et il est mort insolvable, laissant un actif de deux millions et un passif de seize millions. (*Sensation.*)

M. le substitut Flach prononce son réquisitoire.

Après avoir établi juridiquement que Cornélius Herz, grand-officier de la Légion d'honneur, *mais à titre étranger*, ne peut se réclamer d'aucune juridiction exceptionnelle, l'organe du ministère public requiert contre lui le maximum, le grand maximum de la peine — cinq ans de prison.

Puis il donne au Tribunal quelques nouveaux échantillons des télégrammes comminatoires de Cornélius Herz :

Venise, 24 avril 1888.

Si je ne reçois pas un télégramme satisfaisant aujourd'hui même, je briserai toute résistance et ferai cesser toute équivoque !

Francfort, 15 mai 1889,

Si demain à 4 heures je ne reçois pas ces deux pièces, et sans aucune modification, je donnerai suite aux mesures conservatoires. A vous de décider de votre sort !

Bâle, 17 mai 1889.

Votre conduite est odieuse et stupéfiante. Vous violez un contrat formel ? vous oubliez mes bontés, mes bienfaits pour vous et les vôtres.

Vous me provoquez à la guerre d'un cœur léger ! Vous

mentez effrontément en disant que vous ne me devez aucune gratitude !

Vous parlez toujours du gouvernement et de la magistrature comme de vos humbles serviteurs.

Vous mentez !

Vous ne trouverez, ni dans le gouvernement ni dans la magistrature, quelqu'un qui veuille s'associer à vos tristes agissements.

Payez-moi ce que vous me devez et je consentirai peut-être encore une fois à vous pardonner !

Autrement, comptez sur ma colère !

Enfin M. le substitut Flach donne lecture au Tribunal de la pièce capitale du procès, de ce fameux traité aux termes duquel la Compagnie de Panama s'engageait à verser dix millions à Cornélius Herz s'il faisait réussir l'emprunt à lots.

Voici cette pièce suggestive :

Monsieur le docteur Herz,

Il est convenu que, suivant nos conventions verbales, vous toucherez dix millions le lendemain du jour où la Compagnie de Panama aura reçu elle-même du public le premier versement provenant de l'emprunt à lots dont elle demande actuellement l'autorisation aux Chambres.

Il est entendu que je retiendrai sur cette somme le montant de vos dettes personnelles et de ce que vous devez tant à moi qu'à la maison Kohn-Reinach.

La présente me sera rendue par vous après exécution du traité.

Signé : Baron de REINACH.

Ce n'est qu'un coin du voile. M. le substitut Flach en soulève un autre. Dans sa lettre justificative à la Commission d'enquête, Cornélius Herz a prétendu avoir la preuve que le baron de Reinach avait essayé de l'empoisonner.

— J'avoue en toute humilité, dit en terminant l'organe du ministère public, que je ne connais pas le lien qui unissait ces deux individus véreux qui avaient trempé dans tant de négociations inavouables ! Mais nous en savons assez pour que vous appliquiez à Cornélius Herz le maximum de la peine !

Le Tribunal rendra son jugement à huitaine.

4 août.

La huitième Chambre correctionnelle du Tribunal de la Seine a rendu hier son jugement dans l'affaire Cornélius Herz.

Comme nous l'avons dit, il y a huit jours, le malade de Bournemouth ne s'était point présenté à l'audience et c'est par défaut qu'il a été condamné, conformément aux conclusions de M. le substitut Flach, à cinq ans de prison, le maximum de la peine.

Voici le jugement :

Attendu que, par ordonnance du 11 juin 1894, Cornélius Herz a été renvoyé devant le tribunal correctionnel de la Seine comme s'étant, depuis moins de trois ans avant le premier acte de poursuite, rendu coupable du délit de chantage au préjudice de Jacques de Reinach et de la Compagnie universelle du canal interocéanique de Panama ;

En la forme :

Attendu que Cornélius Herz, placé sous mandat d'arrêt, au début même de l'information s'est constamment soustrait aux injonctions dont il a été l'objet, bien qu'il soit constant qu'il ait été, à plusieurs reprises, à même de se déplacer ;

Attendu qu'actuellement encore, bien que régulièrement cité à domicile et dans les délais légaux, il invoque, avec certificats à l'appui, des raisons de santé, non pas pour demander une remise de l'affaire à une date ultérieure, mais pour soutenir que, non présent, il a le droit de se faire représenter par des conclusions tendant à opposer des fins de non recevoir ;

Attendu qu'aux termes des art. 185, 186 du Code d'instruction criminelle, aucun prévenu absent ne peut se faire représenter lorsque la peine requise contre lui est une peine d'emprisonnement ;

21

Que c'est le cas de Cornélius Herz qui, placé sous mandat d'arrêt, ne peut faire échec à des dispositions légales d'ordre public et de droit étroit ;

Attendu d'autre part qu'en rapprochant les textes des lois et règlements sur l'ordre de la Légion d'honneur, de l'art. 20 de la loi du 10 avril 1810, il résulte que l'immunité d'une jurisprudence spéciale n'est pas applicable à Cornélius Herz, nommé grand officier de la Légion d'honneur, mais au titre étranger seulement, comme tel admis et non reçu dans l'Ordre, rayé des matricules par décret du 27 janvier 1893 ;

Au fond :

Attendu que de l'instruction et des débats il résulte la preuve qu'à une époque postérieure au 28 janvier 1890, non couverte par la prescription, Cornélius Herz, bien qu'ayant déjà reçu plus de deux millions de francs pour des services inavoués, a, de divers lieux et à plusieurs reprises, continué à adresser au banquier de Reinach, actuellement décédé, ou à ses représentants, des télégrammes ou des lettres d'une extrême violence, menaçant de Reinach de le dénoncer et de le perdre, lui et ses amis, si les sommes demandées n'étaient pas immédiatement envoyées au réclamant ;

Attendu qu'à l'aide de ces menaces écrites, violentes, incessantes et calculées, Cornélius Herz a extorqué ou tenté d'extorquer, par contrainte morale, tant du banquier Joseph de Reinach que de la Compagnie du Canal interocéanique de Panama, des sommes considérables et d'une importance telle que l'auteur de ce délit doit être puni avec toute la rigueur permise par la loi pénale ;

Par ces motifs,

Le tribunal condamne l'éternel malade de Bournemouth à cinq années de prison, à 3.000 fr. d'amende et aux dépens.

XIV

LE FILS DU GÉNÉRAL WITTINGHAM

Saintes, 10 août.

C'est une cause à la fois bien passionnante et bien mystérieuse que ce procès du fils du général Wittingham, qui vient répondre devant les jurés de Saintes du meurtre de sa jeune femme Suzanne Audon.

Mariage d'amour, mésalliance que la famille Wittingham n'avait jamais acceptée, jamais pardonnée! Suzanne Audon avait dix-neuf ans; elle était charmante, instruite, bien élevée, d'une irréprochable honnêteté; mais elle n'était pas du monde et elle était pauvre.

Est-ce ce double crime que Bernard Wittingham, fatigué des reproches de sa famille et las de lutter contre la gêne, lui a fait expier en l'assassinant pour recouvrer sa liberté? L'interrogatoire de M. le président Moreau permettra à nos lecteurs de juger.

Bernard Wittingham est un jeune homme de vingt et un ans, trop blond, les yeux trop bleus, le teint trop rose, avec des cheveux drus, en tête de loup. La lèvre inférieure, un peu dédaigneuse, a la petite moue nationale.

M. le procureur de la République Delrieu occupe le siège du ministère public; Mᵉ Baron, du barreau de Saintes, et Mᵉ Roy de Clotte, du barreau de Bordeaux, sont au banc de la défense.

Les abords de la Cour d'assises sont littéralement envahis. Ce drame conjugal, qui a eu Royan pour théâtre, a soulevé dans toute cette partie de la Saintonge une émotion considérable.

D. — Vous êtes le fils du général Wittingham, qui est venu se fixer en France depuis quatorze ans, voyageant l'été, habitant Royan l'hiver. Vous avez été extrêmement gâté ; vous étiez un enfant capricieux, volontaire, quelquefois un peu méchant. Vous avez été un jeune homme entreprenant et courageux ; vous avez fait souvent partie des sorties du bateau sauveteur le *Progrès* de Royan.

Votre père vous avait fait embarquer comme officier de la marine marchande ; mais, avec votre caractère inconstant, vous avez bientôt abandonné la marine pour la photographie, Vous n'avez gardé de goût que pour la marine de plaisance : votre yacht la *Nuptia* était de toutes les régates.

En 1893, vous avez rencontré au théâtre de Royan Mlle Suzanne Audon, fille du syndic des pilotes de l'embouchure de la Gironde. Elle était avec sa mère ; vous lui avez tendu la main tout de suite, sans aucune présentation, au mépris des mœurs anglaises.

Suzanne Audon était d'une situation bien inférieure à la vôtre, mais fort honorable ; elle avait reçu une instruction complète et se préparait à devenir institutrice. Après quelques jours d'assiduités. qui inquiétèrent la mère et la fille, fatiguées toutes deux de vous rencontrer à chaque instant à la promenade, Mme Audon vous supplia d'arrêter net les relations. Vous n'en avez rien fait, vous avez continué, au contraire, de rechercher Suzanne, et quelques jours plus tard vous lui proposiez de partir avec vous pour l'étranger.

R. — Je savais que mon père ne nous permettrait jamais de nous marier en France, et j'adorais Suzanne.

D. — Oui, ce sont de ces idées qui naissent dans ces têtes de vingt ans. Vous avez commencé à vous écrire des lettres d'amour ; vous aviez compris que vous vous trouviez en présence d'une honnête fille et qu'il était nécessaire pour l'obtenir de lui promettre le mariage. La fille du pilote avait été éblouie par la perspective de ce mariage avec le fils du général Wittingham. Mais votre père opposa un refus péremptoire à vos projets. Alors, Suzanne Audon, avec une délicatesse charmante, vous supplia d'obéir à votre père et écrivit à la supérieure d'un couvent pour demander à être admise comme novice.

Certes, la pauvre jeune fille n'avait pas la moindre vocation.

D. — « Oh! Bernard, vous écrivait-elle, je ne me fais pas d'illusion ; le couvent est un enfer pour quiconque vient y chercher autre chose que Dieu. La robe de bure est dure à porter ; mais j'y pleurerai mon amour perdu et je vous rends votre parole. »

Bernard Wittingham ne peut retenir ses larmes.

M. le Président. — « Eh bien ! avez-vous dit à Suzanne, nous nous marierons malgré mon père : je travaillerai ! » Suzanne Audon, touchée de ce renoncement, détermina enfin son père et sa mère à vous accorder sa main.

Le 15 novembre 1893, les deux fiancés partaient pour l'Angleterre, où ils devaient se marier. Le vieux pilote de Royan et sa femme accompagnaient leur fille.

Les préparatifs de la cérémonie ne furent pas longs. Arrivée à huit heures du matin à Londres, Suzanne Audon était mariée à midi et, dès le lendemain, les jeunes époux partaient pour la France. Le premier soin de Bernard en arrivant à Royan fut d'annoncer son mariage à son père.

D. — Le général Wittingham entra dans une colère terrible. Il vous annonça qu'il vous déshériterait et fit afficher sur les murs de Royan cet avis :

« A partir d'aujourd'hui, je ne paierai plus les dettes de mon fils, Bernard Wittingham, ni celles de sa femme. Leur prétendu mariage a été contracté à Londres sans mon consentement. »

Vous avez courbé la tête devant la colère paternelle et vous avez essayé de travailler. Vous êtes parti pour Saintes. Mais votre éducation ne vous avait pas préparé à la vie laborieuse ; vous avez souffert de la gêne, redouté la misère et, dès ce jour, vous avez cessé d'aimer Suzanne et vous avez résolu de vous débarrasser d'elle à tout prix. (Sensation.)

— Tu te crois ma femme, lui répétiez-vous ; eh bien ! tu n'es que ma maîtresse ! Notre mariage est une comédie !

— C'est épouvantable, s'écria-t-elle, je suis perdue, déshonorée ; eh bien ! je disparaîtrai ; je me tuerai. »

Vous avez saisi la balle au bond.

— Tu veux te tuer, lui avez-vous dit, eh bien ! voilà un

revolver; tu n'as qu'à te l'appliquer sur le front; je sors. Quand je reviendrai, j'espère te trouver morte! (*Vive sensation.*)

R. — J'ai eu la bêtise de dire cela pour me moquer d'elle! (*Rumeur.*)

D. — Mais c'est que vous êtes parfaitement sorti, laissant Mme Wittingham avec le revolver. C'était une proposition, une attitude monstrueuse! (*Sensation.*)

Cette jeune femme de dix-huit ans n'avait aucune raison de se tuer; elle descendit après vous et se mit à votre recherche dans les rues. En l'apercevant, vous avez manifesté une vive contrariété.

— Ah! vous écriez-vous en ricanant, si ton amour est comme tes paroles, tu ne m'aimes pas beaucoup, puisque te voilà encore vivante! (*Rumeurs.*)

Terrifiée par ce reproche abominable, Suzanne Audon court au télégraphe et envoie cette dépêche à sa mère :

« Maman, viens vite! »

Une séparation amiable fut résolue. Suzanne retourna chez ses parents à Royan; Bernard Wittingham rentra chez son père.

L'accusé. — Mais tout en habitant chez mon père, j'allais fréquemment voir ma femme.

M. le Président. — Oui, la nuit, en cachette.

L'accusé. — Mon père m'avait juré de me mettre à la porte si jamais je la revoyais! Je dus vendre mon cheval pour pouvoir de nouveau quitter Royan et emmener Suzanne à Bordeaux, où j'allais chercher du travail.

M. le Président. — A Bordeaux, vous avez, pour la seconde fois, suggéré à votre jeune femme l'idée de se suicider. Vous deviez vous asphyxier ensemble. Elle y consentit sur vos instances. Vous êtes allé acheter un réchaud et du charbon et vous avez allumé le feu, calfeutré les fenêtres de votre chambre; vous vous êtes couché à côté de votre femme, mais elle s'est réveillée et, vous échappant, elle s'est levée pour aller ouvrir la fenêtre.

L'accusé. — Mais moi je voulais mourir.

M. le Président. — Oh! oh! Vous avez tenu un propos bien singulier : « Je suis plus résistant qu'elle! » Vous espériez bien lui survivre?

L'accusé. — Ne le croyez pas! La veille de cette tentative de suicide, ma famille m'avait mis une dernière fois

en demeure de rompre sans plus tarder avec ma femme.
J'ai préféré mourir avec elle.

M. le Président. — Telle n'a pas été l'impression de la
malheureuse ! « Mon mari, écrivait-elle à sa mère, veut
toujours me forcer à me tuer, mais il ne veut jamais en
être ! »

Ayant épuisé ses dernières ressources, Wittingham
se décida enfin à chercher une occupation.

Le capitaine du bateau-marchand *Warrior* consentit à l'embarquer comme quatrième officier, et
Bernard, parti pour la côte anglaise, abandonnait à
Bordeaux sa jeune femme avec une cinquantaine de
francs. Mais il était absolument impropre à la marine
et la mort subite de M. Audon, son beau-père, le rap-
pela brusquement à Royan, où Suzanne venait de rentrer désespérée.

Pendant plusieurs jours, Mme veuve Audon, indignée
de la conduite de son gendre, lui refusa obstinément
l'accès de la chambre de sa fille.

Vous avez eu l'audace de lui proposer de passer pour
votre maîtresse, disait la veuve du pilote à Bernard Wittingham, quand vous savez comme moi qu'elle est votre
femme légitime ! Si vous ne voulez pas qu'elle sorte à votre
bras, la tête haute, allez-vous-en !

Eternellement irrésolu, placé entre la colère paternelle et sa passion déjà bien émoussée, Bernard Wittingham répondit qu'il avait fait l'impossible pour
fléchir son père, mais qu'il avait échoué. Toute sa
famille tenait le mariage pour nul.

D. — Vous l'espériez vous-même ?
R. — Oh ! monsieur le président, j'adorais toujours
Suzanne ! je la savais enceinte ; c'était un nouveau lien entre
nous !

M. le Président. — Allons donc ! vous ne l'aimiez plus
cette malheureuse. Expliquez-nous donc cet écrit ?

M. le président Moreau donne aux jurés lecture de
cette pièce odieuse :

Moi, Bernard Wittingham, je préviens le public que la fille Suzanne Audon, qui a passé pour ma femme, est seulement ma maîtresse. Son père me l'a amenée en Angleterre parce qu'elle était enceinte ; mais notre mariage n'a aucune valeur légale en Angleterre ni en France.

En conséquence, je préviens le public que la fille Suzanne Audon n'a aucun droit à se dire ma femme et que, si elle le fait, je la poursuivrai conformément à la loi.

Signé : Bernard Wittingham.

La lecture de cet abominable factum, que l'accusé songea, paraît-il, à faire publier dans les journaux anglais, soulève les clameurs les plus violentes dans la salle.

M. le Président. — C'est un écrit infâme !
L'accusé. — C'est mon père qui a guidé ma main.
M. le Président. — Après avoir écrit ce que je viens de lire, vous êtes parti pour l'Angleterre. Quel était le but de ce voyage ? Vous espériez rapporter la preuve légale de la nullité de votre mariage. Votre espoir fut complètement déçu et vous écriviez à votre père en ces termes ; « L'homme de la loi dit que la *girl* est devenue anglaise par le mariage et qu'il n'y a rien à faire. » C'est par ce moi *girl*, qui veut dire « fille » que vous désigniez votre femme.
L'accusé. — *Girl* est aussi un terme d'affection.
M. le Président. — Oh ! pas dans la circonstance.
Pendant ce temps, la famille Audon était tombée dans un profond désespoir. Le père était mort, le cœur brisé, redoutant toutes les violences de la part de son gendre ! « Je ne veux pas, s'écriait-il quelques jours avant de mourir, que cet Anglais tue ma fille ; je lui casserai plutôt la tête ! » Votre femme elle-même était agitée des plus sinistres pressentiments. « Bientôt, disait-elle tristement, j'irai rejoindre mon pauvre papa ! Mon mari est un drôle et un lâche ! » Voilà ce qu'étaient devenus son enthousiasme et sa fierté des premiers jours. (*Mouvement.*)

— Cache-moi, disait-elle une autre fois à sa mère, je mourrai par ses mains, rappelle-toi bien ça. Il est constamment armé, tu ne le connais pas ; il m'a dit qu'il me tuerait ! » (*Sensation.*)

Les pressentiments de la jeune femme ne l'avaient pas trompée.

Arrivons au récit du crime. Le 18 mars, Bernard Wittingham revient à Royan avec la certitude que son mariage est bon. Au lieu d'aller, comme de coutume, habiter chez son père, il se rend dans la maison Audon. C'est le dimanche des Rameaux ; sa femme est encore à la messe. En attendant, il fait sa toilette, joue avec un petit chien qu'il a apporté de Londres et déballe ses bagages au milieu desquels se trouvent deux carabines Winchester.

D. — Pourquoi vous rendiez-vous chez votre femme, chez votre belle-mère, que vous aviez quittées si mal, au lieu de vous faire conduire chez le général ?

R. — Mon amour pour ma femme était plus fort que les ordres de mon père.

D. — Votre femme, qui vous adore toujours et malgré tout, vous aperçoit en rentrant de l'office. Elle vous saute au cou joyeusement et vous montez aussitôt dans sa chambre. Quelques minutes plus tard, une des sœurs de la jeune femme l'aperçoit assise sur vos genoux. Vous l'étreignez tendrement ; mais ce premier mouvement de réconciliation fait bientôt place à une violente querelle. Vous prétendez forcer Suzanne à vous suivre. Elle résiste. Sa mère, attirée par ses cris, veut la séparer de vous et vous menace d'appeler la police. Vous lui répondez que vous êtes sujet anglais et que la police française ne peut rien contre vous.

Enfin, la querelle apaisée, vous affectez de couvrir de nouveau votre femme de vos caresses, vous fermez votre porte à clef et tout à coup un bruit sourd retentit, semblable au bruit d'un meuble qui tombe. En même temps, vous sortez comme un affolé de la chambre, en criant : « Vite, allez chercher un médecin, j'ai blessé Suzanne ! »

La pauvre jeune femme était étendue dans un fauteuil, la tête penchée en arrière. Un mince filet de sang coulait du coin gauche de la bouche. Que s'était-il passé ?

Bernard Wittingham raconte en sanglotant qu'il a voulu montrer à sa femme le fonctionnement de son fusil Winchester ; les balles étant trop justes, il a forcé le canon et involontairement il a touché la gâchette. Le chien s'est abattu et la balle est allée frapper, à bout portant, Suzanne en plein visage. .

L'accusé, en pleurant. — Je ne l'ai pas fait exprès ; c'est un accident ! Si j'étais coupable, je me serais brûlé la cervelle : je n'aurais pas embrassé comme je l'ai fait le cadavre de ma pauvre Suzanne en disant : « Oh ! toi, ma pauvre chérie, tu sais bien que je ne voulais pas te tuer ! »

M. le Président. — Si son cadavre avait pu parler, êtes-vous bien sûr qu'elle ne vous aurait pas répondu le contraire ? (*Sensation*.) Vous connaissez les expériences qui ont été faites par les armuriers. Il est impossible que Mme Wittingham ait été atteinte accidentellement. Vous avez été invité vous-même à reproduire la scène sur un mannequin et la balle est allée frapper de bas en haut du côté du front, tandis que votre femme a été atteinte de haut en bas, comme dans un tir plongeant. (*Mouvement*.) Vous vous souvenez aussi que vous avez voulu vous tuer dans le cabinet du juge d'instruction en vous précipitant la tête contre un mur ; c'était le remords !

R. — C'était le chagrin profond du malheur involontaire que j'ai causé !

M. le Président. — Le ministère public vous dira que vous avez voulu reconquérir votre liberté à l'aide d'un crime. Mme Audon vous avait signifié que Suzanne était enceinte, que son enfant, le vôtre, porterait votre nom ; qu'elle ne vous demandait rien pour sa fille, mais qu'elle vous mettrait en demeure de remplir vos devoirs de père. Vous avez supprimé la mère et l'enfant et vous avez mis ainsi un terme à une union abhorrée.

Voilà, messieurs les jurés, ce que dira le ministère public. Quant à vous, Wittingham, vous persistez à soutenir que vous n'êtes responsable que d'un accident. Si le doute subsiste, vous devez sortir acquitté de cette audience, mais que Dieu vous juge ! (*Sensation*.)

L'interrogatoire est terminé. Les témoins sont entendus. Tous s'accordent à affirmer que la pauvre Suzanne Audon était une jeune fille honnête, charmante et douce, une épouse accomplie. Elle avait une frayeur terrible des armes et n'eût jamais souffert qu'on approchât un fusil de son visage.

Mme veuve Audon, en grand deuil, s'avance à la barre au milieu de la sympathie générale.

Ma pauvre enfant, dit-elle, aimait M. Bernard depuis le jour où il lui avait dit : « Je renonce à tout, à mon avenir, à ma fortune pour obtenir votre main. Je travaillerai. — Eh bien! s'écria Suzanne, maintenant que nous sommes égaux, je puis vous aimer! » Et elle lui tendit la main. C'est par le cœur qu'il l'a prise, mais jamais il ne l'a aimée autant qu'elle l'adorait.

Ah! j'aurais dû me méfier de ce mariage! Le jour de la cérémonie, il nous refusa de se laisser photographier avec sa jeune femme en mariés; il refusa même d'envoyer à nos amis des billets de faire part.

Mme veuve Audon rappelle ensuite les odieuses propositions que Bernard Wittingham fit à sa femme.

— Si tu voulais passer pour ma maîtresse, lui disait-il, mon père me rendrait ma pension, mon bien-être..

— Oh! Bernard, protesta ma fille profondément blessée, mais tu sais bien que je suis ta femme!

— Non, fit-il, tu es ma maîtresse. La cérémonie d'Angleterre n'a aucune valeur; le mariage est faux.

Il y avait à peine vingt jours qu'ils étaient mariés quand il lui fit cette proposition infâme; puis il lui tendit un pistolet en l'engageant à se tuer, pendant qu'il irait faire une course.

— Tiens, vise là, fit-il en lui indiquant la place; tu es sûre de ne pas te manquer.

Lorsqu'en rentrant il la trouva vivante, il se mit à la narguer :

— Tu es donc trop lâche pour te tuer? (*Sensation.*)

Pourquoi la pauvre enfant se serait-elle suicidée? Elle nous aimait; elle adorait M. Bernard, malgré tout; elle espérait avoir un enfant qui lui ramènerait l'affection de son mari. Quand M. Bernard la suppliait de consentir à passer pour sa maîtresse en lui disant :

— Que t'importe le monde? Ne te suffit-il pas de savoir que nous sommes mariés?

— Non, répondait ma pauvreenfant ce serait indigne; viens avec nous, viens à notre table; mon père nous donnera le nécessaire jusqu'à ce que tu trouves du travail.

Mais mon pauvre mari ne devait pas survivre à de tels chagrins!

Bernard **avait** fini par nous quitter. Il s'était embarqué pour un voyage de quatre mois sur le *Warrior*. Mon mari tomba malade et mourut. Ses dernières paroles furent pour dire à sa fille :

« Mon enfant, ne pense plus à cet homme; nous avons été indignement trompés.»

Quant à ma pauvre Suzanne, elle était persuadée que Bernard ne la laisserait jamais en repos et qu'elle passerait par ses mains.

Il reparut le 8 mars et vint frapper à ma porte, réclamant Suzanne, qu'il sommait de le suivre.

— Où voulez-vous l'emmener? m'écriai-je. Vous ne voulez pas travailler; votre père vous a déshérité; que comptvous faire? Vous faites de nous la risée du monde; sortez de chez moi; nous ne vous demandons rien; laissez-moi ma fille.

— Oui, ajouta Suzanne, retirez-vous, Bernard, ce n'est pas une honnête fille qu'il fallait choisir pour vous livrer à de si cruels caprices!

— Rétractez ce qu'a dit votre père, repris-je, ce que vous-même proclamez, annoncez donc que ma fille n'est pas votre maîtresse, mais votre légitime épouse!

Il partit et je ne le revis plus que le jour de la mort de ma pauvre enfant, le 18 mars.

Son retour me surprit énormément. Il embrassa Suzanne comme si rien ne s'était jamais passé, lui demanda pardon de tout le chagrin qu'il lui avait causé; de son abandon, de son inconstance, parlant avec amertume de la cruauté de ses parents, la suppliant de le suivre.

Il l'avait prise sur ses genoux et l'embrassait tendrement.

J'étais allée préparer le déjeuner quand j'entendis une détonation. Je crus d'abord que c'était le bruit d'un meuble qui tombait dans la chambre.

À ce moment Bernard descendit précipitamment en criant :

— Suzanne est blessée!

— Blessée? m'écriai-je; non elle est morte; vous l'avez tuée, misérable!

Je montai comme une folle à la chambre à coucher; mon enfant était étendue dans un fauteuil; elle ne respirait plus. (*Vive sensation dans l'auditoire.*)

Pendant cette déposition de sa belle-mère, Bernard Wittingham cache sa tête entre ses mains en sanglotant bruyamment.

Oui, dépose la pauvre Mme Audon, il savait que ce mariage était indissoluble; je lui avais dit : « Bernard, je ne vous demande rien pour ma fille; mais, dans six mois, elle aura un enfant. Cet enfant, le vôtre, il faudra lui assurer l'existence; il portera votre nom. »

Mlle Marguerite Audon, la jeune sœur de la morte, confirme la déposition de sa mère.

Après elle, une jeune cousine révèle un détail qui laisse à penser. Certain jour, Bernard Wittingham insistait vivement pour que sa femme mangeât une bille de chocolat qu'il lui offrait. A Suzanne, qui refusait gentiment : « Qui sait, disait-elle à son mari, d'où vient cette bille de chocolat? — Elle vient de chez mon père, répondit Bernard Wittingham. — Alors, fit Suzanne, raison de plus. » (*Mouvement*).

Mme Nicolleau, charcutière, amie intime de la famille Audon, a reproché plusieurs fois à Bernard Wittingham son attitude à l'égard de sa jeune femme. « — Que lui manque-t-il donc à Suzanne? s'écriait Mme Nicolleau; elle est jolie, musicienne, bien élevée; elle vous adore. — Ah! répondit Bernard, il lui manque un titre. Ma famille aimerait qu'elle fût moins honnête et qu'elle en eût un. — Monsieur, répliqua Mme Nicolleau, chez nous, en France, l'honneur passe avant tout. »

Suivent deux ou trois amies de la pauvre jeune femme, auxquelles Suzanne Audon a confié avec épouvante les tentatives de suicide que son mari lui avait suggérées à diverses reprises. Elle était persuadée qu'il la suivrait partout pour la tuer.

Plusieurs amis de Bernard Wittingham le dépeignent comme un excentrique. Il était courageux jusqu'à la plus folle imprudence et sortait en mer par tous les temps; il se montrait aussi enfant cruel, particulièrement pour les animaux. A quatorze ans, il a

pendu un chat et tiré un coup de fusil sur un autre. Il
est vrai de dire qu'il a sauvé, par compensation, un
chien qui se noyait.

A demain la fin des témoignages et le verdict.

Saintes, 11 août.

Aujourd'hui, l'audience est littéralement envahie.

Le drame de Royan a pris ici les proportions d'une
cause célèbre. Dans la ville, la double hypothèse de
l'accident ou de l'assassinat de la pauvre fille du pilote
de Royan par son mari, par le fils du général Wittingham si connu dans la région, est discutée avec une
véritable passion par les habitants de cette jolie plage
qui ont fait une véritable descente sur Saintes et qui
assiègent le Palais.

Toute la première partie de l'audience appartient
aux experts : M. Lusy de Pelissac, capitaine inspecteur d'armes à Rochefort, chargé d'examiner la carabine Winchester avec laquelle le fils du général Wittingham a tué sa femme, manœuvre l'arme devant les
jurés. La détente n'est point sensible, et il est impossible qu'elle ait pu partir sans la volonté du tireur.
M. de Pelissac jette le fusil par terre, frappe violemment la crosse contre le sol, et le chien ne s'abat pas !
Il ne peut fonctionner que si on appuie violemment
avec la volonté de faire feu. Voilà des conclusions
bien nettes, bien terribles pour Bernard Wittingham !

Le coup, ajoute l'officier expert, a été tiré presque à
bout portant ; le visage de Mme Wittingham était incrusté
de grains de poudre. Enfin il est étrange que la charge ait
porté directement. Quand on veut montrer une arme à
quelqu'un, on ne se met pas en face de lui et, dans tous
les cas, on abaisse le canon vers la terre. Si le coup était
parti par hasard, Mme Wittingham eût été atteinte aux
jambes ou aux pieds et non pas en pleine figure.

Bernard Wittingham descend du banc des accusés
sur l'invitation du Président, et explique à son tous

dans quelles conditions s'est produit ce qu'il persiste à appeler un accident.

Le Dr Roux, médecin de la famille Audon, a donné souvent ses soins à la jeune femme. Mme Wittingham était horriblement énervée et confia au docteur que son mari ne cessait de la pousser au suicide. Rencontrant quelques jours plus tard Bernard Wittingham sur la promenade de Royan, le Dr Roux s'approcha de lui et lui dit avec une juste indignation :

Jeune homme, si j'étais le père Audon, vous ne vivriez pas longtemps. Je vous ferais sauter la cervelle. Des êtres comme vous, on s'en débarrasse !

Ce fut l'honorable Dr Roux, le vieux médecin de la famille Audon, qui fut appelé en toute hâte auprès de la morte. Devant sa victime, Bernard Wittingham fit preuve d'une placidité, d'un flegme vraiment révoltants, et le docteur Roux fut obligé de le chasser de la maison.

Mme Wittingham semblait dormir, la tête en arrière et appuyée sur le bras gauche. Le médecin reproduit l'attitude de la pauvre femme en se plaçant lui-même dans le fauteuil pouf, recouvert de cretonne à fleurs roses sur fond vert, qui a été apporté à l'audience.

Le Dr Audouin, médecin légiste à Royan, confirme les déclarations de son confrère.

Le Dr Giraud, médecin à Marennes, rend compte des soins qu'il a donnés à Bernard Wittingham après sa tentative de suicide dans le cabinet du juge d'instruction. L'inculpé avait essayé de se briser la tête contre un mur; il cherchait à mordre tous ceux qui l'approchaient, ses dents grinçaient, on dut le ligotter et lui mettre la camisole de force. Bientôt il tomba évanoui et resta trente-six heures presque sans connaissance; il fallut le transférer dans une maison de santé.

Le Dr Mabille, médecin aliéniste, qui a tenu le jeune Anglais en observation pendant plusieurs mois, a constaté les mêmes crises de convulsion; il se roulait par terre, le dos en arc de cercle, s'appuyant sur la tête et sur l'extrémité des pieds, se mordant la langue et ouvrant des yeux égarés. Cependant, ce n'est pas un aliéné, c'est un épileptique, il présente des signes indéniables de grande hystérie; mais, au moment du drame, il n'était sous le coup d'aucune crise nerveuse, et le Dr Mabille conclut à sa responsabilité morale.

Le Dr Lande, le médecin légiste bien connu de la Cour de Bordeaux, cité par la défense, croit à la vraisemblance d'un accident et conteste que le coup de fusil ait été tiré à bout portant. Ces divergences entre médecins experts sont classiques en matière criminelle, n'y insistons pas; les circonstances morales qui ont précédé le meurtre sont suffisamment suggestives.

Mlle Mary Wittingham, sœur de l'accusé, une charmante jeune fille, déclare en pleurant que Bernard a été l'enfant gâté de la famille. Il est vif, emporté, mais il a un très bon cœur et il revient bien vite à des sentiments affectueux et tendres.

En terminant sa déposition, la malheureuse jeune fille s'approche de son frère, lui tend les bras et tous deux s'embrassent en sanglotant.

Avant de donner la parole au ministère public, M. le président Moreau invite de nouveau Bernard Wittingham à descendre dans le prétoire : il lui met entre les mains sa carabine, fait asseoir un jeune soldat dans le fauteuil et demande à l'accusé de le placer dans l'attitude où se trouvait Mme Wittingham au moment de sa mort tragique. Bernard Wittingham se place lui-même à un mètre environ de distance du jeune soldat, il épaule et manœuvre son arme avec embarras; mais bientôt il déclare qu'il ne se souvient plus de la direction de son fusil : la balle est partie, dit-il, pendant qu'il en montrait le mécanisme à sa femme et qu'il se baissait pour ramasser une cartouche tombée à terre.

M. le procureur de la République Delrieux prononce son réquisitoire. Pour lui, aucun doute; Bernard Wittingham est un assassin! Ce jeune homme n'avait pas la hauteur de cœur nécessaire pour accepter la vie telle qu'il se l'était faite par son mariage avec la fille d'un simple pilote; il n'a pas eu le courage d'oublier son origine, sa richesse, sa vie élégante et oisive et de devenir un simple ouvrier, puisque le travail allait devenir indispensable à l'existence des siens.

M. le Procureur de la République n'est pas tendre pour le père de l'accusé :

Général Wittingham, s'écrie-t-il, vous avez manqué à tous vos devoirs de père. Vous avez pu être un brave soldat, un gentleman correct et irréprochable, mais vous n'avez jamais eu cette qualité si française qui s'appelle la bonté ! Vous pouviez, dans votre morgue de caste ou votre mécontentement paternel, repousser d'abord la pauvre fille du peuple qui s'appelait Suzanne Audon; mais vous deviez ouvrir votre porte à celle qui, épouse irréprochable, allait vous donner un petit-fils !

Je regrette, général Wittingham, que vous ne soyez pas à cette audience pour entendre l'expression de mon opinion, et je désire que les journaux vous l'apportent. (*Mouvement prolongé.*)

L'organe du ministère public est persuadé que jamais Bernard Wittingham n'a aimé Suzanne Audon. Il a eu pour elle un violent et passager caprice des sens, pas autre chose. Il a commencé par vouloir emmener à l'étranger, comme une maîtresse, cette jeune fille d'un pauvre marin français qui ne pouvait décemment, à ses yeux, devenir l'épouse légitime d'un Anglais noble et millionnaire; mais Suzanne rejeta avec indignation ces propositions. Etre sa maîtresse, jamais !

« — L'honneur de la jeune fille, lui écrivait-elle, est un blason sans tache. Si je n'ai pas de noblesse de titres et de naissance, j'ai celle du cœur ! »

Il dut se résoudre à lui promettre le mariage, mais il comptait bien que la cérémonie nuptiale de Londres ne serait qu'une comédie.

Au milieu des fiançailles, Bernard partait pour Paris et emmenait deux demoiselles d'humeur facile voir danser Grille-d'Egout dans un café-concert. Sur le bateau même qui le conduisait à New-Haven, il faisait la cour à une gouvernante anglaise et, le lendemain, il notait sur son petit carnet l'événement capital de sa vie en ces termes aussi brefs qu'indifférents : « Arrivés Londres 8 heures, mariés midi. »

Après le mariage, ses sens une fois satisfaits, Bernard Wittingham n'a plus qu'une idée : rentrer en grâce auprès de sa famille et recouvrer sa liberté, sa fortune. A Saintes, il poussera au suicide, avec un cynisme implacable, cette jeune femme qui, hier, lui a écrit qu'elle lui avait donné toute son âme et qu'elle serait heureuse de mourir pour lui. Quand il retourne à Royan, c'est chez son père qu'il habite, et, s'il va rendre visite à sa femme, c'est la nuit, en cachette, comme on se glisse dans la maison d'une fille !

Il finit par écrire cet avis infâme par lequel il déclare que « la fille Audon, qui a passé pour sa femme, n'a jamais été que sa maîtresse et qu'il la fera poursuivre devant les tribunaux si elle se permet de prendre son nom. »

L'auditoire éclate en rumeurs indignées.

M. le Procureur de la République est convaincu que Bernard Wittingham a décidé d'assassiner Suzanne le jour où il a su qu'elle était grosse. Sa femme, un bon divorce pouvait le débarrasser d'elle, et la famille Audon ne refuserait pas de s'y prêter.

L'enfant, cet enfant qui porterait son nom, c'était une chaîne éternelle ; il allait le faire disparaître en supprimant la mère ! (*Sensation*).

Le 13 mars, Bernard Wittingham fait un dernier voyage pour chercher le moyen légal d'annuler l'union qui lui pèse. Il n'en trouve pas et il rentre le 18 à Royan, avec un fusil Winchester. Quelques heures plus tard, Suzanne est morte !

En présence de pareilles charges morales, qu'importent les suppositions des armuriers? Bernard Wittingham a tué volontairement sa femme, il l'a tuée pendant qu'elle avait les yeux baissés, regardant une noix de coco et d'autres menus objets qu'il avait rapportés d'Angleterre. Qu'il s'agisse d'un accident ou d'un crime, si la jeune femme avait vu le canon du fusil contre son visage, elle eût crié. Si elle n'a pas crié, c'est qu'elle ne regardait pas, c'est qu'elle ne pouvait voir cette carabine que son mari n'avait d'ailleurs aucune raison de lui montrer. La préméditation a été longue, le crime impitoyable, le mobile infâme. Mais Bernard Wittingham a vingt ans, il ne lui reste pas trop de temps dans la vie pour se repentir et pour demander pardon à celle qu'il a tuée. Les jurés ne lui refuseront pas les circonstances atténuantes.

Suzanne Audon, qui l'a aimé jusqu'à la mort, vous supplierait elle-même de ne pas frapper sans pitié son assassin! Elle vous demanderait de l'acquitter, messieurs les jurés, s'il n'avait pas tué son père, s'il n'avait pas tué son enfant! (*Mouvement prolongé.*)

Après ce très émouvant et très remarquable réquisitoire, M° Baron et M° Roy de Clotte présentent la défense. Tous deux soutiennent naturellement l'hypothèse d'un accident.

A 11 heures du soir, le jury rapporte un verdict déclarant Bernard Wittingham coupable de meurtre avec préméditation, et admettant les circonstances atténuantes.

Wittingham est condamné à vingt années de travaux forcés.

XV

PROCÈS DU « CHAMBARD »

**Plaidoirie de M. Jaurès. — Démission
de M. Casimir-Perier.**

Paris, 6 novembre.

Audience à sensation, aujourd'hui lundi, à la Cour
d'assises de la Seine.

M. Jaurès y faisait ses débuts à la barre. Le jeune
tribun socialiste avait obtenu, bien qu'il ne soit pas
avocat, l'autorisation de présenter la défense de
M. Gérault-Richard, rédacteur d'un petit journal sati-
rique, *le Chambard*, poursuivi pour offenses au Président de la République.

C'est la première fois que la personnalité de M. Casimir-Perier était mise en cause devant le jury. Le
parti socialiste n'a pas manqué cette occasion de
porter sur le terrain judiciaire la guerre qu'il a
déclarée au successeur de M. Carnot, et la harangue
que son orateur le plus véhément a prononcée aujourd'hui est moins une plaidoirie pour le journaliste
déféré à la Cour d'assises qu'un réquisitoire violent et
passionné contre le Président de la République et sa
« dynastie bourgeoise ».

Je n'ai pas à apprécier ici le talent de M. Jaurès.
On connaît sa fougue, sa merveilleuse faculté d'im-
provisation, ses trouvailles de mots et d'idées ; il est
passé maître dans l'art d'arrondir la phrase. Mais il
ignore la mesure, les nuances, son sujet l'entraîne au
delà du but, et si certaines périodes de belle allure

ont pour un instant transporté la salle, le caractère
excessif de sa plaidoirie a plus d'une fois froissé l'auditoire et finalement indisposé le jury.

Au surplus, le ton de l'article poursuivi ne lui rendait pas la tâche précisément facile, et ces très
courtes citations permettront à mes lecteurs de s'en
convaincre :

Casimir-Perier a raison de haïr le peuple. Rarement il
aura fait un placement plus avantageux, car sa haine lui
est rendue au centuple.

Cela ne peut que flatter les instincts ataviques d'un
petit-fils d'usurier.

Si vive est l'impression de son impopularité, qu'il ne se
montre aux foules qu'enveloppé d'escadrons épais, à travers les grilles d'acier des sabres, couvert à l'arrière et à
l'avant d'opaques nuées de mouchards.

— Oh! le vilain moineau! s'écriait le passant...

— Sale tête! disaient, entre deux sifflets, deux gavro-
ches.

Ses fumisteries de sous-off, dans les magasins où il pratique l'évanouissement sur de timides demoiselles, n'ont
pas plus réussi à le faire aimer que ses transports filiaux
envers une antique nounou.

Sa haine va redoubler. Il se rappellera l'exemple de
son aïeul, celui qui, trafiquant de la France, édifiait une
fortune colossale sur de colossales trahisons.

Lorsqu'il jugera inutile ces comédies de sentiment, sa
belle nature de dévorant reprendra le dessus. Avec son ar-
rogance brutale d'exploiteur, sans pitié ni noblesse, sans
entrailles ni âme, il est l'image fidèle et repoussante d'une
caste sanguinaire, dont la prospérité a pour étiage la mor-
talité des travailleurs.

Titre de l'article : « A bas Casimir! »

A l'audience, M. Gérault-Richard en a revendiqué
toute la responsabilité légale :

M. Casimir-Perier, dit-il, n'est pas Louis XIV. Il appartient à la discussion et lui-même l'a rappelé en ces termes
aux journalistes qui le félicitaient de son élection :

— Je vous appartiens, messieurs, discutez ma personne
et mes actes.

J'ai eu tort de croire à la parole présidentielle. J'ai discuté la personne de M. Casimir-Perier et je suis ici. Il ne reste plus qu'à le conduire à Reims et à le coiffer de la perruque du Roi-Soleil.

M. l'avocat général Mérillon, dans son réquisitoire, commence par rendre hommage au talent de M. Jaurès.

Si les jurés, s'écrie-t-il, étaient un aréopage appelé à juger un tournoi oratoire, je ne me lèverais même pas et je vous inviterais, messieurs, à décerner la palme à l'adversaire brillant que j'ai devant moi.

Mais il ne s'agit pas ici d'éloquence.

Il ne s'agit même pas de la personne de M. Casimir-Perier, qui est au-dessus des attaques comme des éloges.

Il s'agit du chef de l'Etat, dont on essaie d'amoindrir la fonction par un système *d'injures bien faites pour éloigner les meilleurs citoyens des affaires publiques*.

Est-ce une allusion à la démission possible du Président de la République en cas d'acquittement du journaliste poursuivi?

On vous a reproché, messieurs, ajoute l'organe du ministère public, d'avoir voulu, par certains verdicts récents, vous poser en réformateurs de la loi.

La loi, cette loi sur l'offense au Président de la République, cette loi que M. Goblet lui-même a votée (*Rires*), je suis bien sûr que vous l'appliquerez.

Le chef de l'Etat, mais, aux yeux de l'étranger, c'est la France elle-même! Quelle autorité voulez-vous donc qu'il conserve si son nom est chaque jour couvert d'injures et de discrédit?

Les socialistes ne se sont jamais attaqués à l'Empereur de Russie, ce souverain absolu qui n'a cependant jamais donné aucune liberté. Ils ont obéi à un sentiment patriotique et je les félicite de leur silence.

Pourquoi ce même sentiment ne leur impose-t-il pas le devoir de laisser le chef de l'Etat en dehors de nos discussions?

M. Jaurès a la parole. Il commence par remercier M. le président Golliet de la lui avoir donnée et

dit-il, bien qu'il ne lui doive rien en retour, il se fera
une loi de garder toute la modération compatible
avec sa tâche :

Mais, ajoute le jeune orateur, ce procès n'a rien de judiciaire. Je ne porte pas plus la robe que vous-mêmes,
messieurs les jurés. C'est un débat politique que vous
avez à juger,
Voyons donc l'article de M. Gérault-Richard.
M. le Président de la République se fâche parce qu'on l'a
appelé Casimir. Mais ses journalistes officieux n'ont-ils pas
tenté d'expliquer le silence des populations sur son passage, par la difficulté qu'éprouvaient les plus enthou-
siastes à crier : « Vive M. Casimir-Perier! » Le nom est
trop long, disaient-ils, et le peuple perdrait haleine à l'ac-
clamer !
D'ailleurs, ce prénom de Casimir, le chef de l'État ne
l'a-t-il pas incorporé lui-même à son nom, pour que l'or-
léanisme avide et autoritaire y eût sa marque?
M. Gérault-Richard a crié : « *A bas Casimir!* c'est-à-dire :
Vive la République des travailleurs, décidés à précipiter la
chute d'un homme porté au pouvoir par la réaction.

M. Jaurès, revenant sur un passage de l'article
poursuivi, ne refuse pas à M. Casimir-Perier le droit
de prendre certaines précautions contre les anarchistes.

Nul plus que nous, s'écrie-t-il, ne réprouve, ne flétrit
les abominables attentats que je n'ai pas besoin de rappeler. Nous sommes de ceux qui refusent à la société le droit
de tuer; nous dénions à plus forte raison ce droit à celui
qui, dans son orgueil, sa haine ou son égoïsme, s'érige
en justicier! Comme si un homme pouvait à lui seul se faire
le meneur de l'histoire !
Voilà pourquoi nous préparons la Révolution non contre
les hommes, mais contre les actes. Nous disons aux
exploités : Ne haïssez pas les hommes, ils ne sont que des
instruments, que le produit d'un état social déterminé.
Nous ressentons une profonde pitié pour tous, y compris
les privilégiés qui portent si lourdement le poids de leurs
privilèges.
Donc, j'admets les précautions indispensables contre le

meurtrier qui peut toujours s'élancer du coin d'une rue.
Mais si grandes soient-elles, il y a toujours une heure, un
moment où la communication des cœurs devrait abaisser
les barrières entre le chef de l'État et le peuple! Cette
heure d'enthousiasme, M. Casimir-Perier ne l'a pas encore
fait naître; pour lui, elle ne viendra jamais! Il est condamné à traverser ses sept années de magistrature répu-
blicaine entre deux haies de cuirassiers!

M. Jaurès défend son client d'avoir voulu attaquer
M. Casimir-Perier soit comme homme privé, soit
comme homme politique :

Comme homme politique, il n'existe pas! Il n'est qu'un
nom, une tradition, un symbole. Quels sont les services
éclatants qu'il a rendus à la République? C'est son nom
seul, synonyme de gouvernement de réaction et de combat, qui l'a porté au pouvoir.

Le haut capital, terrifié par les scandales qui pullulent
en lui comme dans un organisme décomposé, est allé le
chercher pour qu'il endiguât la démocratie grandissante
des ouvriers et des paysans.

Oui, c'est bien l'homme qu'il fallait aux improbités me-
nacées : un nom monarchique, porté par un homme dont
les aïeux ont édifié leur fortune en spéculant sur les souffrances des ouvriers, et qui allait devenir à son tour l'instrument servile du capital.

Lui-même s'était déjà façonné par son caporalisme par-
lementaire, quand il présida la Chambre, à la manière du
grand aïeul !

Vous le voyez bien, messieurs, nous ne sommes pas en
face d'une personnalité, mais en face d'une tradition figée
et diminuée, la tradition larmoyante et hautaine du grand
despotisme bourgeois !...

M. Jaurès va maintenant passer en revue « la
dynastie des Casimir-Perier », depuis le grand-père
et le bisaïeul. Il le fait avec une violence rare et le
parti pris que nous signalions tout à l'heure comme
une des causes de son échec :

A l'époque de la Révolution, il se forma deux partis
dans la bourgeoisie.

D'une part, la bourgeoisie généreuse nourrie de l'Encyclopédie, aspirant à fonder une société nouvelle avec l'égalité et la solidarité pour bases.

C'est de cette bourgeoisie qu'est né le parti républicain. C'est elle qui a fait les glorieuses journées de 1830, et le peu qui en reste aujourd'hui, après d'innombrables faillites morales, va se confondre de plus en plus avec le prolériat grandissant et organisé.

En face d'elle, la bourgeoisie vaniteuse, égoïste, avide, qui préparait aussi la Révolution, [mais qui la préparait pour elle, pour la satisfaction de sa vanité et de ses intérêts de caste.

Elle voulait bien supprimer la noblesse, mais pour la remplacer.

C'est à cette bourgeoisie-là qu'appartenait Claude Perier, le premier du nom, le roturier qui acheta le château de Vizille d'un grand seigneur ruiné et qui comptait sur une charge au Parlement de Grenoble pour s'anoblir.

Si, plus tard, terrifié par l'orage qui grondait, il a ouvert son château de Vizille aux assemblées qui ont préparé les Etats-Généraux, il n'en est pas moins demeuré fidèle aux traditions de sa race de traitants, aux habitudes de cette bourgeoisie qui ne sait s'enrichir que petitement.

Il a continué d'opprimer les ouvriers de ses fabriques, pauvres gens qui n'avaient pas été appelés, eux, à l'assemblée de Vizille et qui, après les « cahiers des trois ordres », avaient été réduits à rédiger bien humblement ce qu'ils appelaient « les cahiers des pauvres, » car ils ne savaient pas encore qu'ils étaient capables de faire des révolutions !

Telle fut la première rencontre du sordide et cruel avare avec la démocratie !

Sous l'Empire, Claude Perier se fait fournisseur des armées, il enfle sa fortune avec les mines d'Anzin, il entre à la Banque de France dont il rédige les premiers statuts. Il achète des bois au rabais, ouvre ses guichets d'usurier aux négociants ruinés dont il accapare à vil prix l'achalandage, et, en 1833, la *Revue des Deux-Mondes* révélait que c'étaient ces opérations louches qui lui avaient permis d'acheter la propriété de Pont-sur-Seine.

De telle sorte que ce château de l'Aube où le Président de la République reçoit aujourd'hui ses ministres, d'où il correspond avec les gouvernements étrangers, ce château, messieurs les jurés, c'est une terre d'usure !

Ah ! j'aimais mieux encore les maisons de débauche où agonisait la royauté !

M. le Président. — Monsieur Jaurès, je vous invite à vous modérer. Ces comparaisons...

M. Jaurès. — Je ne compare pas, Monsieur le Président, je mets au-dessous !

M. Jaurès n'est pas plus tendre pour Casimir-Perier, le grand ministre de Louis-Philippe, qu'il accuse d'avoir indignement exploité les mineurs d'Anzin et d'avoir trempé dans des affaires véreuses de fournitures de guerre.

La révolution de 1830 avait été faite par le peuple. Il la dériva à son profit pour y chercher le triomphe de sa caste.

Gérault-Richard a écrit avec raison que cet ancien cavalier de la duchesse d'Angoulême, qui figurait dans les quadrilles royaux avant de renverser Charles X, ne fut pas un patriote.

Je vous ai dit qu'il avait été intéressé dans la fourniture de fusils hors d'usage.

Le patriotisme ne consiste pas à souffler de tous ses poumons dans un clairon fêlé !

C'est ce même fils de Claude Perier, le fondateur de la dynastie, qui supprimait la Caisse des veuves et des orphelins d'Anzin, de ces mineurs d'Anzin qui gagnait 30 sous par jour en travaillant quinze heures et dont 1.800 étaient inscrits sur les registres des pauvres de la commune.

Quand, en 1828, les magistrats se virent contraints de condamner ces malheureux, coupables de s'être mis en grève, ils ne purent s'empêcher, dans les « attendu » de leur jugement, de flétrir la cruauté des administrateurs de la Compagnie qui déclaraient qu'ils aimeraient mieux voir la Société dissoute que d'augmenter d'un sou le salaire des ouvriers.

Voilà, messieurs les jurés, les traditions généreuses de la famille Perier ; des milliers d'exploités se sont redit, de génération en génération, toute cette lamentable histoire d'un peuple de meurt-de-faim, et quand nous en parlons aujourd'hui, après un siècle de silence, ce sont ces indignations si longtemps contenues qui revivent en nous, qui éclatent en nous !

Ah ! ce n'est pas nous qui avons commencé la lutte : mais nous avons vu porter au pouvoir le dernier descendant de cette famille comme un Président de combat ;

nous avons vu toute la réaction groupée autour de lui
pour qu'il aidât à renouveler le privilège de la Banque que
l'arrière-grand-père avait fondée, et à écraser les mineurs
d'Anzin s'ils osaient relever la tête ! Puis tous les acquittés
et les condamnés de Panama se sont accrochés désespérément à cette candidature, se souvenant que le futur Président de la République était allé devant le jury de
la Haute-Saône se porter garant de l'honorabilité de
M. Baïhaut. Certes, je ne crois pas que M. Casimir-Perier
ait trempé dans toutes ces turpitudes de Panama.

Le cèdre ne sent pas une rose à sa base.

Du haut de son immense fortune, M. Casimir-Perier n'a
pas aspiré les blanches corolles panamistes, j'en suis convaincu.

Mais tous ces tripoteurs se sont sentis protégés par la
majesté de rapines séculaires dont le temps avait effacé
la honte sans en abolir le profit !

Voilà pourquoi M. Casimir-Perier est devenu l'homme
de la République usurière !

C'est cet homme que nous attaquons, non le chef de la
République et de la France !

Après la plaidoirie de M. Jaurès, le jury rapporte
un verdict de culpabilité sans circonstances atténuantes.

M. Gérault-Richard est condamné à un an de prison et 3.000 francs d'amende, maximum de la peine.

Epilogue.

Six semaines après la condamnation de M. Gérault-
Richard. Paris, toujours frondeur, l'envoyait à la
Chambre.

Un mois plus tard, M. Casimir-Perier donnait sa
démission de Président de la République, rebuté de
n'avoir pu restaurer, en France, le régime d'autorité,
écœuré des injures, des violences et des effroyables

accusations portées contre lui par le parti socialiste sans que ni le Parlement ni les Ministres eussent songé à défendre, contre la diffamation et l'outrage, la personne du chef de l'Etat.

M. Félix Faure était élu Président de la République et le premier soin de son premier ministère. le ministère Ribot, était d'ouvrir, par une loi d'amnistie, la porte de Sainte-Pélagie à M. Gérault-Richard.

C'est en raison de ces conséquences politiques, que nul ne pouvait prévoir, que j'ai reproduit ici les débats du procès Gérault-Richard et la plaidoirie de M. Jaurès.

22.

LISTE ALPHABÉTIQUE

DES NOMS CITÉS DANS CET OUVRAGE

TABLE DES MATIÈRES

IMP. NOIZETTE ET Cie, 8, RUE CAMPAGNE-1re, PARIS.

www.ingramcontent.com/pod-product-compliance
Lightning Source LLC
LaVergne TN
LVHW011949170726
843503LV00001B/72